상하이 지역 자선단체의 근대적 성장과 좌절

상하이 지역 자선단체의 근대적 성장과 좌절

1922–1954년의 홍만자회

유장근

KOREA
UNIVERSITY
PRESS
고려대학교
출판문화원

이 저서는 2010년도 정부재원(교육과학기술부 학술연구조성사업비)으로
한국연구재단의 지원을 받아 연구되었음(NRF-2010-812-A00022)

책머리에

이 연구는 20세기 전반기에 상하이에서 활동했던 홍만자회라는 자선단체를 종합적으로 검토한 것이다. 사실 우리에게 '홍만자회紅卍字會'라는 이름은 아직 낯설다. 연구된 적이 많지 않은 까닭에 그들의 활동이나 성격, 역사적 족적 따위가 제대로 알려지지 않은 탓이다. 더구나 홍만자회가 민간종교의 일파였던 도원道院의 자선실행기구였다는 사실을 알게 되면 이야기는 더 어려워진다. 도원 자체에 대해서도 알려진 바가 거의 없기 때문이다. 따라서 이 연구는 사실상 새로운 주제에 대한 탐색인 셈이다.

1921년에 산둥에서 지역 엘리트들이 중심이 되어 출발한 도원은 곧바로 자선실행기구인 홍만자회를 출범시켰다. 도원이 전통적인 민간종교의 전통을 물려받은데다 부계점을 통해 신의 계시를 받아 모든 일을 처리한다는 점에서 지극히 전통적이고 비의적이며 심지어 낙후된 종교집단이라 부를 만했다. 하지만 그들은 기왕의 삼교합일주의에 기독교와 이슬람교를 첨가하면서 오교합일사상을 기본 교의로 설정하였고, 인간이 궁극적으로 추구하는 도道란 어려운 지경에 빠진 인간을 구세하는 일, 곧 자慈를 실행할 때에 제대로 그 의미를 드러낸다는 사상을 체계화시켰다. 도와 자가 한 몸이라는 도자일체론은 도원과 홍만자회를 이해하는 데 핵심적인 개념이라 할 수 있다.

저자가 이러한 홍만자회에 관심을 가진 계기는 1993년에 처음으로 중국의 난징을 방문하면서부터다. 학술회의를 마친 뒤 난징대학살기념관을 찾게 되었고, 그곳에 세워진 유해발굴 기념비 거의 모든 곳에 홍만자회 이름이 적혀 있었던 것이다. 난징대학살 직후 피학살자들의 유해를 수습하고 이를 매장하는 데 앞장섰던 단체가 바로 홍만자회였던 것이다. 중일전쟁에서 국민당 정부가 패퇴하고 난 뒤, 일본군이 점령하고 있을 때에 일어난 일이니, 권력의 교체와 전쟁 피해의 수습이라는 중요한 문제가 홍만자회를 둘러싸고 있을 것 같았다. 그 당시의 희망사항을 실천에 옮길 수 있었던 것은 2006년의 상하이사범대학 방문교수 덕택이었다. 사실 그곳에 간 까닭도 상하이당안관에 많은 홍만자회 당안들이 정리되어 있었기 때문이다.

2010년에 한국연구재단의 인문저술사업에 선정되어 연구를 시작한지 7년 만에야 그 결과를 이렇게 내놓게 되었다. 게으르기도 했지만, 주어진 능력에 부칠 정도로 어려운 주제이기도 하였다. 새로운 당안들을 읽고 분석하는 일도 그렇지만, 마땅히 참고할 만한 선행 연구가 많지 않았던 것도 일을 더디게 하였다. 그럼에도 이 정도나마 성과를 낸 것은 선학들이 어렵게라도 길을 열어 주었기 때문에 가능하였다고 생각한다.

저자가 홍만자회에 관심을 갖게 된 학문적인 이유는 전통적인 종교결사가 20세기에 들어 어떻게 변신하였는지를 알고자 하는 데 있었다. 말하자면 근대라는 시대성이 전통사회의 유산을 물려받으면서 형성된 것이지 외래적인 요소만을 크게 부각시킬 수는 없지 않느냐 하는 문제제기 차원이었다. 그렇다고 해서 그 근대적인 양상이 모두 전통의 답습만은 아니며 어떤 점에서는 외래의 인자들도 중요한 영향을 미쳤다고 생각하였다. 말하자면 전통의 자기 갱신은 새로운 요소를 수용하면서 시대에 맞는 틀을 만들어 낸 것이었다고 보았다. 이것이 민간사회를 오랫동안 연구하면서 도달한 결론 중의 하나였다.

그렇다면 상하이 지역의 홍만자회를 선택한 이유는 어디에 있는가. 우선 그곳에서 보존 관리된 당안자료가 완정적이었던 탓이 크다. 'Q120'이란 전종호全宗號 아래 정리된 홍만자회 당안은 이 단체를 연구하는 데 충분할 정도로 많았고, 잘 정리되어 있었다.

이러한 조건 속에서 내가 상하이 홍만자회에 주목한 까닭은 전국에 조직된 홍만자회 중에서도 '가장' 모범적으로 활동한 이유가 더 크다고 하겠다. 이들이 발전시킨 자선활동 중에 전시 구제나, 빈민을 위한 의원이나 학교의 설립 및 운영을 보면 그간 전통적인 선당들이 행해 오던 자선사업을 넘어, 근대적 성격을 내포한 종합형 자선기구로 발전시킨 단계로까지 나아갔다고 생각되었다.

상하이 홍만자회 연구에 내재된 또 다른 의도는 도시사회의 주체들이 근대의 도시화 과정에서 발생한 모순들을 어떻게 해결해 나갔는가를 검토하는데 상하이가 매우 유리한 조건을 갖춘 것처럼 보였기 때문이다. 지역 내의 모순을 해결하는 주체가 국가일 수도 있지만, 민국체제가 완비되지 않은 상태에서 전시구제나 자선과 같은 공공 영역은 결국 시민의 자발성에 의존하면서 해결할 수밖에 없었다. 이에 따라 우리는 근대도시사회가 발전시킨 공공성을 검토하는 데 있어서 상하이 홍만자회는 의미 있는 사례가 된다고 본다.

또한 상하이도 근대기에 들어 양자강 하류권이라는 대지역권 속의 중심도시로 성장하는 한편으로 그 결과 강남의 지역사회를 상징하게 되는 이중적 성격을 안고 있다. 홍만자회를 검토하는 것도 결국 지역사회와 자발적 결사체와의 관계를 분석하는 한편으로, 이곳의 홍만자회가 인근 지역권의 홍만자회와 어떻게 연계되고 네트워크를 갖추면서 그 중심성을 확보해 나갔는지를 확인해 보는 데도 유익하다.

홍만자회를 비롯한 자선단체들은 지역사회에 서비스하기 위해 이곳에 뿌리를 내린 조직이기 때문에 국가의 운영 주체가 바뀔 때마다 그와의 관계에서 가변적일 수밖에 없었다. 상하이의 경우 중화민국 초기의 베이징 정부, 국민당 정부, 그리고 왕징웨이 정부가 연이어 들어섰으며, 그때마다 국가와의 협력관계를 통해 사업을 할 수밖에 없는 홍만자회는 이들과 새로운 관계를 설정하는 데 적지 않은 어려움을 겪었던 것으로 보인다.

국가권력과의 관계에서 홍만자회가 부딪힌 궁극적인 어려움은 중화인민공화국과의 관계 설정이었다. 이전의 정부, 예컨대 반미신정책을 강력하게 추진했던 국민당 정부와는 도원의 미신성 때문에 곤란함에 빠지기는 했지만, 홍만자회 자체는 정부의 공인을 받으면서 활동할 수 있었다. 허나 인민공화국은 자선행위 자체가 부르조아의 자기보신 정책이라고 인식하고 있던 데다, 도원이 사교邪教라는 이유를 들어 등기 자체를 허락하지 않았다. 좀 더 본질적인 이유는 일관도가 그랬던 것처럼 기층 인민을 두고 공산당과 홍만자회가 경쟁을 벌어야하는 처지에 빠질 수도 있다는 사실에 있었던 것 같다. 여하튼 이러한 제약으로 인해 홍만자회는 1954년에 자진 해체하는 형식으로 종말을 맞았다. 이러한 점에서 이 연구는 민간사회에 뿌리를 두고 성장한 결사체들이 내부의 목표를 달성하는 것 못지않게 국가권력이라고 하는 거대하고도 촘촘한 관계망 속에 자신을 조정하는 일에도 노심초사했던 부분을 다루게 될 것이다.

국가권력과 민간사회와의 관계는 사실 저자가 오랫동안 탐구해 왔던 분야였다. 특히 후자 쪽에서 바라볼 경우, 국가주의라는 힘든 과제를 조금은 피할 수 있는 데다 삶의 근거지인 지역사회와 그곳에서 전개되는 인간의 삶을 충실하게 관찰할 수 있는 장점이 있다. 그렇다고 해서 어느 한 쪽을 등한시하거나 양자를 적대적인 위치에 놓을 경우, 전체상을 이해하는 데 도움이 되지 않는 한계도 있다. 따라서 홍만자회와 같은 공공성의 단체를 통해 양자를 연결해보려고 시도해 보는 것 자체가 의미 있는 작업이라고 생각한다.

이전에 동료이자 내가 존경했던 어느 철학 교수는 나의 퇴임축하연에서 뜻하지 않은 격려와 덕담을 해주었다. 유 교수가 역사를 연구하는 모습을 보면 철학자와 진배 없다는 것이다. 마산이라는 변방사회에서 중국근대사가 무슨 의미가 있는지 끊임없이 질문하고, 자신의 정체성을 그런 곳에서 찾으려 하는 모습이 그렇게 비친다는 것이다. 생활하는 그 자리와 연구대상, 그리고 그것을 바라보는 자신이라는 삼 요소는 서로 내밀하게 연결되어 있는 까닭에 마치 삼위일체처럼 유대하고 있어야 한다고 생각해 왔다. 이번 연구에서도 그러한 긴장감은 놓지 않으려고 애썼다.

세상사가 대부분 그렇듯이 연구도 일종의 사회적인 빚이다. 여러 제도와 그에 못지않게 많은 사람들의 도움이 없었다면 이 책은 세상에 나오지 못했을 것이다. 우선은 상하이사범대학 역사학과 교수님들, 특히 저우위민周育民 교수의 초청과 그곳에서의 도움은 큰 힘이 되었다. 또 상하이당안관의 관장님과 직원들은 나의 번거롭고 힘든 부탁들을 기꺼이 도와주었다. 사실 와이탄 요지에 서 있는 당안관 건물도 부러웠지만, 그곳의 기록관리체제야말로 연구자들에게 더 없이 편리한 것이었다. 또한 이 연구는 2010년의 한국연구재단 인문저술사업에 선정된 덕에 진행할 수 있었다. 큰 어려움 없이 연구에 매진할 수 있었던 사실에 감사드린다. 아울러 오랫동안 몸담았던 경남대학교와 박재규 총장님께서도 물심양면으로 후원해 주셨다. 지금은 떠난 곳이 되었지만 역사학과의 동료 교수들에게도 고마움을 전한다.

이러한 연구주제에 관심을 갖게 된 것은 유인선 선생님의 가르침 덕분이라 할 수 있다. 그간의 은혜에 조금이라도 보답할 수 있는 것 같아 마음이 놓인다. 고려대학교출판문화원은 이 저술의 가치를 인정하고 출간할 수 있도록 도와주었다. 유석훈 전임 원장, 윤인진 현임 원장과 박상수 교수, 그리고 오랫동안 공들여 책을 만든 편집실에 고마움을 전한다.

그간 어려운 여건 속에서도 이 연구를 마칠 수 있었던 것은 아내의 도움 덕분이다. 특히 퇴직 뒤의 힘든 사정을 이해하면서 아깨골에 산방을 마련해주고, 걱정 없이 남은 연구에 매진할 수 있게 도와주었으니 말이다. 또한 귀여운 손녀를 포함한 가족들도 큰 힘이 되어 주었다. 이제 걷는 데 제법 익숙해진 손녀 연재가 할아버지를 잘 기억할 수 있을 때까지 힘을 내볼 참이다. 저승에 계신 부모님도 자식의 저술을 누구보다 기뻐하실 것이며, 쉽지 않은 세월을 함께 살아온 형제자매에게도 마음 깊이 고마움을 전한다.

난삽한 초고들을 여러 차례에 걸쳐 심사하면서 이 책이 잘 완성되도록 도와준 미지의 심사자들에게도 특별히 심심한 감사를 드린다. 학계의 선후배와 친구들, 만나면 격려해 주던 동학들, 지역사회의 지인들과 제자들 모두 고마운 분들이다. 재능이 별로 없는 한 인간이 '절실하게 묻고 가까이 생각한다'는 선현의 말씀을 지키면서 여러 차례에 걸쳐 학문의 흔적을 남길 수 있는 것도 과분한 복이라 생각한다.

2018년 입춘에
고성 아깨골산방에서
지은이 씀

차례

책머리에 · 5
서론 · 13

제1부 도원 및 홍만자회의 초기 성장과 국가권력

제1장 도원의 체계화 과정과 홍만자회
1. 도원 설립의 시대 상황과 상하이의 자선단체 ········ 25
2. 도원 설립의 필요성과 설립 과정 ········ 30
3. 교의와 신의 체계화 ········ 38
4. 도원 종단의 설립과 조직화 ········ 44
5. 도원의 구원 세계와 홍만자회의 출발 ········ 54
6. 도원의 상하이 전파와 홍만자회의 조직 과정 ········ 62

제2장 홍만자회의 조직과 운영
1. 홍만자회의 내외 조직과 원회일체론 ········ 68
2. 홍만자회 직원의 구성 양상과 그 변화 ········ 78
3. 회원의 구성 양상과 그 변화 ········ 103
4. 운영 자금 조달의 자발성과 그 운용법 ········ 118
5. 경비의 사용처와 그 특징 ········ 123

제3장 홍만자회와 국가권력과의 관계
1. 베이징 정부의 자유방임 정책 ········ 128
2. 난징 국민당 정부의 법규 제정과 통제 정책 ········ 131
3. 국민당 정부에 대한 상하이자선단체연합회의 공동 대응 ········ 135
4. 국민당 정부의 미신 금지 정책과 홍만자회 ········ 138
5. 홍만자회에 대한 국민당 정부의 이중적 태도 ········ 143

제2부 자선활동의 유형과 그 성격

제4장 일상적 자선 활동
1. 도자일체론과 그 실제 ··· 151
2. 약자에 대한 경제적 지원과 사회 복귀 정책 ··· 155

제5장 전시와 긴급 구제
1. 홍만자회 초기의 전시 구제 사업 ··· 158
2. 1.28 상하이 사변의 발생과 전재 구제 ··· 163
3. 지역 연합 구제대의 조직과 활동 ··· 166
4. 전시 구제 방식의 유형과 시스템화 ··· 169

제6장 병원과 학교의 부설
1. 만자병원의 설립과 운영 ··· 175
2. 홍만자회 부설 학교의 개황 ··· 193

제3부 1949년 이후의 신국가체제와 홍만자회

제7장 홍만자회의 신체제 적응 노력과 그 해체
1. 신정부에 대한 충성과 자선사업의 유지 노력 ··· 245
2. '항미원조' 운동의 참여와 홍만자회의 해체 ··· 260

제8장 1950년 이후 홍만자회 부녀부의 사회교육 프로그램
1. 부녀부의 사회학습반 운영 ··· 272
2. 부녀부의 실업 교육 실시 ··· 279

제9장 1949년 이후 만자학교의 변신
1. 만자소학의 체제 부응 노력 ··· 286
2. 만자중학의 구조 변화 ··· 291
3. 항미원조 사업과 만자중학 ··· 298

결론 · 303

찾아보기 · 313

서론

이 연구는 상하이 지역에서 활동했던 홍만자회紅卍字會라는 자선단체를 창립 시기인 1922년 무렵부터 최종적으로 해체되는 1954년까지의 역사를 적어도 4개의 주제로 분류해서 다루어 보고자 하였다.

20세기 전반기의 중국사회에서 매우 의미 있는 사회단체로 평가받는 홍만자회는 최근까지 중국의 현대사에서 제대로 연구되지 않은 주제에 속한다.[1] 그 이유는 여러 가지이겠지만, 중화인민공화국의 건국 이후 이 자선기구의 상부조직인 도원道院이 반혁명 미신단체로 규정되면서 탄압당한 결과가 도원뿐만 아니라 홍만자회 자체에 대한 연구를 가로막았던 것으로 보인다. 적어도 중국 내에서 이를 연구한다는 일은 국가의 정체성에 저항하거나 의문을 제기하는 것이나 마찬가지라는 인식이 중국연구자들을 억눌렀을 것이라 짐작한다. 이에 따라 당안관에 쌓여 있던 관련 문서들은 1980년대

1 필자가 홍만자회에 관해서 처음 본 논문은 〈제1회 중국근대비밀사회 국제학술토론회〉(난징대학, 1993년 6월1-3)에 제출된 텐진사회과학원 모젠량莫振良 연구원의 〈民國時期的紅卍字會〉였다. 본격적인 연구는 2000년대에 진입한 이후, 홍만자회가 크게 활동하였던 산둥성 지난濟南이나 상하이 지역을 대상으로 특히 석·박사 논문이 출간되고 일부 연구자들이 이를 본격적으로 다루면서 활기를 띠었다. 대표적인 저술은 가오펑청高鵬程, 《紅卍字會及其社會救助事業研究(1922-1949)》(合肥工業大學出版社, 2011)이며, 기타 학위 및 연구 논문은 서술 과정에서 제시할 것이다.

까지 세상 밖으로 나오지 못하였다.

또한 중국 내외를 막론하고 1949년 중화인민공화국 건국 이후, 중국 근현대사 연구는 사실상 공산혁명을 정당화하거나 그것을 적대시하는 양대 담론을 벗어나기는 어려웠다. 그렇기 때문에 대다수 연구자들은 정치사에 집중한 반면, 사회구조나 민간사회에는 관심을 덜 가지게 되었던 것이다. 혁명 중심의 역사학에서 위와 같은 주제는 부차적이거나 그것을 보완하는 차원의 것이었고, 역사연구 방법론 역시 단순하였기 때문에 전체사를 그려내는 일은 그만큼 어려웠다.

덩샤오핑 시대에 이르러 인민공화국이 모든 인민을 행복하게 해 줄 수 있을 것이라는 마오쩌둥 시대의 몽상은 사라졌고, 이는 기왕에 국가권력에 의해 속박당해 왔던 역사 연구의 시각이나 주제 선정에도 영향을 미쳤다. 특히 사회복지에 관해 중국 정부는 근년에 이르러 국가 못지않게 민간단체의 역할이 중요하다고 판단하였고,[2] 그 결과 도원이나 홍만자회와 같이 과거에 자선과 구제 활동을 하던 단체도 역사가들에 의해 세상에 조금씩 알려지게 되었다.

저자가 홍만자회에 관심을 갖게 된 계기는 위와 같은 요인 못지않게 1993년에 난징에서 개최된 학술회의에 참가했다가 그들의 활동을 기록한 기념비를 보면서 시작되었던 것 같다. 난징대학살기념관 내에 세워진 여러 개의 기념비에는 일본군에 의해 학살된 난징 시민의 수효나 상황뿐만 아니라 홍만자회가 앞장서서 이들 유해를 처리하였다는 사실을 거의 모든 비석에 새겨 넣었던 것이다. 학살의 이면에 남아 있는 또 다른 사실이 있었던 것이다. 전쟁에는 국가 사이의 승패가 따르지만, 그보다 전쟁에 따른 난민, 재산 피해, 부상병, 그리고 전사자 등 수많은 전재戰災는 승패와 무관하게 남겨진

2 2000년대에 이르러 중국에는 해마다 약 6천만 명 이상의 재해민이 발생하고 있고, 2천2백만 명의 도시 인구가 생활고에 시달리고 있으며, 7천5백만 명의 농촌 인구 역시 절대 빈곤층으로 남아 있다. 6천만 명의 장애인과 1억4천 명이 넘는 60세 이상의 노인이 절실하게 여러 형태의 도움과 복지를 기다리고 있다고 한다. 李光衛, 〈道院 · 道德社 · 世界紅卍字會 — 新興民間宗教慈善組織的歷史考察(1916–1954)〉(山東師範大學 碩士學位論文, 2008.4), p.278.

비극인 셈이다. 이러한 전재를 홍만자회가 맡아 처리했다는 사실을 난징에서 확인할 수 있었다. 전쟁이라는 비극을 불러온 주체는 근대 국민국가였지만, 그것이 만든 상처를 치료하는 일은 민간 자선단체가 맡았던 것이다.

이 연구를 통해 필자는 다음과 같은 몇 가지 목적을 가지고 20세기 전반기에 상하이 지역 홍만자회를 주목하게 되었다. 첫째로 이 연구의 1차적 목표는 홍만자회의 전모를 역사적으로 파악하는 데 두었다. 홍만자회는 최근의 연구에 의해 조금씩 그 정체가 드러나기는 하였지만, 사실 잘 알려지지 않은 자선단체 중의 하나이다. 그것은 도원이라고 하는 민간종교에서 전문적으로 자선을 행하기 위해 설립한 단체라는 점에서 전통 시대의 민간종교 결사의 유산을 물려받은 듯이 보인다. 하지만 홍만자회는 자선만을 위해 설립된 하부기구였다는 점에서 전통 시대의 그것과는 다른 양상을 보여 준다. 그럼에도 불구하고 도원과 홍만자회의 관계가 실질적으로 어떠하였는지에 대해서는 제대로 검토되지 않았다. 또한 이 자선단체가 예컨대 1931년의 상하이 사변, 1937년의 난징대학살 참화에 어떻게 참여하였으며, 그 활동으로 인해 조직 자체가 어떻게 변화하여 갔는지에 대해서도 거의 연구되지 않았다. 나아가 이 단체가 전통 시대의 자선단체와 달랐던 것은 자선의 목적을 위해 사회적 약자들을 위한 병원과 학교를 설립하여 운영한 것이지만, 이조차 알려진 바가 별로 없다. 더욱 중요한 것은 이 단체의 최후이다. 인민공화국이 건국되고 난 뒤, 이른바 '항미원조抗美援朝'라는 구호를 위해 홍만자회는 조직의 역량을 총동원하였으나, 곧이어 정부에 의해 해산되고 말았다. 이 부분은 홍만자회의 역사에서 아직도 오리무중이다. 따라서 나는 적어도 이 자선단체가 시작되고 발전하는 과정과 최후를 맞았던 1950년대 초까지 중요하다고 생각되는 부분을 검토해서 홍만자회의 실체와 기본 성격을 밝혀 보려고 한다.

그렇다면 상하이 지역 홍만자회라는 자선단체를 전체적으로 이해한다고 해서 20세기 전반기의 중국 역사에 무엇을 보탤 수 있을까? 그 중의 하나는 근대 시민사회의 성장과 연결시킬 수 있을 것이다. 이미 일본의 코하마 마사코小浜正子 교수의 연구에서 언급되었듯이,[3] 상하이 지역의 자선단체는 시민사회의 주요 공공영역이었다. 그것은 바로 국가와 사회가 공통으로 발전시켜야할 부분이었으며, 그 핵심에 민간인들이 자발적으로 조직하여 운영한 수많은 자선단체가 있었다. 자선조직은 기본적으로 현 사회나 국가체제를 뒤엎기 위한 조직이 아니라 그것을 보완하거나 모순을 해결하려는 공공조직이었다고 할 수 있다. 더욱 중요한 것은 상하이 지역의 자선단체 중 홍만자회는 전통 시대의 종교결사로부터 출발하였지만, 자선행위나 그것을 뒷받침한 교의 등이 당시 중국에 도래한 세계의 새로운 사조 등, 외부적 요소를 흡수하면서 현대사회에 맞는 틀을 만들어냈다는 사실이다. 말하자면 자생적으로 사회를 근대화시킨 성격이 뚜렷한 단체라고 할 수 있으며 이를 통해 중국사회의 근대적 양상을 검토해 볼 수 있을 것이다.

나의 목표는 또한 민간 자선단체의 발전과 쇠퇴를 통해 20세기 중국에 존재하였던 여러 행태의 국가권력의 성격을 검토해 보려는 데에도 두어졌다. 자선이나 재해의 구제는 오늘날에도 마찬가지이지만, 특정 사회단체가 독자적으로 수행하기 어려운 과업이다. 특히 홍만자회는 통상적인 자선행위인 시죽施粥, 시의施衣, 시미施米와 같이 전통적으로 수행해 왔던 일시적 방식의 자선보다는 전쟁 중에 발생한 난민, 부상자, 사망자 등을 처리하는 국가 차원의 구제 사업을 많이 실천하려고 하였기 때문에 정부와 긴밀하게 협력하면서 사업을 진행할 수밖에 없었다. 따라서 홍만자회와 국가 권력과의 관계를 면밀히 검토하면서 그 권력의 성격을 밝히는 작업이 불가피하다. 이것이 이 연구가 의도하는 중요한 목적 중의 하나이다. 실상 20세기 전반기의 국가권력에 대한 검토는 대부분 권력집단 그 자체의 내부 구조나 행위, 그에 참여한 인물 등에 집중되어 있었다. 그리하여 베이징 정부는 공화국의 목적을 벗어난 비정상적인 정부로 인식하였으며, 반면 국민혁명의 추진

3 小浜正子著, 葛濤譯, 《近代上海的公共性與國家》(上海古籍出版社, 2003) 및 고하마 마사코, 〈社團 관계망으로서의 근대 상해 도시사회의 구제 — 20세기 상해 자선계의 공적 구조와 전환〉, 배경한 엮음, 《20세기 초 상해인의 생활과 근대성》(지식산업사, 2006), pp.326-353.

자라는 명목으로 쑨원이나 장제스가 이끄는 난징 국민당 정부에 더 우호적인 평가를 내렸다. 하지만, 자선단체의 관점에서도 이 평가가 유효할까? 가정이기는 하지만, 오히려 베이징 정부 때에 민간단체의 자율성이 더 증대한 반면, 국민당 정부가 들어선 1927년 이후 그 자율성은 위축되었고 이에 비례하여 국가의 독재성도 더 증가하는 것처럼 보인다.

이 단체는 인민공화국이 들어선 이래, 새로운 사회체제에 맞는 프로그램을 개발하고, '항미원조' 캠페인에도 호응하면서 존속하기 위해 몸부림쳤지만, 결국 사교로 지목되었던 회도문會道門에 포함되어 해체되었다. 이러한 조치는 공산당 정부가 민간 사회의 자율적 발전에 어떻게 대응하였는지를 보여 주는 좋은 사례라고 할 수 있다.

오늘날 우리 사회는 날이 갈수록 자본에 의한 인간의 예속이 심화되면서 무질서와 혼돈의 세계로 빨려들어 가고 있다. 이러한 때에 이들 도원과 홍만자회가 세계적 보편주의를 내세우면서 발전시킨 "구도와 자선행위는 한 몸"이라는 '도자일체론道慈一體論'은 현실적인 맥락에서 어느 정도 유효성을 가질 수 있을까. 도원과 홍만자회, 곧 원회院會는 세계종교의 교의뿐만 아니라 실천덕목을 수용하면서 발전하였고, 또한 제1차 세계대전을 거치면서 이 세기가 전쟁과 고난의 시대가 될 것이며 이에 대처하기 위해서는 도자道慈 역시 세계화하여야 한다고 주장하였다. 세계주의적 보편성을 내세우면서 한국, 일본, 동남아, 유럽, 미국 등지에 지부를 두고 재해 구제에는 국경을 초월한다는 신념으로 활동하였던 것이다. 공통 언어로 에스페란토어를 사용하도록 회원들에게 권장하였다. 명칭 역시 '세계홍만자회'로 정하였다. 따라서 이러한 교의와 활동이 종교 간, 민족 간, 국가 간의 벽과 갈등이 증대되는 모순을 이해하고 해결하는 데 조금이나마 노움을 줄 수 있으리라고 생각한다.

이러한 의도 아래 나는 이 연구에서 다음과 같은 몇 개의 큰 주제를 통해 상하이 홍만자회를 분석해 보려고 하였다. 그 첫째는 도원 및 홍만자회의 초기 성장과 국가권력과의 관계에 대한 것이다. 이제 조금씩 밝혀지기 시작하였지만, 초기의 성장과정은 아직도 미지의 영역이다. 그 중에서도 홍만자회의 상부 조직인 도원의 교의와 그 기능을 비롯하여 홍만자회의 설립 과정이나 주도층, 양 조직의 상호관계 등을 구체적으로 검토해 보려고 한다. 전통적으로 중국 내에서 발전한 종교는 도덕과 그 실천을 중시하였으나, 홍만자회와 같이 대규모 자선사업을 독자적으로 발전시키지는 않았다. 또한 세계화라는 맥락과도 제대로 연결되지 않았다. 20세기에 전개된 세계화 시대에 이 단체는 교의나 자선단체의 운영방식, 구체적인 활동 등에서 적십자회와 같은 동시대의 구호단체로부터 많은 자극을 받은 점이 보인다. 기왕의 3교합일에서 기독교와 회교까지 포괄하는 5교합일 사상을 발전시킨 것도 그 맥락에서 이해할 수 있을 것이다. 곧 위기의 시대에 대한 대응 기제를 구축해 가는 과정에서 상하이 지역 엘리트들이 어떻게 사고하고 행동하였는지를 볼 것이다. 나는 이것을 민간 종교의 근대적 성장이라고 규정하려고 한다.

그러나 국민당 정권이 난징에서 집권한 이후 이러한 성장은 억제되었다. 그것은 국민당이 사회에 대한 통제를 강화한 데 기인하기도 하고, 또 기왕의 민간 종교를 미신으로 몰아 금지 운동을 전개한 탓도 있었으며, 자선이란 허울을 쓰고 재물을 편취하는 부류도 적지 않았던 것도 한몫을 하였다. 국민당 정부는 자선이나 사회구제의 필요성과 중요성을 인식하고 있었음에도 전반적인 복지 프로그램의 결핍과 열악한 재정 등 여러 가지 역량의 한계로 이 분야에 적극적으로 대처하기 어려웠다. 그 공적 영역은 홍만자회를 비롯한 자선단체들의 도움을 받지 않으면 안 되었던 것이다. 양자의 협력관계는 이처럼 긴요하였음에도 불구하고 국민당은 사회단체의 발전보다는 통제에 더 집중하였던 것 같다. 이런 점들을 깊이 분석해 보려고 한다.

두 번째 주제는 홍만자회가 구축한 자선활동의 유형과 그 성격에 관한 것이다. 홍만자회는 자선활동의 유형을 전통적인 선당善堂의 방식[4]보다는 적

4 이에 대해서는 유장근, 〈청말 광동지방의 사회복지기관〉, 《근대중국의 지역사회와 국가권력》(신서원, 2004), pp.83-119 참조.

극적이고 장기적인 유형의 활동에 더 치중하였다. 노약자 보호나 양식 및 약품을 주는 것 등의 일상적인 자선활동은 전통 시대에도 끊임없이 진행되어 왔던 유형이었다. 그러나 20세기의 자선단체들은 이에서 더 나아가 약자에 대한 경제적 지원과 사회제도 등을 통해 그들이 사회에 복귀하는 데에도 관심을 쏟았다. 이 점을 먼저 살펴보려고 한다. 다음으로 홍만자회의 특성을 잘 보여 주는 자선활동은 전시戰時 구제와 부설 병원 및 학교를 운영하는 것이었다. 전시 구제는 전통 시대에는 존재하지 않았던 구제 방식으로, 특히 유럽에서 유입된 적십자회의 그것을 모델로 삼았다고 할 수 있다. 또한 병원과 학교 설립 및 운영은 서양의 기독교 선교회에서 이미 실행하고 있었던 것이다. 기독교 선교회의 병원 및 학교 운영은 포교라는 의도가 전제되어 있다고 한다면, 홍만자회 역시 도자일체론에 의거하여 자선이 진행되고 있다는 점에서 유사성도 있지만, 차이 역시 존재한다. 이를 규명하기 위해 병원 및 학교의 설립과 운영이 구체적으로 어떻게 진행되었는지를 살펴볼 것이다.

이 저술의 세 번째 주제는 1949년의 중화인민공화국 건국 이후 홍만자회는 이 새로운 국가체제에 어떻게 대응하였는가에 대한 탐색이다. 앞에서 말한 바와 같이 도원은 국민당 시대와 마찬가지로 공산당 체제 아래에서도 미신과 사교 단체로 규정되어 합법적으로 존재할 수 없었다. 하지만 신정부는 국공 내전의 후유증을 정리하면서 사회적 약자들인 빈민이나 무학자, 여성들을 위한 사회적 책무를 떠맡길 수 있는 존재로 홍만자회를 인식하였다. 이 때문에 양측은 접점이 있었던 것이다. 홍만자회는 예컨대 산하의 부녀부에게 사회학습반을 운영하거나 실업교육을 실시토록 하면서 공산당의 정책인 여성해방에 보조를 맞추려고 노력하였다. 그러나 이러한 협조관계는 한국전쟁에서 중국정부가 '항미원조'정책을 전개하는 과정에서 파탄이 난 듯이 보였다. 홍만자회는 자체 조직뿐만 아니라 부속 중학인 만자중학을 통해 항미원조 사업을 적극 지원하였고, 《세계평화선언》과 같은 형식의 선언서를 공포하면서 정부의 정책에 협조하였으나, 결국 전쟁을 지원하는 수단으로 떨어지고 말았다. 부녀부는 1954년까지 활동하였으나, 결국 사회단체의 정리와 폐지 정책에 밀려 홍만자회는 최후를 맞이하였던 것으로 보인다.

민간사회의 성장이 인민공화국 체제에서는 더 이상 용인될 수 없었던 것일까. 국가가 인민의 모든 문제를 해결해 준다고 믿어서일까. 아니면, 케네스 리버살Kenneth Lieberthal의 지적처럼 기층 인민을 두고 국가권력과 강력한 사회단체가 경쟁한 끝에 후자가 패배한 것일까. 리버살은 1949년 1월에 인민해방군이 톈진을 점령한 이후 공산정부는 이곳에서 가장 강력한 사회조직이던 일관도一貫道를 진압하기 위해 주도면밀하게 준비하고 공격적인 정책을 실행한 끝에 목표를 달성하였다고 말한다. 곧 일관도의 기반이 되었던 방회 조직을 해체하면서 당이 주도하는 대안조직을 만들고 지도부와 회원들을 떼어 놓는 한편, 여러 지역에 존재하던 조직 간의 연계성을 무너뜨리면서 일관도가 지배하고 있던 기층 노동자들을 새로이 장악할 수 있었다는 것이다.[5]

일관도와 홍만자회는 민간종교의 전통을 이어받으면서 5교합일과 같은 새로운 교의를 만들어내었다는 점에서 유사한 면이 있다. 하지만 전자가 주로 운수노동자들이 토대를 제공하고 그 집단의 이익을 위해 존재하는 형태였지만, 후자는 자선과 구제를 주요 목표로 내걸었고, 그것을 주도한 이들은 도시사회의 엘리트였다는 점에서 중요한 차이가 존재한다.[6] 이러한 차이에도 불구하고 국가권력을 독점하고 사회에 대한 전반적인 통제를 강화하려고 했던 공산당 정부는 양자가 모두 이 작업에 방해물이라고 인식하였던 것이다.

여하튼 개혁 개방 정책을 실시한 이후 중국에서는 사회복지 정책의 후

---

5 Kenneth G. Lieberthal, *Revolution and Tradition in Tientsin, 1949-1952*(Stanford University Press, 1980), pp.108-118.

6 이 때문에 리광웨이李光衛는 도원을 회도문으로 파악하지 않고 민간자선종교조직으로 간주한다. 李光衛, 앞의 논문, pp.266-267 참조.

퇴, 노년층및 빈민층의 증가, 빈부격차의 심화와 같이 국가가 모든 사회 모순을 해결하기 어려운 처지에 빠지게 되었다. 결국 중국 정부는 공산당이 주도하는 국가만능주의를 포기하면서 다시 민간사회의 자율성을 어느 정도 인정한 듯이 보이지만, 파룬궁 탄압사건[7]에서 보이듯이 항상 의심의 눈초리를 보내고 있다. 마오쩌둥 시대에 진행한 극단적 사회주의적 국가 정책은 실패로 돌아갔지만, 그럼에도 불구하고 여전히 사회적 자율성을 용인하는 단계까지는 나아가지 않고 있다. 그 점에서 홍만자회 연구는 20세기 중국에서 국가와 사회 사이에 놓여 있는 복잡한 내적 관계와 문제를 분석할 수 있는 과제들이 내포되어 있다고 생각한다.

---

7 유장근, 〈현대중국에 있어서 파룬궁의 출현과 발전 양상〉, 《현대중국의 중화제국 만들기》(푸른역사, 2014), pp.370-411.

제1부

도원道院 및 홍만자회의 초기 성장과 국가권력

제1장

도원의 체계화 과정과 홍만자회

1. 도원 설립의 시대 상황과 상하이의 자선단체

1920년대에는 전 세계가 어수선했다. 전 지구를 거의 파멸 단계까지 몰아갔던 제1차 세계대전이 끝나긴 했지만, 그 여파는 세계의 곳곳에 남아 있었기 때문이다. 영국이나 미국과 같은 승리한 제국주의자들은 국가 차원에서 적지 않은 이익을 챙길 수 있었지만, 그곳에 사는 인민들까지 그러한 만족감을 느꼈던 것 같지는 않다. 오히려 전쟁에 따른 심리적 고통과 좌절, 미래에 대한 불안감 등이 이들을 더 옥죄었다.[1]

중국의 상황이라고 해서 다른 국가나 지역보다 더 나았다고 말하기는 어렵다. 5.4운동의 여파가 베이징이나 상하이와 같은 대도시의 엘리트들을 동요시키면서 미래의 전망을 불투명하게 만들었다. 중화민국은 물론 새로운 공화국 체제이기는 하였으나, 이 집권층에게 국가와 사회를 맡기기에는

1 영국의 소설가 제임스 힐튼이 창조한 샹그리라는 이 점에서 이 시기 서구 지성인들의 불안을 상징할 것이다. 유장근,〈현대중국의 샹그리라 만들기와 그 의미〉,《현대중국의 중화제국 만들기》(푸른역사, 2014), pp. 416-422.

불충분하고 불안하였기 때문이다. 이에 따라 일부 급진적으로 정치적 대안을 모색하는 사람들은 공산당의 창당으로 나아가거나, 폐쇄적으로 운영되었던 국민당을 개조해서 새로운 사회와 국가를 만들어내려고 시도하였다.

그보다 일반 인민들에게 더 심각했던 상황은 잦은 전쟁과 재해, 빈곤, 도시화와 이주에 따른 생계 불안정 등 매우 현실적이면서도 급박한 것이었다. 1920년대를 전후해서 중국 내에서 벌어진 전쟁 중에서 상하이 지역으로 한정한다고 해도 1911년부터 1932년까지 모두 7차례의 혁명과 전쟁, 무장 봉기 등이 이 지역에서 이어졌다. 1911년의 신해혁명, 1913년의 제2차 혁명, 1923년, 1924년, 1925년의 장저江浙 전쟁, 1926-27년의 노동자 무장폭동, 1932년 1월에 시작된 상하이 사변 등이 그것이다.

끝없이 팽창하는 도시의 규모와 그에 따른 이주민의 증가는 상하이와 같은 대도시가 떠맡아야 하는 큰 짐이었다. 예를 들면, 전통 도시의 특색을 띠고 있던 상하이현성 일대와 달리 그 외곽에 형성된 조계지역의 도시화는 거의 대부분 이주민들로 채워지고 있었다. 공공조계와 프랑스조계 지역의 인구 증가 양상을 보면, 1900년에 391,354명이었으나 1910년에 537,783명, 1920년에 849,143명, 1930년에 1,332,759명으로 약 30여 년 만에 4배 이상으로 증가하였다. 이 인구는 1934년의 상하이 총인구 340만여 명 중 26% 정도를 차지하였다. 이들 이주민의 출신지는 대체로 장쑤, 저장, 광둥, 안후이, 산둥이었으며, 이들이 1936년의 상하이 시내 중국인계 인구 2,145,317명 중 66.9%를 차지하고 있었다.[2] 이 중 긴급 구제가 필요한 난민이나 무직자로서 생계 대책이 없는 인민은 1930년과 1934년 무렵에 30만 명 정도였으며, 여기에 생계가 불안한 임시공이나 농민공은 포함되지 않았다.[3]

전쟁에 따른 불안과 전쟁 난민의 증가, 도시화와 빈민층의 증가는 지도적인 사회 세력으로 하여금 새로운 공공영역을 창출하도록 부추겼다. 급증

---

2 李國林, 〈民國時期上海慈善組織研究(1912-1937)〉(華東師範大學 博士學位論文, 2003), p.44.

3 李國林, 위의 논문, p.136.

하는 사회 위기는 국가체제로서만 해결할 수 없는 영역이었기 때문이다. 특히 1912년에 베이징에 들어선 중화민국 정부는 사실상 청정부만큼의 전국적인 통제력을 행사하지 못하고 있었다. 그렇다고 해서 전통적인 선당이나 자선기구가 이 위기를 정면으로 감당하기에는 역량이 미흡했다. 적어도 19세기 전반기까지 자선에 관한 거의 모든 사업은 국가의 전유물이었으며, 서양인 선교사나 수녀회가 이 부분에 눈을 돌리기 전까지 상하이나 광저우와 같은 지역의 신사나 상인은 그에 대한 관심이 미흡하였기 때문이다.[4] 하지만 청이 무너지고 새로운 국가 체제가 들어서면서 국가와 사회는 새로운 관계의 정립을 필요로 했다.

새로운 관계 속에서 주목할 만한 것은 우리가 오늘날 공공영역Public Sphere이라고 부르는 곳이다. 그곳에는 사회복지, 공공위생, 의료, 교육 등 국가와 사회 사이에 존재하는 많은 필수 영역들이 서로 공존하면서 혼합된 형태로 인간 사회를 지탱해 주고 있었다. 자선단체는 이 점에서 국가와 사회 사이에 공존하는 대표적인 사회 복지조직으로, 청 말부터 중화민국 초기에 점차 중요한 공공세력으로 성장하고 있었다.[5]

게다가 상하이 지역은 이러한 공공단체가 수없이 만들어지는 특수한 공간이기도 하였다. 그것은 19세기 후반기에 광저우 지역과 마찬가지로 상하이의 신상紳商들이 사회 개혁의 차원에서 적극적으로 자선기구를 설립하고 운영한 데서도 연유할 것이다.[6] 그에 못지않게 외국계 자선단체들이 이미 청 말부터 활동하고 있었던 데에도 기인하였다고 할 수 있다. 예컨대 기독교 청년단체YMCA도 그 예이지만, 우리가 오늘날 국제적십자사라고 부르는 홍십자회도 상하이 지역을 중심으로 조직되어 활동하고 있었다.

---

4 유장근, 〈청말 광동지방의 사회복지기관〉, pp.96-116 참조.

5 曹禮龍, 〈修行與行善 -上海的世界紅卍字會研究(1927-1949)〉(上海師範大學碩士學位論文, 2005), p.2.

6 유채원, 〈淸末 上海의 善堂運營과 育嬰의 변모〉, 《명청사연구》 42집(2014.10), pp.217-235.

훗날 홍만자회의 칭호나 표식의 유사성을 문제 삼았던 홍십자회는[7] 본래 1863년에 스위스에서 성립하였으며, 중국에는 1904년에 첫발을 내디뎠다. 중국홍십자회는 러·일 전쟁 직후 각국 교민들이 만주 지역에서 안전하게 철수할 수 있도록 해당 국가의 적십자사를 통해 그들의 정부에 요청하도록 하기 위한 목적으로 출발하였다. 이 요청이 러시아에 의해 거절당하자 상하이신상연합회上海紳商聯合會는 각국의 인사와 연합하여 영국, 독일, 미국, 프랑스 등 중립국 영사에게 이를 다시 요청하였고, 1904년 5월에 제네바 협약에 서명하면서 공식적으로 창립되었던 것이다. 특히 상하이 지역에는 미국홍십자회 상하이지부가 이미 만들어져 있었고, 아울러 청국홍십자회도 1907년에는 국제홍십자회 상하이 지부가 소유하고 있던 자금과 시설을 접수하고 병원과 학교를 건립하면서 구호 기능의 일부를 담당하였다. 이리하여 상하이는 국제홍십자회의 주요 활동무대로 성장하고 있었다. 1912년에 중국홍십자회로 명칭을 바꾼 이 구호 단체는 1912년부터 재난 구제에 앞장을 섰고, 1919년에는 상하이 지역 자선단체와 함께 장쑤, 저장, 안후이, 후베이 4성의 수재를 구제하고 1922년에 있었던 군벌 간의 전쟁 때에는 각성의 분회가 구호대와 임시 의원을 조직하여 구호함으로써, 근대기의 전쟁과 재해 구제에서 하나의 모범적인 단체로 성장하고 있었다.[8]

홍십자회보다 더 활발하게 자선과 구제 활동에 참여한 단체는 상하이 지역의 수많은 자선단체들이었다. 1927년에 상하이특별시 사회국에서 집계한 자선사업 통계에 따르면, "본 시에서 자선사업을 하는 공사 단체는 무수히 많고 사업 역시 많으나, 통계가 부족하여 민중들이 제대로 주목하지 못할" 정도였다.[9]

이 상황을 좀 더 구체적으로 살펴보기로 하자. 1930년경에 조사한 상하

7 末光高義, 《支那秘密結社慈善結社》(滿洲評論社, 1932), pp.354-355.

8 行政院新聞局, 《中國紅十字會》(1947년 8월, 상하이도서관 소장), pp.1-3(자료 제공, 박경석 교수).

9 《申報》 1928년 11월 16일.

이의 자선단체 통계에는 모두 119개의 단체가 단체명, 소재지, 주지인, 사업종류, 사업연도, 주기, 자료출처 등으로 나누어 기술되어 있다.[10] 이 중 가장 오래된 것은 '청 중기'의 인제육영당仁濟育嬰堂과 1710년의 상하이육영당이며, 가경嘉慶 연간에 조직된 포동동인자선회浦東同仁慈善會가 있다. 그 밖에 19세기 하반기에 설립된 것으로는 동인보원당同仁補元堂(1855)을 비롯하여 모두 9개의 자선단체가 잇따라 설립되었다.[11] 그 나머지는 거의 모두 20세기 초기의 것들이거나 연도 불명의 단체들이다. 설립 연도가 불확실하다고 하더라도 1920년대를 넘지는 않는다. 그리고 이들의 입지는 대개 남시南市, 자베이閘北, 양수푸楊樹浦 등 빈민이 많은 지역이었다.[12]

이들 자선단체가 수행한 사업의 종류는 무엇이었을까. 우두소와 같이 우두를 접종하는 단체, 부녀를 수용하는 곳, 양로소, 방생국, 석자회 등과 같이 명칭에서 주된 사업을 표기하는 곳도 있지만, 대부분은 시약, 시죽, 시관, 시미, 시의 등 빈민이나 유민들의 긴급한 상황을 해결하기 위한 사업이 대부분이다. 그 중에는 시관과 같이 사망자에게 관을 제공하는 곳도 있으며, 그에 따라 매장을 주 업무로 하는 단체도 있다. 또 20세기 초에 만들어진 상하이보익습예소上海普益習藝所처럼 유민을 수용하여 공작을 가르치는 단체도 있었다.[13] 시약 등이 전통적인 방식을 계승하던 사업이라면 습예소는 단순히 수용을 넘어 유민에게 기예를 가르쳐 사회에 환원시키는 성격의 사업이라고 할 수 있다. 또 1919년에 중국인들의 거주지인 남시南市에 만들어진 호남자선회滬南慈善會는 의약, 옷, 쌀, 우두 등을 시여할 뿐만 아니라 학교운영, 임시 재해 구제 및 수용과 같은 사업도 하였다. 이 역시 20세기

10 張禮恒 主編, 《民國時期上海的慈善團體統計》, 《民國檔案》, 1996.3. pp.65-71.

11 그 밖에 보안양로소保安養老所(1860), 부녀교양소(1871), 상하이복선당上海復善堂(1863), 보식선국保息善局(1861), 황씨시종우두소黃氏施種牛痘所(1868), 방생국放生局(1874), 위중선국位中善局(1889), 동원유심석자회同愿留心惜字會(1895), 인제선당仁濟善堂(1867) 등이 설립되었다. 청말의 자선단체에 대해서는 梁其姿, 《慈善與教化: 明清的慈善組織》(河北教育出版社, 2001) 참조.

12 高橋孝助 · 古厩忠夫 編, 《上海史》(東方書店, 1995), p.159.

13 습예소는 왕이형王一亭이 1912년에 상하이의 변경인 漕河涇에 세웠다. 위의 자료, p.65.

전반기에 상하이에서 자선에 전념하던 왕이형王一亭의 작업 결과였다.

이들은 홍십자회와는 달리 시의, 시약, 시미, 시대, 매장 등 전통적으로 선당이 행하던 자선사업에 더 관심이 많았던 것으로 보인다.[14] 하지만 위의 습예소나 재해 구제 등은 전통시대와는 다른 새로운 형태의 자선사업이라 할 수 있다. 왕이형이 세운 세계불교거사림世界佛教居士林에서는 학교, 시의, 도서관 설립과 같은 사업을 주도하였다. 그만큼 자선단체의 규모나 사업 종류 등이 커지면서 확대되고 있었던 것이다. 이 점에서 상하이 지역은 공공영역이 성장할 수 있는 여러 요소들이 갖추어진 곳이었다.

2. 도원 설립의 필요성과 설립 과정

1) 재해와 구제 시스템의 필요성

20세기 초에 이르러 중국인들이 도원이라는 새로운 형태의 종파를 만들어야 할 필요성은 무엇이었는가? 또 그 중에서도 자선만을 전문으로 하는 기구인 홍만자회는 어떻게 만들어졌을까. 먼저 그 필요성을 당시의 사회 상황 속에서 검토해 볼 수 있다.

1920년대 전후, 중국에는 재해가 끊임없이 이어지고 있었으며, 이것이 일군의 관료, 상인 엘리트들로 하여금 위기 위식을 갖게 하였다. 1917년에는 허베이성을 비롯한 화북 지방에 큰 수해가 있었다. 반면 1920년 여름에는 산둥, 즈리, 샨시, 허난, 산시 등 황하에 위치한 지역에 몰아친 한발로 인해 약 2천만여 명의 피해자가 발생하였을 뿐만 아니라 '붉게 물든 땅이 1천리요, 여기에 병충해까지 번지면서 40년 만의 대기근'이라는 재해로 확대되었다.[15] 재해 구제에 참여하였던 사람들은 사회 구제를 위한 결사체를 조직하

14 李國林, 앞의 논문, pp.156-157.

15 李文海·林敦奎·程蕭·宮明 著, 《近代中國災荒紀年續編, 1919-1949》(湖南敎育出版社, 1992), pp.1-29.

는 데까지 나아갔다.[16]

실제로 산둥 지방에서 도원의 창립을 주도했던 사람들은 수재 때문에 수리 공정에 직접 관여하였거나 그들과 관계가 있는 사람들 혹은 중앙 관료계에서 그것을 후원하던 사람들로 구성되어 있었다.[17] 1917년 베이징과 융딩하永定河 일대에 수재가 발생하였을 때, 구안현固安縣 지사였던 리전쥔李振均은 법규를 어기면서까지 제방 수리의 책임을 맡고 있던 쿵샹룽孔祥榕(도원의 도호道號는 혜항慧航)을 도왔고, 이로 인해 당시 경기일대수재하공선후사의京畿一帶水災河工善後事宜를 맡았던 슝시링熊希齡의 관심을 끌게 되었던 것이다.[18] 슝시링은 홍만자회를 발전시킨 대표적인 인물이며, 그와 더불어 이 조직을 이끌어나간 쉬스광徐世光은 그의 형인 쉬스창徐世昌이 국무경일 때 허난성 푸양濮陽의 하공 책임자이기도 하였다.

수재와 그것을 복구하는 수리 체제 속에서 후일 도원과 홍만자회 핵심 멤버들이 관계를 맺게 되었다고 할 수 있다. 이들은 실제로 수재에 따른 복구작업에 종사하면서 사회구제 문제에 관심을 가지게 되었다. 후일 자선사업의 대부처럼 알려진 슝시링은 바로 이때 재해, 자금, 자선 등에 눈을 뜨게 되었고, 이후 가족과 함께 자선사업에 전면적으로 참여하였다.[19]

1920년의 가뭄도 사회 구제 활동에 촉진제가 되었다. 그해 가뭄 피해는 막심한 것으로서, 봄부터 가을까지 화북 지방에 속하는 산둥, 허베이, 허난, 샨시, 산시 등에 비가 내리지 않았고, 이재민은 2천만 명을 넘어설 정도였다. 특히 많은 이재민들이 베이징으로 몰려들면서 베이징 시내는 물론 베이징 정부도 곤경에 처하게 되었다.

---

16 武內房司, 〈慈善と宗教結社 -同善社から道院·へ〉, 《道教と中國社會》(雄山閣, 2001), p.68.

17 宋光宇, 〈民國初年中國宗教團體的社會慈善事業-以紅卍字會爲例〉, 《(臺北)文史哲學報》(臺灣大學) 46기(1986년 6월), p.20.

18 당시 슝시링을 이 직책에 임명한 사람은 대총통 펑궈장馮國璋이었다. 李光偉, 〈道院·道德社·世界紅卍字會-新興民間宗教慈善組織的歷史考察(1916-1954)〉(山東師範大學 大學院 碩士學位論文, 2008.4), pp.41-42.

19 周秋光, 《熊希靈與慈善事業》(湖南教育出版社, 1991), p.43.

정부기관과 민간단체, 그리고 외국인단체는 합동으로 구제활동을 벌이는 것으로 이 재해에 대처하였다. 베이징에서는 여러 단체를 연락할 기관으로서 베이징국제통일구제총회가 성립되었다. 또한 항구적인 구재조직으로서 중국화양의진구제총회가 만들어졌으며, 각 지방에는 이 총회의 분회가 활동하였다. 1919년에 베이징에서 조직된 오선사悟善社까지 포함된 자선단체들은 1920년에 양식구제회糧食救濟會, 빈민서류소貧民棲流所, 빈민공창貧民工廠, 빈아원貧兒院 등을 설치하면서 다양한 형태의 자선사업을 전개하였다.[20]

사회구제를 목적으로 조직한 도원이 발을 딛고 서 있던 시대 상황을 여기서 보게 된다. 요컨대 세계대전과 국내의 잇따른 수재, 한재, 그리고 산둥과 허난 지방의 수리사업 관련 관료 네트워크가 작동하면서 도원의 결성과 사회구제에 나서게 된 것이다.

사실 당시 쉬스창이 이끌던 중국 정부는 각지의 자선단체에 직접 관여하기 보다는 지방 엘리트들이 운영하는 각 단체에 호소하여 정부와 함께 구제활동을 하도록 격려하는 데 더 힘을 쏟았다. 제도의 미비함과 아울러 재정부족 때문에 베이징 정부에서 시행할 수 있는 구제 방식은 국가의 창고에서 보존하고 있는 양식을 시장에 내어, 물가를 조절하는 평조平糶 정도였기 때문이다.[21] 현대 국가의 구제 기능이 전통적인 방식에서 크게 벗어나지 않고 있었다는 사실을 보여 준다. 이런 점에서 도원이 설립되던 1920년대 전후의 중국, 특히 화북 지역의 상황은 자선의 전문화가 필요한 시점이었다.

2) 도원의 출발

이와 같이 도원의 설립 주체들을 둘러싸고 있던 상황은 이른바 말세적 위기였다. 그것은 제1차 세계대전이라는 미증유의 전쟁과 국내에서 계속되는

---

20 武內房司, 앞의 논문, pp.68-70.

21 宋光宇, 앞의 논문, p.13.

그림 1. 도원의 출발지라 할 수 있는 빈현의 대선사 (출처는 편찬위원회편), 《弘道展慈-香港道慈八十載》(홍콩, 홍콩홍만자회, 2001. 이하 사진은 특별한 경우가 아니면 이 책에 의한다.)

재해 및 전쟁이라는 전대미문의 위기였다고 할 수 있다. 특히 이들은 제1차 세계대전에 주목하였다. 도원의 창립자들이 보기에 이 전쟁은 고금에 없던 것으로서, 물질과 사욕의 잔혹함을 보여준 대표적인 사건이라고 인식하였다.[22]

20세기 전반기에 이미 대표적인 자선단체로 평가받은 홍만자회는[23] 이 세기 초에 등장한 신흥 종파인 도원道院을 바탕으로 해서 조직되었다. 따라서 우리가 홍만자회의 자선 사상이나 조직, 운영 및 활동 등을 이해하기 위해서는 그 모태인 도원을 먼저 살펴볼 필요가 있다. 그들은 사실 외형적으로는 두 조직인 듯이 보이지만, 내적으로는 항상 '도자일체론道慈一體論'에 근거하여 활동하였기 때문이다. 곧 도를 추구하는 도원과 그것을 행하는 자선 기구인 홍만자회는 일체라는 논리이다.[24]

도원은 1915년 무렵에 산둥성 빈현濱縣[25]에서 근무하던 관료들에 의해 시

22 Q120-4-2, 〈道院說明書〉. 문서 앞의 기호는 상하이당안관에 소장된 당안의 분류기호이다. Q120은 상하이홍만자회 및 도원에 관한 당안을 표시한다.

23 이는 末光高義의 평가이다. 그는 이 단체가 당시 중국사회에 존재하던 가장 유력한 사회사업 단체라고 보았다. 末光高義, 앞의 책, p.355. 산둥대학의 劉平 교수도 최근의 발표에서 홍만자회가 대륙에서 활동했던 31년 동안 중국의 자선사업사는 크게 발전하였고, 사회가 불균등하게 발전할 때, 민간조직의 구제사업이 어떻게 진행되어야 하는지를 잘 보여준 대표적인 사례라고 평가하였다. 劉平, 〈"慈之花?" "善之果"?-關于紅卍字會的活動特點與歷史評價等問題〉, 山東大學 等 主管, 《近代民間組織與社會救濟國際學術研討會論文集》(山東 濟南, 2011.10), pp.244-254.

24 유장근, 〈1920-30년대초 紅卍字會의 發展樣相과 그 性格〉, 《중국근현대사연구》 제39집(2008.9), pp.22-23.

25 산둥성 성도인 지난에서 동북으로 약 120킬로미터쯤 떨어진 곳에 위치한 빈현은 황하의 최하류에 자리한 도시로서 오늘날의 지명은 빈저우濱州이다. http://www.binzhou.gov.cn 참조(2008년 8월 26일 중국어 구글 검색)

그림 2. 도원 창립의 초기 멤버들.
1) 두빙인, 2) 류샤오지, 3) 홍스타오, 4) 허슈

작되었다고 알려졌다. 빈현 지사인 우푸잉吳福永과 총무과장이었던 홍스타오洪士陶는 모두 장쑤 사람으로서, 이 중 홍스타오는 평소 시詩, 의醫, 부계扶乩에 능하여 우푸잉의 신임을 많이 얻었다고 한다. 그 덕에 현의 관청 뒷마당에 대선사大仙祠라는 사당을 설치하고 현의 공무를 수행하는 중에 어려운 문제가 발생하면 이곳에서 점을 쳐 그것을 해결하였다는 것이다. 여기에 주군영장駐軍營長 류샤오지劉紹基(안후이安徽 펑양鳳陽 출신, 1880~?)가 가담하였는데, 이는 류샤오지가 맡고 있던 군대 문제조차 부계를 통해 해결해 줄 수 있다고 믿었기 때문이다. 이에 따라 우와 류 두 사람은 대선사에 참배하면서 점차 대선大仙의 제자가 되는 단계에까지 이르게 되었다. 대선사에 신으로 모신 상대선尙大仙은 본명이 상정화尙正和로서 산시성 펀현汾縣 출신으로 당대에 태어나 송대에 이르러 신선이 되었다고 알려졌다.[26]

어느 날 도원 멤버들이 만들어놓은 제단에 상대선이 '훈訓', 곧 계시로 말씀하길 '태을노인太乙老人'이 가장 존귀하다고 하였기 때문에 이들 멤버들은 이후 태을노인을 최고신으로 숭배하게 되었다. 이를 보통 '지성선천노조至聖先天老祖' 혹은 '선천노조'라고 부르는데, 매월 삭망이 되면 이에 참배하는 자가 다수였다는 것이다. 이 당시의 신도는 대략 12명 정도였다.[27] 하지만 이들이 계속 그 자리에서 근무할 수는 없었는데, 류샤오지가 지난濟南으로 전출되었고, 우푸잉은 해직된 탓이다. 빈현의 지현으로 새로 부임한 리첸

26 香港紅卍字會, 《道院卍會提要》(世界紅卍字會臺灣省分會, 1975), p.77.

27 陸仲衛, 《中国秘密社会.第五卷.民国会道门》(福建人民出版社, 2003), p.107.

권도 두 사람 못지않게 전통적 종교에 빠져 있었던 사람이었던 것 같다. 그 역시 뒷날 도원의 신자가 되어 지진智眞이라는 도명을 사용하였으니, 전통 신앙에 대한 관심과 집착은 중화민국 시기의 관신들에게도 다소 일상적인 현상이 아니었을까 한다.

중앙 정부나 지방 관청에서 공식적으로 신에게 제사를 지내는 행위는 중화민국의 건국과 더불어 중지되었지만, 관료들의 개인 수준에서는 여전히 그 관행이 이어지고 있던 사실을 우푸잉과 류샤오지를 통해 알 수 있다. 그들은 선배들과 마찬가지로 현세의 난제를 신의神意에 의해 해결하려고 하였으며, 실제로 효과가 있다는 믿음을 가지고 있었던 것이다.[28]

그들이 숭배한 상대선은 실로 도교신의 계보에서 매우 낯선 존재이다.[29] 흔히 말하는 바와 같이 관제關帝처럼 전국적으로 숭배된 신은 아니었던 것이다. 도원 측의 기록에 따르면, 이 신은 1916−1917년 사이에 빈현의 대선사에 내려와 시단제자侍壇弟子, 곧 부계를 주재하는 사람에게 이름을 내려주거나, 사생師生이 있으면 시문詩文을 내려주면서 교인들에게 입신처세의 길을 알려주었다고 한다. 또한 세상사의 어려움과 그것을 가엽게 여겨야 한다는 "세속의 일을 슬퍼하며 불쌍히 여기는" 비민시속悲憫時俗의 말을 하였기 때문에 이것이 도자道慈, 곧 도원과 홍만자회 조직의 동기가 되었다는 것이다.[30]

대선사의 제단에서 신의를 묻는 방식이 부계였다는 점에서 여전히 전통적인 종교 양상이 보인다. 부계란 전통시대의 점법으로서, 그 방식은 목필과 모래판으로 구성된 점구占具를 제단에 설비한 다음, 신에게 청하는 내용을 적은 종이를 태우면서 기도를 드리고, 신이 내려와 답을 주기를 원한다. 이러한 절차가 끝나면 모래판에 글자가 쓰여지고 이것을 신의 계시, 곧 신

28 吉岡義豊, 《アジア佛教史, 中國編 3, 現代 中國の諸宗教》(交成社, 1974), p.224.

29 馬書田, 《華夏諸神》(北京燕山出版社, 1990)이나, 竇德忠(蕭坤華 역), 《道教諸神》(四川人民出版社, 1988)에는 尙大仙의 이름이 보이지 않는다.

30 《道院卍會提要》, p.77.

훈神訓으로 받아들이는 종교 의례이다. 도원에서는 부계를 경권의 전수, 제자의 훈도, 교도의 흡수, 도무道務의 잡사 처리 등에 활용하였다.[31] 빈현 내의 행정과 군정을 해결하기 위해 고위 관료들이 부계를 이용하고 나아가 세속사를 연민하면서 이를 해결하도록 신훈을 받은 것이 도원의 초기 역사인 셈이다. 이를 도원에서는 빈단濱壇의 시기라고 말한다.

류샤오지가 빈현을 떠나 산둥성의 성도인 지난으로 전출하여 다시 단을 차린 것이 도원의 초기 역사에서 중요한 전환기가 되었다. 무비학당武備學堂 출신이자 중국혁명동맹회 멤버이기도 했던 류샤오지는 여러 가지 군경력을 지닌 군인으로서,[32] 지난에 있는 자기 집에 단을 만든 뒤 스스로 부계의 주재자가 되었다. 이후 빈현에서 제자로 삼았던 저우시더周錫德를 지난으로 데려와 보조자로 임명하면서 단을 꾸려 나갔다. 빈현에서 근무하던 홍스타오 역시 지난으로 전출하여 류샤오지와 다시 만나게 되었다.

지난에서 류샤오지는 관, 군, 상계 등 각계의 인물을 끌어들여 종교 네트워크를 확대해 나갔다. 여기에는 산둥의 저우현鄒縣, 까오탕주高唐州, 린칭臨淸직예주에서 지사를 지낸 경력으로 인해 민국 초기에 산둥 지역에서 저명한 관료로 이름난 두빙인杜秉寅(1866-1925), 그리고 쓰촨성 출신 회족으로서 청 말에 산둥법정전문학교를 졸업한 뒤 주로 산둥성 정부와 의회에서 주요 직책을 맡았던 탕양두唐仰杜(1888-1951) 등 지역 내의 유력 인사들이 있었다. 이들 역시 베이징이나 지난 등에 이미 조직되어 활동하고 있던 민간 종파 동선사同善社에서 좌법문경坐法門經을 익힌 종교 전문가들이었다. 1920년에 류샤오지는 상진인으로부터 '태을노인太乙老人'이 가장 존귀한 존재라는 뜻을 전달받은 뒤, 태을노인을 최고신으로 숭배하기 시작하였다. 도원에서는 이 태을노인을 중심으로 12명 정도의 지역 내 유명 인사를 확보할

---

31 末光高義, 《支那秘密結社慈善結社》(滿洲評論社, 1932), p.354.

32 '濟南歷史人物; 劉紹基'(http://cn.bytravel.cn/art/jnl/jnlsrwlsj/) 참조(검색도구 百度, 검색일 2013년 4월 26일).

수 있었다고 한다.[33]

관료계에 있는 종교 전문가를 중심으로 지역 내에서 종교네트워크를 확대한 이후, 이들은 선천노조의 셰시에 따라 교파의 경전인 보권寶卷의 편찬에 들어갔다. 그 결과 1920년 9월에는 《태극북극진경》이라는 경전을 펴내었는데,[34] 이때 행한 개단찬경開壇纂經 의식에 참여한 48인을 도원에서는 48제자 혹은 48왕자라고 부르며 특별히 존경을 보내고 있다. 당시 이 보권 편찬을 주도한 사람은 홍스타오와 류샤오지였다고 한다.[35]

보권의 편찬 이후, 이들 멤버들은 두 가지 작업을 더 진전시켰다. 유교, 불교, 도교, 회교, 기독교의 종교 전문가들을 확보하는 한편으로, 후속 보권을 새로이 편찬하는 일이었다. 청말 민국 초기에 민간 종교에서 새로이 나타난 양상 중의 하나는 기왕의 유·불·도의 3교합일에서 더 나아가 5교를 융회하여 시대에 맞는 교의를 만들어 내는 일이었다. 19세기 전반기에 출현하여 20세기에 크게 발전한 일관도一貫道에서 그것을 볼 수 있으며, 동선사同善社나 오선사悟善社에서도 이런 경향이 나타났다. 1920년에 베이징에서 설립한 만국도덕회萬國道德會의 내부 조직에도 기독교 부서를 하부에 두고 있었다. 회교에 밝은 탕양두唐仰杜는 이 부분에 적임자였으며, 기독교계에서는 리쟈바이李佳白이라는 인물을 초빙하여 외형상 5교의 전문가들을 갖출 수가 있었다. 본명이 레일 거버트Reil Gerbert인 리쟈바이(1857-1927)는 청말에 미국에서 파견된 선교사로서 만국도덕회에도 기독교 대표로 참석하였고, 동서양의 종교를 통섭하는 한편으로 '제세구인濟世救人'을 위해 동서의 엘리트들이 함께 노력해야 한다는 신념을 가진 인물로 알려졌다.[36]

---

33 陸仲偉, 앞의 책, p.107.

34 이 경전에 대한 소개는 安岡正篤, 《人生は難題克服に味がある》(三五館, 2003) 참조.

35 末光高義, 앞의 책, p.306.

36 顧長聲, 《傳教士與近代中國》(上海人民出版社, 1991), pp.269-274.

3. 교의와 신의 체계화

1) 5교합일의 창출과 그 의미

그렇다면 도원의 주도자들은 왜 5교합일이라는 새로운 교의를 만들어 내었을까. 이들은 종래의 단일 종교 체제로서는 당대에 출현한 세계적 위기를 극복할 수 없다고 판단하였다. 5교합일 사상은 이에 근거하여 창제된 것으로, 이들 5교가 근본적으로 추구하면서 고민하였던 문제를 대략 여섯 가지로 파악하고 있다. 그것을 요약해 보면, 1)도가에서 추구하였던 중국의 도, 2)전쟁과 종교 발전의 관계, 3)우주의 근본조직, 4)인류의 생명의 기원, 5)영학靈學, 6)유儒의 인의, 불佛의 자비, 야耶의 박애, 도道의 위이불유爲而不有, 회回의 광인혜廣仁惠가 추구한 사회자선사업 등을 지적하였다. 이 여섯 가지 요의要義가 도원 성립의 동력이 되었으며, 이에 따라 도덕정신을 숭상하고 철령학리哲靈學理를 연구하여 민지民智를 높이면서 과학의 진전을 구하는 데 치중한다고 선언하였다. 당연히 다른 미신 기관과 같지 않다는 것이다.[37]

도원의 주도자들이 5교합일을 강조한 것도 바로 유교, 불교, 도교, 기독교, 회교 등 5교진지五教眞智의 정화를 통섭하여 하나의 도로 모아야 하기 때문이었다. 교의의 근거를 중국의 전통에서만 찾을 수 없으며, 이 때문에 앞서 말한 6가지 요의要義에 바탕을 두어야 한다는 사실을 강조하고 있다. 특히 사회자선사업의 보편성은 '가여운 사람을 불쌍히 여기는 것이 사람의 본심'이라는 각 종교의 특성에 기초하고 있다.[38] 이들이 5교합일에서 이끌어내려고 했던 사상은 바로 세계 종교가 보편적으로 추구하였던 구원관과 그 실천 방법이었다.

종래의 민간 종교에서는 세계와 세계의 종교에 대한 지식이나 인식이 사

37 Q120-4-2, 〈道院說明書〉.

38 Q120-4-2, 《道院說明書》. 출판사항이 불명인 한글본 설명서도 있다.

실상 거의 없던 것에 비하면 도원의 이러한 인식은 놀라운 변화이다. 도원과 홍만자회의 설립 근거를 세계사의 주요 흐름 속에서 제시하고 있으며, 나아가 당시의 과학계에서 논의되고 있던 우주, 인류의 탄생과 진화, 영의 문제, 그리고 전쟁이 종교 발전에 어떤 영향을 미치는가, 그리고 도의 근본 문제 등이 거론되고 있는 것이다.

또한 이들은 1923년에 제2부 경전인《태을진경오집太乙眞經午集》을 완성하였다. 이들 경전을 만들 때에는 '부符로서 자신을 닦고, 다른 사람을 구제하기를 희망한다'는 의미의 계시를 받은 까닭에[39] 기본적으로 교의의 핵심을 도의 완성과 그 실천에 두고자 하였다. 좀 더 구체적으로 "교의 진체眞諦를 융회融會하여 대도를 숭상하고 영철英哲을 연구하며, 안으로는 정좌로 수신함으로써 자신을 율律하고, 밖으로는 자慈를 행함으로써 구세도인救世度人하여야 한다"는 것이다. 수행의 최종적 목표를 자선에 두고 있었음을 알 수 있다. 이제까지 사람들의 종교적 수양이란 자신의 도덕적 완성과 타인에 대한 신의 구원이라는 범주를 크게 벗어나지 못하였던 데 비해, 도원의 멤버들은 '도道와 자慈', 곧 도자는 체와 용의 관계로서 상호 떨어질 수 없는 불가분의 관계이며, 따라서 자를 실천하는 일은 인간의 영역이라는 사실을 분명히 하였던 것이다.[40]

이들은 자慈에도 광의와 협의의 두 가지 의미가 있다고 파악하였다. 자신들이 추구하는 것은 재해가 있고 난 뒤에 구휼을 생각하는 협의의 자선보다는 측은과 천성의 인을 바탕으로 천지의 모든 물物과 인人을 이롭게 하는 선행의 자라고 주장하였다.[41] 자선과 구제를 통한 도의 실현은 분명히 중국 민간종교의 역사에서 새로운 시도였다. 이는 청말에 흥기한 민간 주도의 자선단체가 기독교의 전도 방식의 영향을 받으면서 출현한 것이라고 할 수 있

39 Q120-4-1,《鄭嬰芝先生講演錄(1942)》. 정잉즈는 도원의 발기인 중 한 사람이었으며, 6원 중 宣院을 담당하였다.

40 Q120-4-1,〈道院紅卍字會說明〉,Q120-4-2,〈道院說明書〉참조.

41 Q120-4-1,〈道院紅卍字會組織概要〉.

다.[42] 특히 기독교 선교 단체가 교육, 의료, 자선 세 분야에서 크게 성공하였기 때문에, 도원에서 말하는 도의 실현이라는 것도 이를 본받으면서 진행할 것이었다.[43]

2) 신의 체계화

여기서 남은 한 가지 과제는 최고신으로 설정된 지성선천노조와 그 아래에 배치된 각 종교의 성인, 그리고 그 예하에 있는 제3층위의 신들로 구성된 도원의 신 체계에 관한 것이다. 뒷날 지성선천노조라는 좀 더 성스러운 이름이 붙은 태을노조는 도교에서 흔히 볼 수 있는 실존 인물로부터 성화聖化된 존재가 아니라, 우주만물의 시조이자 대도의 근원이 되는 신이라고 설명한다. 도원에서는 '지성선천노조'라는 6개의 각 글자마다 주해를 붙여서 그 뜻을 극대화시키려고 시도하였다. '지至'란 더 이상 더할 수 없다는 뜻이며, 성聖은 '대이화지大而化之', 곧 성현의 빛나는 덕업으로 만민을 교화할 것이며, 선先은 '무전無前의 의意'이고, 천天은 '자연'이며, 노老는 '곧 맹자가 말하는 천하의 대로大老이며 천하의 부父'를 일컫는다. 또한 '조祖'란 무명천지의 시작이다. 이 여섯 글자가 바로 5교의 교주가 함께 받들고 찬탄해야 할 존호인 바 유교에서는 상천, 도교에서는 천존, 예수교에서는 상제 혹은 천주, 회교에서는 진재라고 하며, 따라서 극존칭의 명사이자 지존무상의 성호라고 규정한다. 요컨대 5교가 합일하여 일가가 되고, 어느 특정 종교만을 따질 것이 아니라 원융과 보편을 추구하여야 한다고 말한다.[44]

이 점에서 청대의 민간종교에서 절대신으로 숭배하였던 무생노모와도 그 신성이 다르다는 것을 알 수 있다. 두 신 모두 절대적이며 우주창조를 주재한 신이지만, 무생노모는 중화적 세계 속에서 발전한 절대자인 반면, 지

---

42 유장근, 〈청말 광동지방의 사회복지기관〉, pp.83-118.

43 曹禮龍, 앞의 논문, p.33

44 《道院卍會提要》, pp.68-69.

성선천노조는 오교에서 함께 받들어야 할 세계 공통의 절대자라는 점에서 차이를 보이고 있다.

이러한 신성神性을 가진 지성선천노조의 아래 층위에는 각 종교에서 성인으로 숭배하고 있는 존재들을 배치하였다. 유교의 항선사項先師, 불교의 석가, 도교의 노자, 기독교의 예수, 그리고 회교의 마호메트가 그것이다. 여기서 다른 종교의 시조에 대해서는 수긍할 수 있으나 유교의 시조를 '공자의 스승인 항선사'라고 한 것은 이해하기가 쉽지 않다. 도원의 설명에 따르면 '항선사의 이름은 탁橐으로서 7세에 공자의 스승이 되었다'라는 설명이 붙어있고 《전국책》, 《사기》, 《논형》 등에 이미 등장하였다는 기록을 전거로 들고 있다. 하지만 공자를 대신해 그에게 4교의 성인과 동등한 반열에 놓은 좀 더 중요한 이유는 그가 '복희의 후손이며, 복희는 중국 문명의 시조인 까닭으로 그를 유교의 종으로 삼는다'는 데에 있었다.[45] 공자의 스승이었다는 점보다는 중국문명의 시조와 연결시키는 데 더 주안점을 두고 있는 것이다.

여기에 배치된 예수에 대해서도 논란의 여지는 있다. 예수가 전파하려던 복음의 본질을 도원의 관계자들이 체계적으로 이해하고 있었는가. 도원의 신자들이 예수를 신앙의 대상으로 수용한 것이 아니라 5교합일의 교의 체계 속에서 임의로 사유화한 것이라는 비판이 가능하기 때문이다. 그러나 이러한 비판은 개종이 전제되었을 때 가능한 것이지, 절충주의 교파에게는 적용하기 어렵다고 생각한다. 태평천국이 수용한 기독교조차 무교巫敎와 혼합된 성격을 띠고 있었다는 사실을 이해한다면,[46] 도원이나 일관도와 같은 절충주의형 종교에 혼입된 각각의 교의를 체계적으로 분석하는 작업은 그들에게 쉽지 않았을 것이다. 따라서 도원의 제단에서 예수의 위상이란, 재해석 과정을 거쳐 이 교파가 구축하려고 했던 세계관을 좀 더 완전한 체

45 《道院卍會提要》, p.69.

46 유장근, 〈청말 양광지방의 이주민과 敎·會 融合〉, 《근대중국의 지역사회와 국가권력》(신서원, 2004), pp.223-268.

계를 갖추도록 도와주는 역할을 하였다는 데 더 큰 의미가 있을 것이다.[47]

제3위의 층위에 서 있는 신들은 유교, 도교, 그리고 불교에서 전통적으로 숭배해 오던 인물들을 배치하고 있다. 공성孔聖(공자), 맹자, 부성孚聖(여동빈呂洞賓), 창좌신昌佐神(제갈량), 혜성慧聖(유협劉勰), 성제聖帝(관운장), 환성桓聖(장익덕), 양충민공楊忠愍公(양계성楊繼盛), 달마불, 보정불普靜佛, 상진인尙眞人, 악성岳聖(악비岳飛), 문수불文殊佛, 보현불普賢佛, 제불濟佛, 손진인孫眞人(손사막孫思邈), 강성康聖(종리권鍾離權), 선지자 세례요한, 그리고 여도덕사女道德社가 관장하는 연성대蓮聖臺, 곧 관세음보살 등 18명의 신들이 횡으로 열지어 있는 것이다.[48] 이들 신은 다음에 언급할 도원의 6개 부서에서 개별적으로 봉공奉公하는데, 경원經院-문수불과 보현불을, 좌원坐院-달마불과 보정보살을, 통원統院-공자, 혜성, 부성, 창좌신, 관성, 환성, 양충민공을, 단원壇院-상진인, 악성을, 자원慈院-제불과 손진인을, 선원-맹자와 세례요한을, 그리고 통사統社-강성을 각각 모시도록 하였다.

이 중 유교의 신은 공자와 맹자 등 3인, 기독교의 신은 세례 요한 1인, 불교는 혜성, 문수, 보현, 제불, 관세음보살 등 5인을 배치한 반면, 여동빈을 비롯한 나머지 인물은 도교신의 계보에 속한다. 따라서 5교의 성인들과 달리 제3층위의 신들에는 불교와 도교의 인물이 다수인 반면, 기독교는 1인만이, 회교의 신은 1명도 들어가지 못하고 있다. 그리고 빈현에서 신단에 내려 계시를 전했다고 하는 상진인은 18인의 신 중에서 한 자리를 차지하고 있다.

도원의 신의 계보에서 이들이 선발된 까닭은 무엇이며, 또 회교의 신은 한 명도 초대받지 못한 이유는 무엇인지 등은 앞으로 더 검토되어야 할 부분이다. 다만 선발의 의도는 이들 신에 대한 그들의 설명에서 조금 엿볼 수

---

47 Philip Clart, "The Image of Jesus in Modern Chinese Religion Movements: Tao-Yuan and I-Kuan-Tao," Paper for the 'International Conference on Religion, Literature and Life', Yuan Ze University, Chung-li City, Taiwan(22 Sep. 2006), pp.1-16.

48 《道院卍會提要》, pp.72-84.

있다. 예를 들면 부성 여동빈은 "제인이물濟人利物에 뛰어나며", 명대의 양계성은 "충직하여 공을 위해 자신의 몸을 버리는" 헌신성을, 당나라 때의 명의로 알려신 손사막은 "연기양신鍊氣養神으로 세상을 구할 의술"을 가졌기에, 맹자는 무력을 중시하던 전국시대의 상황에서 "가장 먼저 민을 가여워했던" 사람이며, 송대의 인물인 제불濟佛은 관료로 재임 중 "인혜호시仁惠好施하여 장자長者라고 불린" 점을 들었다. 악비조차도 "절식節食하면서 구황에 힘썼는데, 자신의 땅에 들어와 경작하는 자가 있으면 이를 떼어 주는" 인물이었다는 사실을 강조하고 있으며, 세례 요한 역시 "몸을 버리고 세상을 구하는데, 조금도 이해를 따지지 않은" 점을 꼽았다.[49]

정리하자면 공을 위해 사를 희생할 수 있으며, 민을 사랑하면서 이 세상을 구원하는 데 관심을 가진 인물들이다. 모르긴 해도 대부분 관직 경험이 있거나 현직에 있는 도원의 주도자들도 자신을 신위들과 같은 목적으로 추구하면서 그들의 전철을 밟으려고 했는지 모른다.

그 점에서 그들이 내세운 신성神性은 "항상적, 보통적, 창조적, 자유적, 무사적인 신"으로서, "사람에 의한 것은 모두 사람의 사욕이 있기 때문에 영원한 안녕과 평화를 도모할 수 없으며, 신에 의하여 세워진 것은 신의 뜻과 같아야만 아름답고 만족하는 것"이라고 하면서, "자기를 버리고, 모든 것을 신의 마음에 들어야 한다"는 점을 강조하였다.[50] 전지전능한 신의 의지에 따라야 영원한 안녕과 평화를 얻을 수 있다는 것이며, 그러기 위해서는 자선활동에 충실해야 한다고 보는 셈이다. 종래의 민간종교 교파들이 주로 '절대신에 의한 천지창조-인간 세상의 타락-종교적 구원'이라는 삼세론적三世論的 구도 속에 교의를 발전시킨 것에 비하면 현실적인 구원에 더 기울어져 있다는 점을 보여준다. 이는 바로 5교의 교주가 힘쓴 바리는 점을 인식한 결과였을 것이다.

---

49 《道院卍會提要》, pp.68-82.

50 末光高義, 앞의 책, p.306.

4. 도원 종단의 설립과 조직화

이제 남은 일은 신의 계시에 따라 새 시대에 맞는 종파를 만드는 것이었다. 두빙인, 류샤오지, 홍스타오, 우푸잉, 리첸쥔 등 초기 주도자들은 1921년 2월 9일에[51] 지난에서 정식으로 도원을 설립하여 이를 모단母壇으로 삼고, 빈현濱縣의 종사는 종단宗壇으로 설정하는 핵심 지역 조직을 구성하였다.

내부의 조직과 직책도 정하였다. 내부에 '통원統院, 좌원坐院, 단원壇院, 경원經院, 자원慈院, 선원宣院' 등 6원을 두고 원감院監이 이를 책임지는 조직 체계를 갖추었다. 최고위직에는 장적掌籍을, 이를 보좌하는 자리로는 부장적을 두어 각 부서를 총괄하도록 하였다.

그해 12월에는 베이징 정부에 종교 단체로 등록하였다. 지난에서 출발한 도원은 공식적인 출범 이전에 베이징을 비롯한 전국에 조직을 확대하여 이 종교 단체를 전중국적인 단체로 만드는 작업에 주력하고 있었다. 산둥의 지닝濟寧과 더불어 베이징, 톈진에 분원을 설립하였는데, 이 중 베이징도원은 두빙인 등 5인을 파견하여 리위안위안李圓源의 집에 단을 만들도록 하였다. 이 베이징 도원은 후일 전국의 총도원으로 발전하였다.[52] 톈진에는 두빙인과 정잉즈鄭嬰芝가 쉬스창 총통의 동생인 쉬스광을 찾아가 그를 도원에 가입시키면서 시작되었던 바, 특히 정부 등록에는 쉬스광의 도움이 컸던 것으로 알려졌다.[53]

지난과 베이징, 톈진 등에 핵심 거점을 마련하고 정부의 승인을 받은 도원은 1922년 이후 두빙인 등을 각지에 파견하여 지부 설립에 힘을 쏟았다. 그 결과 안후이성의 펑부鄷阜, 허페이合肥, 안칭安慶, 루장薑江, 장쑤성의 상하이, 타이현, 동타이東台, 샤관下關, 쑤저우, 양저우揚州, 즈리성直隸省의

---

51 이 날짜는 Q120-1-34, 〈各地院會一覽表〉에 濟南 院會의 성립연월일로 등재된 것에 따랐다. 언제 설립되었는가에 대해서는 여전히 논란 중이다. 郭大松·曹立前, 〈源起齊魯的道院組織及其時代特徵〉, 《山東師大學報(社會科學版)》(1994年 제3기), pp.57-62.

52 宋光宇, 앞의 논문, p.16.

53 Q120-4-1, 〈世界紅卍字會道院缘起、組織概要〉.

통현通縣, 징하이靜海, 칭현淸縣, 창현滄縣, 산둥성의 이투益都, 이수沂水 등 산둥, 안후이, 장쑤 내 20여개 주현에 지부가 개설되었다. 이어 저장의 항저우, 후베이의 우창武昌, 산시의 타이위안太原, 허난의 카이펑開封 등 성도와 동삼성의 선양瀋陽, 지린吉林, 창춘長春, 부쿠이卜奎, 수이화綏化에서도 지부 개설이 이어졌는데, 대략 1년 이내에 개원된 곳이 60개처였다. 그 다음해에 다시 60개의 분원을 두었으며, 1922년에는 여성들의 도원에 해당하는 '여도덕사'도 창립하였다.[54]

조직계통상으로 보면 지난에는 모원, 베이징에는 총원을 두었고, 주요 도시에 둔 주원主院으로서는 톈진에 중앙주원, 난징에 동남주원, 한커우

표1. 연도별 도원 지부 개설 현황[55]

	1921	1922	1923	1924	1925	1926	1927	1928	1929	1930	1931	합계
산둥	2	26	8	6	4	5	18	6	2	2	1	79
즈리	2	8	8	1	4	7	5	2	0 (허베이)	1	0	37
장쑤	0	6	8	3	5	1	0	1	0	2	1	27
안후이	0	4	2	6	5	1	2	1	1	3	1	28
펑텐	0	1	2	0	0	0	2	4	4 (랴오닝)	6	0	19
허난	0	3	2	0	0	0	0	1	1	1	0	8
샨시	0	1	1	0	1	0	0	1	0	0	0	6
후베이	0	1	1	0	2	0	0	0	0	0	0	4
지린	0	3	0	0	0	0	0	1	1	0	1	6
수이위안	0	0	3	1	0	0	0	0	0	0	1	5
저장	0	1	1	1	0	0	0	0	0	0	0	3
헤이룽장	0	2	0	0	0	0	0	0	0	0	0	2
푸젠	0	0	2	0	0	0	0	0	0	0	0	2
쓰촨	0	0	1	0	0	0	0	0	0	0	0	1
러허	0	0	1	0	0	0	0	0	6	0	0	7
차하르	0	0	1	0	0	0	0	0	0	0	0	1
산시	0	0	0	0	0	1	0	0	0	0	0	1
구이저우	0	0	0	0	0	1	0	0	0	0	0	1
홍콩	0	0	0	0	0	0	0	0	0	0	1	1
합계	4	56	42	19	21	15	27	18	15	15	6	238

54 宋光宇, 앞의 논문, p.16.

55 Q120-1-34, 〈各地院會一覽表〉(1932년 10월 9일 上海紅卍字會到着書類)에 의거하여 작성.

에 서남주원, 장쟈커우에 서북주원, 펑톈에 원동주원, 상하이에 송호대淞滬代주원을 두었다. 다시 중앙대주원은 산둥 옌타이에, 서방주원은 산시陝西에, 서북행주원은 산시 타이위안에 두는 것으로 큰 조직을 마무리 지었다.[56] 다만 서방주원의 경우 산시성만 표기된 것을 보면, 구체적인 주원 설립으로까지 진전되었는지는 의문스럽다.

앞의 표를 통해서 알 수 있는 바와 같이 도원의 지역 조직이 전국적이라고 하지만, 1931년도까지 산둥, 즈리, 장쑤, 안후이, 펑톈(랴오닝)의 5개 성에 집중되어 있으며, 그 밖에 허난, 산시, 수이위안, 러허, 후베이, 저장 등에 분포되어 있다. 산시陝西, 깐수 등 서북부와 쓰촨, 윈난, 구이저우 등 서남부 지역, 장시, 후난 등 양자강 중부지역, 그리고 양광, 푸젠과 같은 화남 지역에도 지부 조직이 거의 없는 형편이다.[57] 이른바 화하 세계의 동부와 남만주 연안에 조직이 집중되어 있다는 사실이며, 지세로 따지자면 주로 화북평원과 화중평원, 그리고 만리장성을 넘어 만주평원 남부에 해당된다. 시기별로 보면 초기라 할 수 있는 1922년과 1923년에 전체 조직 238개 중 98개가 만들어졌고, 그 이후 1930년까지 다소의 기복이 있기는 하지만 매 해에 많은 경우 27개, 적은 경우 15개 처에 조직되었다.[58]

이러한 결과 지난의 모원을 정점으로 하여 중국내에는 성원省院, 현원縣院, 시원市院, 진원鎭院 혹은 향원鄕院을 두고 심지어 향촌에도 몸을 의탁하는 기수소寄修所를 두는 경우가 있었으며, 홍만자회와 함께 해외에 설립한 지부도 주원으로 자리를 잡았다.[59] 농촌의 중심지인 진과 향 단위에까지 도원을 두었다는 것은 공식적인 행정조직과 유사한 조직체계를 갖춘 것으로 간주할 수 있으며, 이는 중국의 사회조직에서 종종 볼 수 있는 형식이기도

---

56 李光衛, 앞의 논문, pp.72-73.

57 이후 푸젠에는 3개 처, 깐수에는 5개 처, 산시 10개 처, 구이저우 2개 처, 광시성 1개 처, 닝샤 4개 처 등이 더 설치되어 1945년까지 모두 468개 처였다. 李光偉, 앞의 논문, pp.59-60.

58 1936년에 36개 처, 1938년에 12개 처, 1939년에 11개 처, 모두 436개 처로서 꾸준히 조직되었다. 宋光宇, 앞의 논문, p.19.

59 郭大松, 앞의 논문, p.32.

하다. 중국사회에서는 대체로 정부 조직을 정통의 것으로 간주하였고, 사회단체들도 이에 따라 조직을 갖추는 것이 일반적이었기 때문이다. 더구나 향진에까지 분원을 설립한 사실은 도원이 도농 통합형의 종교결사로 나아갔다는 의미로 받아들일 수 있다.

새로운 지부를 개설하는 데에는 도원의 창립 때와 마찬가지로 부계를 통한 신의 계시가 필요하였으며, 모원이나 주원에서 멤버를 파견하여 이를 지도하였다. 도원의 핵심 멤버로서 목필을 부지하는 시단제자侍壇弟子 역시 모원의 인가를 얻은 사람만이 할 수 있었다. 이렇게 해야 만이 도원 개설의 신성성이 유지될 수 있다고 믿었기 때문이다.[60]

여기서 잠시 부계의 품질과 관련된 몇 가지 문제들을 언급하는 것이 도원 내부의 운영 시스템을 이해하는 데 도움을 줄 것이라 생각한다. 도원에서 행하는 부계는 정말로 신뢰할 만한 의례였을까. 이를 입증하듯이 일부 도원에서는 부계를 이용하여 사적 이익을 도모하려는 경우가 있었던 것 같다. 이럴 경우 부계의 신뢰성은 무너지고 그렇게 되면 도원 자체의 존립 근거도 위협을 받을 수밖에 없다. 이를 방지하기 위해 도원에서는 부계의 주재자, 곧 부계수를 선정할 때 공의公義, 공념公念, 선행, 선위善爲와 같은 주요한 공공도덕관념을 내장한 문화 엘리트를 중시하였다. 또한 훈이 내리면 그것을 정식 문장으로 찬纂하는 과정을 거치는 데, 이를 익히게 하기 위해 지난 모원에서는 1923년에 찬식학사纂識學社를 설립하여 찬식에 능한 부계 인재를 양성하려고 하였다. 이곳에서는 도道, 기乩, 영靈, 기氣, 수修, 계乩 등 6개 과목을 학습하고, 교원은 지난 모원의 종교연구소와 영학회 회원으로 충원하였다. 정계수正乩手가 되기 위해서는 6개월을, 부계수는 3개월의 수업을 받아야 했고, 시험을 치르는 과정을 통해 질 좋은 지격지를 양성하였다. 이뿐만이 아니라 중국의 경·사·자·집과 의학, 농업, 복卜, 무巫와 관련된 책들을 학습하도록 하였다. 부계수 양성과정을 둔 것인데, 말하자면

---

60 末光高義, 앞의 논문, p.354.

민간종교전문가들을 자체의 정규 교육을 통해 배출한 셈이라 할 수 있다.[61]

그러나 도원이 크게 증가하면서 양질의 부계수를 양성하는 일은 쉽지 않았던 것 같다. 예컨대 1932년에는 장쑤성의 루장盧莊 지부에서 찬을 관장하는 찬장纂掌이 부계를 활용하여 지부 내에 자신의 일파를 주요 직책에 임명하면서 도원을 좌우하는 경우가 발생하였던 것이다. 심지어는 종단, 곧 빈단의 특수 지위를 빙자하여 도원의 시스템에 간여하는 경우도 있었다.

이에 따라 부계수의 자질 문제는 1932년에 개최된 전국 총회에서 당연히 주요 의제가 되었다. 그리하여 지난 모원에서는 부계수와 관련된 규정을 세상에 내놓게 되었고, 그것은 《찬직공약纂職公約》이라는 형식으로 제도화되었다.[62] 이러한 제도화 덕택에 1930년대에 이르러 도원의 부계론은 확실히 초기의 신비적이고 비합리적인 색채를 벗어나 확산 형태의 유교적 요소를 가진 교의로 발전한 측면이 있다.[63] 도원의 부계론 역시 제도화와 합리화의 길을 걸아나간 셈이다.

다시 도원의 하부 조직으로 돌아가 보자. 이 부분에서 독특한 것은 도원의 종교 이념을 연구하면서 이를 체계화하고, 도원에서 필요한 인재를 양성하는 기구로서 도덕사가 있었으며, 여성 신도들을 위한 기구로서 여도덕사를 부설하였다는 사실이다.[64] 도덕사의 창립 연도나 그 구성 및 기능과 변천에 대해서는 모든 연구자들의 견해가 일치하지는 않는다. 하지만 창립 연도는 1921년으로, 이것이 성립된 뒤 각종 자선사업이나 종교연구회, 국어보

61 이는 명청시대 이래 진행된 전통이라 할 수 있다. Daniel Overmyer, "Values in Chinese Sectarian Literature: Ming and Ch'ing Pao-chüan", David, Andrew J. Nathan, and Evelyn S. Rawski, editors Johnson, *Popular Culture in Late Imperial China* (University of California Press, 1985), pp.219-254.

62 陳明華, 앞의 논문, pp.69-78.

63 Jun Hyung Chae(채준형), "From Spiritualism to Diffused Confucianism: The Transformation of Daoyuan Religiosity", 山東大學 등 주관, 앞의 논문집, pp.175-195.

64 여도덕사의 부설로 부녀홍만자회가 있었으나 공식적인 대외기구는 아니었고 그들의 활동지역도 대체로 지난과 칭다오 등지였기 때문에 이곳에서 별도로 다루지는 않는다. 이에 대해서는 李光衛, 위의 논문, pp.92-94 참조.

습반, 영어 및 세계어반(에스페란토어) 등을 시작하였다고 알려졌다. 홍만자회가 만들어지면서 도덕사가 수행하던 각종 자선사업은 모두 홍만자회로 넘어갔고, 1930년에 재조직된 도덕사는 학설을 통일하고 교화를 관통하는 등의 종교 연구 단체로 변하여 갔다고 본다.[65]

여도덕사는 일설에는 1921년 1월 28일에 성립하였다고 한다. 도원보다 빠른 시기이다. 반면 지난의 여도덕사가 1922년 2월 29일에 창립되었으므로, 여도덕사도 당연히 도원보다 늦게 성립하였다고 말한다. 또 일부에서는 준비 기간이 2년여 정도였고, 정식 설립은 1924년이므로 이것이 창립시기라고 말하기도 한다.[66] 계시를 받은 시기로 할 것인지 혹은 준비기로 할 것인지, 아니면 정식 성립일을 창시일로 정할 것인지에 대해 약간의 의견차가 있는 셈이다. 하지만 아래의 여도덕사 설립 위치와 시기를 보면 이미 1922년에 여러 곳에서 활동하고 있으므로 적어도 1922년에는 존재하고 있던 것으로 볼 수 있다. 그 원리는 세상의 구성 이치와 같은 것으로써, 천지와 음양이 있듯이 남녀가 공존하면서 각각 그 직을 맡아 어느 쪽으로도 치우치지 않도록 한다는 데 있었다.[67]

여도덕사의 주요 인물은 두빙인의 부인과 류샤오지의 모친, 그리고 왕런싱王仁性의 부인들이었으며, 사내에 관세음보살과 지성선천노조를 모시고 있었다. 도원의 주요 교의가 5교합일에 근거하고 있었다고 하더라도 여도덕사의 신의 계보에서 보이는 바와 같이 결국 중국의 전통적 신관에서 크게 벗어나지는 않았음을 보여준다. 창립 시의 주요 동기는 부녀의 집회와 수행이었다.[68]

여도덕사의 창립에서 주목할 부분은 위와 같이 도원 창립의 주제라고 할 수 있는 인물들의 부인이나 모친이 주도적 역할을 하였다는 사실이다. 남편

---

65 李光衛, 앞의 논문, pp.143-144.

66 李光衛, 앞의 논문, pp.154-155.

67 趙寶愛, 〈山東女道德社的慈善活動簡論〉, 《婦女運動研究》, 2005년 제1기, p.66.

68 宋光宇, 앞의 논문, p.16.

이 도원의 신자이면 부인도 그것을 따랐던 것 같다. 명청 시대에 발전한 민간종교 결사의 한 특징은 여성들이 주도하는 경우가 많았다는 사실로서, 여도덕사도 이 전통을 계승한 것으로 보인다. 특히 무생노모를 숭배하는 무위교 계통에서 이 점이 현저한 데, 그것은 신의 구원 앞에서는 모두가 평등하다는 교의가 작용하였기 때문이다. 특히 그들이 숭배하는 신들은 연옥에 빠진 인간을 구원해 주는 여성의 성격을 가진 신들이었다. 예컨대 송나라 때의 인물로 알려진 유향劉香을 신격화시켜 숭배한 것이 대표적이며, 관음조차도 여성격을 가진 보살로 인식하였다.[69] 여도덕사 역시 건물 내에 관음보살과 무생노모를 모신 것으로 보아, 청대의 민간종교 결사의 전통을 이어받고 있는 듯이 보인다.

여도덕사 역시 남도덕사, 곧 일반적으로 칭하는 도덕사와 마찬가지로 전국에 약 150여개의 지부를 설립하였으며, 종지나 조직, 활동 등도 남도덕사와 큰 차이는 없었다.[70] 민간종교 결사의 전통에서 보면, 이 사실 역시 주목할 필요가 있다. 동일한 종교결사 내에 남녀가 별도로 조직을 갖추고 있지는 않았기 때문이다.

여도덕사는 과연 어떠한 활동을 하였을까. 일부 연구자는 이 조직이 활동한 바가 거의 없기 때문에 검토하기 어렵다는 의견을 제시하고 있기도 하다.[71] 하지만, 다음의 표를 보면 여도덕사의 여러 양상에 대해 약간이나마 유익한 정보를 제공한다. 1932년 10월 9일 작성한 〈1932년 도원 각 지역 여도덕사 일람표〉에는 현재 활동 중인 조직뿐만 아니라 활동이 정지된 조직도 표시하고 있다.

〈표 2〉의 여도덕사 조직 과정에서 성별 수효는 산둥, 안후이, 장쑤, 랴오닝, 허베이, 베이핑, 허난의 순서이다. 곧 산둥을 중심으로 볼 때, 위쪽으로는 랴오닝, 아래 지역으로는 장쑤까지가 주무대였다는 사실을 알 수 있

69 유장근, 〈민간종교〉, 오금성 등저, 《명청시대사회경제사》(도서출판 이산, 2007), pp.408-409.

70 高鵬程, 앞의 책, p.20

71 曹禮龍, 앞의 논문, p.16.

표2. 1932년 도원 각 지역 여도덕사 일람표[72]

	1922	1923	1924	1925	1926	1927	1928	1929	1930	1931	1932	총계
산둥	지난, 웨이현濰縣, 이투益都(+)	타이안泰安		랴오청聊城, 라이우萊蕪, 라이양萊陽, 예현掖縣(*)	조우현鄒縣, 위청禹城, 엔타이烟臺	린칭臨淸, 보산博山	린위臨楡		칭다오靑島, 푸산'福山 쓰수이샹, 泗水鄕	원상汶上, 등텅현滕縣, 옌타이煙臺 머우핑牟平, 즈보緇博 저우춘周村, 즈촨緇川, 장치우章邱	펑라이蓬萊(!)	24
장쑤	난징下關, 난징城內(+), 鎭江	쟈오후 蚪湖, 장트江都, 쥐탕曲塘, 숭장松江(*), 창저우常州			뤼가오如皐, 통산銅山, 뤼좡廬莊(+)				타이현泰縣	둥첸東陳	난퉁南通(!)	14
베이징	징자오京兆			둥청東城	구안固安	다싱大興, 완핑宛平						5
산시	타이위안太原						다퉁大同					2
저장	항저우杭州	쓰밍四明										2
허난	카이펑開封	뤄양洛陽, 상치우商邱, 우청虞城										4
안후이	펑푸鄌阜, 안징安慶, 우후蕪湖, 루장廬江(*)			허페이合肥, 차오현巢縣, 싼허三河	저가오柘皐		잉샹穎上	쓰현泗縣, 푸양阜陽, 펑양鳳陽		린후이관臨淮關, 정양正陽, 훠치우霍邱(+)		15
허베이		징하이靜海		퉁현通縣(*)			바오터우包頭, 바오딩保定	링허寧河	롼현灤縣			6
상하이		난다바이산南大白柵										1
쓰촨		충칭重慶(+)										1

차하르					장자커우 張家口							1
랴오닝				선양 瀋陽			안둥安東	잉커우營口	쓰핑 四平 퉁랴오,通遼	좡허莊河, 다리엔大連, 타오난洮南, 공주링公主嶺, 가이핑蓋平	파구法庫(!)	11
지린					지린吉林	창춘長春					랴오위안遼源(!)	3
수이위안									우위안五原, 수이위안綏遠			2
헤이룽장										하얼빈, 부쿠이卜奎		2
러허										러허		1
홍콩										홍콩(+)		1
후베이										한커우		1
산시										시안		1
장시											칭장淸江(!)	1
총계	14	13	0	10	10	5	6	5	9	21	5	98

는데, 이는 대체로 도원 및 홍만자회의 조직 분포와 일치한다. 특별히 산둥 지역에 주목할 경우, 후기로 갈수록 향진에 개설되고 있으며, 1931년에 가장 많은 21개가 개설되었다. 후기로 갈수록 증기 몫은 향진이었다는 사실인데 이는 도원을 주도한 산둥 지역의 경우, 도심지뿐만 아니라 향진 지역까지 도원과 홍만자회의 효과가 파급되었음을 의미한다.

일람표에는 원래 각 지역 여도덕사의 사장社長 성명이 모두 표시되어 있으나, 이 표에서는 생략하였다. 성과 도호를 같이 써넣은 경우가 43사, 도호만 써 넣은 경우가 40사, 표기가 되어 있지 않은 곳이 15사인데, 이 중에서 부모의 양성을 같이 쓰는 사례는 장천張陳, 뤼따이呂戴(2), 야오판姚潘, 장왕張王, 뤼루陸盧, 쉬쑨徐孫, 왕판王范, 리자오李趙, 황슝黃熊, 쉬에왕薛王, 왕장王張 등 12명이다. 이러한 양성 사용 관습은 19세기에 광둥과 같은 남부 지역에서는 종종 보이지만, 20세기 전반기에 화중과 화북에서 어떤 양상이었는지에 대해서는 아직 아는 바가 없다. 그럼에도 이 양성의 사용은 적어도 여성의 성이 존중되었으며, 그것이 종교적 힘에 근거하고 있었다는 정도는 이야기할 수 있을 것이다. 그것은 이미 명청 시대의 민간종교 발전과정에서 드러났듯이 종교 결사에서 여성이 차지하는 비중은 매우 컸으며, 오히려 그곳은 여성들이 주도하는 또 다른 세계였다는 사실을 반영하고 있기 때문이다.[73]

상하이에서 여도덕사의 구성 멤버는 자료를 찾지 못해 제대로 조사하지 못하였다. 이와 달리 칭다오의 여도덕사는 1934년에 59명의 회원이 있었으며, 연령분포는 대략 20대 1명, 30대 9명, 40대 13명, 50대 8명, 60대 6명,

---

72 – Q120-1-34, 〈各地女道德社一覽表〉에 의거하여 작성하였다.
– + 표가 되어 있는 곳은 연도가 표시되어 있지 않으나 그해 끝부분과 다음해 시작 전 사이에 표기하였기 때문에 해당연도에 기입하였다.
– * 표는 붓글씨로 '停'이라고 표기한 곳이다. 곧 활동을 정지한 지역이다.
– ! 표는 주소 표기나 창사연도가 표기되어 있지 않고, 붓글씨로 일람표 말미에 써넣은 곳이다. 다른 지명은 모두 인쇄체로 작성된 것이지만, 이곳만 붓글씨로 써 넣은 것으로 보아, 인쇄 이후에 추기한 것으로 보인다.

73 유장근, 〈민간종교〉, pp.409-410.

그리고 69세가 최고령이었다. 곧 30-40대의 비율이 59% 이상이며, 그 다음이 50-60대이다. 대략 중년 전후의 연령층이 많이 참가하고 있음을 알 수 있다.[74]

상하이 여도덕사가 어떤 활동을 하였는지에 대해서도 알려진 바가 거의 없다. 다만 1931년 12월 12일에 상하이홍만자회에서 도원과 홍만자회가 함께 회의하는 원회도자회의院會道慈會議에서 도원과 만회卍會의 경상 보조비로 약 1만1천 위안을, 여도덕사에 대한 경상보조비로는 약 3천 위안을 지급하기로 결정하였기 때문에[75] 살아 움직이는 조직이었던 것만은 확실하다. 심지어 일부 기록에는 '원회院會'에 여도덕사까지 포함해서 '원회사 3부院會社 三部'라고 부르는 경우도 있었음을 감안한다면,[76] 각지에서 활동한 여도덕사 역시 중요한 연구대상이라 할 수 있다.

이상과 같이 도원은 중국의 전통 종교뿐만 아니라 세계 제도 종교의 특징들을 융합하여 구세도인하여야 한다는 교의를 발전시켰고, 이를 실천할 조직까지 갖추면서 10여 년 사이에 전국적인 종교단체로 성장할 수 있었다. 물론 전 중국에 걸쳐 조직을 갖춘 것은 아니었지만, 적어도 고전적인 중화문명권과 만주 남부에서 교의를 실천할 수 있는 기반을 갖추었던 것이다. 또한 여도덕사까지 창립하면서 남녀가 함께 구세도인에 나아가려 한 사실도 종래의 종교결사에서 보기 힘든 점이라 하겠다.

5. 도원의 구원 세계와 홍만자회의 출발

이제 눈을 홍만자회로 돌려보자. 도원에서 자선을 전담하여 실행할 기구로 출범시킨 홍만자회는 바로 위와 같은 상황과 이유 때문에 도원의 창설과 거

74 李光衡, 앞의 논문, pp.163-164.

75 Q120-3-22, 〈院會道慈會議錄〉(1931년 12월 12일).

76 Q120-3-22, 〈院會道慈會議錄〉(1931년 12월 12일).

그림 3. 1922년 9월 3일 지난濟南 세계홍만자회 중화총회 주비회의에 참석한 각 지역 **도원**의 대표들.

의 같은 시기에 시작되었다. 홍만자회의 구상은 이미 도원 내에 만든 육원六院이라는 조직 중에 자선 부분이 별도로 구성되어 있었기 때문에, 사실상 중복의 성격이 강하였다. 그러나 두빙인을 비롯한 초기 멤버들은 도원 자체가 신흥 민간 종교인 까닭에 세간에 잘 알려져 있지 않고, 따라서 도원의 순조로운 발전을 위해서는 자선을 전담할 새로운 기구의 필요성이 절실하다고 판단하면서 1921년 베이징에 '세계홍만자회 주비처世界紅卍字會籌備處'를 만들었다. 당시 발기인으로 참여한 사람들은 첸넝쉰錢能訓, 쉬스광, 두빙인, 왕즈샹王芝祥, 허주何澍, 왕런원王人文, 쟈오바오헝喬保衡, 리쟈바이 등이었다.

베이징 정부의 내무부에서 정식 허락을 받은 것은 1922년 10월로서, 동사장은 슝시링, 동사는 쉬란저우許蘭洲, 허주, 마원성馬文盛, 왕루진王汝勤, 왕런원, 샤춘녠夏椿年, 펑용시우封永修, 리즈전李智眞, 양위안청楊圓誠 등이었다. 공식 명칭은 '세계홍만자회 중화총회'였다.[77]

이들은 그들의 목표가 이 명칭에 분명히 들어 있다고 말한다. 우선 '세계'라는 관사를 붙인 이유는 평화와 구제라는 문제가 중국만의 것이 아니라는 인식에 근거하고 있다. 이는 이미 도원의 5교합일에서 강조되었던 바이기도 하다. 그렇기 때문에 '중화총회'란 중국의 홍만자회도 세계 조직의 일부라는 사실을 부각시키려는 의도가 있었던 것이다. '홍紅'은 석심赤心 혹은 직싱赤誠을 상징하며 '만卍'자는 "자제慈濟가 천지사방의 온 우주에 미치도록 하여 나와 남의 구분이나 계역界域도 없고, 모든 차별의 뜻이 없도록 하면서

77 Q120-4-2, 〈世界紅卍字會中華總會, 總主道院組織及工作概要〉.

사회 일부의 인력과 물력을 집중하여 인군물류人群物類의 고통을 구제하는 뜻을 담고 있다"고 말하였다.[78] 특히 '만'자만은 붉은 색으로 표기하여 만회가 사용하는 공식 서류뿐만 아니라 기호나 종지의 상징으로 쓰였다.[79]

도원의 구제관이나 그것의 실행체인 홍만자회에는 서구에서 들어온 홍십자회(적십자회)나 기독교청년회와 같은 모델이 있었다. 특히 일부 관찰자들은 홍만자회는 명칭이나 활동 자체가 홍십자회를 본뜬 것이 아닌가 하는 의구심을 제기하기도 한다. 1930년 이전에 중국의 자선결사를 면밀하게 조사한 일본의 스에미츠 다카요시末光高義는 홍만자회가 세계를 지향한다든가 자선구제 사업을 종지로 한다는 점, 그리고 십자 대신 '만'자를 사용한다는 점 등을 구체적인 예로 들었다.[80] 전쟁터에서 구호대를 조직하여 구호 활동을 하거나 임시 수용소를 건설하여 피난민을 수용하는 홍만자회의 활동상의 특징도 홍십자회와 유사한 것이었다.[81] 홍만자회에서도 이를 분명히 인지하고 있었다. 〈홍만자회선언〉에서 두 단체의 출발 지역, 활동 범위, 목표 등을 언급하고 있는 것이다.[82]

청말에 중국에 들어온 홍십자회는 주로 상하이를 거점으로 활동하면서 병원과 학교 설립에 주력하는 한편, 재난 구제와 전쟁 구호에서 뛰어난 성과를 보여 주었다.[83] 홍십자회의 이런 특징은 후일 홍만자회의 특징이기도 하였다는 사실에서 홍만자회가 홍십자회를 주요 모델로 삼았다는 사실은 분명해 보인다. 다만 홍십자회는 포교와 무관하게 자선 활동을 전개한 데 비해, 홍만자회는 도원과 일체가 되어 활동을 해 나갔다는 데 큰 차이점이 있다.

이러한 차이에도 불구하고 각 지역의 주도자들이 중시하였던 것은 원회

---

78 Q120-4-1, 〈道院紅卍字會說明〉.

79 末光高義, 앞의 책, p.354.

80 末光高義, 앞의 책, pp.354-355.

81 宋光宇, 앞의 논문, p.45.

82 Q120-3-98, 〈世界紅卍字會宣言〉.

83 行政院新聞局, 《中國紅十字會》(1947년 8월, 上海圖書館 소장), pp.1-3.

조직의 목표와 그 정당성이었다. 앞서 말한 바와 같이 홍만자회의 조직 동기는 기본적으로 도원의 목표, 곧 '부符로써 자신을 닦은 다음, 타인을 구세'하려는 것이었으며 이는 두빙인, 슝시링, 첸넝쉰, 쉬스광과 같은 초기의 지도자들이 적극 실행하려는 목표이기도 하였다.

특기할 만한 사실은 이들이 홍만자회를 조직하고 난 뒤 내외적으로 많은 사건이 발생하였기 때문에, 시간이 흐를수록 활동할 기회도 증가하였다는 점이다. 중국에서는 군벌들 사이, 혹은 국민혁명군과 군벌 사이에 전쟁이 이어졌고 각종 재난 역시 한 해도 거르지 않고 발생하였기 때문이다.

국외의 상황도 국내의 위기나 혼란과 별반 다르지 않았다. 특히 1923년에 일본의 도쿄에서 발생한 관동대지진은 도원과 홍만자회가 해외에 지부를 두게 된 결정적인 사건이기도 하였다. 지진이 발생하자 중화총회에서는 보편적 구원을 명분삼아 펑위에머馮閱模, 허우옌솽侯延爽, 양청머우楊承謀 3인을 일본에 파견하면서 쌀 2천 석과 현은 1만 엔을 도쿄진재부흥국에 기부하는 한편, 구호금을 들고 도쿄, 요코하마, 고베 등에 사는 화교를 구제하는 데에 관심을 쏟았다.[84]

일본에 대한 지원은 이에서 그치지 않고 다수의 지부 설립과 오오모토교大本敎와의 교류 차원으로 확대되었다. 신의 계시, 인류애선人類愛善, 만교동근萬敎同根, 세계대동주의 등 도원과 유사한 교의 및 목표를 가지고 활동하던 신흥 종교 오오모토교[85] 본부를 홍만자회 요인들이 직접 방문하면서 양자 사이의 교류가 논의되었다. 1924년 허우옌솽은 신의 계시에 해당하는 '단훈壇訓'에 따라 신위를 가지고 일본을 방문하였고, 고베에 도원을 개설하는 단계까지 나아갔다.[86] 또 오오모토교의 기타무라 다카미츠北村隆光는 전후 9차례에 걸쳐 중국을 방문하였고, 1929년 6월에 만주 펑톈奉天 지역의

84 莫振良, 〈民國時期的紅卍字會〉, 《第1屆中國近代秘密社會史國際學術討論會提出論文》(南京大學, 1993), pp.9-10.

85 프래신짓트 두아라 지음(한석정 옮김) 《주권과 순수성》(나남, 2008), p.226.

86 末光高義, 앞의 책, pp.312-313.

홍만자회 회원이 일본을 방문하면서 일본 각지에 도원을 개설하고, 중국에도 마찬가지로 오오모토교의 지부를 설립하는 수준으로까지 두 종교의 교류가 발전되었다.[87]

이른바 '동영포도東瀛佈道'의 단서가 되었던 일본으로의 전도는 동아시아의 다른 지역으로 원회를 전파하는 중요한 계기가 되었다. 이후 도원과 홍만자회는 홍콩, 싱가포르, 조선에도 지부를 두어 동아시아적 종교 및 자선단체로 성장할 수 있는 기반을 마련하였다. 홍콩의 경우, 1931년 봄에 리전쥔과 리지엔산李兼善을 홍콩에 파견하여 원회를 주도하도록 하였다. 계시에 따르면, "지智·혜慧 두 사람을 파견하여 홍콩과 광둥에서 도를 전하게 하라. 마음과 힘을 다한다면 너희들의 성공을 도울 자가 있을 것"이었다. 여기서 말하는 지智는 리전쥔의 도호가 지진智眞인데서, 그리고 리지엔산의 도호가 혜정慧淨인데서 기인하였다. 부계로 점을 친 다음 그것을 원훈으로 삼아 지시를 내리는 방식은 홍콩뿐만 아니라 조선, 일본, 싱가포르에도 적용되었으니, 중요한 일에는 이러한 신의 계시를 항시 적용하였다고 생각된다. 두 인물 중 리지엔산의 고향이 광둥이었고, 그곳에서 청대 말기에 안찰사 등을 역임하여 인맥이 좋았기 때문에 홍콩지회 설립에 그를 파견하였던 것이다. 원회의 소재지는 중구에 결정하였고, 조직상 수석통장 겸 수석회장은 첸슈지에陳樹階가 맡았으며 홍콩기독교계의 독일인 목사 칼 라이첼트(Karl Ludvig Reichelt)를 홍콩명예회장으로, 그의 학생인 함레(A.S. Hamre)를 부회장으로 임명하였다. 라이첼트는 미국 출신의 기독교인인 리자바이와 마찬가지로 기독교인이었지만, 각 종교의 교의와 사회적 실천 등에 공통적인 요소가 있다고 믿으면서 다른 종교의 교의까지 수용하는 '절충주의'를 내장하고 있었기 때문에 원회의 조직과 활동에 동의하였다. 리전쥔은 라이첼트

87 佐佐充昭, 〈전전기의 오오모토교(大本敎)와 도원·세계홍만자회의 연합운동에 관한 연구〉, 《신종교연구》 15(2006), pp.34-52. 사사 미츠아키佐佐充昭에 따르면 오오모토교는 신도의 전통에 의존하면서, 정치적인 목적으로 도원에 접근하였다고 말한다.

와 같이 명예회장을 맡게 되었다.[88]

조선의 경우, 홍콩 분원에 이어 남양과 조선의 경성에 지부를 두는 것으로 논의가 시작되었다. 동아시아에 포교를 목적으로 조직된 동영포도단 18명은 1929년 9월 18일에 한성뿐만 아니라 부산, 고베, 아야베綾部, 카메오카龜岡, 오사카, 도쿄 등을 방문하였다. 그 결과 1929년 10월 16일에 한경韓京주원이 성립되었다.

그러나 이 설립 과정은 조선이 일본의 지배 아래에 있다는 이유로 인해 순탄하지는 않았던 것 같다. 1935년 5월 16일에 정식으로 개원한 경성주원은 3일 만에 조선주원으로 이름을 바꾸었는데, 그것은 조선주원을 독립적으로 볼 것인가, 아니면 도쿄총원의 계통에 둘 것인가 하는 정치적인 문제가 대두되었기 때문이다. 결국 신훈神訓에 따라 이미 원회가 만들어졌고, 중요한 도자 사무도 모두 다루고 있으므로 조선 주원을 중국에 있는 총원의 조직 아래에 두는 것으로 귀결되었다. 또한 1931년의 만주사변 이후 만주 지역의 원회가 모원에서 이탈하였던 것도 조선의 원회를 도쿄 조직 아래 두지 않도록 하는데 영향을 미쳤다.[89]

홍만자회의 당안에 따르면 수석통장首席統掌으로는 윤덕영尹德榮을 임명한 것으로 기재되어 있다.[90] 하지만 조직이나 활동 등에 관한 구체적인 사항을 남기지 않았기 때문에 전모를 파악하기는 어렵다. 근현대 시기의 윤덕영은 조선 시대의 문신이자 일제에 의한 대한제국 강제병합 시 이를 위해 적극적으로 활동한 친일인사로 알려졌다. 이와 달리 《한국민족문화대백과사전》에는 독립운동가 윤효정尹孝定(1858-1939)이 1930년대에 홍만자회 한국 지부의 일을 맡아보았다고 소개하고 있다.[91]

---

88 홍콩도원 홍콩홍만자회, 《弘道展慈 –香港道慈八十載–》(홍콩홍만자회, 2011), pp.126–130.

89 홍콩도원 홍콩홍만자회, 위의 책, pp.124–125.

90 Q120–1–70, 〈世界紅卍字會朝鮮道院〉.

91 인터넷 한국민족문화대백과사전 http://www.encykorea.com/encyweb.dll?TRX?str=53561&ty=2 참조.

하지만 그 소재지와 관련하여 고찰해 보면, 윤덕영이 그 책임자였다고 생각된다. 홍콩의 홍만자회에서 펴낸 자료집에 조선 주원의 사진을 싣고 그것이 인왕산 산록에 있는 조선 주원이라고 기술하고 있는 것이 그 증거이다.[92] 일제 시대에 송석원 혹은 벽수산장이라 불린 이 건물은 윤덕영이 강제 병합에 적극 협력한 대가로 일본천황으로부터 은사금을 받아 지은 것으로 알려졌다. 1913년에 짓기 시작하여 1917년에 완공한 이 건물에 대해 1936년 5월 10일의《매일신보》기사는 '세계홍만자회 조선본부'라는 간판이 걸려 있었다고 보도하였다.[93] 오늘날 그 주소는 서울시 종로구 옥인동 43번지로서, 건물은 화재로 사라지고 일부 건물 기둥만 남아 있으나 위의 신문에서는 윤덕영이 초호화 주택으로 인해 세간의 비난을 받자 이를 감추기 위해 종교 건물로 위장하였다고 보도하고 있다. 그 위장 여부는 알 수 없으나 위의 사진에서도 전면 우측에 홍만자기와 정체 불명의 깃발을 x자로 세워 놓아, 적어도 명목상 홍만자회 본부 건물로 쓰였음을 알 수 있다.

그림 4. 세계홍만자회 조선주원의 건물. 인왕산 자락에 있었던 것으로 윤덕영의 소유였다.

건물과 주도 인물이 분명한 반면 이들의 활동에 대해서는 아직까지 조사된 바가 거의 없다. 조선홍만자회의 활동을 알려주는 증거로는 1936년에 찍은 조선홍만자회 사진이 있다. 이 사진에는 홍만자회의 활동을 잘 보여 주는 장면과 설명문 및 문패가 함께 들어 있다. 사진 하단에는 '세계홍만자회조선주회 제6분창빈민일동촬영 병자입춘 世界紅卍字會朝鮮主會第6分廠貧民一同撮影－丙子立春'이라는 사진설명문을 기술하였으며, 같이 촬영한 인물들은 시죽施粥의 주체인 홍만자회 멤버

92 홍콩도원 홍콩홍만자회, 위의 책, p.124.

93 《매일신보》1936년 5월 10일자.

5명과 대상자 7명이다. 또한 초가집 대문에는 '세계홍만자회 조선주회구제부시죽제6분창世界紅卍字會朝鮮主會救濟部施粥第6分廠'이란 간판이 세로로 걸려 있다. 이러한 사진에 따르면 적어도 조선에는 6개의 시죽 분창이 있었으며, 정기적으로 시죽 활동을 하였을 것으로 보인다.[94]

그림 5. 1936년에 찍은 조선홍만자회 시죽 활동 사진

또한 이곳에서는 도원이나 홍만자회와 관련된 책도 펴내었다. 한글판 《도원설명》과 《세계홍만자회선언》이 그것이다. 표지를 제외하고 모두 18쪽으로 구성된 《도원설명》의 경우 표지 디자인이나 표지에 함축적으로 표기한 6개항의 '내용제요'는 중국어판과 같으나, 내용은 중국어설명서를 비교적 정확하게 번역하고 있다.[95] 후자의 경우 크게는 1)선언문, 2)명명, 3)종지, 4)공작, 5)홍만자회와 적십자회, 6)만자회의 전도 등으로 구성되어 있다. 특히 만자회의 전도를 설명하는 부분에서는 "만자회는 순수한 자선단체이나 그 근원이 도원에서 발생하였으므로 혹자 그 중에 종교의 의미가 함유되었다하나니 오인이 종교를 신앙치 아니함이 아니로되 다만 일종一宗을 특립하거나 일교에 구애되지 않고, 각 종교의 진리를 융회하여... 이 도덕정신을 근본으로 삼아 자선사업을 하며, 그럼으로 불분종족不分種族, 불섭당파不涉黨派, 불담정치不談政治가 만자회 정신의 소기所寄가 되는 것이다"라는 내용이 실려 있다.[96] 5교합일과 같은 중요 부분을 이야기하지 않고 있는

94 한미사진미술관 소장 사진.

95 《道院說明》(1930년대 ?. 출판사항 불명). 출판사항은 없으며, 맨 뒷면에 1.誡不倫, 1. 誡不德, 1. 誡不善, 1. 誡不義, 1.誡不慈, 1.誡隱善, 1. 誡殘害, 1. 誡詭秘, 1. 誡嫉侮, 1. 誡輕褻 등 〈修人十戒〉를 적어 놓았다.

96 《世界紅卍字會宣言》(연도 불명, 출판지 불명) 한글판. 출판연도는 대략 공작 부분에서 "서력 1922년에 탄생하여 이래 10여년에 걸쳐"라고 한 데서 짐작컨대, 1930년대 중반이 아닌가 한다. 곧 조선주회의 창립 직후에 발간되었을 것이다. 발간자의 난에도 "屬於道者: 澄心滌盧復性固靈 潛默修養道依中庸, 屬於慈者: 救濟災患促進和平 卍緣共渡無域無封"이라 쓰여 있다. 대의를 거의 정확하게

것은 아무래도 당시의 한국 종교의 지형을 의식한 것이 아닐까 한다. 그럼에도 이와 같은 중요 서적이 출판되었다는 사실은 조선의 홍만자회가 시죽뿐만 아니라 내부 수련 및 포교활동도 함께 전개하였을 가능성을 보여 준다.

홍만자회는 나아가 파리나 런던에도 도원을 개설하고 당시 아나키스트들이 즐겨 사용하던 에스페란토어를 교수하면서 자신들의 활동을 세계대동주의라는 맥락 속에서 정당화하였다.[97] 5교합일의 통섭과 세계의 구원이 단순히 경전 내에서만 진전된 것이 아니고 실제로 종지에 따라 국경을 넘어 진행되었다는 구체적 사례일 것이다. 일본의 오오모토교 역시 해외에 많은 지부를 개설하면서 에스페란토어를 익혔고, 이 전통은 지금껏 일본이나 동남아 등지에서 활동 중인 홍만자회에서 이어지고 있다.

6. 도원의 상하이 전파와 홍만자회의 조직 과정

그렇다면 도원은 언제 상하이에 전파되었을까. 1922년 5월에 지난 모원의 도움 아래 당시 상하이병공창총판上海兵工廠總辦이던 셰방칭謝邦淸(도명은 소지素止)과 상하이 뤼양공사盧陽公社의 경리였던 샤위펑夏玉峰, 강해관 감독인 야오위姚昱 등이 발기하면서 상하이 도원을 설립한 것으로 알려졌다. 주소는 프랑스 조계인 탕쟈만唐家灣으로, 셰방칭이 통장統掌자리를 맡았다.[98] 지역사회의 신상紳商과 각계의 명류들을 초청한 이 자리에서 두빙인은 세계홍만자회 설립의 구상을 소개하였고, 이에 참석자들이 큰 지지를 보냈다는 것이다. 그런 다음 곧바로 지난으로 돌아가 세계홍만자회 성립 대회를 기획하였다고 한다.[99] 홍만자회의 주도자들은 적어도 상하이와 같은 대도시의

번역한 것으로 보아, 발행자는 도원과 홍만자회 사정에 정통한 사람이었을 것이다.

97 末光高義, 앞의 책, p.306

98 Q120-3-1, 〈世界紅卍字會上海分會工作概要歷史總沿革,1941,1951〉.

99 朱式倫, 〈世界紅卍字會在濟南的興衰〉, 《濟南文史資料選集》 제4집, p.151.

엘리트들이 홍만자회와 같은 자선단체에 어떻게 반응을 보이는지가 궁금하였는데, 도원의 창립 행사를 통해 자신감을 얻었던 것으로 보인다.

사실, 홍만자회가 상하이에서 지역 인사들의 동향을 떠 보는 것 자체가 의미심장한 행위라고 볼 만하다. 상하이 지역에서는 홍만자회 전파 이전에 이미 수많은 자선단체들이 활동하고 있었기 때문이다. 너무 많은 탓에 상하이특별시 사회국에서는 자선사업의 통계조차 면밀하고 정확하게 파악하기 힘들었다. "본시에서 자선사업을 하는 공사 단체는 무수히 많고, 사업 역시 많으나 통계가 부족하며, 민중들도 제대로 주목하지 못하고 있는" 실정이었다.[100] 최근의 연구에 따르면 1930년 전후 상하이 지역의 자선단체는 모두 119개로 알려졌다.[101] 이는 청말 신해혁명 전 상하이 지역 선당이 대략 50여 개였다는 사실에 비추어 보면,[102] 두 배 이상 증가한 수치이다.

그 설립과 운영의 주체로 볼 때 관에서 주도하는 관판官辦, 민간인들이 주도하는 민판, 그리고 합동으로 운영하는 관민합판의 유형이 있었으며, 외국인과 합판하는 중외 합판의 상하이빈아교양원도 존재하고 있었다. 관판 자선단체는 시기가 지날수록 그 수효가 줄어든 반면 민판의 그것은 갈수록 증가하였으며, 민간단체는 대체로 동지同志, 동향同鄕, 동업同業, 동교同敎 등을 인연으로 조직되어 있었다.[103]

민국 시기에 개설된 것 중 이른 것으로는 1912년 1월에 문을 연 상하이신보육당上海新普育堂으로, 비교적 규모를 갖추고 제 기능을 수행한 자선단체로 알려졌다. 실업가인 뤄보홍陸伯鴻에 의해 처음 시작된 이 보육당은 토지 수십무를 제공하여 이에서 나오는 수익으로 노인, 유아, 장애인, 풍인瘋人 등을 수양하였다. 나아가 이 보육당에서는 직업 중학을 설립하여 수용한 남자들에게 직업기술 교육을 실시하였고, 여자소학도 설립하여 문화교육

---

100 《申報》 1928년 11월 16일자.
101 小浜正子, 앞의 책, pp.58-67.
102 李國林, 앞의 논문, p.66.
103 李國林, 앞의 논문, p.75.

과 더불어 공예도 학습하도록 하였다.[104]

또한 종교 단체가 운영하는 자선사업은 전통적인 자선기관인 선당의 그것을 넘어서는 형태로 진행되었다. 종교 단체도 불교, 천주교, 기독교, 이슬람교, 그리고 도교 등 전 종교계에 걸쳐 있었기 때문에 자선의 종류나 형식도 매우 다양하였다. 예컨대 사망자 처리, 빈민구제, 육영, 기녀棄女, 고아 수용 등은 전통 시대의 선당에서도 행하는 자선사업이었지만, 병원과 학교, 그리고 습근소習勤所 운영 등은 새로운 형식의 자선사업이었다. 병원 및 학교의 설립과 운영은 기독교나 천주교 계통의 자선기관에서 유래한 것이고, 유민이나 빈민, 실업민, 고아 등을 수용하여 기술을 익히게 한 다음 사회로 진출시키는 습근소 운영은 새로운 형식의 자선사업이었다.[105] 반면 이들에게는 세계홍십자회에서 하는 바와 같은 전시 구제사업은 프로그램에 들어 있지 않았다. 이와는 달리 중외 합작의 자선 기구도 점차 발전하고 있었다. 대표적인 것은 광둥의 차오저우潮州 상인 궈즈빈郭子彬 등과 영국인 에이브라함 채틀리(Abraham Chatley) 등 중국인 4명, 영국인 2명이 1920년에 공동으로 설립한 상하이빈아교양원이었다.[106] 이 교양원은 명칭에서 보여주듯이 가난한 집의 어린 아이들을 수용하여 의식주를 해결케 하면서 초보적인 기술을 가르쳐 사회에 진출시키는 데에 그 목적이 있었다.

그런 까닭에 1920년대에 상하이 지역의 자선단체와 자선사업은 다음과 같은 두 가지 특징을 띤 채 전개되었다고 할 수 있다. 하나는 내용과 성격면에서 일부 자선단체는 지방자치 사업의 일환으로 출발하였지만, 1914년의 지방자치 정지 이후 도시 사회의 공공기능이 점차 민간에 의존하기 시작하였다는 점이다. 그 방식으로는 전통적인 것, 서방 기독교의 인도주의적인 것, 그리고 도시 사회의 모순을 해결하기 위한 것 등 여러 종류였으나, 사회복지를 중심으로 민간 사회의 역량이 그만큼 성장하고 있었다는 사실은 분

---

104 李國林, 앞의 논문, p.54.

105 小浜正子, 앞의 책, pp.68-81.

106 李國林, 앞의 논문, p.75.

명해 보인다. 또한 민국 시기 상하이 지역의 자선단체는 양적인 면에서 보아도 청대에 비해 크게 증가하였고, 사업 규모 역시 적지 않았다. 그것은 앞에서 언급한 바와 같이 인구과잉, 노동경쟁, 경쟁에 따른 적응의 실패 등 도시 사회의 모순이 그만큼 증가하였음을 의미하는 것이었다.[107] 상하이의 자선단체는 이와 같이 공공성을 통해 사회의 모순을 해결하려고 시도하였다는 점에서 근대적 도시의 발전을 보여주는 상징이라고 볼 수 있다.

홍만자회 조직을 동반해야 하는 도원의 전제 조건과 지역사회의 자선활동이 활발하였던 까닭에, 상하이에서 홍만자회가 조직되는 일은 어렵지 않았다. 1923년에 지난에서 세계홍만자회가 발기되고 난 뒤 상하이 도원도 바로 이를 따라 상하이 홍만자회를 발족시킨 것도 위와 같은 사정에 기인한 것으로 보인다. 정식 명칭 역시 본회의 원칙에 따라 세계홍만자회상하이 분회로 정하였고, 회장 책임제를 채용하면서 그 책임을 샤위펑에게 맡겼다. 주소지는 도원과 같은 곳이었다.[108] 이 당시의 자료는 현재 남아 있지 않기 때문에 그 내부 사정은 잘 알 수 없다. 다만 몇 번의 이주 끝에 프랑스 조계지에 있는 쥐라이다로巨籟達路 139호(지금의 쥐뤼로巨鹿路 299롱 4호)에 자리를 잡았다고 한다. 1927년까지 하급 조직의 발전도 없었으므로[109] 1922년부터 1927년까지 상하이 지역의 홍만자회는 시 조직을 중심으로 활동한 자선단체였던 것으로 볼 수 있다.

이렇게 보면 상하이 홍만자회 역시 도원의 조직과 체제가 그대로 적용되었을 것으로 짐작할 수 있지만, 양자의 관계 설정은 출발 당시부터 논란거리였던 것으로 보인다. 도원에는 부속 기구로서 모두 홍만자회를 두어야 하는가, 그리고 도원에 입교하여야만이 홍만자회의 회원이 될 수 있는가를 둘러싸고 의논이 분분하였던 것이다.

당시 도원의 정식 멤버는 수방修方이라 불렸고, 홍만자회의 정식 멤버는

107 小浜正子, 앞의 책, pp.82-85,

108 曹禮龍, 앞의 논문, p.7.

109 曹禮龍, 앞의 논문, p.7.

회방會方으로 부르도록 정하였다. 예를 들어, 미국의 선교사로 도원과 홍만자회에 동시에 참여하였던 리자바이는 사회구제를 목표로 성립된 홍만자회의 회원 자격은 수방보다 더 넓어져야 하며 그래야 더욱 발전할 수 있다고 주장하였다. 대부분의 사람들이 이에 동의하였지만, 도원의 창립 멤버이자 홍만자회의 동사였던 정잉즈는 이에 대해 회의적이었다. 그는 기독교청년회를 사례로 들면서 회원은 비교도일 수 있지만 임원은 교인이어야 하며 선거권도 역시 교인에게만 주어지는 것처럼, 홍만자회도 수방이어야 차후에 있게 될 폐단을 방지할 수 있다고 보았다. 나아가 만회의 설립 목적은 도원을 발전시키는 데 있는 만큼, 수방이 아니면 입회는 불가하다는 입장을 고수하였다.[110]

그가 이렇게 주장할 수 있었던 이유에는 개인적인 경험도 한몫을 한 것 같다. 본명이 정바오츠鄭寶慈인 그는 류샤오지의 권유로 도원에 입원한 뒤 부계점을 보게 되었는데, 부계훈에서 홀연히 계시를 통해 잉즈嬰芝라는 이름을 내려주었다는 것이다. 그는 이로부터 신이 있다는 믿음을 갖게 되었고, 날마다 계단대乩壇臺를 보살피면서 계훈의 신봉자가 되었다고 한다.[111] 이러한 믿음을 가진 정잉즈의 주장이 채택되어 홍만자회는 도원의 조직 내에 존재하는 것으로 낙착되었다.

홍만자회의 회원 자격이 논란이 된 이유는 당시의 반종교적 사회 분위기와 무관하지 않아 보인다. 앞에서 본 바와 같이 도원의 교의와 수행 방식 등은 5·4 운동 이후 중국 사회에 불어 닥친 반종교의 열기 속에서 '미신'으로 치부되기에 충분하였다. 신의 계시를 받아 세상일을 처리한다는 이름 아래 부계라는 점을 치는 행위는 특히 합리주의를 추구하는 지식인들 사이에서 냉소거리였다. 저명한 개혁주의자였던 량치차오는 슝시링, 첸넝쉰, 쉬스광 등 원회의 주도자들과 어울렸지만, 도원에 대해서는 비판적이었다.[112] 사

110 Q120-4-1, 〈鄭嬰芝先生講演錄, 紅卍字會緣起〉.

111 陳明華, 앞의 논문, p.67.

112 宋光宇, 앞의 논문, p.11.

실, 1920년대 초반에 진화론으로 무장한 지식인들은 기독교와 같은 제도 종교조차 인민을 박해하고 살해하며 인간의 본성을 억제한다는 이유를 들이 반종교 투쟁을 선명히 하였고, 이러한 흐름은 뒷날 국민당 정부의 정책에 거의 그대로 반영되었다. 특히 반기독교 운동은 반제국주의적 성격을 띠고 전개되었기 때문에 기독교적 구원 논리를 전면에 내세우면서 종교 활동을 하기에는 여건이 매우 좋지 않았던 것이다.[113]

이상과 같이 상하이에는 베이징보다 약 5개월의 시차를 두고 도원이 먼저 조직되었고, 그에 뒤따라 홍만자회도 출발하였다. 당시 상하이 전파는 상하이가 차지하는 지역적 중요성과 갑자기 확장된 도시 규모나 그에 따른 사회 모순도 한몫을 하였지만, 지난과 베이징에 본부를 둔 도원과 홍만자회가 전국적인 조직체계를 갖추려고 노력한 사실도 작용을 한 것으로 보인다. 그렇다고 해도 모원이나 본부의 조직체계나 입회자격과 다른 양상을 보여준 것 같지는 않다. 그만큼 통일성이 강한 조직이었다는 의미일 것이다.

---

113 유장근, 〈근대 중국에 있어서 국가권력과 종교〉, 《근대중국의 지역사회와 국가권력》(신서원, 2004), pp.133-136.

제2장

홍만자회의 조직과 운영

1. 홍만자회의 내외 조직과 원회일체론院會一體論

1) 내부 조직의 구성과 변화

다음으로 우리가 살펴보아야 할 주제는 홍만자회의 조직과 운영에 관한 것이다. 앞에서 잠시 언급한 바와 같이 도원에서는 '원회일체院會一體'의 원칙에 근거하여 홍만자회를 조직하였기 때문에, 각 지부의 도원은 홍만자회 지부를 겸하고 있었다. 그러나 내부 조직은 각기 달랐다. 도원은 수도 중심의 종교 결사인 반면, 홍만자회는 구제 활동을 위주로 하는 자선 결사였기 때문이다.

홍만자회의 내부 조직은 1922년 1월 28일 내무부에서 비준한 〈세계홍만자회중화총회시공세목世界紅卍字會中華總會施工細目〉에 따라 만들어진 것이었다. 이 세목은 모두 9장으로 구성되어 있는데, 제1장 총칙, 2장 회원, 3장 조직, 4장 경비, 5장 자업慈業, 6장 회의, 7장 분회, 8장 장려 및 징벌, 9장 부칙이 그것이다.

표3. 세계홍만자회조직계통표

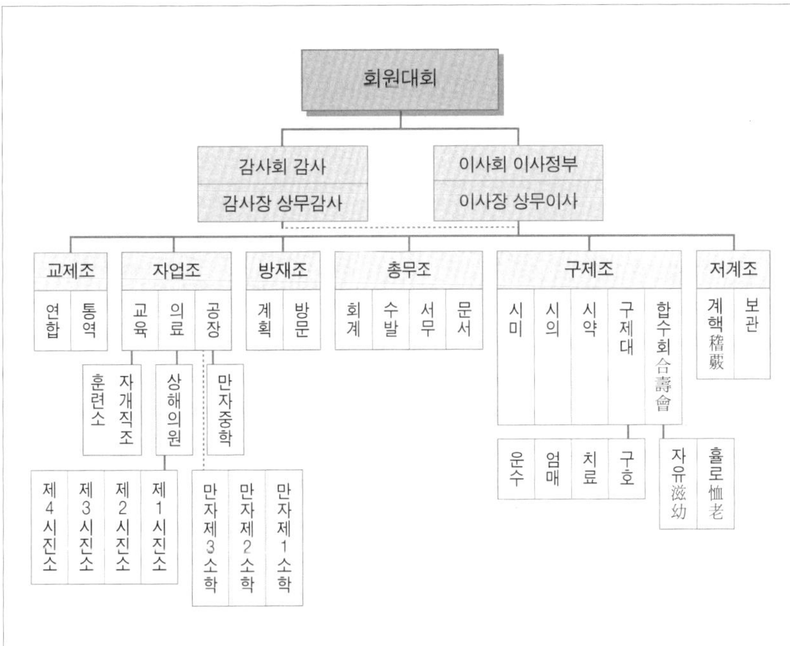

도식화해 보면 그것은 〈표 3〉과 같다.

위의 〈홍만자회조직계통표〉를 통해 홍만자회의 조직을 분석해 보자.[114] 홍만자회의 상부 조직으로는 최고 의결기구인 회원대회가 있으며, 이를 위임받아 조직을 운영하는 상부조직은 이사회와 감사회였다. 이사회에는 이사와 정·부 이사장, 그리고 상무이사가 있었으며, 감사회 역시 여러 명의 감사와 감사장, 그리고 상무감사를 두었다. 회의록을 통해서도 알 수 있지만, 실질적인 운영은 이사를 중심으로 한 이사회와 이사장이 책임을 지고 있었다.

또한 홍만자회의 조직에서 무엇보다 중요한 부분은 실무를 담당할 수 있는 구성에 있다 할 것이다. 총무부總務部, 저계부儲計部, 방재부防災部, 구제부救濟部, 자업부慈業部, 교제부交際部 등 6개 부서가 중요한 실행부서였

114 Q120-3-1, 〈世界紅卍字會組織系統表〉.

다. 각 부서의 업무 분장에 대해서는 총무는 문독文牘, 강연講演, 조사, 서무를, 저계는 심핵審覈, 보관(동산 부동산, 사납司納, 사부司付)를, 방재는 규획規畫, 선도宣導, 예방, 측감測勘, 공정을, 구제는 진재賑財, 수용收容, 시사(施寫, 의약 관재 의류), 간위(杆衛, 피해지역의 간위와 소이消弭)를, 자업은 감화, 교양, 보육, 공예를, 교제부는 연합, 권모勸募, 초대, 통역을 맡는 것으로 규정하였다.[115] 그리고 모든 부서마다 주임간사 1인, 부간사 2인을 두며 회장과 부회장이 각 본부의 모든 사무를 처리하도록 하였다.

이 실행 부서에서도 홍만자회의 성격을 잘 드러내 주는 곳은 방재부와 구제부, 그리고 자업부라 할 수 있다. 표에서 보는 바와 같이 자업부에서는 교육과 의료, 그리고 공장 운영과 같은 일을 담당하였다. 이러한 활동은 다음의 활동 부분에서 볼 것처럼 영구적인 자업 기관이라 할 수 있다. 이와 달리 구제조에서 맡은 일은 시미, 시의, 구제대 운영, 시약, 그리고 합수회合壽會 등이었다. 곧 해당자에게 밥, 옷, 약을 주는 한편 재해가 발생하였을 경우 직접 현장에 뛰어들 수 있는 구제대를 두었다. 이들은 그 아래의 기능에서 보여주는 것처럼 구호뿐만 아니라 치료, 시신 매장, 그리고 물자 및 사람의 수송을 담당하였다. 합수회란 1947년에 상하이홍만자회에서 만든 조직으로 나이든 남녀 노인이 회원이었으며, 구제공작의 핵심은 휼로恤老와 자유慈幼가 있었다.[116] 합수회를 포함한 구제작업은 영구기관과 달리 구제 상황이 발생할 때마다 행하는 것이었다는 점에서 임시적이고 일시적인 성격의 활동이었다고 할 수 있다. 이들은 영구와 임시 구제 활동을 벌일 뿐만 아니라 방재조를 두어, 재해의 예방에도 관심을 두었다.

이러한 구체적인 구제 활동을 뒷받침할 수 있는 조직이 교제와 저계, 그리고 총무조였다. 교제조의 경우 연합과 통역, 그리고 자금모집과 같은 일을 주로 담당하였는데, 연합에서는 국내외의 자선기관과의 연합을, 통역에서는 주로 외국기관의 일을 전담하였다. 또한 저계조에서는 동산 및 부동

115 末光高義, 앞의 책, p.383.

116 高鵬程, 앞의 책, pp.152-154.

산 관리를 담당하였다. 특히 국민당 정부는 자선기관의 자산에 대해 의혹의 눈초리를 보냈는데, 그것은 자선이라는 이름을 빌려 치부를 하고 있을지도 모른다는 이유 때문이었다. 그 점에서 자산 관리는 이러한 의혹을 해소시킴과 동시에 구호 활동에 필요한 비용을 적절하게 사용하는 데 필요하였다.

이렇게 볼 때 상하이의 홍만자회는 당시로서는 자선 활동에 필요한 적절하고 유효한 조직을 갖추고 있었다고 할 수 있다. 그러나 조직이나 그것을 맡은 인물들이 고정적인 것은 아니었다.

상하이홍만자회는 조직 초기에 상위 조직으로서 회장제를 지향하였다. 하지만 난징의 국민당 정부는 중일 전쟁 이전에 동사장제董事長制로 바꾸도록 명령하였다. 당시 국민당 정부에서는 자선 기구에 대해 법적으로 동사회 혹은 위원제를 요구하였다. 이를 수용하지 못하는 경우 등록을 불허하였다. 그것을 요구한 이유는 사업이나 운영 계획이 합리적이어야 하며, 구성원은 광범위해야 하고, 특정 종교에 치우쳐서는 안 되며, 적관 역시 배타적이어서는 안 된다는 원칙 때문이었다. 말하자면, 그것은 근대적인 공공의 조직 운영 원리에 서 있어야 한다는 정책 지침이었다. 당연히 조직은 회원대회를 거쳐 승인할 수 있으며, 이 회의에서 동사회, 동사장, 원장, 주임, 공작원들을 선임하고, 그에 따른 직책도 명확해야 할 것이며, 업무의 분장도 법에 근거해야 할 터였다.

이는 당시 대부분의 자선 기구에 선거제가 도입되었음을 말해준다. 이는 이들 단체의 장정章程에 근거한 것이었다. 예컨대 인제선당仁濟善堂에는 "본회는 위원회를 두고 위원 15인을 선거하여 이를 조직한다. 위원 및 감사는 전체 회원이 기명으로 투표하여 이를 뽑으며, 표가 가장 많은 자가 당선되며 동점자는 추첨으로 결정한다"[117]고 한 데서 그것을 볼 수 있다. 또한 상하이에서 발전한 선당인 제량소濟良所나 투산만土山灣 고아원에서 도입한

117 Q114-1-9, 〈上海仁濟善堂章程草案〉.

동사제 역시 이후 이 지역의 자선단체 조직에 적지 않은 영향을 미친 것으로 보인다.[118] 말하자면 동사제와 그것을 구성하는 선거제가 당시의 추세였던 것이다.

홍만자회는 초기의 제도 관행을 쉽게 포기한 것 같지는 않았다. 그렇지만 1936년에 국민당중앙위원회가 총밍현崇明縣 당부의 보고에 따라 각지의 당정 기관이 홍만자회 각 지부의 활동을 엄격하게 조사할 것을 지시하면서 동사제로 전환할 수밖에 없였다.[119] 1935년 4월 무렵에 《푸젠일보》에서는 홍만자회가 도원의 선전 기관일 뿐만 아니라 만몽滿蒙의 독립을 지지하는 단체라고 보도하였고, 유사한 기사가 6월 10일에 《난징인민만보》에도 게재되는 바람에 홍만자회는 큰 홍역을 치렀다.[120] 이 소동 이후 홍만자회는 정부의 규정에 따라 회장제를 동사제로 개편하면서 다시 국민정부 사회부에 등기하였던 것이다.

이후 도원의 활동도 더욱 조심하게 된 것은 말할 것도 없지만, 모든 대외 활동도 홍만자회 명의로 진행될 수밖에 없었다. 물론 도원도 종교 활동을 폐지하지 않은 채 정부의 시선을 피해 갔지만,[121] 회장제에서 동사장제로의 전환은 불가피하였다. 하지만, 제도가 바뀌었다고 해서 그간의 운영관행을 하루아침에 포기하는 않았던 것으로 보인다. 사실상 그것은 명칭만 회장에서 동사장으로 바뀌었을 뿐 집행 기관으로서의 동사회나 동사의 선출 방법, 임기, 기능 등은 기본적으로 큰 변화 없이 초기부터 1946년에 감리사제가 도입될 무렵까지 유지되었기 때문이다.[122]

---

118 李國林, 앞의 논문, p.95.

119 Q120-3-11, 〈呈中央黨部民衆訓練部文〉.

120 Q120-4-122, 〈世界紅卍字會中華東南各會聯合總辦事處與中華總會等關于 各報刊發表有關侮辱攻擊紅十字會問題的函,1932,1939〉.

121 Q120-3-140, 〈世界紅卍字會東南聯合辦事處通函〉.

122 Q120-4-2, 〈世界紅卍字會中華總會總主道院工作概要〉; 方竟.蔡傳斌, 〈民國時期的世界紅卍字會及其賑濟活動〉, 《中國社會經濟史研究》 2005년 제2기, pp.76-77.

2) 상하이총판사처의 등장과 원회도자회의

홍만자회의 위와 같은 내부 조직은 전국적인 차원에서 동일한 것이었지만, 지역권 내의 연합체인 상하이총판사처는 상하이 지역을 중심으로 구성된 독특한 외적 조직체였다. 홍만자회가 상하이뿐만 아니라 그 인근 지역에서도 계속 조직된데다, 대규모의 긴급 구제 상황도 연이어 발생하였기 때문에 지역권 내의 조직끼리 연합할 필요성이 점차 증대되었으며, 그 결과 탄생한 것이 상하이총판사처라는 동남지역 연합조직이다.

상하이총판사처의 성립은 1931년 세계홍만자회 동남주회東南主會의 설립으로 거슬러 올라간다. 장쑤, 저장, 푸젠, 안후이, 장시, 상하이의 홍만자회 대표가 난징과 상하이에서 두 차례의 회의를 개최하고 난 뒤, 동남 지역 홍만자회의 역량을 집중하여 자선사업을 전개하는 방식에 대해 논의하였다. 그 결과 이들은 세계홍만자회 동남주회를 조직하기로 결정하였다. 그 해 6월 4일 난징에서 성립된 동남주회는 회장에 류두라이劉度來를 추거하였고, 이 주회에서 처음 행한 사업으로는 장쑤, 안후이, 후난·베이의 홍수로 인해 발생한 수천만 명의 이재민을 구제한 일이었다.[123]

그러나 1931년 9·18 만주사변에 대한 대처과정에서 겪은 경험 때문에 본부를 상하이로 옮길 수밖에 없었다. 이 사변에 필요한 긴급 구제 기금을 모으면서 알게 된 사실은 교통과 자금 모집 부분에서 상하이가 난징보다 더 중요한 곳이라는 인식이었다. 이리하여 1931년에 동남주회의 본거지를 상하이로 이전하면서 그 명칭도 세계홍만자회 중화동남주회 상하이총판사처로 변경하였고, 주소는 상하이의 쥐라이다로 홍만자회 상하이 분회 내로 정해졌다.

이로부터 상하이총판사처는 중국 동남지역 홍만자회를 이끄는 중심 조직으로 변모하였다. 이들은 국민당 정부의 의혹을 피하기 위해 그해 겨울에 열린 동계대회에서 장칙章則을 확정하고 1조에서 "우리는 세계화평을 촉

123 Q120-4-6, 〈世界紅卍字會中華東南主會上海總辦事處賑災工作報告書〉.

진하고 재해 구제를 종지로 하는 순수 자선단체로서 정치와는 터럭만큼도 관련이 없음"을 특별히 강조하였다. 각 지역의 조직을 모아서 연합체로 만드는 이유는 "역량을 결집하여 자선에 집중하겠다"는 데에 있으며, 이 때문에 상하이에 총판사처를 둔다는 것이었다.[124]

동남 지역 자업慈業의 중심지로 부상한 상하이총판사처의 조직이나 주요 임무는 상하이홍만자회와 거의 유사하였다. 사무분장을 위해 총무, 저계儲計, 조사, 권모勸募, 구제, 교제 등의 부서를 두었고, 각 부서에는 2-3명의 직원을 배치하였다. 또한 전체 조직의 경비 조달이나 사업 등을 위해서 감리를 두었는데, 이는 사실 이사와 동일한 기능을 수행하였다. 당시 총감리는 1명, 상무감리는 11명, 일반감리는 94명이었다.[125] 9·18사건을 경험한 이들은 장강 유역에 긴급한 구제 사건이 발생할 경우를 상정하였는데, 이는 이들 조직이 주로 전시에 대비하기 위해 편성되었다는 사실을 의미한다. 이러한 대비책은 곧바로 그 이듬해인 1932년에 상하이에서 벌어진 1·28사건으로 인해 유효성이 입증되었다. 1·28상하이 사변 때 총판사처는 의무, 난민보호, 수송, 매장, 구호 등을 담당하는 것은 물로 수용소를 운영하고 부상병을 치료하는 데 가장 적극적으로 활동하였다. 그 덕에 상하이총판사처는 명실상부하게 동남 지역 자선 구제 사업의 중심 조직으로 부상하였다.

상하이총판사처는 이후 몇 차례의 개조가 있었다. 조직상으로는 1932년 12월에 상무감리를 9인으로 줄이고, 감찰 9인을 증설하였다. 그보다 좀 더 중요한 개조는 지역내에 있는 만회를 6개조로 구분한 것이었다. 곧 호상보滬上寶 1조, 석영진錫寧鎭 1조, 안후이 북부 각회 1조, 안후이 중남부 1조, 강북江北 1조, 복항여가태징福杭余嘉太澄 1조가 그것이다. 명칭에서 보이는 바와 같이 상하이 지역에 한 곳을 두고, 장쑤남북부에 각각 한 곳, 안후이에 두 곳, 그리고 저장 북부와 푸젠에 한 곳을 둔 셈이니, 상하이홍만자회의 중심성은 이에서 더 강화되었다고 볼 수 있다. 당연히 각 지역 조직마다 상

---

124 Q120-4-6, 〈世界紅卍字會中華東南主會上海總辦事處賑災工作報告書〉.

125 Q120-4-6, 〈世界紅卍字會中華東南主會上海總辦事處賑災工作報告書〉.

무감리 2인을 두었는데, 특히 규모가 큰 호상보滬上寶 조에는 4인의 상감을 두어 조직을 운영케 하였다. 조직의 확대에 따라 그 명칭도 1934년에는 '세계홍만자회 동남각회총연합판사처'로 개명하고, 총감리 1인과 상감 15인을 두는 조직으로 바꾸었다.[126] 곧 동남 각 지역의 여러 만회가 연합한 형태의 조직이 된 셈이다. 이러한 개조를 통해 홍만자회 조직은 규모를 더욱 키워 나가면서도, 연합체로서 그 본질적 기능인 자선과 구제에 더 충실할 수 있었던 것으로 보인다.

아울러 상하이 분회도 시간이 흐름에 따라 규모도 커지고 기능 역시 증대되면서 시내 각지에 원회가 조직되었다. 1931년에는 상하이남시원회上海南市院會가 홍챠오다바이펑항虹橋大白棚巷 1호에 성립되었으며, 회장은 텐시우번田修本이 맡았다. 또한 이전의 상하이도원이 승격하여 송호대주원淞滬代主院이 되었고, 1932년 7월에는 바오산원회寶山院會가 자베이중싱로閘北中興路 317호에 성립하였다. 1934년 2월에는 이전의 총밍도원 기수소崇明道院寄修所와 만회판사처卍會辦事處를 각각 총밍도원과 세계홍만자회 총밍분회로 승격시키는 개조가 있었다.[127] 이처럼 상하이 지역 내에서도 만회가 계속 확대 발전하자, 지역 내 홍만자회는 상호간의 협력 관계를 유지 강화하기 위해 1935년 7월 6일 송호대주회淞滬代主會내에 호상보판사처滬上寶辦事處를 성립시켰고, 이후 이 판사처는 상하이지구 홍만자회의 지도 기구이자, 송호淞滬 지구의 자선 구제 활동을 통일적으로 책임지게 되었다.[128] 곧 원회가 상하이의 전 지구에 모두 성립한 셈이다.

이러한 조직을 운영하는 데 있어서 중요한 방식은 회의체였다고 할 수 있다. 홍만자회의 운영에서 회의는 매우 중시되었던 것이다. 회의를 중시한 것은 홍만자회뿐만 아니라 다른 자선단체들 역시 마찬가지였기 때문에 우리는 먼저 당시 상하이에서 활동하던 자선단체들이 어떻게 회의체를 구성

126 Q120-4-7, 〈世界紅卍字會東南各會聯合總辦事處工作報告〉.

127 Q120-1-34, 〈各地院會一覽表〉.

128 Q120-3-152, 〈滬上寶辦事處各種函件〉.

하였고, 또 어떤 방식으로 운영하였는지를 검토해 보는 것이 좋을 것이다.

상하이 지역의 자선단체들은 정기적으로 회의를 개최하였는데, 크게는 동사회와 회원대회라는 두 종류의 회의가 있었다. 상하이의 한 자선단체인 광익선당廣益善堂은 매년 정월에 회원대회를 개최하였는데, 그 진행 과정은 주임이 현재의 상황이나 수지 등을 먼저 보고하는 것으로 시작하였다. 또 10월에도 개회하였는데, 이 회의에서는 특별히 겨울 추위에 대비하여 시의施衣나 시죽施粥을 어떻게 하여야 할 것인가를 논의하였다.[129] 상하이자선단체연합회의 경우, 회원 대회는 반년에 한 차례씩, 집행위원회는 매월 1차례씩 개최되었고, 상무위원회는 매주 1차례씩 열렸다.[130] 집행위원회와 상무위원회의 회의에서 논의되는 내용은 주석의 상황 보고, 의안 토론, 표결 등이었으며, 주석의 상황 보고에서는 주로 운영 상황, 수지 상황, 구제활동 상황, 정부 주관 기구의 명령 및 재황災荒 상황 등을 통보하여 참여 위원들에게 기구의 전반적인 상황을 세세히 알 수 있도록 보고하였다.

자선단체에서 작성한 당시의 회의록을 분석해 보면, 상황 보고뿐만 아니라 토론 안건이 있을 경우에 참석자들이 각각의 의견을 개진한 다음 최종적으로 합의에 이르거나 표결에 부치는 과정들을 잘 보여주고 있다. 1년에 한 번씩 열리는 회원대회에서는 이러한 자료들을 정리하여 지난 1년간의 사업 보고와 평가회를 가졌다. 이러한 회의의 중요성은 상하이의 각종 자선단체뿐만 아니라 홍만자회 역시 이를 잘 인식하고 있었다.

상하이 지역의 자선단체들이 조직상의 특성과 회의의 운영 방식에서 분명히 서양에서 들어온 자선단체의 영향을 받았음은 부인하기 어렵다. 하지만, 이런 특성이 홍만자회에도 그대로 적용되기에는 몇 가지 난점이 있다. 현재 남아있는 1930년대 상하이 지역의 홍만자회 자료에 의거하는 한, 홍만자회의 회의체는 '원회도자회의院會道慈會議'라고 불렸다. 곧 도원과 홍만자회가 합동으로 운영하면서 도道와 자慈의 문제를 함께 논의하는 회의체였

129 Q114-1-9, 〈上海仁濟善堂章程草案〉.

130 李國林, 앞의 논문, p.58.

으며, 이 점에서 일반적인 자선단체가 주도하는 회의체와 성격이 달랐다. 이 원회도자회의에서 논의된 회의록에는 참석자, 주석, 안건처리, 토론사항, 내용, 처리방식, 담당자, 보류 안건, 차기 회의안건, 전회前會 회의안 통과의 잘못 유무 등을 기록하였는데, 참석 인원은 보통 10인에서 20인 사이였다. 이 회의체에서 주목되는 것은 회의에 앞서 종지宗旨를 선포하며, 도무道務와 자무慈務를 함께 논의하였다는 사실이다. 예컨대 도무의 경우 베이징총원의 훈유와 종지를 전달하는 한편, 지난모원에서 실시되는 좌법회坐法會에 보낼 대표를 천거하는 일이 있었다. 또한 홍만자회의 구제 활동에 따른 비용 문제 뿐만 아니라 도원의 경상비를 보내는 문제 역시 회의의 주요 의제였다.[131]

이러한 독특한 회의체 때문에 홍만자회는 다른 자선단체와 연합하여 논의하는 공동회의체에 참석하여 활동하는 일이 쉽지 않았던 것 같다. 상하이의 경우 1927년에 35개 자선단체들이 상하이자선단체연합회를 조직하였으나, 이 조직에 홍만자회는 보이지 않는다. 심지어는 이 때문에 상하이 지역의 자선 활동을 검토하는 연구서에서조차 홍만자회의 이름은 없다.[132] 자선단체의 종합목록 속에도 이들은 '세계홍십자회중화동남총회 연합총판사처'라는 이름으로 표기되어 있어서[133] 외부인에게 홍십자회인지, 홍만자회인지를 분간하기 어렵게 만든다. 물론 위의 연합총판사처의 바른 명칭은 '세계홍만자회중화동남총회 연합총판사처'이며, 이로 인해 1960년대에 당안을 정리한 상하이 당안관의 아키비스트나 후대의 연구자들도 오류를 범하곤 한다.

여도덕사의 운영에 관한 문제 역시 원회도자회의의 의제였다. 예를 들면, 1931년 8월 20일의 회의의사록에 여사女社이 이전 문제를 두고 토론한 결과 이 사항은 두 명이 포치布置와 수리 문제 일체를 담당하는 것으로 결정되었

131 Q120-3-22, 〈院會道慈會議議事錄〉(1931년 9월 11일)

132 小浜正子, 앞의 책, pp.50-129 참조.

133 許晩成編, 《上海慈善機關概況》, (龍門書店, 1940), p.6.

다.[134] 곧 다른 자선단체와 달리 홍만자회의 회의체는 종교적 성격이 강하였던 것이다. 따라서 일반적인 선당들의 회의체와 홍만자회의 그것은 분명한 성격 차이가 있었던 것으로 생각된다.

2. 홍만자회 직원의 구성 양상과 그 변화

1) 조직 초기의 직원 구성

그렇다면 구체적으로 이 직책을 맡았던 직원은 어떻게 구성되어 있었을까. 초기의 직책 명부는 없지만, 1933년 이전에 작성된 〈세계홍만자회상하이분회직원일람표〉[135]에는 동사장과 각부 주임, 부주임, 남시 및 북시 판사처 주임, 간사, 회계, 서무 등으로 직별을 구분한 조직구성원이 이름, 도명, 적관, 주소 순으로 기재되어 있다. 여기서 한 가지 지적할 것은 이 일람표에는 연도가 기재되어 있지 않기 때문에 언제 작성된 것인지는 확인하기 어렵다. 다만, 동사장인 야오원푸姚文敷는 1933년에 작성된 직원일람표에 뤄부저우羅步洲, 리띠시엔李迪先, 여우샤오장游篠章, 탕샤오허우唐少侯 등과 함께 명예회장으로 기재되어 있다.[136] 또한 1933년에 회장이 된 장란핑은 1933년에 부동사장으로 기재되어 있다. 그러므로 적어도 1920년대 중후반의 상황이 아닐까 한다.

〈표 4〉에 따르면 1933년 이전에 홍만자회는 동사장과 부동사장, 그리고 각 부의 주임과 부주임을 두고 있다. 앞선 논의에서 홍만자회의 최고 직위가 회장이고, 이 직제가 국민당 정부에서도 유지되었다고 하였으나, 이 명

134 Q120-3-22, 〈院會道慈會議議事錄〉(1931년 8월 20일).

135 Q120-3-25, 《世界紅卍字會上海分會及各附屬單位職員名冊和員工家屬恤老組老人名冊》(1933,1955).

136 Q120-3-25, 《世界紅卍字會上海分會及各附屬單位職員名冊和員工家屬恤老組老人名冊》(1933,1955) 중 〈1933年 世界紅卍字會上海分會職員一覽表〉 참조.

표4. 1933년 이전 세계홍만자회상하이 분회직원일람표

	직별	성명	도명	적관	주소
1	동사장	야오원푸姚文敷	화길	저장 하이닝	마이터스
2	부동사징	장란핑張蘭坪	건뮤	장쑤 우현	난양로
3	부동사장	자오빙허우趙聘侯	도자	장쑤 우현	캉나오튀로
4	총무부 주임	리띠시엔李迪先	자개	장쑤 장인	허더로
5	부주임	한스창韓世昌	복항	후베이	진신부로
6	저계부 주임	자오빙싼趙聘三	황수	산둥 황현	장시로
7	부주임	야오찬보姚蟾伯	복건	장쑤 우현	산하이관로
8	방재부 주임	황위션黃育申	오공	저장 위야오	커넝하이로
9	부주임	쉬줘순 鎖左孫	건정	저장 항현	닝보로
10	구제부 주임	치샤오지戚少齊	민림	저장 닝보	징안사로
11	부주임	후징하이胡耕海	중승	산둥 펑라이	시먼로
12	자업부 주임	텐샤오메이田少梅	수본	저장 위야오	청네이
13	부주임	왕샨汪舜山	보림	저장 츠시	치푸로
14	교제부 주임	후추칭胡楚卿	화역	저장 위야오	텐진로
15	부주임	뉴야오치鈕姚祺	찬상	장쑤 상하이	펑린교
16	남시판사처 주임	쉬용탕徐詠棠	지복	장쑤 상하이	떠우시가
17	북시판사처 주임	류원차오劉文操	보길	장쑤 창저우	샤오시먼
18	간사 겸 문독	뤄띵첸羅鼎臣	선달	후베이	본회
19	간사	완테챠오萬鐵橋	원결	안후이	쥐라이다로
20	간사	왕쥔저우王群騶	원성	후난	본회
21	간사	션찬윈沈燦雲	광화	안후이	쥐라이다로
22	간사	샤신산謝馨山	원육	안후이	본회
23	간사	정빙쿤鄭炳堃	원심	안후이	쥐다이다로
24	회계	리시엔장李憲章	소개	베이핑	중허촌
25	회계	첸례푸陳列夫	화가	저장 상위	본회
26	서무	저우성푸周聖符	건촉	장쑤 꺼우롱	쥐라이다로

단을 보면 정부의 명령에 따라 공식적으로는 동사장으로 표기한 것으로 보인다. 또한 직명이 표기되지 않은 간사 5명과 회계 2명, 그리고 서무 1명을 두어 일을 처리하고 있으며, 조직 구성의 규정에는 보이지 않는 남시와 북시 판사처 주임이 기재되어 있음을 알 수 있다.

이러한 조직과 직원 구성은 사실상 상하이에서 활동한 민간단체의 역사에서 흔하지 않은 현상이라 할 수 있다. 선례도 드물거니와 조직의 규모나 직원 구성에서도 독특한 양상을 보여 주기 때문이다. 따라서 그 규모나 성격, 출신배경, 학력, 능력 등을 다른 사회단체나 홍십자사와 비교하기는 어렵다.

다만 직원들 중 상층부는 아래의 회원 명부에서 구체적으로 기록하였듯이 상하이 사회에서 성공한 인사들이라 할 수 있다. 예컨대 동사장직에 있는 야오원푸姚文敷는 1920년대 저장의 명류로 일컬어지던 인물로서, 1937년의 회원 명부에는 66세로 저장의 하이닝 출신으로 기록되어 있다. 그는 1920년대 말에 상하이에서 조직된 이후 자선단체의 중심으로 성장한 상하이자선단체연합회에서 부위원장을 맡았던 황칭란黃慶瀾(호 涵之)과 함께 상하이에서 불교와 자선에 깊은 관심을 가지고 불교자유원佛教慈幼院을 열어 불교의 자비심을 바탕으로 유아 구원 사업에 집중하였다. 그는 경극에도 관심이 있었던 것으로 알려졌는데, 이로써 보면 저장 출신으로서 상하이에서 손꼽히는 문인이자 자업에 관심을 가졌던 인사라고 하겠다.[137]

부동사장이자 도호가 건묘인 장란핑張蘭坪은 쑤저우 출신으로서 1940년대에 상하이에서 이름난 기업인이었고, 1932년에 홍만자회에 가입하였다. 그는 1940년대에 상하이에서 오랜 역사를 갖고 있는 서강안료호瑞康顏料號의 동사장을 맡고 있었다. 이 안료점은 상하이에서 안료대왕으로 불리던 베이룬순貝潤孫이 설립한 것으로서, 베이는 쑤저우 출신의 장란핑과 닝보 출신의 우챠칭虞洽卿이란 두 명의 도제를 받아들였고, 이들 두 사람은 이후 상하이의 상공계에서 거물급 인사로 성장하였다. 1910년대 중반에 상하이총상회의 협리協理직에 있던 베이룬순도 쑤저우의 우현 출신이었으므로, 동향관계가 양자의 사이를 묶어 주었던 것으로 보인다. 제1차 세계대전 기간에 독일인이 상하이를 떠나면서 창고에 쌓아놓은 제품을 베이에게 싸게 넘기는 바람에 베이와 장은 이를 팔아 큰돈을 벌었다고 한다.[138]

요컨대 장란핑은 동향 출신의 베이룬순이 경영하던 안료점에서 일을 배우면서 페인트 사업에서 성공을 거두었고, 그 덕에 상하이의 상계에서도 영향력이 있는 인물로 성장한 셈이다. 그러나 초기의 정잉즈와 달리, 그는

---

137 "印光大师永思集" 인터넷 http://www.dizh.net/Info/1/21215/index.aspx 참조.

138 力夫, 〈蘇滬名門 貝氏家族〉, 中國新聞網 http://www.chinanews.com/zhonghuawenzhai/2001-04-01/new/(31)%201.html 참조.

부계符乩를 따르기는 하지만, 신의 계시로 알려진 단훈檀訓을 무조건 수용하지는 않았던 것 같다. 장감掌鑑 등과 같이 중요 요직에 있는 사람들은 단훈에 대해 더욱더 세세하게 언구를 히여야 하고, 이정理情이나 사실과 맞지 않는 것은 맹목적으로 따를 필요가 없다는 사실을 명확히 하였던 것이다.[139] 부계의 품질이 문제가 된 것이다.

또 다른 부동사장은 도호가 도자道慈인 자오빙허우로서 장란핑의 소개를 받아 1927년에 홍만자회에 가입한 것으로 되어 있다. 1947년의 홍만자회 간부 명단에 따르면, 그는 장쑤성 우현 출신으로 학력은 습상習商으로 기재되어 있으며, 직업은 서강안료호 직원이었다. 장란핑이 이 점포의 경리였으므로, 양자는 동향 출신에 동업으로 인연을 맺은 관계라고 생각된다.

총무부 주임을 맡은 이는 리띠시엔으로서 고향은 장쑤성 남부의 장인江陰으로 기재되어 있다. 그는 1942년에 상하이 소재의 신생사창新生紡織紗廠의 경리였고,[140] 또 1927년에는 고향인 장인에 중학교를 설립하는데도 투자하였으므로, 적어도 상하이 일대의 상계에서는 이미 1920년대 후반에 영향력이 있는 인물이었다고 해도 무방할 것이다. 그는 특히 1932년의 상하이 사변 시에 전쟁 난민들을 구하는데 적지 않게 공헌을 한 것으로 잘 알려져 있다. 전쟁으로 인해 조계와 화계 사이의 관문이 폐쇄되는 바람에 자베이, 남시, 강만 등에 거주하는 수백만 명의 주민이 일본군에 포위된 형국이었고, 이 도시의 동북쪽에 집중된 사창의 직공을 구하기 위해 조계 당국을 설득한 결과 그들을 조계지로 피난시킬 수 있었던 것이다. 이러한 구호 작업은 그가 홍만자회 회원이었기 때문에 가능하였을 것이다.

교제부 주임인 후추칭(도호 화역)이 있다. 1926년에 오인이란 회원에 의해

---

139 陳明華, 〈扶乩的制度化與民国新興宗教的成長-以世界红卍字会道院爲例(1921-1932)〉, 《歷史研究》 2009년 제6기, p.75.

140 당시 상하이는 일본군에 점령되어 있었기 때문에, 이들 지역에 있는 사창 중에는 일군에 협력하는 이른바 敵産沙廠이 있었으나, 신생이 그 명단속에 포함되어 있는지는 알 수 없다. 이른바 적산사창에 대해서는 김지환, 〈중국 국민정부의 敵産沙廠 처리와 방직자본가〉, 《역사학보》 제182호(2004), pp.123-151 참조.

표5. 1933년 홍만자회상하이 분회 직원 일람

직별	이름	출신	비고
명예회장	야오원푸 뤄부저우 리띠시엔 여우샤오장 탕샤오허우 5명	저장 하이닝 후베이 샤커우 장쑤 장인 후베이 이창 안후이 평양	
명예부회장	쟈오러산 션다칭 쉬줘순 저우저싼 뤄딩첸 우시야오 6명	장쑤 전장 저장 츠시 저장 항현 장쑤 거우룽 후베이 즈장 장쑤 장인	
방재부 주임간사 방재부간사	--- 성우칭 허충샤오 리즈허우 3명	--- 저장 츠시 저장 상위 장쑤 쟈딩	
구제부 주임간사 구제부 간사	후추칭 왕윈푸 쉬즈싱 자오지뤼 4명	저장 위야오 저장 인현 장쑤 우현 허베이 야오양	
자업부 주임간사 자업부 간사	텐샤오메이 자오빙허우 왕줘린 샤오원쟝 샤오원빙 류용캉 션찬윈 7명	저장 위야오 장쑤 우현 장쑤 우시 장쑤 우현 장쑤 우현 장쑤 장인 안후이 허베이	
교제부 주임간사 교제부 간사	위동성 강간팅 리슈옌 완위엔지에 4명	저장 닝보 안후이 후이닝 장쑤 우현 안후이 우웨이	
	29명		

소개되어 입회한 후추칭은 저장의 위야오 출신으로 1947년의 만회조사서에는 혜창전장惠昌錢莊의 총경리직에 있는 것으로 되어 있다. 하지만 혜창전장은 1934년에 설립되었기 때문에, 그 이전에 후추칭이 어떤 일을 하였는지는 잘 알 수 없다. 20세기 전반기에 상하이에서 개업하였던 전장들은 집안에서 대를 이어 영업을 하는 경우가 많았고, 혜창도 부자가 대를 이었던 데다 비교적 큰 규모의 전장이었다고 하므로,[141] 후추칭의 재력을 어느 정도

141 楊培新, 〈論中国金融资産階级的封建性〉, 《近代史硏究》 1985년 제2기, p.49.

짐작할 수 있다.

이처럼 1933년 이전의 홍만자회 직원 구성은 상층부인 동사장급 및 주임급과 사무를 담당하는 간사와 회계 및 문서라는 직별로 구분되어 있었다. 상층부 인물들은 대부분 당시에 회사를 운영하는 경리직에 있던 사람들이었으므로, 실제 업무보다는 주요 정책이나 재정 및 대외 관계 등을 책임지고 있었다고 할 수 있다. 흥미 있는 것은 동사장이나 주임급의 출신 지역이 대부분 장쑤 남부나 상하이 및 저장 북부인데 비해, 실무진급은 안후이나 후베이, 후난, 베이핑 등지의 출신이었다는 점이다. 말하자면 지역적 위계성이 일부 엿보인다고 할 수 있다.

그렇다면 1933년의 홍만자회 상하이 분회의 직원 구성은 어떠하였을까. 〈표 5〉를 보면 총인력은 29명으로 1933년 이전보다 3명이 증가하였지만, 전체 직원을 모두 기재한 것 같지는 않다. 우선 총무부와 재정부가 빠져 있으며, 동사장과 부동사장의 이름도 보이지 않는다. 총무부 주임이던 리띠시엔이 명예회장으로, 간사 겸 문독인 뤄띵첸이 명예부회장으로 옮긴 점도 눈에 띈다. 직책명을 회장 혹은 부회장이라고 쓴 것은 국민당 정부의 동사장제를 표면상으로는 수용하면서도 내부에서는 여전히 이전의 관행명을 사용하고 있다는 점에서 유의할 필요가 있다. 또한 명예회장과 명예부회장직이 늘어났으며, 이곳에 11명이 배치되어 있다. 이전부터 같은 직책에 있는 이는 구제부 주임간사인 후추칭과 자업부 주임인 텐샤오메이 정도이며 부동사장이던 자오빙허우는 자업부 간사로 자리를 옮겼다. 그보다 중요한 사실은 1933년 이전에 직원이었던 사람이 1933년도에도 계속 직원 자리에 있는 인원은 8명이라는 사실이다. 그만큼 유동성이 많았다는 의미일 터인데, 이는 아무래도 1933년 이전의 직원 구성이 1920년대 중후반의 것이었음을 방증한다고 생각한다.

2) 중일전쟁 이후 홍만자회 직원 구성

그렇다면 상하이 홍만자회의 직원은 중일전쟁이 끝난 1945년 이후에 어떻게 변모하였을까. 종전 후 상하이시 사회국의 요청에 따라 만든 직원표 명부에 따르면,[142] 직원 36명 중에 회사의 경리직을 거친 사람이 8명이며 전·현 의회 의원 1명, 전 안후이국립도서관관장 1명, 율사 1명, 국립베이핑고궁박물원 과원 1명, 상업 5명, 본회 직원 4명 등이며, 나머지 인원도 대부분 보험, 안료, 모직 등 상공업에 종사하는 사람들로 구성되어 있다. 연령은 최저 26세에서 최고 71세이며, 여성은 3인이고 나머지는 모두 남성이다. 적관은 장쑤, 저장, 안후이 등이 절대 다수이고, 기타 지역으로는 후난 1, 쓰촨 1, 장시 1, 톈진 1, 후베이 2명이다. 학력은 청나라 때의 부생附生도 있지만, 사숙 14명으로 압도적으로 많으며, 상商이라고 표기된 사람이 9명, 근대식의 중학 이상 대학 졸업자가 8명에 이른다. 이러한 학력을 가진 이들은 대부분 전직 관료였거나, 공공 기관에 근무하던 사람이라는 공통점이 있다. 또한 1945년의 직원 명부에는 간사직을 가진 여성 한 명이 포함되어 있으나, 65세에 안후이 출신이라는 사실 이외에는 알 수 없다.[143]

1945년의 직원 명부에 의거하자면, 1937년의 그것과 대차는 없지만 약간의 변화는 보인다. 출신지역상 저장 북부와 장쑤성 출신이 압도적일만큼 다수를 차지하는 반면 상하이 출신은 여전히 빈약하다는 점 외에 전체 회원 수가 120여 명으로[144] 증감이 별로 없는 데다 부유층이 여전히 많다는 사실은 1937년의 직원 상황과 유사하다.

반면 여성 직원 한 명이 포함되어 있다는 점, 그리고 전현직 관료나 공공기관 출신이 직원 자리에 앉은 것 등은 적지 않은 변화라고 할 것이다. 아마

---

142 Q120-3-25, 〈世界紅卍字會上海分會職員名冊〉

143 曹禮龍, 앞의 논문, pp.21-22.

144 '世界紅卍字會東南淞滬代主會'가 1944년 7월 10일에 왕징웨이 정부의 신국민운동추진위원회에 올린 보고에 따르면, 회원은 모두 120인으로 모두 남자이며, 직원 17명도 모두 남자였다. Q120-3-38, 〈世界紅卍字會東南淞滬代主會稿〉 참고.

표6. 1947년 홍만자회 상하이지부 직원 명단[145]

	이름	1937년 회원 여부	직별	연령	적관	교육정도	당원 여부	약력
1	장란핑 張蘭坪	회원	동사장대리 董事長代理	62	징쑤 우현 吳縣	습상習商	부	서강안류호경리 瑞康顏料號經理
2	리텐전 李天眞 (본명따쥔)	회원	부동사장	63	저장 항현	전청부생 前淸附生	부	신생사창경리 新生紗廠經理
3	후추칭 胡楚卿	회원	상무동사	64	저장 샤오싱	습상	부	혜창전장총경리 惠昌錢莊總經理
4	첸여우위 陳有虞	비회원	상무동사	54	장쑤 난후이 南匯	습상	부	안업보험공사동사장 安業保險公司 董事長
5	구비샨 顧丕善	비회원	동사겸 총무저계주임 董事兼總務儲計主任	49	저장 전하이 鎭海	습상	부	순창번사창경리 順昌翻砂廠經理
6	왕줘린 王作霖	비회원	동사겸 자업부주임 董事兼 慈業部主任	68	저장 인현 鄞縣	습상	부	전후저우경여전장경리 前湖州慶餘錢莊經理
7	리러텐 李樂天 (본명 李乂鈞)	회원	동사겸 구제부주임 董事兼 救濟部主任	53	저장 항현 浙江 杭縣	저장 종문중학필 浙江宗文中學畢	부	대중은행부경리 大中銀行副經理
8	선민장 沈敏章	비회원	동사겸 방재부주임 董事兼 防災部主任	45	저장 전하이 鎭海	습상	부	달풍사호경리 達豊紗號經理
9	룽샤오윈 龍篠雲	비회원	동사겸 교제부주임 董事兼 交際部主任	54	허베이 베이핑	금릉대학졸 金陵大學畢	부	용상인쇄창경리 龍翔印刷廠經理
10	한스창 韓世昌	회원	동사	63	후베이 한양 漢陽	성공회학당필 聖公會學堂	부	전참의원의원 난징화기양행경리 前參議院議員 南京和記洋行經理
11	자오빙허우 趙聘侯	회원	동사	59	장쑤 우현 吳縣	습상	부	서강안료호직원 瑞康顏料號職員
12	류원차오 劉文藻	회원	동사	64	장쑤 우진 武進	사숙	부	흥신태모편호경리 興申泰毛編號經理
13	황위선 黃育申	회원	동사	55	저장 위야오 餘桃	습상	부	인원오금호경리 仁源五金號經理
14	선치우성 沈秋生	회원	동사	48	장쑤 상하이	습상	부	의창전장부경리 義昌錢莊副經理
15	왕이샨 王頤仙	회원	동사	72	안후이 펑양 鳳陽	전청늠공생 前淸廩貢生	부	본회 동사 本會 董事

이는 1937년부터 1945년까지 상하이 지역이 국민당의 통치 영역에서 벗어난 사실과 관련이 있을 것이다. 전쟁에 따른 구제의 필요성 증가로 인해 상공인 뿐만 아니라 관계官界와 공공계 인물의 자선활동도 그만큼 절실하였을 것이고, 또한 도원이 발전시킨 5교합일사상이나 국경을 뛰어넘는 구제 활동을 전개해야 한다는 조직의 이상 때문에, 통치 집단이 누구인가와 상관없이 구제 활동에 적극 나섰을 것이라 생각되는 것이다.

〈표 6〉은 1947년 6월에 조사한 상하이 지역 홍만자회 책임자급 지도부

명단이다. 이전의 조사 항목과 달리진 것은 '당원 여부'가 포함되었다는 사실이다. 그리고 임원은 일반 회원 중에서 핵심부를 구성한다고 할 수 있으므로 홍만자회의 핵심 회원들을 이해하는 데에 도움이 된다. 중요한 점은 1933년의 직원명부와 달리 직원의 교육 정도와 당원 여부, 그리고 대표적인 약력이 기재되어 있어 주요 직책에 있던 회원들의 신상을 비교적 잘 알 수 있다는 사실이다.

이들 명단에서 한 가지 유의할 부분이 있다. 곧 1937년의 회원명부에 올라 있던 사람들 중에 어떤 회원들이 10여 년 동안 회원으로 활동하고 있었을까 하는 점이다. 그것은 동사장대리 장란핑(1923년 가입), 상무이사 후추칭(1926년 가입), 동사 자오빙허우(1927년 가입), 동사 한스창(가입연도 불명), 동사 황위선(1934년 가입), 동사 류원차오(1934년 가입), 동사 선치우성(가입연도 불명), 동사 왕이샨(가입연도 불명) 등 8명이다. 부동사장인 리톈전李天眞은 조직 초기부터 그 명단이 있으므로 10년 이상 활동한 회원은 9명으로 볼 수 있다. 결국 각 부서의 주임을 제외한다면 거의 모두 10년 이상 활동한 회원이라고 할 수 있다.

물론 동일한 인물이 오랫동안 같은 직위에 있었던 것은 아니다. 예컨대 1933년에 동사장이던 야오원푸는 1947년에는 보이지 않고 그 자리에 장란핑이 동사장 대리를 맡고 있으며, 부동사장이었던 자오빙허우는 일반 동사로 변하였다. 두 사람은 여전히 서강안료호의 경리와 직원으로 있기는 하지만 지위가 바뀐 것이다. 또한 교제부 주임이던 후추칭이 상무동사로, 무직이었던 리톈전은 부동사장으로 자리를 옮겼다. 반면 첸여우위는 1937년 당시 비회원이었으나 10년 사이에 상무동사 자리에 앉았다. 대부분의 주요 직책은 오래된 회원이 담당하고 있으나, 그렇지 않은 경우도 있다는 점을 보여 준다.

이들 회원 명부에서 흥미 있는 사실은 그들의 직업이다. 이들이 경영하

---

145 Q120-3-38, 〈公益慈善團體事業調査表〉에 의거하여 작성.

는 회사 중에서 많은 수를 차지하는 것이 사업絲業과 관련된 기업이다. 앞서 말한 리텐전이 신생사창 경리이며, 선민장은 달풍사호 경리로 등록되어 있고, 류원사오는 홍신태모편호경리 등 3명이 사업 관련 사업에 종사하고 있으며, 모두 경리의 자리에 있다.

이보다 더 많은 직업은 전장이나 은행, 보험 등 금융 관련 부분이라 할 수 있다. 홍만자회의 주요 간부였던 후추칭은 혜창전장의 총경리이고, 첸여우위는 안업보험공사 동사장이며, 왕줘린은 전 후주경여전장 경리이다. 또한 리러텐은 대중은행 부경리이며, 선치우성은 의창전장 부경리이다.

동사로서 주목할 만한 인물은 한스창(1884-1948)일 것이다. 앞의 약력표에서도 드러나듯이 그는 난징에 소재한 화기양행의 경리이자 전참의원을 지낸데다 성공회학당을 마친, 그야말로 경제, 정치, 문화 부분에서 상당한 수준의 엘리트라 해도 과언은 아닐 것이다. 난징의 화기양행은 잘 알려진 것처럼, 1913년에 난징에서 영국인과 중국인 매판 한용칭韓永清 및 뤄부저우羅步洲가 합동으로 세운 최신식의 식품가공공장이었다. 영국에서 발전된 냉동 시설과 가공 시설을 도입하면서 거의 모든 육류뿐만 아니라 통조림통 등 관련 기기 및 부두 시설을 갖춘 공장으로서, 1919년 무렵에는 노동자만 해도 1만여 명에 이를 정도였다.[146] 1925년에 있었던 상하이의 5·30 참안 시, 이를 성원하는 대파공을 일으킨 사실도 역사가들에게 주목을 받아왔다. 또한 당시의 국내 신문에도 이 공장의 노동자들이 임금 인상을 요구하면서 파업을 일으켰고 이를 막는 영국 경찰과 충돌하면서 수십 명이 사상하였다는 기사를 싣고 있다.[147] 같은 해 7월 2일에는 5백여 명의 화기양행 노동자들이 "조계지를 반환하라"는 구호를 외치며 난징 시내로 들어와 시위한 소식도 전하고 있다.[148] 그만큼 이 공장의 노동 운동은 국내의 신문사에서도 관심 있던 사항이었다.

---

146 朱翔, 《南京英商和记洋行研究》, 南京師範大學博士學位論文, 2013, pp.25-74.

147 《동아일보》, 1925년 8월 2일자.

148 《동아일보》, 1925년 7월 5일자.

위의 화기양행의 경리인 한용칭의 자字가 바로 스창이었으니, 말하자면 난징 최대의 사업가 중의 한 사람이 홍만자회의 동사였던 것이다. 한스창은 1884년 후베이성의 한양에서 출생하였으나 집안이 곤궁하여 방황하던 중, 후광총독 장즈동張之洞을 만나면서 영어를 배운 결과 영국인과 회화가 가능할 정도로 능숙해졌고, 이 경험이 결국 그를 새로운 길로 인도하였다.[149] 그가 남긴 유산 중의 하나는 신생사창의 리띠시안李迪先, 허우더방侯德榜의 영리구대화학공업공사永利久大化學工業公司, 금융가 예푸샤오葉扶宵 등과 더불어 대륙은행이나 엽업은행 등을 창업하면서 자신의 실업 세계를 확장하였다는 데 있다. 신생사창의 리띠시안과의 관계가 여기서 보인다. 사업상의 네트워크가 사업뿐만 아니라 사회구제 관계에도 연결되었다는 의미일 것이다. 그는 정계와 관료계의 인물과도 친밀한 관계를 맺어 장쑤성을 대표하는 참의원 의원에 당선되면서 상계의 대표로 활동하였으며, 쑨원의 혁명활동을 도와 총통부 고문직을 맡기도 하였다.

한스창의 일생에서 중요했던 일은 박애博愛에 관한 관심이었을 것이다. 쑨원으로부터 받은 글자인 '박애'를 실천에 옮기려고 노력한 사람으로 알려졌다. 사업에 성공한 이후 그의 주된 관심은 어릴 적의 가난과 어려움을 잊지 않으면서 그러한 상황을 개선하려는 데 있었다. 이를 위해 자선단체에 수만금을 기부하였을 뿐만 아니라, 1920년에 난징에서 전염병으로 사망자가 증가할 때, 빈민의원을 설립하면서 무료로 진료를 해주고 약을 제공하여 '한선인'이란 별호를 얻은 적도 있었다.

그는 1930년에 위의 화기양행을 사직하고 상하이로 이주하여 일본의 상하이 점령 시 홍만자회에 들어가 동남주회총판사東南主會總辦事를 맡아 이 일대의 자선 업무를 총괄하였다. 또한 후베이의 창사長沙에 도원을 설립하고 우한武漢과 푸저우福州의 옛 도원을 복구하여 홍만자회가 추구하는 도

149 漢南區方志網, 〈歷史人物 大實業家-韓永清〉 http://www.whfz.gov.cn/hnq/rwjs/lsrw/201006/t20100611_36189.shtml

자일체의 정신을 실현하였다.[150] 이 점에서 한스창은 난징과 우한에서 성공한 실업가이기도 하였지만, 상하이에서는 오히려 홍만자회를 기반으로 자선 활동을 추구한 인물로 평가할 수 있을 것이다. 말하자면 양자강 중하류권의 정·상·관계 네트워크가 동남주회총판사라고 하는 직책 속에서 빛을 내었다고 할 수 있다.

위의 동사 중에는 순창번사창의 경리직에 있는 구비샨顧丕善도 있다. 순창번사창은 광서 16년(1890) 10월에 구광위顧光裕, 뤄즈지羅治記, 덩용펑鄧永奉 등이 자본금 1,000은 위안银元을 모으고, 10인을 고용하여 쟈베이 촨훙방閘北川洪浜(현 하이닝로)에서 상하이중기주조창上海重機鑄造廠을 세우는 것으로 시작되었는데, 이는 중국 내에서 처음으로 개설한 주조창이기도 하였다.[151] 구비샨은 구광위의 손자로서 1937년도에 스난로思南路에 공장을 신축하면서 주조창의 이름도 순창번사창으로 바꾸었다. 1937년 이후 이 번사창은 고정 자산이 3배 정도 증가하고 노동자 역시 160인을 고용할 만큼 성장하여 당시로서는 중국 내에서 최대 번사창의 하나로 꼽혔다.[152]

혜창전장은 1933년(일설에는 1934년) 11월에 상하이시 톈진로 170롱 6호에서 허종샤오何衷筱에 의해 설립되었다. 허는 명대부터 저장 닝보 부근의 총샤崧厦에서 상업으로 기가한 집안의 후예이자 부호로서 상하이에 혜창전장과 익강서기전장溢康瑞記錢莊을 개업하였다. 중일전쟁 이후 상하이에서 영업을 하고 있던 전장은 모두 229개였던 바, 그 중에서도 안강安康전장은 1870년에 설립된 반면, 혜창은 가장 늦은 1933년에 문을 열었다.[153] 당시의 많은

150 A. R. Buet, J.B. Powell and Carol edi. Biographies of Prominent Chinese, 《中華當今名人傳》(中英文合版) (上海傳记出版公司出版, 1924), 〈韓永清〉편.

151 上海地方志辦公室, 〈專業志-上海器機工業誌-第4編 熱加工業-第1章 鑄造-第1節 沿革〉 참조. http://www.shtong.gov.cn/node2/node2245/node4456/node59313/node59315/node59317/userobject1ai47768.html

152 蔡亮, 〈近代閘北的蘇北人(1900-1949)〉 (上海師範大學 歷史學科 석사학위 논문, 2006), p.16.

153 周知秋编辑, 〈抗戰结束後的上海经濟接收〉, 《東方朝報》, 2013.06.25.

전장들처럼 가족제에 의해 설립 운영되었는데, 혜창 역시 부자간의 상속을 통해 이 가업을 유지하였다.[154] 혜창의 사장인 허종샤오는 또한 총샤에서 유태미행을 경영하면서 이에서 나오는 수익금의 대다수를 공익자선사업에 투자하였고, 1935년에서는 상하이에서 열린 10회 상하이전업공회에서 주석으로 선출될 정도로 명망이 있었다. 허씨네는 1946년에 그의 아들이 투자에 실패함으로써 다시 향리로 돌아갔는데,[155] 후추칭은 아마도 이 무렵에 혜창전장의 경리직에 앉았을 것으로 추측된다.

그 밖에 왕쥐린이 경리를 맡았던 후저우湖州의 경여전장은 1945년 무렵에 후저우에서 덕원德源, 신익慎益과 더불어 오랜 역사를 가진 전장이었으며, 의창전장 역시 상하이에서 1907년에 설립된 금융기관이었다. 중요한 점은 이들 전장뿐만 아니라 보험업, 은행과 같은 금융업계의 책임자들이 홍만자회의 임원진에 포함되어 있다는 사실이다.

위의 인물 중에 롱샤오윈은 조금 독특한 면이 있다. 1947년의 경력에는 난징의 진링대학을 졸업하고 용상인쇄창의 경리직에 있던 것으로 기록하였다. 분회 내에서 맡은 직책은 동사 겸 교제부 주임이었다. 그러나 1952년 7월 12일에 조사한 기록에는 이와 다르다.[156] 제2진료소의 주임 겸 구호대대장이다. 1952년의 진료소에는 모두 12명의 직원이 근무하고 있었는데, 이 중 의사는 연습생 포함 3명, 약사는 2명이었고, 나머지는 주임과 부주임, 접수원, 사무원, 회계원, 근무원 등으로 구성되어 있다.

중일전쟁 이후 주요 요직의 지역 분포는 어떠한가. 지역으로 볼 때 저장성 출신과 장쑤성 남부 출신이 거의 대부분을 차지하고 있다. 그 중에서도 특히 저장성 북부에 집중되어 있음을 알 수 있다. 학력으로는 습상이 9명으로 다수를 차지하며, 대학 출신 2명, 중학 출신 1명, 사숙 1명이 있고, 청대

---

154 楊培新, 〈論中国金融资産階级的封建性〉, 《近代史研究》 1985년 총26기3월, p.49.

155 王一醇, 〈王一醇紀實文學系列〉, 인터넷 《上虞論壇》, http://www.0575bbs.com/read-htm-tid-1123093-ordertype-desc-ds-1-toread-1.html 참조.

156 Q120-3-25, 〈世界紅卍字會上海市分會弟2診所職工名冊, 1952년 7월 8일〉,

과거 출신자도 2명이나 포함되어 있다. 1930년대에는 학력을 알 수 있는 회원이 없었던 사실과 비교해 볼 수 있다. 곧 직업상으로는 거의 모두 상공인으로서 자오빙허우趙聘侯를 제외한다면 모두 경리나 부경리급에 자리한 사람들이다. 자오조차도 동사장 대리 장란핑張蘭坪이 총경리로 있는 서강안료호의 직원이므로, 여전히 부유한 상인 출신으로 구성되어 있다 하겠다.

당원 여부를 기재한 항목 부분에서 지도부에는 국민당에 가입한 당원이 한 명도 포함되어 있지 않다. 이 사실을 전후 맥락 속에서 설명하기에는 어려움이 많다. 종래에 국민당 정부에 제출한 지도자 명단 조사서에는 이 부분이 빠져 있었기 때문이다. 그러나 1947년에 이 항목이 첨가된 사실은 곧 공산당과의 대립에서 오는 당파성 여부가 중요한 조사 대상이었으리라 짐작한다. 또 한 가지 이유는 홍만자회와 국민당의 기본 정책과의 충돌 여부이다. 앞에서 지적한 바와 같이 홍만자회 멤버가 되기 위해서는 반드시 도원의 신자가 되어야 하였다. 반면 국민당에서는 도원을 미신단체로 규정하여 승인을 거부하였고, 더욱이 이러한 종교 단체가 자선사업을 하는 행위 역시 금지시켰다. 따라서 홍만자회 회원으로 남기 위해서는 국민당에 가입할 수 없었다고 생각된다. 또 다른 이유는 원회에서 규정한 '정치를 이야기하지 않는다'는 원칙을[157] 견지하고 있던 데서 비롯되었을 가능성도 크다.

3) 인민공화국 건국 이후의 직원 상황

그렇다면 공산당 정권이 들어선 직후에 홍만자회 직원의 구성이나 그 특징은 어느 정도 달라져 있을까. 1949년 5월 31일에 작성된 〈세계홍만자회상하이시분회직원조사표〉에는 모두 45명의 직원 명부가 들어 있다.[158] 조사 시점으로 미루어 본다면, 중국공산당이 상하이를 점령한 5월 27일 직후에 조사된 것으로 보인다. 그러므로 비교적 정확하고 자세하게 기술하였을 것이

157 〈세계홍만자회선언〉(한글판)에도 '不談政治'로 언급되어 있다.

158 Q120-3-25, 〈世界紅卍字會上海市分會職員調查表〉.

라 생각된다. 조사 항목은 이전과 비슷하여 직명, 이름, 성별, 연령, 학력, 경력, 비고 등으로 구성되어 있다. 이 자료에 따르면 이사장은 장란핑이며, 부이사장은 첸린성陳麟生, 후추칭, 상무이사 리톈전李天眞, 첸전옌陳鎭岩 등이다. 연령별로는 대부분 40대부터 70대까지 걸쳐 있지만, 30대도 있는 것으로 보아 소수이기는 하지만 젊은이들도 계속 충원된 것으로 보인다.

〈표 7〉에는 모두 45명의 명단이 기재되어 있는 바, 조사의 유형은 국민당 시대의 그것과 비슷하다. 직별, 성명, 성별, 연령, 적관, 자력(곧 학력), 경력, 비고 등 8개 항목을 적어 넣도록 하였다. 당원 여부를 묻는 항목은 없다. 이 명단에는 이사와 각 조직의 책임자, 행정인들, 그리고 북시판사처 요원들이 있는 것으로 보아, 상하이홍만자회를 움직이던 실질적 인물들이 거의 망라되었다고 할 수 있다.

먼저 조직상의 변화를 보기로 한다. 1947년은 최고위직의 명칭이 동사장이었으나, 2년 뒤에는 이사장으로 바뀌었다. 이사장 제도는 이미 1922년에 조직 기구를 제정할 때 두었던 것이므로 사실상 초기의 제도로 돌아간 것이라고 할 수 있다. 동사장제를 폐지하고 이사장제로 복귀한 이유는 정치 체제가 바뀐 것과 연관이 있다고 생각한다. 앞서 본 바와 같이 동사장제는 국민당의 요구였기 때문이다. 부이사장도 한 명을 더 늘렸으며, 각 부서의 주임도 이사가 겸직하고 있다. 실무를 담당한 이사가 16명이고, 후보이사가 2명이니, 그만큼 이사의 숫자가 늘어난 셈이다.

이사가 상위 실행직이라고 한다면, 감사는 조직의 업무와 재정 상태를 감사하는 직위라고 할 수 있을 것이다. 감사장과 상무감사, 일반감사, 후보감사를 둔 것은 이렇듯이 조직을 건전하고 균형 있게 유지하기 위한 조치일 것이다. 감사직에는 감사장을 비롯하여 상무감사 3인, 후보감사 1인을 두고 있다. 이는 감사의 일이 그만큼 많아졌음을 의미할 것이다.

실무 조직을 보면 총무조, 방재조, 재무조, 구제조, 교제조, 자업조 등 초기의 부서들이 여전히 유지되고 있다. 또한 종래에는 보이지 않던 창고판사원, 편집, 서기, 문서, 회계, 서무 등 실무 행정과 관리를 담당한 직책도

표7. 1949년 6월1일 상하이 흥만자회직원일람표

번호	직별	성명	성별	연령	적관	자력	경력	비고
1	이사장	장란핑張蘭坪	남	64	우현	사숙	전 서강안료경리	
2	부이사장	천린성陳麟生	남	58	난후이南匯	사숙	익우화호益友花號경리	
3	부이사장	후추칭	남	68	저장 위야오	사숙	전 정성무鼎盛武경리. 현 혜창원惠昌源총경리	
4	상무이사	리텐전	남	65	쓰촨	저장법정졸업	현상하이신사창경리	
5	상무이사	첸전옌陳鎭岩	남	51	장쑤 타이현	전장쑤성립제5사범본과 졸업	타이현현독학泰縣縣督學. 장투현생의江都縣生醫교장 역임. 삼화녕백과창三和檸(?)百菓廠경리 역임	
6	이사겸 총무이사	마자이청馬在成	남	68	안후이 차오현巢縣	안후이전성고등학당 졸업	안후이성립제1농업학교 교장	
7	이사겸 방재조 부주임	류원자오	남	67	장쑤 창저우	사숙	흥신태 경리	
8	이사	왕지우량汪久良	남	47	장쑤 난퉁	사숙	원룽잡화호源隆雜貨號경리	
9	이사겸 방재조 부주임	뤄펑퉁羅奉童	남	57	안후이 구이츠현貴池縣	츠저우중학	계신양회공사 한커우판사처회계	
10	이사겸 재무조 주임	샤차이구이夏才圭	남	48	저장 딩하이	사립서숙	공흥창오금호公興昌五金號 경리	
11	이사겸 재무조 부주임	선추이성	남	52	상하이	사숙	의창전장경리	
12	이사겸 총무부 주임	구피산	남	52	저장 인현	청총澄衷중학 (상하이)	순창번사창 경리. 신기경조방장新記經租賬房	
13	이사	자오빙허우	남	63	장쑤 우현	사숙	서강안료호 직원	
14	구제조 부주임	리러텐	남	57	쓰촨 창서우長壽	항저우 종원중학 졸업	전 대중은행경리. 현 신생사창경리	
15	이사겸 구제조 부주은	왕룬즈汪潤之	남	50	안후이 시현歙縣	고소高小 민국 9년 저장공예학교전기기계과 졸업	민국12년 천화주창天華綢廠 창장. 민국17년 미아美亞주창제3창기사. 현 홍성창鴻盛廠	
16	이사	판웨이빙潘偉柄	남	63	상하이시	사숙	전 양경진항유洋涇鎭恒裕 주유점경리. 포동은행동사. 윤행潤行고아원원장. 천사川沙아동교양원 동사장. 포동제1교양원부원장	
17	이사겸 재무조 부주임	선민장沈敏章	남	49	저장 츠시	청총중학	달풍사호 경리	
18	후보이사	류후이싱劉慧性	여	64	장쑤 창저우	무식자	가정복무	
19	후보이사	왕랴오첸王了塵	여	57	저장 인현	가무家務		
20	감사장	탄징판潭鏡範	남	73	장쑤 우현	장쑤법정전문학교졸업	법정학교교수 역임 및 율사직무수형	
21	상무감사	쉬쥐량徐佐良	남	62	저장 위야오	저장 법정전문학교 졸업	율사	
22	후보이사	쉬차오쉬안徐操宣	여	54	저장 용쟈永嘉	본회에서 10년		

23	상무감사	쑤샹린蘇祥麟	남	58	저장 츠시	사숙	영미피은호永美陂隱號(?)경리	
24	감사	쉬용탕徐詠棠	남	70	상하이시	사숙	동성미호同盛米號 경리	
25	상무감사	진웨이촨金渭川	남	61	저장 인현	사숙	민국 이래 주창綢廠에서 학습. 현재 천선天宣 주창	
26	후보감사	첸신화錢信和	남	40	저장 인현	중학	상업	
27	자업조 부주임	쉬헝타이徐亨泰	남	53	저장 인현	사립사숙	화?행華?行공업원료부	
28	교제조 주임	룽샤오윈	남	58	베이핑시	상하이진화중학졸업 진링대학졸업	양회타이현염무체험국국장. 양회영전항잔총판. 상하이구기영조창직원. 상하이영리리건축재료공사직원	
29	교제조 부주임	모쓰멍莫思孟	남	52	난징	장쑤사범전과졸업	교원 사무원 통계원 등을 역임	
30	교제조 부주임	리청슈李誠修	남	59	쓰촨 창셔우	톈진신학서원졸업	길리염무채운국吉里鹽務採運局과원 역임	
31	창고판사원	리총정李充徵	남	63	허베이 칭현	사숙 5년	본회구제대 대원 역임	
32	편집	린위셩林毓生	남	47	안후이 우웨이	사숙 및 국민사범졸업	소학교사 및 서기 20여년 역임	
33	서기	왕위엔싱王元性	남	56	후난 샹향	사숙 10년	병공창 서무원 역임. 민국 11년 본원회 사무 이후 지금에 이름	
34	문서	장관샨張冠善	남	58	난징	양강법정학당졸업	난징대학 및 강남제1감옥학교, 난징법정학교 교수 역임	
35	서기	양원환楊文煥	남	34	안후이 우웨이	사숙8년, 구제대 훈련반	우웨이 만회의무대원 겸 문서간사. 상하이 화남구제대제1대원. 현 본회서기	
36	회계	루홍쿠이盧宏奎	남	56	저장 닝보	사숙	자업慈業	
37	서무	자오위린趙毓林	남	60	난징시	사숙	포업布業. 인쇄업 경영	
38	북시北市판사처문서	장바오 차오張保超	남	64	저장 인현	중학	상업	
39	북시판사처 문서	리웨이즈李蔚智	남	30	산둥 타이안현	타이안직업보습학교졸업. 지난시 사립 국의전과학교졸업. 중의사 고시 합격	칭다오홍만자회문서. 항저우홍만자회문서. 난징홍만자회문서. 내과중의사	
40	북시판사처 서기	장런관張仁貫	남	67	저장 닝보인현	사숙 10년	상	
41	북시판사처 회계	천례푸陳列夫	남	72	저장 샹우현	사숙	경상회계 16년 경험	
42	북시판사처 회계	저우송린周松林	남	50	??			
43	북시시약소관리원	쥐진원菊錦文	남	47	장두江都	사숙 6년	약업 경영 30년	
44	북시판사처중의시진소의사	왕얼위王爾玉	남	56	장쑤 동타이	사숙 8년	행의行醫 30년	
45	북시시약소관리원	리용창李永昌	남	49	산둥 타이안	사숙 8년	약업 경영 14년	

기재하고 있다.

이 중에서 북시판사처는 주목받을 만한 조직으로 볼 수 있다. 1947년에 비해 1949년의 직원 인원은 45명으로 증가하였는데, 증가 몫에는 부시판사처 멤버들이 8명이나 포함되어 있기 때문일 것이다. 상하이의 북시 바오퉁로에 있는 분회판사처에는 제3소학과 부녀부 및 시진소가 있는 곳이다. 그간의 조사에서는 북시의 분회 멤버들이 잘 알려져 있지 않았는데, 이 조사표에는 시약관리원, 의사를 비롯한 인사들과 회계, 서기, 문서 등 각종 사무를 보던 직원들이 들어 있다.

또한 이 명단에는 류후이싱, 왕랴오첸, 쉬차오쉬안 등 3명의 여성이 모두 후보이사로 이름을 올리고 있다. 이들은 모두 1937년의 회원 명단에도 이름이 있는 것으로 보아, 초기 멤버로 추정할 수 있다. 초기의 명단에는 성별이나 직책이 기재되지 않아 그 실체를 확인하기 어려웠으나, 1949년에는 직별과 성별, 학력, 경력 등이 기재되어 있어서 세 여성의 실상을 좀 더 자세히 알 수 있다.

세 명의 직별은 모두 후보이사이지만 그 역할은 분명치 않다. 다른 이사들이 상무나 감사, 각 부서의 주임 등 실질적인 역할을 맡고 있는 것과 대비되는 부분이지만, 여하튼 후보 형태이긴 해도 여성이 남성 중심의 홍만자회에 명단을 올린 것은 매우 특별한 일이라 하겠다. 별도로 여도덕사가 있기는 했지만, 이 여성 이사들이 그 일부인지, 아니면 독립적인 존재인지는 분명치 않다. 그들의 직업 역시 가정 복무가 2명이며 쉬차오쉬안은 본회에서 10년의 경력을 가진 인물로 기록되어 있다. 3명의 여성은 상근하면서 조직 내부에서 조리나 청소 등 잡무를 처리한 것이 아닌가 한다. 류후이싱의 학력이 무식자였던 것에서 그런 짐작을 하게 된다. 추측컨대 여성의 권리나 노동을 중시하던 공산당의 정책을 의식해서 이렇게 기록해 놓았는지도 알 수는 없다.

그렇다면 1949년의 직원 명단을 연령과 지역, 그리고 학력 및 직업별로 분석해서 그 이전의 상황과 비교해 보도록 하겠다. 연령별로 보면 1949년의 경우 30대가 2명, 40대가 7명, 50대가 19명, 60대가 14명, 그리고 70대가 2명이다. 50대와 60대가 주축임을 보여 준다. 지역별로 본다면 상하이 출신은 3명, 장쑤 남부는 난징 3명, 우현 3명 등 8명, 장쑤 북부는 4명, 저장 출신은 인현 5명, 닝보 2명, 위야오 2명, 츠시 2명 등 13명, 안후이성 출신은 우웨이 2명을 비롯하여 5명, 쓰촨성 출신은 창서우 2명을 포함하여 3명, 산둥성 출신은 타이안현 2명, 그리고 베이핑, 후난, 허베이 출신이 3명이다.

출신지역별로는 다음에 제시할 〈표 13. 1937년도 상하이 홍만자회 회원의 지역별 상황〉와 비교해 보면 큰 변화가 없다는 것을 알 수 있다. 1937년의 경우 저장성 출신이 52명으로 그 중 위야오, 닝보, 츠시순이고, 그 다음 순위 지역으로는 장쑤 남부 32명, 상하이 10명, 안후이 10명, 장쑤 북부 4명이며 기타 산둥, 베이핑, 후난, 후베이, 광둥 출신으로 구성되어 있었다. 상하이 홍만자회는 여전히 저장 북부 출신과 장쑤성 남부 출신들이 압도적으로 많았으며, 이 출신지 구조가 대략 20여 년 동안 유지되어 왔다고 생각된다.

다만 미세한 변화도 있기는 하다. 예컨대 광둥이나 후난 출신은 사라진 반면 쓰촨 출신 3명이 새로이 등장하고 있다. 이는 상하이의 이주민 사회에서 광둥 출신은 점차 소멸되는 한편, 쓰촨 출신들이 이입된 상황을 반영한다고 생각한다. 물론 쓰촨 출신이라고 하더라도, 성년이 된 뒤 상하이에 들어온 신입은 아니다. 예컨대 구제조 부주임인 리러텐은 본적이 쓰촨의 창서우이지만 학교는 항저우의 종원중학을 졸업하였고, 상무이사인 리텐전 역시 고향이 쓰촨이지만 저장법정학교를 졸업하였다. 교제조 주임인 롱샤오윈은 베이핑시 출신이지만 상하이 진화중학을 졸업한 뒤 진링대학을 마친 사람이다. 오래전에 고향을 떠나 상하이에 뿌리를 내린 이주민들이었던 셈이다.

또한 두 시기 동안의 회원 구성에서 중요한 점은 초기의 멤버들 중 적어도 13명이 10년 이상 혹은 20여 년 이상 회원으로 활동하였고, 그들 모두 주요 직책에 있었다는 사실이다. 이사장인 장란핑을 비롯하여 후추칭, 리텐전, 류원자오, 선추이셩, 자오빙허우, 리러텐 등은 이사장이나 상무이사 및 각 부서 부주임급이며, 여성 3명은 후보이사로 올라 있다. 13명 중 쓰촨 출신인 리러텐을 제외한다면, 나머지 인물의 출신은 저장 북부와 장쑤성 남부, 그리고 상하이이다. 요긴대 핵심부로 들어가면 세 지역의 중심성이 매우 강하였다고 생각된다.

그리고 1949년의 명단에는 1937년의 그것과 달리 직업과 학력이 비교적 소상히 적혀 있다. 1937년에는 1명의 의사를 제외하고는 모두 '상업'이라고 적었으나, 위의 명단 중에는 북시판사처에 근무하는 리웨이즈가 중의사 고시에 합격한 내과중의사이며, 56세의 왕얼위는 행의 30년으로, 쥐진원과 리융창은 약업 경영 부분에서 각기 30년과 14년 동안 일한 경력자들이다. 시진소가 북시에 있었다는 사실을 감안하면 당연한 일일 것이다. 다만 만회의 부속병원에도 의사와 간호사가 있었던 바, 그들은 이 명단에 들어 있지 않다. 이에 대해서는 후술하겠다.

아울러 학력도 비교적 소상히 적혀 있다. 총 45명 중 22명이 사숙私塾 출신이므로 거의 절반에 해당한다. 청말의 사숙은 개인이나 종족 혹은 향촌에서 학교를 열어 과거에 합격한 학생이나 퇴관을 스승으로 모셔 몽학자를 깨우치거나 유학 경전을 이해하고 나아가 사회에 필요한 분야를 학습시키는 학교였다. 청말에는 학부에서 별도로 〈사숙개량회장정〉을 제정하여 사숙을 장려하였고, 이러한 전통은 중화민국 시대에도 이어졌다. 예컨대 1915년에는 상우인서관에서 사숙을 만들어 교과 과정으로 수신, 국문, 산술, 독경, 체조, 유희 등을 개설하기도 하였다. 1935년 말에는 전국에 1만여 개가 넘는 사숙이 존재하고 있었다.[159] 사숙은 20세기 전반기에 그만큼 중요했던 교육기관이었던 셈이다.

45명의 식원 중 사숙 이외에 중학 이상 대학 졸업자도 적지 않다. 중학 졸업이 6명, 전과학교 이상 대학 졸업이 11명이다. 중학으로는 상하이에 있는 청총중학 졸업생이 2명, 항저우에 위치한 종원중학 출신이 2명이며, 대

159 張彬·秦玉清, 〈近代浙江的私塾改良〉, 《浙江大學學報(人文社會科學版)》 제31권-3호(2001년 5월), pp.113-118.

학으로는 사범학교와 법정학교 출신이 다수에 속한다. 이러한 학력 분포는 1949년의 현상이므로, 이것을 초기 직원들의 학력에 곧바로 적용시키기는 어렵지만, 초기의 멤버 중에도 저장법정을 졸업한 리텐전이나 항저우의 종원중학을 졸업한 리러텐 등이 있으므로 고등학교 졸업자가 홍만자회에서 활동하는 것이 기이한 일은 아니었다고 할 수 있다. 다시 말해 상하이 홍만자회의 멤버들은 초기부터 상공인을 포함한 도시 엘리트의 범주에 속해 있었다고 보아도 무방할 것이다.

직업상으로는 역시 상공인이 많다. 45명 중 17명이 경리를 맡았거나 맡고 있었다. 이들 경리직은 앞의 1937년의 직원표에서도 조사한 바와 같이 상하이에서도 이름 있는 회사나 전장 소속이었다. 그렇다고 해서 그들이 단순한 경리는 아니었다. 부이사장인 첸린셩의 경우 난후이 출신으로 사숙이라는 학력이었지만, 익우화호 경리직에 있었다. 익우화호의 성격은 그의 경력에서 잠시 보이듯이 면업 관련 회사일 것 같지만, 그는 1946년 4월 8일에 실시된 상하이시 제1회 참의회 선거에서 당선되어 의원으로 활동한 사람으로 더 명성이 높았다. 함께 당선된 사람 중에는 상하이 청방의 우두머리였던 두웨셩杜月笙도 있었다. 그는 이 직후인 1946년 5월에 난후이현 저우푸진主浦鎭서 성립한 포건공사浦建公司의 동사회 멤버이기도 하였는데, 이 회사는 푸동지구에서는 당시 유망한 건설회사였다. 난후이는 1958년에 상하이에 귀속된 이후 오늘날 상하이의 푸동지구의 핵심부를 구성하고 있다. 그는 또 상하이 사립계유의무중심소학의 상무이사와 상하이면화상업동업공회 감사직도 겸하고 있었다.[160] 곧 첸린셩은 1940년대에 푸동 지구의 정치 사회 경제 분야의 엘리트였던 셈이다.

그 다음으로 많은 수는 교직자이다. 첸전옌은 장투현 생의학교 교장, 마자이청은 안후이성립제1농업학교 교장, 모쓰멍은 교원, 탄징판은 법정학교 교수 및 율사, 린위셩은 소학교 교사, 장관샨은 난징 남경법정학교 교수 등

---

160 http://blo .sina.com.cn/s/blog_518193a30101eq43.html 참조.

6명이 기재되어 있다. 이들은 말하자면 전통적인 교육을 받은 인물들과 달리 신지식으로 무장한 현대적 지식 엘리트였다고 할 수 있을 것이다.

그렇다면 교육계의 인물들이 이렇듯이 많은 것은 어떤 이유일까. 홍만자회는 교육을 중시하여 소학교나 중학교뿐만 아니라 부녀학교, 식자학교 등을 부설하였던 바, 이러한 교육 중시 풍조가 교육계의 인물들을 유인하는 요소로 작용한 것이 아닐까 한다. 말하자면 상공계는 재정을, 교육계는 교육을 담당하는 시스템 속에서 그들의 참여 이유를 이해할 수 있을 것이다.

그 외에 약업, 행의, 고아원장, 회사직원, 공무원 등의 직종이 보인다. 요컨대 자선과 사회구제에 필요한 직종들이 홍만자회의 상층과 실무 부분에 포진하고 있다고 보면 좋을 것이다.

실무 부분 쪽으로 이야기를 돌려보면 홍만자회 상하이 본부 내의 인력은 상당히 많고 또 직종도 다양하며 근무연령工齡 또한 최소 2년부터 최고 30년까지 넓게 분포되어 있다. 〈표 8〉을 살펴보자. 본부 직원 10명을 분석해 보면, 우선 적관 부분이 눈에 띈다. 안후이 출신이 5명이며 그 중 우웨이無爲 출신이 4명으로 가장 많다. 반면 회원이나 주요 직위에 많이 보이는 장쑤 남부나 저장 북부 출신들은 2명으로서 매우 적은 편이다. 이렇게 보면 실질적인 직인들과 상층부의 직원은 출신 지역에서 적지 않은 차이가 난다는 것을 알 수 있다. 연령대로는 의동회와 자선조 간사 두 사람이 30대와 40대이며 나머지는 모두 50대와 60대다. 심지어는 경력 20년의 지파마오는 70살

표8. 1952년 상하이홍만자회분회본부직공명단[161]

연번	성명	연령	적관	직별	근무연수	임금
1	장관산張冠善	61	난징시	본회문서 겸 의동회문서醫董會文書	11년	494,000위안
2	양슈푸楊樹普	37	안후이 우웨이	본회서기 겸 의동회 서기	15년	249,600위안
3	린위성林毓生	40	안후이 우웨이	본회자선조 간사 겸 도서관 관리원	18년	560,800위안
4	왕위엔싱王元性	59	후난 샹샹	본회 자업조간사 겸 도서관조리원	30년	300,000위안
5	리즈후이李子惠	65	쓰촨 청두	본회 문서	20년	425,000위안
6	리화징李化菁	62	허난 난피	본회 공우 工友	10년반	159,000위안
7	가오춘핑高春平	59	안후이 차오현	본회 도서관 공우	2년	125,000위안
8	거퉁순葛同順	54	장쑤 딴양	본회 겸 진소珍所 공우	10년반	180,000위안
9	저우샤오위周孝儒	51	안후이 허페이	본회 부녀 복무부 공우	22년	260,000위안
10	지파마오齊發茂	70	안후이 우웨이	본회 공우	20년	100,000위안

이다. 이 명단에는 근무 연수를 기재하도록 하였는데, 최하는 2년인 반면 최고는 30년이고, 평균 근속 연수는 15.9년이다. 젊은이뿐만 아니라 50살이 넘은 나이에도 입직하여 근무하는 경우도 있는 것으로 보아, 입직은 연령보다 회원 가입 여부에 더 초점을 맞추었던 것 같다.

또 이 난에는 임금을 적어 놓아 당시 홍만자회 상하이 본부에서 일하는 직원들의 급여 양상을 쉽게 알 수 있다. 18년을 일한 자선조 간사가 최고인 56만 위안을 받는 반면 20년을 근무한 70세의 공우는 10만 위안을 받고 있다. 급여 제정 과정에서 무엇이 주요 기준이 되었는지는 확실치 않으나, 위의 표에 근거해 본다면 문서과 서기직에 있는 사람이 많이 받는 반면, 공우라고 불린 노동자들이 비교적 적었던 것으로 보인다.

그렇다면 분회 소속인 제2진료소의 직원 구성은 어떠하였을까. 〈표 9〉를 보면 그 사정을 알 수 있다.

홍만자회의 진소, 곧 의사와 약사가 상존하면서 시진과 시약을 하는 곳이니 의사와 약사의 존재는 필수적이라 하겠다. 여기에도 진료소 의사와 조리의사, 연습생을 포함하여 3인의 의사가 있고, 2명의 약방 복무원이 있다. 이들의 연령이 비교적 젊은 것을 보면, 일반적인 직원의 연령대와는 다르다

표9. 1952년 홍만자회상하이 분회제2진소 직원명단

연번	이름	나이	적관	직별	근무연수	임금
1	롱샤오윈龍筱雲	61	베이징	진소주임 겸 구호대대장	18년	557,200위안
2	화쉐춘華學純	46	장쑤 우시	진소의사 겸 구호대의사	3년	3백개 단위
3	리원펑李問風	37	쓰촨 청두	조리의사 겸 구호대조리의사	13년	150개 단위
4	왕진王琴	23	장쑤 뤼가오如皐	연습생	3년반	50개 단위
5	주빙야오朱炳耀	56	저장 창안	약방복무원	19년	244,000위안
6	후양후이胡洋惠	51	산둥 펑라이	상동	6년	210,000위안
7	리청시우李誠修	62	저장 항저우	등록원	16년	190,000위안
8	리총정李充徵	66	허베이 칭현	사무원	10년	180,400위안
9	루훙쿠이盧宏奎	59	저장 전하이	회계원	10년	310,000위안
10	저우바오화周寶華	25	장쑤 타이싱	공무원	6년	155,000위안

161 Q120-3-25, 《世界紅卍字會上海分會及各附屬單位職員名冊和員工家屬恤老組老人名冊》(1933, 1955).

고 할 수 있다. 또한 이곳 직원의 평균 근속 연수도 앞의 본부와 달리 10년 반 정도로서 그리 긴 편은 아니다. 이는 이들이 대체로 1940년 이후에 직원이 되었다는 의미일 것이다. 또한 등록을 받는 등록원과 사무원, 회계원은 이 진료소에 알맞은 인력 구성이라 할 수 있을 것이다.

흥미 있는 것은 이들의 급여 수준이다. 진료소의 주임인 롱샤오원만 50만 위안이 넘는 정도이고, 다른 이들은 10년 근무의 회계원이 31만 위안, 약방 복무원이 24만 위안 정도이며, 다른 이들은 10만 위안 대이다. 근무 연도가 짧은 탓일 것이다. 다만 의사들은 300개 단위個單位, 150개 단위, 그리고 50개 단위로 정해져 있는데, 이는 무엇을 의미하는지 정확하지 않다. 아무튼 일반 직원과는 다른 급여 체계를 정해 놓은 셈이다.

위의 직원 중에서 이전의 회원 명단이나 직원 명단에 이름을 올린 이는 롱샤오원 뿐이다. 그는 1947년에는 교제부 주임이었으나, 5년이 지난 뒤에는 구호부 대장을 맡고 있다. 1937년의 회원 명단에는 없지만 경력이 18년으로 기재되어 있는 것으로 본다면 1934년에 홍만자회에 들어왔을 것이다. 1937년의 회원 명단에 누락된 이유는 알 수 없지만, 학력과 경력이 좋았던 까닭에 가입 18년 만에 진료소의 책임자가 되었던 것이 아닌가 한다. 그 외에 루홍쿠이도 1949년의 직원 명단에 보인다. 이 두 명을 제외하고는 나머지 8명은 회원 명단이나 직원 명단에 오르지 않은 것으로 보아, 진료소 직원들은 사실상 외부에 잘 드러나지 않았거나 거의 별도로 운영되었던 부서가 아닌가 한다.

〈표 10〉은 홍만자회 조직 중에서 중요한 조직인 구호대의 직원명단이다. 구성은 부대장 1명, 구호원 5명, 운전기사 1명, 문서 1명, 그리고 취사원 1명으로 모두 9명이다. 부대장인 자오위린은 상하이 출신으로서 입회 연도를 따져보면 1930년이다. 상하이 사변 직전이니, 모르긴 해도 41살의 자오는 이 사건 때 구호에 참여하였을 것이라 생각된다. 하지만, 1949년의 직원 명단에는 출신은 난징으로, 직별은 서무로, 직포업과 인쇄업을 경영했던 인물로 기재되어 있다. 3년 사이에 서무직에서 구호대를 책임지는 부대장

표10. 1952년 홍만자회상하이 분회 구호대직원명단

연번	이름	연령	본적	직별	근무연수	임금(위안)
1	자오위린趙毓林	63	상하이시	부대장	22년	330,000
2	롱스칭龍世慶	21	베이징	구호원	3년	146,000
3	위리엔셩余連生	25	장쑤 우진	상동	3년	155,000
4	종지창仲濟昌	26	산둥 지닝	상동	3년	230,000
5	첸밍량陳明亮	25	장쑤 류허六合	상동	3년	140,000
6	후자오루이胡兆瑞	49	산둥 평라이	상동	3년	140,000
7	마오취안저우毛全周	45	장쑤 창슈常熟	운전기사	3년	408,000
8	장수션張書身	65	장쑤 쑤첸宿遷	문서	5년	80,000
9	장동하이張東海	58	장쑤 전장	취사원	5년	130,800

으로 자리를 옮겼으니, 신중국 건국 이후에도 상하이 홍만자회 조직은 여전히 작동되고 있었음을 말해 준다. 구호원으로 기재된 5명의 구호원은 입회한 지 3년째이고 나이는 모두 20대 중반 전후의 청년들인 것에서도 그 점은 증명될 것이다. 이들 구호원의 경력이 3년이란 사실도 이들이 신중국 성립 이후에 참여한 사실을 보여 준다고 생각한다.

이 명단에서도 1949년의 직원 명단에 보였던 인물은 자오위린 한 사람뿐이다. 따라서 1949년의 명단은 공산당이 상하이를 점령한 직후에 급하게 작성되었기 때문에 상하이 홍만자회의 조직이나 직원 양상을 전체적으로 보여 주지는 않는 것처럼 생각된다.

전체적으로 본다면 상하이 홍만자회의 직원 구성과 그 변화 양상은 초기부터 1949년까지 안정적이면서도 발전적이었다고 할 수 있다. 각 실행 부서는 변함이 없었으며, 상하이 사변이나 중일전쟁, 국공내전을 거치면서 자선이나 구제에 관한 실행 능력이 입증된 결과가 직원의 안정성에 반영된 것이 아닐까 한다. 또한 상층 조직으로서 회장제에서 동사장제로, 다시 이사장제로 변화된 모습을 볼 수 있으나, 그렇다고 해서 그 직에 있던 사람들까지 바뀌었던 것 같지는 않다. 대체로 그 직에 앉은 사람들은 대부분 초기부터 이 회에서 활동한 사람들이며, 오랜 시기에 걸쳐 활동한 결과 이사 및 감사의 자리에 올랐다고 생각되기 때문이다.

이들 직원의 성분에서 중요한 사실은 주요 직책에 있는 사람들은 국민당 집권기의 경우, 대부분 상공인이었다. 이는 국민당의 종교 정책이 미신을 금시하는 것이있기 때문에 관료나 교육자 등은 참여하기 어려웠을 것으로 보인다. 하지만 중일전쟁 시기나 전쟁 승리 이후에는 방직공장이나 금융회사의 경리뿐만 아니라 교육계나 전문적인 자선사업가들이 주요 직책에 앉게 되고 관직, 회사원, 의사 및 전문적인 문서전문가, 회계인, 편집인 등도 주요 직책에 포함되었다. 곧 중일전쟁 중이나 국공내전 시기에 이를수록 초기의 상공인 중심으로부터 각 분야의 엘리트들이 충원되었으며 실무 이사의 수효도 증가하였다고 할 수 있다.

이러한 사실은 상하이 홍만자회가 시간이 흐를수록 조직의 기능이 활발하게 작동하였고, 중요한 인물도 계속 증원되었다는 사실을 입증한다고 보겠다. 미신을 금지하고 자선단체에 대해 강력한 통제 정책을 구사한 국민당 정부에 의해 어느 정도 정치적인 영향을 받았지만, 그만큼 사회자선 기구로서 안정적으로 작동한 셈이다.

3. 회원의 구성 양상과 그 변화

1) 회원의 자격 조건

그렇다면 상하이 지역 홍만자회의 회원들은 누구였을까. 이를 위해서는 먼저 이 회에서 규정한 회원 자격에 대해 검토해 보아야 할 것이다. 그것은 이 단체의 성격이나 활동을 이해하는 데에도 꼭 필요하거니와, 국민당 정부에서도 회원의 자격에 대해 명백하게 규정한 바가 있기 때문이기도 하다.

우선 중요한 조건은 도원의 신자여야 한다는 것이었다. 앞에서도 언급한 바와 같이 도원과 홍만자회의 본질에 해당하는 구도와 자선은 일체여야 한다는 원회도자일체론院會道慈一體論에 따라, 홍만자회의 회원이 되기 위해서는 도원의 신자가 되어야 했다. 그 관계를 원회에서는 "도원은 체이며, 홍만자회는 용이다. 도란 자신을 세우는 일이며, 그런 연후라야 남을 구제할 수 있다"라는 것으로 규정하였기 때문에 원과 회는 떼어놓을 수 없었던 것이다.[162]

베이징 정부 시절에 제정한 이 원칙은 국민당 정부 출범 이후 모순에 빠지게 된다. 국민당 정부는 종교 단체가 자선활동을 하는 것 자체를 금지하였을 뿐만 아니라, 도원이나 그와 유사한 종교 단체를 미신 단체로 규정하여 활동을 금지시켰기 때문이다. 국민정부의 이러한 규정은 외형적으로는 지켜지는 것처럼 보였지만, 도원은 홍만자회를 전면에 내세우는 방식으로 이 규정을 사실상 무시하였다. 이 때문에 국민당 정부는 1936년에도 이 금지 법령을 강조하면서 도원과 홍만자회를 분리시키려 하였지만, 원회일체론은 1949년까지 유지되었던 것으로 보인다. 홍만자회 회원은 인민공화국에 의해 원회가 해체될 때까지 도원의 신자였던 것이다.

또한 홍만자회의 회원이 되기 위해서는 도원의 신자여야 했기 때문에 이들은 도명道名을 가져야 했다. 도명은 마치 불승들의 법호法號처럼 자신의 종교적 지향점이나 개성 등을 내포한 이름으로, 모든 도원의 교인이 이것을 가지고 있었고 홍만자회의 회원 명단에서도 보듯이 신상란에는 반드시 이 도명을 써 넣어야 했다. 도명을 얻는 과정도 쉬웠던 것 같지는 않다. 이를 위해서는 적어도 3개월 이상의 수업을 받아야 했고, 무엇보다 박애 관념을 양성하고 이기심을 버려야 할 것이 선결되어야 했기 때문이다.[163] 그것은 사회적 구원 활동을 위해서는 그만큼 이타적인 마음과 종교적 수양을 거쳐야 한다는 의미였다.

홍만자회는 그들의 장정에 따라 회원을 4종으로 구분하였다. 즉 1)일반회원 및 종신회원, 2)특별회원 및 종신특별회원, 3)명예회원 및 종신명예회

162 Q120-4-143, 〈訓練班各種講義底稿〉, 張江爽, 〈慈與道之關係〉.

163 末光高義, 앞의 책, pp.356-357.

원, 4)학생회원이었다. 일반회원은 홍만자회 회원 2인의 소개로 입회할 수 있으며, 매년 회비 5위안 이상을 납부할 경우 회원이 될 수 있었고, 한번에 36위안의 회비를 납부하면 종신회원이 가능하였다.

특별회원 및 종신특별회원은 다음 3항 중 한 가지를 갖춘 자를 동사회에서 특별회원으로 할 수 있다고 규정하였다. 그것은 가)연 회비 5백 위안 이상 납부자, 나)연 회비 2천 위안 이상을 모은 자, 다)1년 이상 출력出力하여 일을 한 사람, 라)한 번에 회비를 3천 6백 위안 이상 납부한 사람이었다.[164] 다음으로 명예회원과 종신명예회원은 동사회에서 다음 항목 중 한 가지 자격이 있는 경우에 명예회원으로 분류하였다. 곧 가)연회비 1백 위안 이상 납부자, 나)연 모금액 5백 위안 이상, 다)회원으로써 1년 이상 열심히 일한 성적 우수자, 라)한 번 회비 납부에 1천8백 위안 이상(이 경우 종신명예회원)인 자를 명예회원으로 임명하였다. 마지막으로 학생회원이 있었는데, 그 조건은 연령이 16세 이하이고, 학교 재학 중인 자로써 홍만자회 회원 2인의 소개가 있어야 하고, 연회비 1위안 이상을 납부한 자로 규정하였다.

이상의 규정을 중심으로 이야기한다면, 회원이 되기 위해 특별히 어떤 직업이나 신분, 혹은 연령이나 성별 등 조건상 제약을 두지는 않았다는 사실을 알게 된다. 그보다 입회비를 납부하는 것이 중요시되었음을 알 수 있다. 회비를 납부하지 못한다고 해서 회원이 될 수 없었던 것은 아니었다. 특별회원 중 "1년 이상 출력자"라거나 혹은 명예회원 중 "1년 이상 열심히 일한 성적우수자"가 있는 바와 같이 회 내에서 몸으로 열심히 봉사한 경우도 특별회원이나 명예회원이 될 수 있었기 때문이다.

그렇다고 해도 회원의 비중이나 등급은 회비의 다과가 중요한 기준이 되었음을 부인하기 어렵다. 이는 홍만자회가 자선단체인 까닭에 회비는 단순히 조직의 운영뿐만 아니라, 자선 활동에 사용되는 비용도 이로부터 충당

---

164 특별 혹은 명예회원제는 다른 단체에서도 많이 활용하는 제도로서, '중국구제부유총회'에서 명예회원은 한차례에 200위안 이상, 매월 은 50위안 이상, 특별회원은 한차례 100위안 이상, 매월 은 30위안 이상 등등으로 규정하였다. Q114-1-9 참조.

해야 했기 때문일 것이다. 뒤에서도 살펴보겠지만, 정부의 지원이 없다 하더라도 자체의 경비를 통해 혹은 비일상적인 모금 활동을 통해 자선 활동을 해야 하는 경우가 비일비재하였던 것이다.

회원이 되는 과정에는 또한 기존 회원의 추천을 받는 일이 중요하였다. 그 이유 중의 하나는 규정에 따른 것이기도 했지만, 국민당 정부에서 강력하게 요구하는 것이기도 하였다. 앞에서도 언급한 바와 같이 정부에서나 상하이시 사회국에서 요주의 부분으로 지목한 것은 모든 자선단체의 회원과 모금 행위였다.[165] 1928년 12월 18일에 위중선당位中善堂에 보낸 사회국의 훈령에 따르면, 자선단체들은 정업인 자가 회원이어야 하며 무업의 유민들이 공익의 자선을 빙자하여 모금하는 행위를 철저히 금지토록 지시하였다. 국민당 정부는 인민단체를 동업 단체와 사회단체로 구분한 뒤, 동업 단체원의 자격으로는 동업자여야 한다는 것, 그리고 사회단체, 특히 자선단체의 회원으로서는 "정업을 가지고 있어야 하며, 반혁명 행위자나 공권박탈자 및 당적 제적자는 회원이 될 수 없다"고 못을 박았다.[166]

1929년에 제정되고 1930년에 개정된 〈자선단체감독법〉 제4조에 따르면 자선단체의 사업발기인의 자격을 다음과 같이 자세하게 규정하고 있다. 곧 "평소 신망이 있는 자, 이전에 자선사업에서 성과를 거둔 자, 공익에 열심이고 연수捐收에 아낌이 없는 자, 자선사업에 특별한 학식이나 경험이 있는 자"여야 했다. 반면 발기가 불가능한 자도 명시하였는데, 그것은 "무단향곡자武斷鄉曲者, 범죄 혹은 공민권을 박탈당해 복권되지 않은 자, 재산상의 범죄로 형을 선고받은 자, 파산을 선고받고 복권되지 않은 자" 등이었다.

상하이 사변 뒤, 그리고 중국공산당이 장시의 루이진瑞金에 소비에트정부를 수립한 1932년 5월 7일의 〈상하이시사회국훈령〉에서는 "반동분자가 특구로 잠복하거나 불령不逞 무리가 난민수용소에 잠복하여 선동"할 가능성도 있으므로 이런 자들과 접촉하거나 이들이 자선단체 회원이 되는 일도

165 Q115-25-7, 〈修訂人民團體組織方案〉.

166 Q115-25-7, 〈修訂人民團體組織方案〉.

철저히 막아야 한다고 지시하였다.[167] 국민당정부는 중국공산당이 자선단체를 통해 상하이시에 침투하는 일이 우선 두려웠겠지만, 혹 그럴 가능성이 있을 수도 있었으리라는 생각도 해 볼 수 있다.

이러저러한 장치와 까다로운 자격조건 까닭에 홍만자회 회원이 되는 일은 쉽지 않았던 것으로 보인다. 그 이유는 우선 국민당 정부에서 요구한 바와 같이 국가주의와 삼민주의에 충실하여야 했던 데에서도 기인할 것이다. 그러나 이러한 외면적인 제한 조건보다는 홍만자회가 요구한 도원의 신자로서 자선 활동에 관심이 많아야 하며, 게다가 정업을 가지고 기부금을 낼 정도로 재산도 비교적 넉넉해야 했다는 사실이 회원 가입에 제한을 가하였을 것이다.

2) 회원의 구성 양상

좀 더 구체적으로 상하이 홍만자회의 회원들을 검토해 보도록 하겠다. 현재 상하이당안관에 보관 중인 상하이 지역 홍만자회 회원 명부는 1937년의 것이지만, 겉표지와 1-2장 정도가 누락되어 있기 때문에 조직 초기의 회원 상황을 보여 주지 못하는 흠이 있다. 하지만 나머지 부분은 비교적 온전한 편이어서 현재로서는 이를 활용하는 수밖에 없다.

당시 상하이에서 도원과 만회, 곧 원회의 주축 멤버들은 누구였는가. 지난에서 원회를 주도한 사람들에 대해서는 앞서 소개한 바와 같이 관신 엘리트들이었으며, 심지어 정부의 고위직에 있거나 장쭤린張作霖(1873-1928)이나 우페이푸吳佩孚(1873-1939)와 같은 군벌도 포함되어 있었다. 그러나 이러한 구성 성분이 전국적으로 같았다고 보기는 어렵다. 특히 상하이 지역의 경우, 지난이나 베이징과는 현격한 차이를 보여 주고 있기 때문이다.

1937년까지 상하이시 사회국에 등기된 회원 수 130명 중, 99명이 자신의 직업을 표기하였는데, 그 중 98명이 '상商'이라고 적어 넣었다. 나머지 한 사

167 Q120-4-112, 〈國民黨上海市政府、社會局關于各項問題的訓令、辦法,1932,1948〉.

람은 의사였다.[168] 〈표 11〉을 보면 1921년부터 1937년까지 상하이 홍만자회의 회원 구성 상황을 어느 정도 알 수 있을 것이다.

우선 연도에 따른 입회자를 보기로 하자. 130명 중에서 60명이 입회 연도를 기록하고 있다. 1931년 이전에는 30명, 1932년 이후 30명이며, 대체로 1929년부터 1935년 사이에 입회자가 집중되고 있다. 이 기간에 입회한 회원은 40명에 달한다. 반면 초기에 해당되는 1921년에는 1명, 1922년에는 5명, 1923년에는 2명, 그 다음 해에는 없으며, 1925년에도 1명이다. 이러한 상황이 1928년 무렵까지 지속되고 있다. 물론 기록하지 않은 인원이 훨씬 많기 때문에 이들의 입회 기록 연도로 회원들의 동향을 파악하는 데는 다소 어려움이 있다. 그렇다고 해도 대략 초기에는 조금 부진한 편이었던 반면, 1930년 전후로 급격히 증가하였다는 사실을 확인할 수 있다. 하지만, 1936년 이후에는 각각 1명씩 입회한 것으로 보면, 회원 수는 어느 정도 고정되어 간 것이 아닌가 한다.(〈표 12〉 참조)

그렇다면 회원들의 출신 지역별 상황은 어떠한가. 회원 명책의 기재란에는 적관뿐만 아니라 거주지까지 적을 수 있도록 하였던 것으로 보아, 출신지는 필수 요소 중의 하나였다는 사실을 알 수 있다. 이를 각 성별로 분류해 보면, 저장의 경우 52명으로서 가장 많았으며, 장쑤에서는 양쯔강 이남의 강남이 32명, 강북이 4명으로 모두 36명이다. 그 다음으로는 안후이와 상하이가 각각 10명씩이며, 후베이성 출신이 9명으로 그 다음을 잇고 있다. 쓰촨, 베이징, 후난, 산둥, 광둥, 장시 등이 1명 혹은 2명의 회원을 내고 있다.

특이한 것은 동일한 장쑤성임에도 불구하고, 강남 출신들은 다수인데 비해 강북 출신은 겨우 4명에 불과하다는 사실이다. 이러한 불균형은 대체로 상하이인이나 강남 사람들이 강북인에 대해 가지고 있던 편견에서 비롯된 것은 아니었을까 한다. 상하이 지역의 노동자, 특히 면방직 계통에서 그 점

---

168 Q120-3-26, 〈世界紅卍字會上海分會職員名冊〉.

169 Q120-3-26, 〈世界紅卍字會上海分會職員名冊〉. 이 명단의 순위는 자료에 배열된 데에 따랐다.

표11. 상하이 홍만자회 회원 구성, 1921-1937[169]

연번	성명	나이	도명	본적	직종	소개인	입회 년도
1	장란핑張蘭坪	52세	건묘	쑤저우 우시	상업	혜혜	1932
2	한스창韓世昌	53세	복항	한양漢陽	상업		
3	야오원푸姚文敷	66세	화길	하이닝海寧	상업	소지	1922
4	자오빙허우趙聘侯	50세	도자	쑤저우	상업	건묘	1927
5	저우종량周宗良	61세	중광	닝뽀寧波	상업		
6	자오빙싼趙聘三	61세	찬수	산둥山東	상업	유성	1931
7	뤄부저우羅步洲	48세	도오	후베이湖北	상업		
8	리띠시안李迪先		자개	장인江陰	상업		
9	장간띵江幹廷	59세	건육	후이닝懷寧	상업	도공	1923
10	쉬쥐순鎖左孫	55세	건정	항현杭縣	상업	혜혜	1928
11	황위선黃育申	46세	오공	위야오余姚	상업	건묘	1934
12	뉴야오치鈕姚祺	44세	찬상	상하이	상업	도오	1932
13	첸롱탕陳榮棠	65세	찬석	샤오싱紹興	상업	도개	1927
14	야오찬보姚蟾伯	45세	복건	쑤저우	상업	건묘	1926
15	동자이쑨董再孫孙	37세	건응	닝뽀	상업	혜개	1929
16	량줘보梁卓波	62세	찬봉	광둥 廣東	상업	찬상	1932
17	셩우칭盛午清	55세	심의	츠시慈溪	상업	오인	1930
18	선따칭沈達卿	64세	찬영	츠시	상업	수본	1927
19	리슈옌李叔彦	42세	도언	우현吳縣	상업	건묘	1929
20	왕윈푸王雲甫	47세	정내	닝뽀	상업	건묘	1929
21	선징량沈景樑	48세	화헌	위야오餘姚	상업	자개	1932
22	우싱짜이吳性載	33세	흥관	샤오싱	상업	자개 건묘	1929
23	자오리판曹立範	29세	건수	전하이鎮海	상업		
24	뤄더여우羅德佑	66세	찬지	샹양襄陽	상업		
25	뤄띵신첸羅鼎臣	57세	선달	후베이 즈쟝枝江	상업	화길	1922
26	우슈탕吴树堂	38세	각공	하이닝海寧	상업	건묘	1933
27	완테챠오萬鐵橋桥	40세	원결	안후이安徽	상업	지주	1922
28	리따쥔李大钧	52세	천진	항현	상업		
29	왕쥔저우王群騶	40세	원성	후난湖南	상업	영관	1922
30	리이다오李義釣	44세	낙천	항현	상업		1928
31	위안꾸멍袁固夢	50세	선정	창저우常州	상업		
32	장주쥐張竹居	47세	관선	난징南京	상업		
33	리쯔후이李子慧	49세	영찬	쓰촨四川	상업	유성	1921
34	양녠띠엔楊念典	45세	서태	베이징	상업		
35	왕센산王頣仙	63세	도원	펑양鳳陽	상업		
36	선찬윈沈燦雲	43세	광화	안후이	상업	유성	1922
37	정빙쿤鄭炳堃	35세	원결	안후이	상업	유성	1925
38	펑뤼량馮汝良	31세	여정	상양	상업	선달	1934
39	첸광샨陳廣珊	29세	여도	류허六合	상업	건륙	1935
40	후징하이胡耕海	38세	중승	펑라이蓬萊	상업		
41	치샤오지戚少齊	50세	민임	닝뽀	상업		
42	톈샤오메이田少梅	55세	수본	위야오	상업		
43	쉬용탕徐詠棠	57세	지복	상하이	상업		
44	라오삐안오勞卞寶	45세	여철	위야오	상업		
45	왕뤼슝汪汝熊	63세	오봉	상하이	상업		
46	과허우푸過厚甫	69세	혜은	우진武進	상업		
47	황시엔띵黃顯庭	80세	혜건	위장虞江	상업		
48	장루이셩張瑞生	69세	찬능	타이싱泰興	상업		
49	정춘린鄭春林	53세	혜동	우현吳縣	상업		
50	션치우셩沈秋生	40세	도흥	상하이	상업		

51	위잉룽俞英龍	65세	혜휘	닝뽀	상업		
52	황꺼팡黄可方	67세	보온	닝뽀	상업		
53	장샤오빙張少井	58세	산육	안후이	상업		
54	샤신샨謝馨山	37세	원육	안후이	상업		
55	쉬종펑許宗浲	26세	자신	안후이	상업		
56	주주안朱竹安	46세	군鲞	쟈샨嘉善	상업		
57	장쉐원江學文	29세	유사	안후이	상업	건묘	1933
58	저우위린周鬱林	61세	도철	빠오샨 寶山	상업		
59	샤오치탕邵憩棠		기성		상업		
60	리슈링李樞齡	57세	찬빈	쓰촨	상업	찬수	1937
61	야오푸런姚樸人	46세	여사	상하이	상업		
62	후추칭胡楚卿	56세	화역	위야오	상업	오인	1926
63	왕웨이관王維官	49세	화우	닝뽀	상업	자개 도자	1932
64	류원차오劉文操	55세	보길	우진	상업	자개	1932
65	장치우셩張秋生	52세	혜녕	닝뽀	상업	화역	1934
66	옌챠오링岩喬齡	53세	화우	위야오	상업	도자 수본	1929
67	후더짜이胡德載	36세	명기	츠시慈谿	상업	혜령	1935
68	왕슌샨汪舜山	60세	보림	츠시	상업	찬능	1932
69	꾸취안푸顧銓甫	53세	보도	닝뽀	상업	화연	1935
70	뤄정허羅正和	67세	보초	츠시	상업	건령	1932
71	왕꾸이팡王桂芳	51세	보박	지안吉安	상업	화역	1936
72	션즈팡沈知方	56세	찬양	샤오싱	상업	화역	1931
73	꿍더셔우龔德壽	58세	건녕	장뚜江都	상업	찬초	1932
74	팡롄칭方連卿	69세	혜도	전하이	상업	혜령	1935
75	왕지싼王給三	58세	보오	까오여우高郵	상업	건령	1932
76	장즈싱張志行	45세	장양	닝뽀	상업	보과	1935
77	첸리에푸陳列夫	59세	화가	상위上虞	상업	찬군 복항	1934
78	저우셩푸周聖符	35세	건촉	꺼우룽句容	상업	건묘	1930
79	판자쥔范家駿	33세	이경	안후이	상업		1931
80	따이루이첸戴瑞臣	43세	온원	꺼우룽	상업	화역 혜령	1935
81	위스취안俞石泉	47세	산혜	꺼우룽	상업	보길	1935
82	장즈칭張志清	53세	보초	닝뽀	상업	보과	1935
83	쑤샹린蘇祥麟	46세	보과	닝뽀	상업	화역	1934
84	첸셩차이錢生財	54세	온동	닝뽀	상업	혜령	1935
85	주줘루朱卓如	59세	혜승	쟈띵嘉定	상업	화역	1935
86	팡따취안方達權	23세	청원	안후이	상업		
87	왕옌머우王燕謀		여와	후난	상업	도자	1934
88	쉬찬첸徐燦臣	25세	건랑	장인江陰	상업	자개	1935
89	장츠공章次公	35세	원함	딴투丹徒	의	찬근	1927
90	왕얼정王爾正	58세	화린	우시無錫	상업	화역	1931
91	주용바이朱庸柏	36세	군진	장닝江寧	상업	찬석	1934
92	리시엔장李憲章	35세	소개	베이핑	상업		
93	한란팡韓蘭舫	68세	저화		상업		
94	황쯔위黄子瑜	55세	보길		상업		
95	텐종허田穜和	38세	군위	위야오	상업		
96	쉬허우푸舒厚福	40세	화원	츠시			1926
97	장홍징張宏境	50세		샤오싱			
98	장줴우張覺悟	51세		쑤저우			
99	뤄우뻔羅悟本	40세		후베이			
100	뤄우껀羅悟根	46세		후베이			
101	한쑤어산韓索禪	38세		후베이			
102	첸숭스陳松始	63세		샤오싱			

103	장시우껀張修根	47세		닝뽀			
104	왕치쥐汪烝琚	41세		닝뽀			
105	첸주이陳竹義	37세		저장			
106	왕랴오첸王了塵	44세		닝뽀			
107	쉬차오쉬인徐操宣	41세		장쑤			
108	한주신韓竹新	37세		후베이			
109	짜오띠화趙滌華	53세		쑤저우			
110	타오숭청陶松誠	59세		장쑤			
111	쉬산추徐善初			상하이			
112	리랴오인李了因	41세		우시無錫			
113	텐젠줴田眞覺	55세		위야오			
114	빠오주지엔包竹鑑	39세		상하이			
115	황숭총黃松崇	62세		우장吳江			
116	텐시우잉田琇瑩	24세		위야오			
117	궈즈푸過智福	70세		창저우常州			
118	저우즈위안周志愿	47세		상하이			
119	션즈린沈智臨	46세		상하이			
120	정즈위안鄭智原	64세		쑤저우			
121	양즈더楊智德	45세		츠시			
122	류후이싱劉慧性	52세		우시			
123	왕후이더汪慧德	44세		더칭德淸			
124	황찬원黃扌+參昷	52세		위야오			
125	딴숭뤄單松羅	67세		닝뽀			
126	위후이치余慧吉	45세		닝뽀			
127	왕주미汪竹密	38세		닝뽀			
128	꾸후이린顧慧臨	45세		상하이			
129	왕찬빤王扌+參般	53세		닝뽀			
130	왕후이푸王慧福	46세		우시			

표12. 상하이 홍만자회 연도별 가입자

연도	1921	1922	1923	1924	1925	1926	1927	1928	1929	1930	1931	1932	1933	1934	1935	1936	1937
인원	1	5	2	0	1	3	4	2	6	2	4	8	2	7	11	1	1

이 잘 드러난다. 예를 들면 1920년대 상하이 방직공장 노동자의 적관별 분포에서 일본인은 강북인을 선호한 반면, 중국인 소유의 방직공장에서는 오히려 상당히 낮았다. 그것은 상하이 지역 중국인들이 강북인들을 고용하기 꺼리는 분위기 때문이었다.[170] 또한 상하이 사람들은 강북인들이 무식하며, 제멋대로 똥과 오줌을 누어 악취가 사방에 진동할 정도로 비위생적이고 가난하다고 판단하여, 그들을 상하이에 거주하지 못하게 하거나 격리시키려고 경찰을 부르기도 하였다.[171] 다시 말해 강남인들이나 저장 북부인

170 전인갑, 《20세기 전반기 上海社會의 地域主義와 勞動者》(서울대학교출판부, 2002), pp.64-65.
171 이병인, 《근대 상해의 민간단체와 국가》(창비, 2006), pp.57-58.

표13. 1937년도 상하이 홍만자회 회원의 지역별 상황(단위:명)

성-지역별	소계	소속 성·주현											
강남	32	쑤저우6 장쑤2	장인2	우현2	창저우2 우시4	난징1 장닝1	쟈띵1 쟈산1	류허1 꺼우룽3	우진 2명	위장 1 우장 1	딴투	빠오샨	
강북	4	펑양	타이싱	장투	까오여우								
저장	52	하이닝2	닝뽀20	항저우3	위야오10	샤오싱5	상위	츠시 7	전하이2		저장 1		더칭 1
안후이	10	후이닝	안후이9										
상하이	10	상하이											
후난	2	후난											
후베이	9	한양	샹양 2	후베이5	즈장								
산둥	2	산둥	펑라이										
광둥	1	광둥											
쓰촨	2	쓰촨	쓰촨										
베이징	2	베이징	베이핑										
장시	1	지안											
총계	127												

들이 강북인들을 배척하는 분위기가 홍만자회의 회원 구성에도 반영된 것으로 볼 수 있다.

그렇다면 성 내에서 특정 지역 출신의 비율은 어떤가. 〈표 13〉에서 보이듯이 저장성의 닝보寧波 지역 출신이 20명이며, 그 다음이 위야오餘姚 10명, 츠시慈谿 7명 순이다. 상하이 출신 회원은 10명이며, 장쑤성의 쑤저우 출신이 6명, 저장의 샤오싱紹興이 5명, 항저우 3명, 장쑤의 우시無錫는 3명이다. 다수의 순서를 매긴다면 닝뽀, 위야오, 상하이, 츠시, 쑤저우 순이며, 이들 지역 출신은 모두 53명이다. 여기에 샤오싱, 항저우, 우시 출신을 더하면 64명으로 전체 회원 중 적관을 기록한 사람의 절반을 약간 넘는다. 장쑤 남부와 저장 북부 출신이 94명이니 상하이 홍만자회의 회원 구성은 출신에서 강남 지역 출신 인사가 주축이었고, 그 밖에 안후이나 후베이 출신이 부분적으로 참가하고 있었던 것으로 보인다. 하지만 안후이나 후베이 출신들도 양쯔강으로 강남과 연결되어 있기 때문에 사실상 상하이 홍만자회는 양쯔강 하류권과 저장 북부 출신이 절대 다수를 차지하고 있었다고 할 수 있다. 연도별로 구분해서 보아도, 1921년부터 1937년 사이에 가입한 회원의 출신별 변화는 거의 없다. 여전히 장쑤 남부와 저장 북부 중심이다.

회원의 연령별 구성분포는 어떤가. 연령별로는 20대 7명, 30대 19명, 40대 33명, 50대 38명, 60대 22명, 그리고 70대와 80대가 각각 1명씩이다. 가입 연령 중에서 가장 이르게 입회한 회원은 23살이며, 늦은 나이는 55살이고 최고령자는 80세, 최연소자는 23세이다. 입회 시기의 연령으로는 20대 가입자가 10명, 30대가 6명, 40대가 9명, 50대가 5명으로, 대부분 20대에서 40대에게 걸쳐 있다. 문제는 1937년 현재 노년층은 증가하는 반면, 젊은 층의 가입이 거의 없다는 사실이다. 이는 대략 초기의 멤버들이 1937년 단계에도 여전히 주축을 이루고 있었고, 입회자도 20-30대의 젊은 층보다 40대 이상의 중장년층이 더 많다는 사실을 반증한다고 하겠다. 이렇게 보면 상하이의 홍만자회 회원 구성은 초기의 멤버들을 중심으로 결합력을 강화한 것으로 볼 수 있다.

회원의 입회에는 소개인이 필요하였다. 소개인이 표기된 명단은 건묘 9명을, 화역 8명, 자개 6명, 유성 4명, 혜령 4명, 도자 3명, 보과 2명, 수본 2명, 오인 2명, 건령 2명, 혜혜 2명이며, 건륙, 선달, 찬근, 찬석, 혜개, 영관, 지주, 도오, 보길, 화연, 혜혜, 찬수, 화길, 찬초, 도공, 찬균, 복항, 찬능, 찬상, 도개, 소지 등은 각각 1명씩을 소개하고 있다.

도호가 건묘乾妙인 장란핑은 9명을 소개하였는데, 그 대상들을 보면 자오빙허우(쑤저우 출신), 황위선(위야오), 야오찬보(쑤저우), 리슈옌(우현), 왕윈푸(닝뽀), 우싱짜이(샤오싱. 자개와 공동으로 소개), 우슈탕(하이닝), 장쉐윈(안후이), 저우셩푸(쩌우롱) 등이다. 그의 고향이 쑤저우의 우현이니, 여기서 그가 소개한 인물 9명 중 적어도 네 명이 그와 관적이 같았다.

또한 많은 이를 만회에 소개한 이로는 후추칭(도호 화역)이 있다. 그가 소개하여 입회한 회원은 장치우성(닝뽀 출신), 왕꾸이팡(장시 지안), 션즈팡(샤오싱), 따이루첸(쩌우롱), 쑤샹린(닝뽀), 주줘뤼(쟈띵), 왕얼정(우시) 등 7명이다. 입회인들의 지역분포를 보면, 그의 출신지인 저장의 위야오 사람은 없으며, 장시의 지안 출신을 제외하면 모두 강남 출신들이다.

그 다음으로 5명의 회원을 소개한 이는 리띠시안으로, 그가 소개한 이는 선징량(위야오, 1932년 입회), 우싱짜이(샤오싱, 1929년 입회), 왕웨이관(닝뽀, 1932년 입회), 류원자오(우진, 1932년 입회), 쉬찬첸(장인, 1935년 입회) 등이다. 입회년도 중 가장 빠른 이가 우싱짜이이므로 적어도 그는 1929년 이전에 회원이 되었으리라 짐작한다.

다음으로 4명을 소개하여 입회시킨 이가 유성惟聲이지만, 그의 본명은 회원 명부에서 보이지 않는다. 그가 소개한 이는 49세의 리쯔후이(쓰촨 출신, 1921 입회), 선찬원(안후이, 1922년), 35세의 정빙쿤(안후이, 1925년), 61세의 자오빙싼(산둥, 1931년) 등이다. 입회한 이의 입회 연도 중 가장 빠른 때가 1921년이므로, 상하이에서 홍만자회를 조직할 때 소개받은 인물일 것이다.

그렇다면 혜령이 소개한 사람들은 누구이며, 또 혜령 자신은 어떤 사람일까. 우선 후더짜이(츠시 출신, 1935년 입회), 팡롄칭(전하이, 1935년), 따이루이첸(꺼우룽, 1935년 입회), 첸성차이(닝뽀, 1935년 입회), 후더짜이(츠시, 1935년) 등이다. 모두 1935년에 입회하였으며, 출신지는 꺼우룽을 제외한다면 모두 저장 북부 사람들이다. 아쉽게도 혜령은 회원 명부책에 올라 있지 않기 때문에 그의 신원을 알기는 어렵다. 다만, 소개인들의 입회 시기가 모두 1935년이고, 출신지가 대부분 저장 북부인 점을 감안한다면 비교적 늦게 입회한 저장 북부인은 아니었을까 한다.

마지막으로 소개할 인물은 3명의 회원을 소개한 도자道慈 자오빙허우이다. 건묘 장란핑에게 소개를 받아 1927년에 홍만자회에 가입한 도자의 입회 때 나이는 마흔살 쯤 되었을 것 같다. 1947년의 홍만자회 간부 명단에 따르면, 그는 장쑤성 우현 출신으로 학력은 습상習商으로 기재되어 있으며, 직업은 서강안료호 직원이었다. 장란핑이 이 점포의 경리였으므로, 양자는 매우 친밀한 관계였을 것으로 보인다. 쑤저우 출신 자오빙허우가 소개한 인물은 왕웨이관(49세, 닝뽀 출신, 1932년 입회), 옌챠오링(53세, 위야오출신, 1929년 입회), 왕옌머우(후난 출신, 1934년 입회) 등 3명이다. 소개한 인물들의 적관은 세 명 중 두 명이 저장 북부이지만, 그 자신이 쑤저우 출신이니, 동향관계라고는 보기 어렵다.

이상과 같이 회원의 추천 관계에서 장란핑이나 후추칭은 동향이라는 점을 적극 활용한 것으로 보인다. 반면 장란핑에 의해 홍만자회에 가입한 자오빙허우의 경우, 소개 인물 중에서 그자신의 출신과 같은 동향인은 없으며, 오히려 모두 저장 북부나 후난 출신들이다.[172]

우리는 또한 위의 회원 분석에서 상하이 지역 홍만자회가 40-50대 남성으로 구성되어 있으며, 상업 종사자이고, 출신은 강소 남부와 절강 북부 출신들이 압도적인 다수를 차지하고 있었다는 사실을 알 수 있다. 그리고 가입 연령대는 대략 20대에서 40대에 걸쳐 있었다.

1922년에 상하이 도원이 설립될 때, 그 주도자들이 상하이병공창上海兵工廠의 총판, 강해관江海關 감독을 비롯한 상하이 지역의 신상紳商과 각계의 명류였음을 고려한다면, 15년 사이에 회원의 성분이 크게 바뀐 것은 분명하다.

본래 상하이 지역 자선단체의 주요한 특징 중 하나는 주도자들이 거의 공상계 인물이었다는 점이라 할 수 있다.[173] 이는 베이징 지역의 도원과 홍만자회 주요 멤버들이 정관군계政官軍界 인사였다는 사실과 구분되는 특징이기도 하다. 상하이 지역 홍만자회 역시 초기에는 지역의 신상과 각계 인사가 주축이었으나, 1930년 후반에 이르러 상계商界 인물로 바뀌어 간 셈이다. 이러한 변화는 국민당 정부가 등장하고 난 뒤 적극 취한 반미신 정책이 큰 영향을 미쳤다고 생각한다. 특히 다른 자선단체와 달리 원회일체론을 견지하던 홍만자회의 경우, 관계官界 인사의 가입이 사실상 불가능했던 셈이며, 결국 1937년의 명책에는 상계의 인물로 채워졌으리라 추측한다. 또한 이 정책이 회에 가입하려는 사람들에게도 영향을 주어 회원 증가도 더 이상 이루어지지 않았으리라 짐작된다.

구제사업에서 의약 관련 인물은 매우 중요하다. 그럼에도 위의 회원 중에서 의사로 표기된 인물은 장츠공 한 명뿐이다. 기재란에는 연령이 35세, 저

---

172 회원뿐만 아니라 잔질원에 입원하려는 피보호자의 경우에도 특정 단체나 유력한 개인이 발행한 소개 편지가 반드시 필요하였다. 소개를 중심으로 형성된 네트워크가 자선단체에 깊이 작동하고 있는 것을 알 수 있다. 이러한 관계망은 자선계에서도 유용하였다. 고하마 마사코, 앞의 논문, pp.330-343.

173 李國林, 앞의 논문, pp.120-129.

관은 장쑤성 딴투, 소개한 이는 찬근이며 가입연도는 1927년이다. 장저전쟁 때나 상하이 사변 때에 부상병민 치료 부분에서 크게 활동했던 홍만자회임을 감안하면 의사 회원이 적은 사실은 이해하기 어렵다.

이후의 회원 명부는 현재의 홍만자회 당안 속에 들어 있지 않다. 따라서 1937년 이후 홍만자회의 회원이 어떻게 변화하였는지는 알기 어렵다. 다만, 직원 명단 속에 새로운 회원들이 보였으므로 그것으로나마 추측을 할 수 있을 정도다.

전체적으로 본다면, 회원 수는 조직 초기보다 1949년 무렵에 이르러 끊임없이 증가하지 않았을까 하고 짐작해 본다. 앞에서 검토한 바와 같이 직원 수가 초기에 비해 후기로 갈수록 증가하였을 뿐만 아니라 부설기관이나 그에 따른 소요 비용도 증가하였으므로 초기의 회원 숫자로는 이 부담을 모두 감당하기 어려웠을 것이기 때문이다. 직원 수의 경우 1933년에는 29명의 직원이 있었으나 1949년에는 본부에만 45명이 근무하였고, 1952년의 조사에는 본부 직원과 더불어 본부 직공 10명, 제2시진소 10명, 구호대 9명으로 구성되어 있었으므로, 최소한 74명의 직원이 본부와 부설 기구에서 활동하였던 것이다. 곧 29명의 직원 체제에서 130여 명의 회원이 있었다면, 70명대의 직원 체제라면 그보다 몇 배의 회원이 더 있어야 이 조직이 정상적으로 작동하였을 것이라 생각한다. 이들은 신중국 성립 직후에 상하이 경찰국으로부터 회원 명부도 작성하여 보내라는 지시를 받았던 것으로 보인다. 그러나 사무 담당자는 정리된 명부책이 없는데다, 상하이 본부와 북시 판사처에서 증명서를 내준 사람이 이미 8책에 도달하였고, 그것을 모두 다 확인하는 데에는 시간이 필요하기 때문에 더 기다려 달라는 요지의 공문을 보내고 있다.[174] 그러므로 이 미작성의 회원까지 포함하면, 오히려 초기의 회원에 비해 수배 정도 증가하였으리라 생각된다.

그렇다고 해도 회원 수가 급격히 증가하지는 못한 것으로 보인다. 그에는

174 Q120-3-25, 〈世界紅卍字會上海市分會職員調查表〉.

물론 국민당 등 종교 정책에 관한 규제나 중일전쟁과 같은 요소들이 영향을 미쳤을 것이다. 하지만 내부에서의 회원 관리가 엄격하였던 것도 중요한 요인이었을 것이다. 홍만사회는 특히 관리 인원의 자격을 다른 단체에 비해 엄격하게 규정하였던 것으로 알려졌다. 회원이 만약 공민권이 박탈되면 동시에 회원 자격을 상실한다고 규정하였으며,[175] 회원으로서 형사 처벌을 받거나 그 행위가 본회의 규정에 위반되는 자는 자격을 상실하며, 본회의 명의를 빌어 불법행위를 하거나 회장으로서 품행상 부정이 있을 경우에도 추천 대상에서 제외하였다.[176] 이러한 내외의 제약이 회원 가입을 어렵게 하였고, 이로 인해 큰 규모의 변동 없이 회원을 유지하게 되었으리라고 본다.

또한 이사장이나 부이사장 등 지도부는 초창기부터 큰 인적 변동 없이 이 모임을 이끌어 나갔던 것 같다. 물론 직업상으로는 초기와 중일전쟁 시기에 관상官商이 섞여 있는 반면, 나머지 기간에는 거의 대부분 상공인과 교육자로 구성되었다는 차이가 있기는 하지만 장란핑이나 후추칭, 한스창, 자오빙허우 등과 같은 지도자는 거의 바뀌지 않았던 것이다.

다만 회원의 직업적 분포에서 상하이는 다른 지역에 비해 단조로운 면이 있다. 예컨대 1천여 명의 회원이 있던 지난의 경우[177] 사회엘리트층이라고 할 수 있는 정치, 군인, 경찰, 의료, 학교, 교육, 변호사, 교통, 염업과 광업 등 거의 모든 분야의 인물들이 가입되어 있기 때문이다. 물론 이 중에는 역시 상인들이 가장 큰 비율인 62.7%를 차지하고 있지만, 그 직업적 다양성에서는 상하이의 그것과 매우 다르다. 이 때문에 국민당 정부의 대종교 정

표14. 세계홍만자회 지난분회회원 직업분포

직업	정	상	군	경	의	학	교육	교통	염·광	변호사	농	총계
수효	173	743	30	18	27	111	23	15	4	2	39	1,185
비율	14.6	62.7	2.5	1.5	2.3	9.4	1.9	1.2	0.3	0.16	3.44	100%

175 《世界紅卍字會歷年賑濟工作第3次報告書》(상하이도서관소장).

176 末光高義, 앞의 책, p.387.

177 李光衛, 앞의 논문, pp.82-83.

책이나 자선 정책이 지역에 따라 다르게 나타난 것인지, 아니면 지난 사회의 홍만자회가 상하이 지역의 그것보다 더 큰 사회적 영향력을 갖고 있었는지는 좀 더 분석을 해 보아야 할 것 같다.(표 14 참조)

4. 운영 자금 조달의 자발성과 그 운용법

우리는 또한 홍만자회의 운영에서 어떻게 자금을 운용하였는지에 대해서도 검토할 필요가 있다. 구재나 자선사업은 기본적으로 자선심과 함께 인력과 재정이 뒤따르지 않으면 진행할 수가 없기 때문이다. 홍만자회에서는 위에서 잠깐 보았듯이 1년에 모금액이 5백 위안 이상일 경우 명예회원이 될 수 있었다. 실제로 홍만자회는 내규에서 규정한 최소한의 회비보다 기부금이나 의연금에 더 많이 의존하였고, 이는 '만선연과卍善緣果'라는 용어에서도 나타난다. 곧 한 명의 신도가 1만전을 내면 1선善, 10선이면 1연緣, 10연이면 1과果, 100만 위안이면 1개의 만선연과라는 명예스런 칭호를 얻을 수 있었던 데서 유래한다.[178] 마치 명·청 시대의 민간신앙에서 강조하였던 '공과격功過格'사상이 20세기의 홍만자회에도 거의 변함없이 관철되는 듯해서 매우 흥미롭다. 공과격에서도 사람의 행위에 공이 있으면, 공의 종류에 따라 선과가 있는 반면 허물, 곧 과가 있으면 마찬가지로 악과로 판단하여 점수를 매겼고 이것이 옥황상제에까지 보고된다고 믿었던 것이다. 다만, 홍만자회에서는 이를 '화폐'로 대체하였으니, 이는 그만큼 시대 상황이 달라졌다는 의미도 되지만 그보다 이들이 홍만자회의 운영 경비를 조달하기 위해 얼마나 노심초사하였는지를 보여 준다. 이러한 노력 덕에 홍만자회는 재정적으로 넉넉하였다고 알려졌다.[179]

여하튼 조직의 운영에 소요되는 경비를 확보하는 일은 홍만자회에 있어

178 末光高義, 앞의 책, p.387.

179 李國林, 앞의 논문, p.65.

서 매우 중요한 과제였다. 사업의 성패가 바로 이 경비 확보에 달려 있었기 때문이다. 홍만자회는 경비를 4종으로 구분하였다. 곧 회원입회비, 회원특별기부, 보조비, 그리고 기부 및 모금이 그것이다.[180] 상하이시 분회에서 제정한 〈회비간칙會費簡則〉에 따르면 상하이 지역에는 회원들이 많지 않기 때문에 회비가 차지하는 비중이 그렇게 크지는 않다고 판단하였다.

이들이 중시했던 경비 조달 방법은 기부금이었다. 필요에 따라 의연금을 모집하였지만, 기본적으로는 회원의 기부금이 가장 중요한 재원이었던 것으로 보인다.[181] 이렇게 모인 기부금을 신용이 있는 상인에게 예금하여 그 이식을 도모하였다. 그 중에서도 특히 정·부회장이 많은 부담을 졌으며, 다른 이에게는 원조를 구하지 않는다는 원칙을 세웠다고 한다. 〈대강〉에서도 회원들로 하여금 기부를 많이 하도록 장려하였으며, 그 중 '제8장 장려 및 징벌'조항을 두어, 1천 위안 이상 혹은 동산이나 부동산 등 1천 위안 이상을 기부하는 경우 본회에 요청하여 장려하도록 하였다.[182]

그런 까닭에 이들은 회원의 종류를 기부금의 다과에 따라 보통회원, 명예회원, 그리고 특별회원으로 구분하였던 것이다.[183] 이러한 등급 구분은 그들이 기부금을 얼마나 중시하였는지를 보여 준다.

기부금에 대한 관심은 그들이 남긴 회의록에서도 종종 발견된다. 예컨대 1931년 6월 3일의 회의록에 따르면 모단母壇 유지 기금 1만 위안과 현장 기금 5천 위안을 기부받기로 결정하였고, 1931년 9월 11일의 회의에서도 기부금 1만 위안을 모아 원회의 경비와 겨울 사업비를 보조하기로 결정하였다. 겨울 사업비란 주로 방한복과 죽창粥廠 운영에 필요한 경비를 말한다. 또한 1932년 4월 2일의 회의에서는 '도자공덕전道慈功德全'이라는 용어를 만들어 각 글자에 해당하는 형태의 기부금을 받아 원회의 1년 경상비로 사용한다는 결

180 Q120-3-1, 〈世界紅卍字會上海市分會章程〉 및 末光高義, 앞의 책, pp.377-378.

181 Q120-3-22, 〈上海道院分會道慈會議錄〉.

182 末光高義, 앞의 책, pp.358-387.

183 Q120-3-1, 〈世界紅卍字會上海市分會章程〉.

정을 내렸다. 곧 도자道字 3천 위안, 자자慈字 2천 위안, 공자功字 1천 위안, 덕자德字 5백 위안, 전자全字 1백 위안으로 모두 4만 위안을 기부자로부터 모금하겠다는 것이다.[184] 각 글자는 홍만자회에서 매우 중시하는 것으로, 이를 기금 모집에 결부시켜 좀 더 많은 기부금을 확보하려고 했던 것이다.

홍만자회와 같은 상하이 지역의 자선단체가 당이나 정부와 같은 통치집단으로부터 종종 의혹의 대상이 되었던 이유는 그들이 소유한 부동산 때문이었다. 자선단체의 중요한 수입은 부동산에서 얻었던 것이다. 이는 주로 건물전세금과 연관되어 있는데, 상하이 지역 유관 단체 30개 중에서 반년의 조금租金 수입이 전체 수입에서 29.9%를 차지하였는데, 그 중 절반 이상이 상하이자선단 소유였다.[185] 물론 단체마다 부동산의 소유 규모는 큰 차이가 있었기 때문에, 위의 비율을 획일적으로 적용하기는 어렵다.

그렇다고 하더라도 상당수의 자선단체들이 부동산을 소유하고 있었으며, 이는 상인들이 주축이었던 홍만자회도 예외는 아니었던 것 같다. 1944년의 상하이 분회 1년치 경상비는 약 8만 위안이었으며, 경비의 내원은 만회가 소유하고 있던 21개의 방에서 거두는 조금租金을 제외하고 부족분은 만회 회원의 연조捐助 54만여 위안으로 충당하였기 때문이다.[186]

홍만자회는 종종 상하이에서 발행되는 신문에도 모금 광고를 싣곤 했다. 이는 상하이에서 활동하는 자선단체가 많이 활용하던 방법이기도 했다. 예컨대《신보申報》1933년 9월 29일자에는 '홍만자회모집면의綿衣'라는 광고가 실렸다.[187] 1931년 1월의 상하이 사변 시 수시로 전쟁에 따른 난민의 수용과 구제, 부상병 치료를 담당한 홍만자회의 활동이 기사화되면서 상하이 시민들에게 홍만자회의 존재를 각인시켰을 뿐만 아니라, 수시로 긴급 광고를 실어 의복, 음식, 약품, 비용 등을 기부하도록 광고하였다.

---

184 Q120-3-22, 〈上海道院分會道慈會議錄〉.

185 小濱正子, 앞의 책, pp.86-99.

186 Q120-3-38.

187《申報》1933년 9월 29일자.

기부금이나 모금에 크게 의존했던 것과 달리 정부의 보조는 그리 많지도, 중요하지도 않았던 것 같다.[188] 정부의 보조는 대략 두 가지 형태였다. 하나는 특별보조금이다. 1929년에 국민당 정부에서 반포한 〈자선단체감독법〉에 따르면 자선 활동이 현저한 경우에 정부의 보조금이 있을 수 있다고 규정하였을 정도였다. 특히 상하이시 정부 산하에는 수많은 자선단체들이 있었기 때문에 이들에게 실질적인 수준으로 도움을 줄 수 있는 보조금은 사실상 없었다. 홍만자회가 정부보조금을 받은 경우는 1932년에 상하이시 위생국에서 1·21사변 시의 활동에 대한 감사의 표시로 특별보조금 1,000위안 대양大洋[189]을 받고 있다.[190] 하지만, 1945년 이후 국민당 정부의 지원은 사실상 거의 없는 것이나 마찬가지였다. 특히 내전기에 이러한 어려움은 더욱 가중되었는데, 1948년과 1949년 두 해 동안 상하이 분회는 정부 보조비를 한 푼도 받지 못하였던 것이다.[191]

정부의 보조는 세금 면제 형태가 사실상 더 중요하였다. 상하이의 자선단체들은 부동산을 다수 보유하고 있었으며 홍만자회도 예외는 아니었다. 이로 인해 방세를 면제받을 수 있었던 것이다. 또한 구제활동에 필요한 물자를 구매할 때에도 면세 혜택을 받을 수 있었다. 이는 1929년 3월 22일에 국민당 정부 재정부에서 반포한 〈진재물품면세장정賑災物品免稅章程〉에 근거한 것이었다.[192] 이러한 면세 혜택은 1935년 1월에 홍만자회 동남판사처가 장시江西에 나르는 구호 물자에 대해 "재정부에서 이미 각 해관에 전령하였으며, 홍만자회가 양미糧米 1만 석과 면의 3만 벌을 싣고 장시로 진재賑災를 하러 가니 모두 면세 운반하도록 할 것이며, 교통부에서도 이러한 물품은

188 이러한 특징은 사실 상하이 지역 자선단체에 보이고 있다. 小濱正子, 앞의 책, pp.99-100 산둥의 지난 지역에서도 정부의 자금 지원은 거의 없었으나, 중일전쟁 이후 자금난에 빠져 휼양원에서 정부에 지원을 요청한 적이 있었다. 李光衛, 앞의 논문, pp.254-255.

189 청말 민국 초기에 국가에서 발행한 은폐의 별칭이다.

190 《申報》 1932년 2월 29일.

191 Q120-3-38. 〈世界红卍字會上海分會組織情况调察報告〉.

192 Q120-3-71, 〈上海分會呈上海市财政局戰函〉.

국영 초상국에 전령을 보내 반값으로 수송하도록" 조치하였다.[193] 면세뿐만 아니라 운반비에서도 큰 혜택을 주었다는 사실을 알 수 있다.

상하이 지역 자선단체는 호조라는 방식을 통해 자금 운영상의 어려움을 극복하기도 하였다. 홍만자회의 호조는 홍만자회 내 각 지부끼리 호조하는 이른바 내부 호조와 외부의 자선단체와 상호 호조하는 외부 호조라는 두 종류가 있었다. 내부 호조의 경우 홍만자회 장정에도 이에 관한 규정을 두었다. 곧 "재해 시에 각 분회는 힘써 구제할 것이며, 전국 만회의 역량을 집중하지 않으면 일을 제대로 하기 어렵다"고 지적한 것이다.[194] 이러한 규정에 따라 홍만자회는 상하이 사변 때 동남 5개 성 및 상하이시의 만회가 합작하는 형태로 호조하였을 뿐만 아니라 전국 각지의 홍만자회가 거액의 원조금을 보내는 한편 직접 구제대를 파견하여 지도하였던 것이다. 내부 호조를 통해 홍만자회는 전국적 통일 단체로서의 정체감을 보여 주었던 셈이다.

외부 호조의 경우 상하이 사변 시, 옌타이총상회煙臺總商會에서 홍만자회 상하이총판사처에 대양大洋 2만 위안을 지원하였으며, 옌타이의 닝보寧波동향회에서 홍만자회의 닝보 난민 구제를 위해 1,150위안을 지원한 사례가 있다.[195] 또한 1937년 8·13항전 때 옌타이의 자광사慈光社에서 상하이홍만자회에 지원하였고, 1941년에 상하이 분회에서 빈민을 구원할 때 홍십자회에서 미국면 1만 파운드를 배급해 주도록 판사처에 위탁한 적도 있었다. 이러한 내·외부의 호조 덕택에 상하이 지역의 자선단체들은 필요한 자금도 절약하는 한편 자선단체끼리의 네트워크도 더 강화할 수 있었다고 생각된다.

상하이홍만자회의 수입 구조 중에서 좀 더 특이한 부분은 이른바 '실업자제實業自濟'일 것이다. 회사를 설립하여 그곳에서 나오는 이득으로 구제활동을 하는 방식의 실업자제는 사실 기부금이나 정부의 면세 혜택, 혹은 자선단체끼리의 상호 부조 등의 방식만으로는 구제에 필요한 많은 재

---

193 《申報》 1935년 1월 24일.

194 Q120-4-1, 〈道院 紅卍字會組織概要〉.

195 《申報》 1932년 2월 20일. 〈世界紅卍字會中華東南主會上海總辦事處鳴謝〉.

원을 마련하기 어려웠을 뿐만 아니라 구제 대상의 자활을 위해서도 필요한 방식이라 할 수 있다. 방직공장을 만들어 운영한다든가 상하이유민습근소의 실립, 그리고 직조훈련소 등을 개설하여 기술을 익히게 할 뿐만 아니라 제품을 생산하여 여기서 나오는 이익으로 자선기관을 운영한다는 체제이다.

실업자제는 1930년대 말경에는 회사에서 나오는 수익의 일부를 자선활동에 사용하는 방식으로 시작되었다. 그러나 시간이 지날수록 유민이나 학생들을 훈련시켜 사회에 내보내는 한편, 그곳에서 생산한 물품을 팔아 얻은 수익으로 기관도 유지하는 방식으로 변하였다고 할 수 있다.

요컨대 상하이홍만자회는 근대적 경영 방식을 도입하여 자선기구를 운영한 것이다. 이러한 운영 방식은 상하이뿐만 아니라 산둥에서도 유사하게 진행되었으니, 실업자제야말로 민간자선의 역사에서 자선조직이 자립의 길을 걷는 데 크게 도움을 준 중대한 변화라고 하겠다.[196]

5. 경비의 사용처와 그 특징

경비의 모집 방법이 수월하지 않았던 것처럼, 그 사용처 역시 간단하지는 않았다. 기본적으로 그 용처는 자선 구제에 필요한 모든 활동에 있었지만, 이것으로 모든 용처를 설명하기는 어렵다.

일단 중요 부분은 자선 구제에 사용되는 비용이라 할 수 있다. 매년 연말에 진행하는 총회 보고 시에 가장 많이 그리고 필수적으로 제시되는 항목이 이 부분이다. 예컨대 1933년의 보고에서는 홍만자회 동남연합 총판사처에서 '장성항전구제작업長城抗戰救濟作業'에 35,000위안, 1933년 가을 푸젠

196 이러한 실업자제를 통한 자선조직 운영방식은 지난에서도 거의 똑같이 진행되었다. 옌타이홍만자회 부설 휼양원에서는 직양말기織洋袜機 6대를 구입하여 청소년들에게 수공예를 가르쳤으며 이것이 성과를 거두자 공장규모와 제조물을 더 확대하였다. 李光衛, 앞의 논문, pp.255-256.

사변福建事變에 15,300위안, 1933–36년 사이에 있었던 소·절·환·감·노·섬蘇·浙·晥·贛·魯·陝 등의 진무振撫에 60여 만 금을 사용한 것으로 보고되었다. 그 다음으로 또 1948년에는 상하이시분회에서 자선구제 경비로 금원권金圓券 63,190,368위안이 사용되었다.[197] 1948년의 사용 금액이 급격하게 증가한 이유는 당시 국민당 정부를 어렵게 했던 인플레 때문이었을 것으로 보인다.

하지만 홍만자회는 모조직인 도원과 일체가 되어 활동하였기 때문에 모원과 관련된 비용 역시 중시되었다. 그 중의 하나는 홍만자회에서 '전도고기展道固基'라 부르는 부분으로서, 이는 지난에 위치한 모원母院이나 총회總會를 유지하고 확장하는 데 사용한 비용을 말한다. 오늘날에도 원형을 유지하고 있는 지난의 모원은 태을노조太乙老祖를 모신 진광각辰光閣을 비롯하여 수많은 건물들이 들어서 있는데, 마치 베이징의 궁궐과 유사하게 지었기 때문에 그에 필요한 자금이나 운영 비용이 많이 들 수밖에 없었다. 이 건물은 1922년에 짓기 시작하여 1945년에 완성되었고, 비용은 수 백만 위안이 소요되었다. 그 까닭에 전국의 홍만자회 지회에서 끊임없이 경비를 염출하여 보내곤 하였다.[198] 당연히 상하이의 원회에서도 정기적으로 비용을 모아 보냈던 바, 예컨대 1931년에 15만 위안이라는 거금을 보냈으며, 별도로 모원의 운영비로 약 6천 위안을 송금하였다.[199] 또한 상하이홍만자회는 모원에서 요청하는 구제활동이나 그에 필요한 비용을 부담하여 달라는 주문에도 부응하였다. 1931년에 지난의 모원에서는 선양瀋陽지역의 죽창粥廠을 개설하기 위해 상하이 분회에 경비 보조를 요청한 것이 그 주요 사례이다.[200]

또한 상하이 원회는 동남지구 원회의 핵심지구였기 때문에 이 지역권의 원회 발전에도 도움을 주어야 하는 위치에 있었다. 예를 들면 1947년에 상하이

---

197 Q120–3–162, 〈37年(1948)度全年收益數及支出救濟經費數目報告表〉.

198 李光衛, 앞의 논문, p.126.

199 Q120–3–22, 〈上海道院分會道慈會議錄〉.

200 Q120–3–22, 〈上海道院分會道慈會議錄〉.

도원에서는 장란핑 등을 저장의 쟈싱嘉興에 파견하여 이곳의 원회 부흥에 1,500만 위안의 경비를 보조하였고, 1947년 5월에는 상하이도원의 통장統掌인 한푸항韓福航, 리텐전李天眞을 후난, 후베이, 장시 등지에 포도布道를 목적으로 파견하여 두어 달을 보내도록 한 적이 있으며, 그 결과 창샤長沙, 한커우漢口, 주장九江, 루산廬山 등지에 원을 열 수 있었다. 여기에 소용된 자금은 45,795,000위안으로, 이 경비는 모두 상하이 원회에서 충당하였다.[201] 말하자면, 상하이 지부는 인근 지역과의 관계에서 중심에 해당하는 곳이었기 때문에 네트워크를 구축하는 작업에도 필요한 경비를 사용한 셈이다.

경비의 또 다른 소요처는 원회를 운영하는데 쓰였다. 직원 임금, 활동 경비–송경誦經, 연도회研道會 등에 소요되는 회식비와 교통비 등이 이에 해당하며, 또 정기적으로 간행된 《만자성간卍慈星刊》 발간 비용이나, 이것이 정간된 이후 새로 발간한 《도자경간道慈庚刊》의 발행 비용 등도 운영비의 일부였다.[202] 운영 비용 중에서 행정비는 예를 들면 1948년에 27%, 1949년에 25.125%, 1950년에 26.443%로 대략 전체 운영비 중에서 26% 전후를 차지하였다.[203]

앞서 말한 바와 같이 외부 자선단체에서 구제기금을 요청할 때 소요되는 비용도 원회 운영비의 일부였다. 예컨대 1937년에 홍만자회 동남연합총판사처에서는 4,000위안을 모아 '상하이주모예재위원회上海籌募豫災委員會'에 건네 주어 허난河南의 재해를 구제하도록 하였으며,[204] 1946년에는 상하이 분회에서 소북난민구제위원회蘇北難民救濟委員會에 110만위안을 원조하였고, 닝보천주교寧波天主敎에서 운영하는 그곳의 보제원普濟院에 의복 342건, 면피 8벌을 보내 이들 사업을 지원하였다.[205]

---

201 Q120-3-101, 〈36年(1947)丁亥道慈工作報告〉.

202 曹禮龍, 앞의 논문, p.30.

203 Q120-3-38, 〈世界紅卍字會上海分會組織情況調察報告〉.

204 Q120-3-168, 〈世界紅卍字會東南各會聯合總辦事處監理會議記錄〉.

205 Q120-3-20, 〈世界紅卍字會上海分會第4次理事會議案〉.

상하이홍만자회에서는 또한 지역 내에 있는 여사(여도덕사)에 필요한 경상 보조비로 약 3천 위안을 배정하였다. 부속 상설 기관인 의원의 경상비로 약 1만7천 위안을, 만자 중학 등 부설 학교의 경상비로 약 1천3백 위안을 보조하여 주었다.[206]

이렇듯이 만회의 경비는 크게 자선, 내부 운영, 동남지역 및 타 지역의 원회 보조, 도원의 전도와 모원 운영, 그리고 부설기관 경상비 등에 사용되었음을 알 수 있다. 경비의 용처를 기준으로 판단하면 상하이홍만자회는 모원의 지시를 받는 통일적인 조직체 중의 하나이지만, 별도로 자신의 권역을 구축한 중심 단위였음을 보여 준다.

경비 사용과 관련해서 한 가지 지적할 사항은 홍만자회가 끊임없이 《징신록徵信錄》을 발간하여 재정 운영의 투명성을 내외에 공표한 점이다. 징신록이란 어느 사회단체가 경비를 모으고 사용한 것을 내외에 공표한 보고서를 말한다. 홍만자회는 무엇보다 징신록 작성에 많은 노력을 기울였는데, 이는 이 단체가 그만큼 재정 문제를 투명하게 처리하려고 노력하였다는 사실을 대외에 보여 준 것이라고 하겠다. 조사에 따르면 도원과 세계홍만자회가 작성한 징신록은 모두 81건이 남아 있는데, 이 중 상하이 지역과 관련된 것으로는 1935년의 동남주회 징신록을 비롯하여 모두 7책이 있다.[207] 이외에도 아래에서 검토할 예정인 학교 및 병원 운영 관련 공작 개요나 수지 결산 속에서 경비의 모집과 집행에 따른 내역을 거의 모두 기록하고 있다. 그만큼 경비 운영에서 제기될 수 있는 의혹을 제거하려는 노력의 일환이라고 볼 수 있다.

이상과 같이 1920년대 이후 상하이 지역 홍만자회의 재정 운영은 공개적이었고, 회의를 통해 결정되었다는 점에서 민주적인 방식을 띠었다고 할 수 있다. 사용처 역시 기본적인 목표인 지역 내·외부의 구제에 큰 비중을 두었

---

206 Q120-3-22. 〈1931년 上海院會道慈會議錄〉.

207 그 외에 1937년의 《호상보판사처자업징신록》, 1937년 7월부터 1938년 2월에 이르는 기간 동안의 《상하이 일대 전시구제 징신록》(1938년 출간), 1939년의 동남각회연합총판사처 진구공작보고서賑救工作報告書, 1939년의 《송호대주원 27(1938)년분 공행기념책》, 1941년의 《동남주회 징신록》, 1943년의 《상하이유민습근소 공작개황》 등이 있다. 李光衛, 위의 논문, pp.133-141.

고, 경비 역시 정부에 의존하지 않고 기본상 자체적으로 해결하려고 하였다는 점에서 국가로부터 비교적 독립적이고 자립적이었다. 이 점에서 전통시대의 민간 결사와 분명히 달랐다.

그러나 경비 운영의 원칙에서 한 가지 특징적인 것은 원회일체론에서 벗어나지 않았다는 사실이다. 그렇다고 해서 원회일체론의 원칙에 따른 운영방식을 전통에 속박되어 있었다거나, 퇴행적인 양상이라고 비판하는 것은 곤란하다. 서양의 자선단체들이 기독교의 구원을 실천하는 방식으로 종교의 힘을 빌은 것에 비하면 원회도자일체론은 오히려 그 정도가 약하다고 할 정도였고, 그조차도 국가권력의 제약 때문에 표면에 내세우지는 못하였기 때문이다.

제3장

홍만자회와 국가권력과의 관계

1. 베이징 정부의 자유방임 정책

중화민국 체제가 이전 정부와 근본적으로 다른 한 가지 특징은 1912년 3월 10일에 제정된 임시약법에서 종교의 자유를 인정한 것이었다. 약법 제2장 제6조 7항에서 "인민은 신교의 자유를 갖는다"고 선언하였다.[208] 이로 인하여 그간 불법 혹은 비법 단체로 규정되어온 민간 종교 단체들이 공개적으로 활동할 수 있는 제도적 틀이 만들어진 셈이었다. 이 때문에 1912년 1월에 출발한 난징 임시 정부 시기에 상하이 군정부 도독인 첸치메이陳其美(1878-1916)는 위여우런于右任(1879-1964), 탄런펑譚人鳳(1860-1920), 숭쟈오런宋敎仁(1882-1913) 등과 함께 상하이에서 중화화평회中華和平會를 발기하면서 삼합회, 가로회, 소도회, 재리교 등과 같은 기왕의 민간결사를 새로운 형식의 사단으로 개조하려고 하였다.[209]

---

208 〈中華民國臨時約法〉(1912.3.10.), 《中華民國史檔案資料彙編》第2輯 南京臨時政府(江蘇人民出版社, 1981), pp.106-111.

209 曹禮龍, 앞의 논문, p.51. 사단개진회 상하이본부는 1912년 말에 성립되었으나 베이징 정부

이와 달리 난징 임시정부를 두 달여 만에 물려받은 베이징 정부는 민간 종교에 대해 사금査禁정책을 취하였다. 이들은 풍속을 파괴하며 치안을 어지럽히기 때문에, 신앙의 자유를 보호한다는 임시약법은 거의 무용지물이라고 판단하였다. 내정부에서는 민간 종교를 법적으로 보호하려고 하지는 않았던 것이다.[210] 하지만, 1916년에 위안스카이가 사망하자 이와 같은 민간종교에 대한 정부의 입장은 변화하였다. 군벌 시기에 각지의 군벌들이 정치 투쟁 과정에서 민간 종교를 끌어들였으며, 이 때문에 각종 종교집단도 비교적 쉽게 공인받을 수 있었던 것이다. 도원이나 홍만자회도 이런 분위기에서 탄생하였다.

이에 비해 난징 임시 정부나 베이징 정부 모두 자선의 중요성을 잘 인식하고 있었다. 난징 정부는 수많은 자선단체가 등록할 것을 예견하지는 않았지만, 청대보다 자선 문제에 대해 더 적극적이었다고 할 수 있다. 내무부에서는 이 때문에 진휼, 구제, 자선, 감화, 위생 등 5대 사무를 관장하였고, 베이징의 위안스카이 정부는 더 나아가 내무부를 총통 직속 기구로 승격시키면서 사회구제 기능 기관의 위상도 더불어 상승하였다. 베이징 정부는 사회 구제 관리 체제를 중앙, 성, 현이라는 3급의 행정 기구에서 실행하려고 하였다.[211]

이와 같이 난징 임시 정부와 베이징 정부는 민간 종교에 대해 서로 다른 정책을 취하였으나 재해 대비나 자선 활동은 모두 중시하였다는 사실을 알 수 있다. 이 때문에 도원과 홍만자회처럼 민간 종교 단체가 운영하는 자선단체는 국가의 상반된 정책에 서로 다른 방식으로 대응하지 않을 수 없었다.

도원과 홍만사회의 등록에 대해 베이징 정부는 비교적 쉽게 허가를 해 주

의 승인을 얻는데 실패하였다. 이평수, 〈민국초기 사단개진회의 자료검토〉, 《중국근현대사연구》 63(2014. 9), pp.71-76.

210 邵雍, 《中國會道門》, p.163.

211 蔡勤禹, 《國家社會與弱勢群體》(天津人民出版社, 2003), p.87.

듯이 보인다. 이미 비공식적으로야 1921년에 성립되었고 그 직후부터 활동에 들어갔지만, 정부는 1922년에 별다른 논란 없이 승인을 하였기 때문이다. 이것은 다음과 같은 이유 때문이었던 것 같다. 곧 홍만자회 조직의 주체들이 도원의 멤버들이었으며, 이들은 또한 정·관계에 네트워크를 구축하고 있었던 까닭에 도원 뿐만 아니라 홍만자회의 성립에도 적지 않은 도움을 주었으리라고 생각된다.

앞에서도 잠시 언급하였듯이 도원 초기의 창립자나 주도자들은 대부분 베이징과 톈진에 거주하는 청과 베이징 정부의 퇴직 고관들이었다. 홍만자회 제1대 회장인 첸넝쉰錢能訓은 청대에 산시陝西 순무를 지냈으며, 중화민국 7년(1918) 12월부터 8년(1919)년 5월까지 국무총리를 지내면서 5·4 운동 시기의 외교 문제를 처리한 뒤 사직하였다. 그의 뒤를 이어 회장에 취임한 쉬스광은 청대의 진사로서 산둥의 칭저우지부青州知府를 지냈고, 베이징 정부의 총통이던 쉬스창의 동생이기도 하였다. 또한 초기에 도원의 출발과 홍만자회의 조직에 앞장섰던 두빙인은 거인 출신으로서 산둥에서 후보도候補道로서 영무처총판營務處總辦을 역임하였으며, 왕즈샹은 거인 출신으로 광시성에서 포정사와 안찰사를 역임한 뒤, 민국 시대에도 광시 부도독을 거쳐 베이징의 경조윤京兆尹을 맡고 있었다. 허주何澍 역시 청대에 후보도로서 황하하공하유총판黃河河工下游總辦을 맡았고, 민국 이후에는 자선사업에 종사한 경력이 있다. 왕런원은 청대 진사로서 쓰촨 포정사와 쓰촨 총독, 그리고 천전변무대신川滇邊務大臣을 지낸 후, 민국 이후 참의원을 지냈다. 자오바오형은 청대 내각 중서中書였고, 민국 이후 상인으로 성공한 사람이었다.[212]

초기에 홍만자회의 조직을 주도했던 이들의 관계는 대체로 현 관리와 군인이라는 하나의 그룹으로 존재하고 있었는데, 류샤오지와 두빙인이 그것을 대표한다고 하겠다. 또 하나의 그룹은 치리하공治利河工과 관련한 그룹으로 산둥성 빈현의 지사이자 도원의 핵심 멤버였던 리전쥔(도호는 智眞)이

212 宋光宇, 앞의 논문, p.7.

허베이성 구안현固安縣 지현일 때, 융딩하永定河 수재문제를 담당했던 콩샹롱孔祥榕(도명은 慧航)은 제방의 공정을 책임지고 있었는데, 리전퀀은 규정을 어기면서까지 제방 수리에 정력적이었다고 한다. 당시 전국 하공河工의 최고 책임자는 슝시링이었던 바, 리전퀀과 콩샹롱이 추천하여 슝시링을 도원에 가입시켰다.[213] 쉬스광도 쉬스창이 국무경일 때, 허난 푸양濮陽의 하공 책임을 맡고 있었으므로 치수하공 그룹의 주요 멤버라 할 수 있다.

이러한 인적 구조 덕택에 홍만자회는 공식으로 출범하기 이전에 이미 텐진, 베이징, 지닝濟寧 등 3곳에서 분원을 설립할 수 있었다. 텐진에서는 쉬스광 등이 1922년 6월 9일에, 베이징에서는 리위엔위엔李圓源 등이 리의 집에서 설립을 준비한 다음 두빙인 등 5인을 파견하여 중추일 4일 뒤에 정식으로 설립하였으며, 이것이 전국의 총도원으로 발전하였다. 지닝은 가오화푸高華普 및 두빙인 등 4인이 주도하여 설립하였다.[214]

이에 대해 베이징 정부는 자선의 문제에 있어서 국가 제도상 미비한 점이 많았기 때문에 홍만자회가 공식적으로 등록하기 이전의 활동을 억제하지는 못하였다. 이러한 상황은 공식 등록 이후에도 이어져 사실상 홍만자회가 마음껏 활동할 수 있는 배경이 되었다.

2. 난징 국민당 정부의 법규 제정과 통제 정책

난징 국민당 정부는 베이징 정부와 전혀 다른 정책을 취하였다. 국민당 정부는 출범 직후 엄격한 등록제도와 법규, 징계 조치 등 새로운 국가체계가 발휘할 수 있는 권력을 거의 모두 활용하려고 하였다. 각종 사회단체인 사단社團에 대해서도 마찬가지였다. 1928년 들어 모든 사단들이 재등기하도록 요구하였고, 이는 도원과 홍만자회에도 적용되었다.

---

213 宋光宇, 앞의 논문, p.20.

214 宋光宇, 앞의 논문, p.16.

이와 관련하여 우리는 국민당 정부가 홍만자회뿐만 아니라 자선단체를 어떻게 인식하고 이러한 기반 아래 어떤 정책을 취하였는지를 살펴볼 필요가 있다. 국민당 정부는 우선 공식 기구 속에서 사회 구제 사업을 내정부에서 관장하고, 민정사民政司가 자선조직을 감독하도록 제도화하였다. 1928년에 민정사 아래 4개의 과를 설치하였는데, 제4과에서 사회 구제와 복지 문제를 전담하도록 하였다. 구체적으로는 빈민 구제, 잔폐노약자 구제, 재해 조사 및 세금 감면, 인재 조사, 재황 방비, 자선단체 고찰, 자선사업 장려, 의연금 모집 및 유민 교양 등 다방면에 걸쳐 있었다. 하지만 업무의 증가로 인해 그 해에 내정부 아래 진무처賑務處를 두어 재해 지구의 진제와 자선 관련 일을 처리하도록 하였다. 내무부장이 해당 처장을 겸무하였기 때문에, 진무와 관련된 기구나 사업 역시 중요시되었던 것이다.[215]

하지만 1930년대에 상하이시의 재정 운영에서 가장 중시된 것은 치안 유지와 도시 건설이었다. 사회복지는 민간에게 의존하려고 하였으며, 교육과 위생은 쌍방이 공동으로 참여하는 방식이었다.[216] 이로 인해 자선단체에 대한 감독의 필요성은 더욱 절실해졌고, 그에 따라 관련 법규가 끊임없이 제정되어야만 하였다.

베이징 정부와 마찬가지로 난징의 국민당 정부도 자선단체의 존재와 그 활동은 중요한 것으로 인식하였다. 국민당 정부가 이 조직을 개인의 이익을 위한 것이 아니라 사회적인 맥락을 가진 단체로 인식하였기 때문이다. 하지만 베이징 정부 시절처럼 이들 단체를 자율적으로 활동하도록 '방치'하지는 않았다. 이 때문에 난징 정부는 자선사업과 관련하여 각종 계획을 수립하고 법률을 반포하면서 치리정돈治理整頓을 단행하였고, 이를 통해 자선사업의 발전을 추동하려고 하였다.

그 첫 조치는 1928년 10월에 내정부에서 《구제사업계획서》를 제정한 일이었다. 조직체계, 경비, 인재 선발, 모범 구제원 설립 등과 관련된 사항뿐

215 《中華民國法規大全》(1), (商務印書館, 1936), p.506.

216 小浜正子, 《近代上海的公共性與國家》, p.102.

만 아니라, 이를 실현하기 위해 각 현, 시, 촌에 구제원을 설립하여 구제 사업을 확충하여야 한다는 것이었다. 이는 중국에서 처음으로 상세하게 만들어진 구제사업 계획서라 할 수 있다. 이어 1929년 5월 내정부에서 공포한 《지방구제원규칙》, 6월에 같은 부서에서 만든 《사립자선기구관리규칙》의 공포, 그리고 1929년 6월 22일 공포한 《자선단체감독법》, 7월 15일에 행정원에서 공포한 《자선단체감독법시행세칙》 등이 줄줄이 이어졌다.

이 중 《자선단체감독법》에서 홍만자회와 관련된 주요 부분은 제2조일 것이다. 사업을 이용해서 종교를 선전하거나 그 이름을 이용하여 개인의 모리를 취하는 것을 금지하여야 한다는 것이다. 제3조는 단체의 자격으로서 재단 성격에 속하는 것을 제외하고는 반드시 5인 이상이 발기해야 할 것이며, 발기인의 자격을 "명망이 있어야 하고, 기왕에 자선사업 분야에서 경험이 있어야 하며, 공익에 열심이고, 기부를 잘 하여야 하며, 마지막으로 자선사업에 전문가 혹은 경험자여야 한다" 등 4가지로 못 박았다. 그 반면에 불가능한 자로서는 토호열신, 탐관오리, 반혁명분자, 재산범죄자, 파산자, 아편흡연자 등으로 엄격히 규정하였다.[217]

또 《각지사립자선기관관리규칙》를 제정하여 내정부에서 공포하는 것으로 각지의 사립자선기관을 관리하려고 시도하였다. 그 제3조에는 매월 말에 1개월의 수지 및 사업 실황을 제출할 것을 명문화시켜 놓았다. 등기에 관한 사항도 매우 복잡하였다. 등기의 필수 항목으로 사업의 재산 상황, 현 임직원 성명 이력 등을 주관 기관에 제출하여 실사를 한 다음, 내정부에 보고할 수 있는 안건을 준비하도록 하였다. 등기 조건 자체를 매우 어렵게 만들었던 것이다.

이러한 조항들을 보면, 당시의 자선사업에는 두 종류가 뒤섞여 있다는

---

217 Q115-25-8, 〈公益慈善團體法規目錄〉. 이 목록에는 〈자선단체감독법〉, 〈감독자선단체법시행규칙〉, 〈연자거판구제사업포장조례〉, 〈각지방구제원규칙〉, 〈상하이특별시구제원조직세칙〉, 〈상하이특별시정부사회국감독공익자선단체잠행규칙〉, 〈상하이특별시공익자선단체주책잠행규칙〉, 〈상하이특별시공익자선단체회계통칙〉, 〈상하이특별시공익자선단체회계조직〉 등이 들어 있다.

사실을 알 수 있다. 국민당 정부로서는 말하자면 자선사업이 불가능한 부류들이 개인의 모리를 위해 이 사업에 몰려드는 것을 극력 막으려고 하였다는 점이다. 반면 국민당 정부에게는 자선 행정이나 그 사업을 시행할 만한 조건들, 곧 재정력이나 조직, 경험 등이 없던 터라서 민간 자선단체들의 힘을 빌리지 않을 수 없었던 한계도 안고 있었다.

이런 까닭에 국민당 정부는 자선단체에 대한 감독과 통제 중에서 이들 단체가 소유하고 있는 재산이나 운영 중인 사업에 대해 매우 면밀하게 조사하려고 하였다. 1929년 3월 4일에 '상하이특별시정부 사회국'에서 '위중선당位中善堂'등 상하이 지역의 모든 자선단체에 보낸 훈령에 따르면[218] 당국이 특별히 관심을 보인 부분은 사단社團, 곧 사회단체에 대한 법규의 미흡과 재단 소유의 재산이 관공서에 제대로 등기가 되어 있지 않다는 점이었다. 이로 인해 공익단체로서의 성격이 불분명하다고 판단하였고, 그리하여 본년, 곧 1929년부터 이를 바로 잡고자 부득불 입법하여 상황을 개조할 것이라고 강조하였다. 일차적으로 각 자선단체에 요구한 것은 재산목록을 제출토록 하는 것이었는데 구체적으로는 1)현금과 헌금, 기부자 등을 분명하게 제시할 것, 2)부동산의 면적과 그 지도에 현재의 가치 등에 관한 설명을 붙일 것, 3)동산 중에서도 중요한 것을 목록에 작성할 것, 그리고 본시本市의《공익자선단체잠행규칙》제10조에 따를 것 등이었다. 명목상 공인단체로서의 성격을 분명히 하겠다는 것이었으나, 실질적으로는 각 자선단체가 소유하고 있는 재산 문제를 정확하게 파악하기 위한 작업이었음을 보여준다.

이러한 원칙은 1930년대에도 이어졌다. 자선단체도 법인단체의 요구조건에 맞도록 기구를 개선하고, 조직과 운영에 있어서 동사제나 회원제를 실시하고 조직 장정을 갖추며, 직책이나 경비의 내원, 지출 등도 장정을 통해 시행하도록 강제하였던 것이다. 자선 행위가 종종 개인들의 재부와 기부에 의존하는 형태로 조직되거나 운영되었다는 점에서 개인의 의지가 임의로 단

---

218 Q115-25-7, 〈上海特別市政府社會局訓令第801號〉.

체에 작용하지 않도록 조치하였던 것이다. 이는 그만큼 단체 운영에 있어서 개인주의적 요소를 배제하고 국가의 공공적 권력을 최대한으로 작동시켜 이를 감독하겠다는 의지의 표현이기도 하였다.

그 중 한 가지는 1930년 5월 3일에 정해진《상하이특별시 자선단체 재산정리위원회 장정上海特別市慈善團體財産整理委員會章程》이었다.[219] 이 장정을 작성한 주체는 상하이특별시 사회국으로서, 이 문서를 통해 자선단체의 재산을 어떻게 정리하려고 하였는지를 이해할 수 있다. 모두 15개 조로 구성된 이 장정에 따르면, 단체의 산업 증가와 수익을 정리하기 위해 정리위원회를 두고 6개월의 기한 내에 관련 작업을 마무리하겠다는 취지였다. 이 작업의 주도자는 사회국이었고, 처리 사항은 각 자선단체가 소유하거나 운영하고 있는 산업의 실황, 그 산업의 시가, 산업의 사용 방법, 산업의 관리 개선, 산업의 정리 및 수익 통계 등 5가지였다. 요컨대 이러한 정보를 통해 단체 내부의 재산을 속속들이 파악하겠다는 것이었다.

3. 국민당 정부에 대한 상하이자선단체연합회의 공동 대응

정부의 재산정리장정에 대해 상하이의 자선단체는 어떻게 대응하였을까. 그들은 1927년 7월에 이미 '상하이자선단체연합회(약칭 자련회)'를 만들어 놓고 있었다. 상하이시 윈난로에 있던 인제선당仁濟善堂에 본부가 있었고, 수임위원장은 왕전王震, 부위원장은 황칭란黃慶瀾(호는 涵之)으로 대략 30여 개의 단체가 회원으로 가입한 상태였다. 이 단체는 중일전쟁 직전에 '상하이자선단체연합구제회'를 꾸렸고, 전쟁 이후에는 여기에 다시 중국화양의진회나 중국홍십자회 등 외국인들과 관련된 자선기구들을 포함시켜 '상하이국제구제회'를 구성하였다. 이들은 전쟁에 따른 구재활동을 본격적으로 전

219 Q115-16-21, 〈上海特別市慈善團體財産整理委員會章程〉.

개하였으며 1951년에 해체될 때까지 상하이 자선단체의 핵심으로 활약하였다.[220] 이 연합회의 성립 이후 국민당 정책에 대한 대응 방법도 이 단체의 중요사항이 되었으니, 민간의 자선사업과 지방 행정기구와의 관계는 긍정적이던 그렇지 않던 간에 더욱 긴밀해져 갔다고 할 수 있다.

국민당 정부가 자선단체에 대한 통제를 강화하고, 특히 재산 문제에 대해 세세한 부분까지 규제하겠다는 통고를 하자, 상하이자선단체연합회는 일부분에 대해서는 동의를 하였지만, 또 어떤 부분에 대해서는 과잉 통제라 여기고 이를 시정해 주도록 요구하였다. 예컨대 매월 당국에 보고하라는 사항에 대해 항의서를 제출한 끝에 1년에 두 차례의 보고로 시정하였다. 공익단체의 기준도 논란거리였으며, 특히나 이들이 관심을 쏟았던 것은 앞에서 잠시 언급한 재산정리위원회 문제였다. 어떤 점에서 보면 이것이 사실상 국민당 정부와 상하이 지역 자선단체 사이의 중요한 긴장 요인이었다고도 할 수 있다. 상하이시 사회국에서는 이 비용이 분명하게 쓰여 지지 않는다고 파악하였던 것이고, 자선단체측에서는 나름대로 시 정부든 국민당 정부든 간에 재정지원은 시원치 않으면서 계속 감독과 통제만 강화한다고 여겼기 때문이다. 심지어 자선단체들은 기부금을 모금하여 부족한 재정을 충당하려고 했으나, 이 역시 사회국에 신청하여 허가를 얻어야 했고, 사후에도 심사를 통해 부정이 없는지를 확인받아야 한다는 규정에 불만을 토로했다. 자선단체의 지도자들은 대부분 자선을 위해 희생하는 사람들이었지만, 이와 달리 일부 지도자들 중에는 영리나 재산 증식 행위를 자선으로 위장하는 사례도 있었던 것으로 보인다.

이 때문에 상하이시 사회국에서 가장 많이 신경을 썼던 부분은 회원의 자격과 모금행위였다.[221] 1928년 12월 18일에 위중선당에 보낸 사회국의 훈령에 따르면, 자선단체들은 정업이 있든 무업의 유민이든 간에 공익으로 자

---

220 Q114-1-2, 〈上海慈善團體聯合會本會 歷年會議記錄〉.

221 Q115-25-7, 〈捐資擧辦救濟事業褒奬條例〉.

선을 빙자하거나 번듯한 명목으로 미신을 제창하면서 각계에 기부금을 권유하는 경우, 또는 본국의 승인 없이 이런 종류를 모금하여 용도가 불분명하게 쓰이는 경우 등이 있어서는 절대로 되지 않는다고 못 박았다. 이 규정을 단순하게 적용할 경우 홍만자회는 "미신을 제창하면서 각계에 기부금을 권유하는" 믿을 수 없는 자선단체에 해당되었다.

이러 저러한 이유로 인해 국민당 정부에서는 재산정리 문제를 빠르게 또 정확하게 처리하도록 요구하였던 것이고, 상하이자선단체연합회는 이에 대해 공동으로 대응할 수밖에 없었다. 이리하여 자련회는 재산정리위원회를 구성하여 1930년부터 준비 작업에 들어갔다. 그해 9월 16일에 성립된 이 위원회에는 사회국의 펑류탕馮柳堂이 주석위원, 자련회의 왕전과 황칭난이 상무위원을 맡으면서 조직을 갖추었다. 이곳에서 논의된 사항은 차후에 자선단체의 재산 조사와 실지 조사, 그리고 관리상의 개선 방법 등이었다. 결국 재산정리작업은 그해 10월에 개시하여 이듬해인 1931년 6월 15일에 마무리되었으며, 위원회의 사업 보고는 〈상하이시 자선단체 재산정리위원회 보고책〉으로 간행되면서 각 자선단체의 부동산 현황을 속속들이 파악할 수 있게 되었고, 그에 따른 운영 개선 방안도 제시되었다.

이 사업의 결과는 어떠하였을까. 일부 연구에서는 자련회 산하의 단체들을 더욱 결속시켜 주었다는 평가도 내리고 있지만,[222] 결과적으로 볼 때 자선단체에 대한 사회국의 지도와 감독은 강화되었던 것으로 볼 수 있다. 당국의 조사 결과에 따라 부실하게 운영되었을 경우 개선을 요구할 수 있었고, 이를 수용하지 않으면 폐쇄도 가능하였기 때문이다. 실제로 신보육당新保育堂은 지출 장부를 제출하지 않아서 법령을 위반한데다 협소한 수양 시설과 재산을 은닉한 행위까지 겹쳐 있었기 때문에 결국 1929년 7월에 보조금을 중단당하는 단계까지 이르렀다. 신보육당은 1930년 1월에 이러한 지적 사항을 개선하고 난 뒤에야 다시 보조금을 수령할 수 있었다. 마찬가지

---

222 小濱正子, 앞의 책, pp.110-115.

로 상하이 자련회 소속의 보익습예소普益習藝所도 운영이 부실하다는 이유를 들어 개선하지 않으면 폐쇄하겠다는 통고를 받았다.

자선단체에 대한 감독은 상하이시 정부 뿐만 아니라 국민당 정부에 의해서도 행해졌다. 예를 들면 국민당 시당무지도위원회의 요구로 상하이시 사회국에서는 '중국부유구제회'를 조사한 적이 있었다. 그 결과 경비의 수지, 수양 여성의 혼인, 아동 교육, 음식 위생 부분에서 여러 문제들을 발견하였으며, 사회국이 엄중주의 처분을 내리는 것으로 감독 권한을 행사하였다. 또한 많은 수효를 차지하는 육영당에 대해서도 작업 인원, 사망률, 남존여비적 운영방식, 영아 밀매 등이 발각되어 시정 요구를 받았던 것이다.[223] 자선단체들이 연합하여 외부의 간여에 공동으로 대응한다고 하더라도 상하이시 정부나 국민당 정부와의 권력 관계에서 하위에 서게 되는 과정을 보여준다.

4. 국민당 정부의 미신 금지 정책과 홍만자회

위에서 본 바와 같이 국민당 정부의 자선단체에 대한 감독과 그것을 뒷받침한 체계는 나날이 정밀해지고 강화되어 갔다. 1928년에는 주로 법률적 차원에서 정비가 이루어졌고, 그에 기반하여 1930년에는 조직 내부의 문제, 특히 재산문제를 집중적으로 조사하면서 전국에서도 역량이 비교적 큰 상하이 지역 자선단체들을 장악하여 갔던 것이다. 당연히 이 자선단체의 명단에는 세계홍만자회도 포함되어 있었다.

다른 자선단체와 달리, 홍만자회가 안고 있던 또 다른 문제는 국민당 정부의 미신활동 금지와 종교 단체의 자선 활동 금지라는 두 가지 현안에 어떻게 대처할 것인가 하는 데에 있었다. 국민당 정부의 주요 시책이 미신을

223 小濱正子, 앞의 책, pp.115-116.

배제할 뿐만 아니라 종교단체가 자선단체를 겸하는 것도 금지하였기 때문에 자선단체이자 종교단체로서의 성격을 내포하고 있던 홍만자회와 도원은 이에 내처하기가 쉽지 않았다.

국민당 정부는 북벌을 전후하여 반기독교운동을 강렬하게 전개하였고,[224] 불교와 도교에 대해서도 극심하다고 할 정도로 탄압을 가하였다. 1928년 4월 7일 내정부장 쉐두비薛篤弼는 전국교육대회 석상에서 사원을 학교로 개조할 것이라고 공공연하게 선언하였고, 국민당의 저장성 츠시현 당부慈谿縣黨部는 '반대불교대회'를 열고 '승려란 놀고먹는 무리이며, 사회에 매우 유해한 탓에 죽인다고 해도 범죄가 아니다'라고 발언할 정도였다. 반불교적인 성향이 당 내부를 휩쓸고 있었던 것이다. 그 뿐만 아니라 1928년에 장쑤성 정부는 미신 기관을 엄금한다는 명령을 내렸으며, 이에 민정부에서는 '신사존폐표준神祉存廢標準'을 반포하였다.[225] 중화민국 초기에 고위 관료들이 단을 차린 다음 계점乩占을 칠 수 있었던 사실과 비교해 보면 천양지차의 시각과 정책이라 하겠다.

도원이야 그렇다 쳐도 그 산하의 홍만자회는 1928년에 세계홍만자회난징판사처 총감리 예자바오世界紅卍字會南京辦事處 總監理 葉家寶를 통해 국민정부 군사위원회에 공식적으로 등록해 줄 것을 요청하였다. 신청 명목은 '분회나 각 원이 벽처에서 활동하는데 장애가 적지 않다. 법적인 단체로 등록하여 이를 해결하도록 하여 줄 것'을 희망한 것이다. 홍만자회와 같이 특히 전쟁에 따른 재난 구제에 관심이 많은 자선단체는 국가와의 협력 관계가 필수적이었기 때문에 등록은 선택이 아니라 필수였다. 이들은 명칭에 세계성을 강조했지만, 역시 국가의 경계선을 넘기는 어려웠던 것이다. 결국 국민당 정부도 1928년 3월에 주석인 장제스와 상임위원회 위원이던 탄옌카이譚延闓(1880-1930) 등이 이를 해결해 주도록 행정원에 지시하고, 이 명령을 받은 내

224 민두기, 〈국민혁명운동과 반기독교운동〉, 《중국초기혁명운동의 연구》(서울대학교출판부, 1997), pp.286-330.

225 宋光宇, 앞의 논문, pp.39-40.

정부에서는 11월 20일에 각 성정부에 명령을 내린 결과 허가 단체로의 길을 걸을 수 있었다.[226] 최종적으로 난징의 국민당 정부는 1929년에 세계홍만자회중화총회 대표인 슝시링 등의 신청을 받아들여 합법적인 종교 자선단체로 인정받으면서 공개적인 활동에 들어갈 수 있었다.[227]

그러나 홍만자회는 국민당 정부의 공식적인 허가를 받기 이전에 이미 공공연한 활동을 하고 있었다. 1928년 4월에 있었던 북벌 전쟁이나 그 해 5월에 발생한 지난참안濟南慘案에 따라 수많은 부상자와 피난민이 발생하였을 때의 활동에서 그 사례를 볼 수 있다. 당시 홍만자회 중화총회 및 인근 지역의 홍만자회 지부는 수용소를 개설하여 부상자의 치료와 난민을 수용하는 활동을 벌이는 한편, 일본군과 교섭하여 억류된 국민당군 900여 명을 석방시켜 칭다오에서 상하이로 이송하였다. 지닝濟寧 일대에서 북벌군과 군벌 사이에 벌인 전쟁에서도 홍만자회가 구제대를 조직하여 구호, 매장, 임시의원 개설 등의 방법으로 구호 활동을 벌였던 것이다.[228]

이런 사유로 인해 국민당 군사위원회는 1928년에 각지에서 활동하는 홍만자회를 보호하라는 명령까지 내리게 되었다.[229] 군과 구제 단체는 사실상 서로 필요한 존재였던 것이다. 위에서 보았듯이 전쟁이 일어날 경우 전투에 따른 부상병의 수용과 치료, 전쟁 재민 발생 시 이들의 수용이나 보호와 같은 일은 군 자체의 시설이나 인력으로는 해결하기 어려웠던 것이다. 이 때문에 민간의 구제 단체와 협력하는 일은 필수였다.

그러나 국민당 정부는 1928년 10월 21일, 전국에 있는 오선사, 동선사, 도원의 활동을 금지한다는 포고문을 《신보申報》에 게재하였다.[230] 그것은,

> 지금 오선사悟善社, 동선사同善社 및 도원 등 미신기관을 조사해 보니, 단

---

226 方竟, 〈世界紅卍字會〉, pp.75-76.

227 Q120-4-2, 〈世界紅卍字會作業工作報告書〉.

228 《申報》 1928년 6월 6일자 및 Q120-4-2. 〈世界紅卍字會作業工作報告書〉.

229 Q120-3-11, 〈呈中央黨部民衆訓練部門〉.

230 《申報》 민국 17년(1928) 10월 22일자. 포고문의 정식명칭은 '查禁邪教布告'이다.

을 설치하고 부계를 열며, 미신을 선전하고 있다. 요언으로 민중을 혹할 뿐만 아니라 진화의 이치에도 맞지 않는다. 이에 엄하게 금지하니 혹하지 말 것이다. 아울러 각 성시城市정부는 오선사, 동선사 등의 기관을 즉시로 폐관하고 그 재산을 처리하여 자선공익용으로 만들도록 하며, 그 사정을 수시로 보고하라.

는 내용이다. 이 '미신기관' 폐쇄 명령은 상하이에서 활동하던 오선사의 부계가 도화선이 되었다.[231] 어느 부계문에 삼민주의를 비판하는 내용이 쓰여 있었고, 이를 《영학잡지靈學雜誌》에 게재하였던 것이다. 상하이 시민 중의 한 사람이 이 잡지를 들고 국민당 상하이시 당부에 보고하였고, 이것이 결국 내정부에까지 올라가면서 저와 같은 결정을 내리게 된 것이다.[232] 요컨대 반국민당적 종교 언설이 탄압의 주요 이유였다.

도원에서는 슝시링을 대표로 삼아 이를 철회하도록 요청하였다. 당시 세계홍만자회 중화총회 회장인 슝시링은 국민정부진재위원회國民政府震災委員會 위원의 신분으로 장제스에서 서신을 보냈는데, 그 주요 내용은 종교의 중요성을 강조하는 것이었다. 곧 1)몽골과 티베트 등 소수민족의 이탈 가능성이 있는데다, 2)아직 법률적으로 미비하고, 교육제도의 보급 부분도 미흡한 상태에서 반종교 활동은 사회질서를 동요시킬 우려가 있으며, 3)또 사회에서 종교가 사라지면, 사회의 각종 불만을 풀 방법이 없다는 등의 세 가지 이유를 들었다. 아울러 '종교정리위원회'의 성립을 건의하면서 토론으로 해결하여야 하며, 당연히 미신을 버리고, 정의를 남기며 흥학興學, 포도布道, 행자行慈로 세상 인심을 바르게 할 수 있다는 것이다.[233] 도원의 합법화

---

231 부계점으로 교단을 운영하던 일관도에는 국민당의 금지 정책이 철저하게 적용되지 않았다. 秦寶琦·晏樂斌, 《地下神秘王國一貫道的興衰》(福建人民出版社, 2000), pp.230-231.

232 宋光宇, 앞의 논문, pp.36-37.

233 熊希靈, 〈請重視宗教竝陳所見致蔣介石函〉, 周秋光篇, 《熊希齡集》下(湖南出版社, 1996), pp.2002-2005.

요청은 받아들여지지 않았으나 다른 인사들의 연이은 청원으로 국민당은 도원의 산하기구인 홍만자회의 자선 구제활동만 국민 정부의 허가를 얻는 것으로 마무리되었다.[234] 이후 도원의 활동은 모두 홍만자회의 이름으로 진행되었으니, 도원은 합법적인 지위를 사실상 상실한 셈이었다.

〈세계홍만자회 자업공작 보고서〉에 따르면, 내정부에서 비준을 받은 이후 병재兵災, 수재 등이 빈발하고 있으므로, 이 기회에 도원은 심신과 성명性命을 중시하고 철령진리哲靈眞理 및 각종 과학을 연구하는 동시에 정치나 당파에 불간섭하는 것이 좋겠다는 입장을 표명하였다. 게다가 우리는 국민당 정부에서 말하는 바와 같이 '미신신권자'들과 같은 것이 없으며, 도원은 각교의 진리를 연구하는 데 집중한다고 말하였다. 곧 1928년에 도원과 홍만자회를 분리하면서 도원을 미신단체가 아니라, 학술연구단체로 규정하려고 내부 회의에 보고하였다.[235]

그러나 이러한 보고가 사실일까. 홍만자회의 회의 기록을 검토해 보면 홍만자회는 국민당 정부의 명령을 제대로 수행했던 것 같지는 않다. 앞에서 검토한 바와 같이 홍만자회는 이른바 원회도자회의를 끊임없이 열었고, 그 회의 결과를 '원회도자회의록'에 남겼던 것이다. 또한 '원회'라는 기구의 명칭도 공개적으로 사용하였다. 1931년 상하이 남시원회南市院會가 정식으로 성립하였고, 이는 곧이어 상하이원회로 개명하였던 것이 그 중요 사례이다.[236] 원회라는 명칭을 사용하였다는 사실은 도원과 홍만자회가 일체라는 도원의 원칙을 포기하지 않았다는 의미인 것이다. 국민당 정부의 명령이 홍만자회 내부에서는 제대로 지켜지지 않았던 것이다.

여하튼 여러 가지 이유 때문에 국민당의 미신타파 운동은 1929년에도 지속되었던 것으로 보인다. 그해 5월 24일에 반포한 〈종교결사금지령〉에 따르면 '상하이의 동선사, 지난의 도원, 베이핑의 오선원 등은 자선단체의 명의

---

234 Q120-3-11, 〈呈中央黨部民衆訓練部門〉.

235 Q120-4-2, 〈世界紅卍字會慈業工作報告書〉.

236 曹禮龍, 앞의 논문, p.9.

를 빌려 미신을 제창하고 제단을 열며, 중인을 혹하여 사회에 해독을 끼치고 민중을 기망하고 있다'면서 더욱 강력하게 미신타파운동을 전개해 나갔다.[237]

5. 홍만자회에 대한 국민당 정부의 이중적 태도

국민당 정부에서는 1934년에 이르러 홍만자회에 새로운 허가증을 발급하였다. 곧 종교단체로부터 자선단체로의 전환을 허락한다는 것이다.[238] 1934년 5월에 받은 허가증은 〈인민단체조직허가증서〉로서 허가자는 '중국 국민당 베이핑특별시 당무정리위원회'였다.

이 증서에는 허가 조건으로 다음 사항을 반드시 지킬 것을 명기하였다.

1. 삼민주의의 언론이나 행위를 위반하지 말 것
2. 중국국민당의 지도를 받을 것
3. 국가의 법률을 준수하고 정부의 명령에 복종할 것
4. 단체회원은 법률로 허가를 제한할 수 있음
5. 반혁명 행위가 있어 고발당했거나 공권 박탈 처분을 받은 자는 회원이 될 수 없음
6. 정례회의 이외에 각종 회의는 해당 지역 고급 당간부나 주관 관서의 허가를 받아야 소집이 가능함
7. 상례의 규정을 위반한 자는 법에 따라 처벌함[239]

요컨대 삼민주의를 준수해야 하며, 국민당 정부의 지도 이념을 충실히 지

---

237 孫江, 《近代中國の革命と秘密結社》(汲古書院, 2007), p.497.

238 濮文起, 《中國民間秘密宗教溯源》(江蘇人民出版社, 1998), pp.340-341.

239 Q120-4-2, 〈人民團體組織許可證書〉. 熊希齡, 馬文盛, 封永修 등이 신청.

켜야 하고 당의 지도와 정부의 명령을 따라야 한다는 점이 강조되었다. 심지어 회원 자격에 있어서도 반혁명 행위자는 제한을 받았고, 각종 회의조차 당간부나 주관 관서의 허가를 받아야 소집이 가능하였다. 당시 홍만자회의 대표를 맡고 있던 슝시링은 각 성시현진省市縣鎭에 분회가 개설되고 국내외의 구제 및 구호 사업이 날로 증가하기 때문에 눈코 뜰 새 없이 바쁜 나날을 보내고 있었지만, 정부의 이런 요구에 수시로 "정부의 평민 구제의 뜻을 받들어" 노력과 책임을 다할 것이라고 약속하였다.[240] 종교단체가 아닌 자선단체로서 홍만자회는 국가의 요구에 따르지 않을 수 없었던 입장이었다.

이후 도원의 활동은 모두 홍만자회의 이름으로 진행되기에 이르렀고, 홍만자회는 끊임없이 자신이 순수한 국제 자선단체이며, 정치에 간섭하지 않고 있으며, 차별을 두지 않을 것이며, 자선 범위 이외의 모든 사무에는 간여하지 않는다고 선언하였다.[241] 이 때문에 홍만자회는 회원들에게 끊임없이 언행을 조심하도록 요구하였으며, 이로 인해 구설수에 올라 원회의 발전에 불이익이 오지 않아야 한다는 사실을 강조하였다.[242] 홍만자회도 국민정부의 요구에 순응하여야 할 뿐만 아니라 자선사업에 적극 협조하고, 종교를 믿어야 하지만 어느 특정 종교에 치우치거나 구애되지는 않는다는[243] 수준의 발언까지 하게 되었다.[244]

그러나 1935년 무렵, 장제스는 홍만자회의 동남연합총판사처와 베이핑총회北平總會가 장시江西에서 보여 준 진재 활동을 직접 확인한 뒤 마침내 홍만자회를 "신앙이 있고 조직이 있는 단체"라고 평가하기에 이르렀다.[245] 종교에 바탕을 둔 자선 활동에 대한 국민당 정부의 시각이 때와 상황에 따라 변

---

240 Q120-4-2, 〈人民團體組織許可證書〉.

241 Q120-4-1, 〈道院紅卍字會組織概要〉.

242 Q120-3-168, 〈世界紅卍字會中華東南各會聯合總辦事處告各會會員書〉.

243 Q120-3-98, 〈世界紅卍字會宣言〉.

244 프래신짓트 두아라는 이 독립설을 받아들인다. 프래신짓트 두아라 지음(한석정 옮김), 《주권과 순수성 -만주국과 동아시아적 근대-》(나남, 2008), pp.222-223.

245 曹禮龍, 앞의 논문, p.60.

화하였음을 보게 된다.

그렇다고 해서 국민당 정부가 홍만자회뿐만 아니라 도원에 대해서까지 합법성을 부여한 것은 아니었다. 1934년과 1935년에 걸쳐 장시에서 정부의 지원을 받으면서 대대적인 구호 활동을 전개하고, 그 결과로 장제스로부터 상찬을 받았음에도 불구하고 국민당중앙집행위원회 민중운동지도위원회(일명 민운회)는 1935년 4월 19일자의 《신보申報》에 "각 성시 정부는 홍만자회가 분회를 설립한다고 요청하면 승인해 주되, 미신 부분에 대해서는 마땅히 법에 따라 취체하여야 한다"라고 통고하였다.[246] 정부는 양자를 분리시켜 홍만자회는 합법 조직으로, 도원은 이전과 같이 미신 단체로 대응한 것이다.

국가 권력의 협조가 없이는 본격적인 활동을 할 수 없던 홍만자회에게 도원과의 일체화보다 현실적으로 더 어려운 과제는 일본의 중국 점령 이후에 나타났다. 예컨대 1937년 12월에 산둥 지역이 일본에 점령된 이후, 도원의 도찬장 탕양두道贊長 唐仰杜 등은 '친일반장親日反蔣'선언을 하면서 산둥성장에 임명됨으로써, 여론으로부터 '반국투적反國投敵'이라는 비난을 받았다. 이는 단지 산둥 지역에 한정된 것은 아니었던 것 같다. 안후이의 허페이合肥가 함락된 이후 이 지역 홍만자회의 책임자들이 친일 조직인 유지회維持會를 맡았으며, 후베이의 이창宜昌에서도 이와 유사한 현상이 벌어졌다.[247] 일본 지배하에 있는 지역에서 홍만자회의 활동은 국민당의 통제에서 벗어난 듯이 보였던 것이다.

이런 까닭에 국민당이 주도하는 국가 권력은 끊임없이 홍만자회와 같은 자선단체에서 감시의 눈을 뗄 수 없었다. 특히 그들의 배후에 존재하는 도원은 여전히 미신 집단으로 인식되었고, 통치 지역 내에서는 이들이 더 이상 활동하지 못하도록 하는 입법을 강화하였다. 마침내 1940년에 국민당동원위원회에서는 미신과 신권을 없애도록 하기 위해 법률 5개조를 제정하였다. 첫째 각급 학교에 통령하여 미신을 작파하고 사교의 선전을 막을 것,

246 高鵬程, 앞의 책, pp.222-224.

247 高鵬程, 앞의 책, pp.227-228.

둘째 사설문건邪說文件을 철저히 단속할 것, 셋째, 홍만자회의 공작은 도원과 별도로 해당 관아의 지도 감독하에 자선 공작을 시행할 것, 넷째 도원은 봉하여 이후 부활하지 못하도록 할 것, 다섯째 공무원들이 도원과 같은 사교에 참가하지 못하도록 하고, 제창하는 자는 엄중 처벌할 것 등이었다.[248] 국민당의 사교금지 정책은 1940년에도 여전히 효력을 제대로 발휘하지 못하였던 것이다.

그렇다고 해서 모든 국민당 미통치 지역에서 홍만자회가 친일행위를 하였다고 말할 수는 없다. 1947년에 상하이시 사회국에서 조사한 개황표에 따르면, 주의사항에 "책임자 중에 부역인附逆人이 있다면 '비고'난에 설명을 써넣을 것"을 요구하고 있었다. 그러나 장란핑, 리텐전, 후추칭 등 15명의 책임자들의 '비고'난에 부역 사항을 기록한 이는 한 명도 없다.[249] 왕징웨이 정권 아래에서도 산둥성의 사례처럼 성장과 같은 고위직에 임명되거나 조직을 만들어 친일 행위를 한 경우는 없었다는 의미일 것이다. 따라서 상하이 홍만자회의 경우 친일이라는 굴레에서 비교적 자유로웠다고 생각된다.

중일전쟁에서 승리한 뒤 홍만자회 중화총회는 베이핑에서 다시 조직을 재건하여 왕정옌王正延을 이사장, 산둥정부 주석이던 왕야오우王耀武를 도원의 명예 통장으로 임명하였고, 1946년 2월에 국민정부 사회부에 인민단체로 등록할 수 있었다. 이리하여 홍만자회는 1949년까지 총회 이외에 104개의 분회가 진제를 처리하면서 회무를 유지할 수 있었다.[250]

이렇게 보면 상하이 자선계는 난징 국민당 정부 시기에 이르러 민국 초기의 자선단체가 누렸던 '자유' 발랄한 시대가 사실상 마무리되었다고 보아도 좋다. 물론 이 시기에 만들어진 상하이자선단체연합회는 자발적으로 활동하였고, 아울러 동남지역권 내에서 작동하는 네트워크 기구를 만들면서

---

248 方竟, 앞의 논문, p.76.

249 〈公益慈善團體事業調查表〉 당안관 문서 번호 불명. 동사장이던 장란핑의 나이가 62세인 것으로 보아, 1947년에 조사된 것이 확실하다.

250 方竟, 앞의 논문, p.76.

내부의 망상조직을 확대해 나갈 수 있었다. 또한 상하이시 정부 사회국에서는 민간 자선사업에 적극 개입하면서 지도와 감독에 힘을 썼고, 자선계도 이에 내응하기 위해 단체 사이의 협력 관계를 이전보다 더 강화하여 나갔다. 국가와 사회의 상호 침투로 인해 공공 영역은 더욱 체계화하면서 영역을 좀 더 확대하여 갔던 것으로 보인다.[251]

그럼에도 불구하고 민국 초기에 상하이 자선단체들이 누렸던 자율성은 국민당 정부 시기에 들어 점차 상실하여 갔음이 분명하다. 1928~30년에 만들어진 법규에서 그 점이 잘 드러난다. 특히 홍만자회와 같이 도원이란 종교단체와 일체감을 가진 자선단체는 종교의 포교에 이 단체를 활용하지 않아야 한다는 정부의 법률을 지킬 필요가 있었다. 게다가 도원 자체가 미신단체로 규정되어 있었기 때문에 도원을 뒤에 숨긴 채 홍만자회의 독자적인 활동만을 국민당 정부에 드러내 보이는 것도 피할 수 없는 일이었다.

더구나 일상적인 자선활동뿐만 아니라 전재戰災 등과 같은 긴급한 임시 구제 활동이 필요할 경우, 국가와의 협조는 더욱 절실한 터였다. 이것이 1937년 이후 일본의 점령지에서 친일 정부의 명령을 수용하지 않으면 안 되는 자선단체의 특성이기도 하였다. 상하이와 같은 지역에서 반국가 집단이자 투적 집단으로 매도될 수밖에 없는 조건이었다. 요컨대 국민당이 집권한 이후 시간이 흐를수록 홍만자회는 국가권력에 더 제압당하면서 삼민주의나 국가주의에 더 충실해져 간 반면, 그들이 초기에 내세웠던 세계주의는 상대적으로 쇠퇴하여 간 것으로 보인다.

---

251 小濱正子, 앞의 책, pp.116-117.

제2부

자선 활동의 유형과 그 성격

제4장

일상적 자선 활동

1. 도자일체론道慈一體論과 그 실제

20세기 초 상하이 지역의 사회적 동향은 자선사업이 절실하다는 점이었다. 그것은 도시화와 각종 재난에 따라 자선의 대상이 급증하였다는 데에도 있었지만, 사회가 안정적으로 유지되는 데에는 자선이 반드시 필요한 사업이라는 상하이 엘리트들의 공통된 인식이 있었기 때문이다. 또한 이 시기에 상하이에는 외국의 교회 기관이나[1] 홍십자회와 같은 자선 구제 기관들이 활동하고 있던 터라서 자선의 정의나 범주, 단체의 조직, 활동 등에서 적지 않은 도움을 받을 수도 있었다. 새로운 자선 세계가 열린 셈이었다.

이러한 사회적 동향은 홍만자회에도 직·간접적으로 영향을 미쳤다. 이를 테면, 홍만자회는 "안으로는 도道를 깨닫고, 밖으로는 자慈를 용用으로 한다"는 종교 원리에 기초하여 자선사업을 인식하였다. 이들에게는 도와

---

1 이에 대해서는 阮仁澤 · 高振農 主編, 《上海宗敎史》(上海人民出版社, 1992), pp.715-728; 871-874 참조. 기독교계의 자선기구로는 상하이고아원, 상하이제량소 등이 있었으며, 가톨릭계의 자선기구로는 투산만고아원, 쉬자후이성모원육영당, 新普育堂, 안로원 등이 있었다.

자가 분리될 수 없는 일체라고 파악하였던 것이다. 도원의 강령에도 이를 강조하였는데, 그것은 제3강 도무道務의 5개 목 중에서 "3목. 학교를 설립하여 평민에게 혜택을 주고, 4목. 자선사업에 힘써 민중을 이롭게 하며, 5목. 실업을 진흥하여 자선 비용을 넉넉하게 한다"는 점을 명시한 것이다.[2]

이러한 구제관을 실현하기 위한 목표는 다음과 같은 것이었다. 1)각종 학교를 세워 인재를 양성한다. 2)자선을 골자로 한 간단한 그림책을 편집하여 선강소宣講所에 기증하여 교육의 보급에 기여한다. 3)의원을 설립하여 질병의 전파를 막고 병재兵災를 구제한다. 4)평시부터 곡물을 비축하여 만일의 기근에 대비한다. 5)실업자에 대한 구제책으로, 공장을 설립하거나 소영업의 자본을 대부하여 생활을 보증한다. 6)세계의 공안 및 사회의 공익에 속하는 사업에 대해 정부와 협조하여야 할 때에는 그 뜻을 정부에 건의한다.[3]

이러한 목표는 확실히 전통 시대의 선당과 다른 것이었다. 상하이나 광둥 지역에서 발전한 전통 시대의 선당은 주로 국가 기관이 운영하는 영구 시설에서 노약자나 영아 등을 수용하여 보호하는 차원의 것이었다.[4] 하지만 청말에 이르러 주로 기독교 측의 사회복지 사업에 힘입어 시설이나 내용, 그리고 주체 등에서 큰 변화를 보였다. 위에서 보이는 구제관이나 그것을 실현하려는 목표 등은 거의 대부분 서양의 복지 개념에 기반한 것이었다.

이러한 이상에 기초한 홍만자회는 구원을 위한 자선사업을 일상적이면서 항구적인 것과 긴급한 사항으로 구분하였다. 일상적인 자선사업은 대체로 영구적으로 운영되는 시설을 통해 실시하였다. 1930년대에 홍만자회가 운영했던 영구 시설은 크게 영아와 노약자를 보호하는 시설, 빈민의 경제적 구제를 위한 기관, 빈민 자제를 위한 학교 운영, 빈민 환자를 위한 의원 운영 등으로 대별할 수 있다. 육영당, 고아원, 휼양원, 잔폐원 등이 영아와

---

2 末光高義, 앞의 책, pp.329-331.

3 末光高義, 앞의 책, pp.356-357.

4 유장근, 〈청말 광둥사회의 사회복지기관〉, 《근대중국의 지역사회와 국가권력》(신서원, 2004), pp.83-118.

노약자를 위한 시설이며, 휼산국恤産局, 휼리국恤嫠局, 빈제소貸濟所, 빙빈공장 등은 빈민의 경제적 구제를 위한 기관이라 할 수 있다. 또 학교로는 만자소학, 만자중학 등이 이에 속하며, 병원으로는 만자의원과 시진소 등이 이에 해당한다.

그림 6. 세계홍만자회 중화총회 옌타이 분회에서 운영하였던 휼양원의 모습.

1934년에 슝시링이 책임자로 있던 베이징 지역 홍만자회에서는 베이핑시 사회국에 서류를 보냈는데, 그 속에 포함된 각종 자선사업은 다음과 같았다. '1)구세대護世隊, 2)학교, 3)보사報社, 4)휼양원, 5)의원, 6)육영당, 7)고아원, 8)잔폐원, 9)빈민공장, 10)평조국平糶局, 11)휼산국恤産局, 12)휼리국恤利局, 13)휼로국恤老局, 14)인리국因利局, 15)대제소貸濟所, 16)서류소棲流所. 17)시진소, 18)시약소, 19)시관소施棺所, 20)석자처惜字處, 21)기타' 등이다.[5]

유형에 나타난 바와 같이 홍만자회의 자선사업은 자선과 관련된 거의 모든 사업이 망라된 것이라 할 수 있다. 육영당이나 고아원, 잔폐원, 휼양원 등이 전통적이면서도 항구적인 자선기관이라 한다면, 휼산국, 휼리국, 인리국, 대제소 등은 빈민들의 경제적 자립을 위한 기구라고 할 수 있으며 시진, 시약, 시관 등은 역시 전통 시대의 선당에서 유사시 혹은 특별한 시기에 행해지던 기능을 계승한 것이라고 할 수 있다. 그러나 학교, 언론에 해당하는 보사, 의원은 새로운 기능이나, 구세대 역시 마찬가지이다.

이 중 학교와 의원에 대해서는 별도의 장에서 다루기로 하고, 나머지 것 중에서 만회에서 비교적 중시되었던 육영 등에 대해 서술해 보기로 한다.

---

5 Q120-4-2, 〈人民團體組織許可證書〉.

육영育嬰은 대부분 생후 10여일에서 5개월 이내의 영아를 수용하여 양육하는 자선사업으로서, 특히 상하이 지역에서 활동을 하는 자선 기관에서는 대부분 이 사업에 관심을 보였다. 예컨대 1926년 상하이의 육영 기관에서 수양한 육영아는 모두 2,083명으로 그 중 여자 아이는 1,929명, 남아는 154명이었다. 곧 유기되는 영아의 절대 다수가 여아였다는 사실이다. 연령으로는 대략 1세 이하였고 최대 2세인 경우도 있지만, 대부분 태어난 직후에 유기되었다가 육영 기관에 의해 수용되었다고 보면 좋다. 상하이시 정부에서는 관립으로 이러한 영아들을 수용하기 보다는 10여 곳에 해당하는 육영 기관에 위탁하여 보조금을 지급하는 방식으로 지원하였으나, 실제 그 금액 자체가 영세한 탓에 영아의 수유와 건강을 책임진 유모조차 과중한 업무를 감당하기 어려웠다. 유모 1인당 영아 2명이 정액이었지만, 실제로는 3인 이상을 양육해야 했던 것이다. 이 탓에 영아의 사망률은 약 35% 정도로 높은 편이었다.[6]

영구 시설로는 육영당뿐만 아니라 잔폐원, 고아원 등이 있었으나, 사실 이러한 시설 운영은 홍만자회뿐만 아니라 여타의 다른 자선기관들도 공통으로 수행하던 사업이었다. 게다가 이는 전통적인 선당에서도 행해 오던 사업이었기 때문에 홍만자회의 특색이 잘 드러나는 사업이라고 말할 수는 없다.

전통적인 자선사업으로는 시죽施粥, 시미施米, 시의施衣 등이 있다. 이들 사업은 일상적이면서도 임시적인 성격을 띤 것으로, 예컨대 배고픈 이에게 죽을 제공하는 시죽은 전형적인 겨울 사업이었다. 이 사업은 상하이 지역의 홍만자회 뿐만 아니라 많은 자선단체들이 중시하였던 것으로 매년 10월부터 다음해 4월까지 시죽창을 개설한 다음 이곳에서 빈민들에게 죽을 제공하였다. 좀 더 작은 조직에서는 노상에서 수레 위에 죽통을 놓고 시죽하는 경우도 있었다. 빈민에게 쌀을 주는 시미의 경우 1928년부터 1929년 초 사이에 상하이 자선단체가 발행한 1

---

6 李國林, 앞의 논문, pp.143-144.

승升짜리 미표는 70,157장, 2승 미표는 907,724장 정도였다.[7] 겨울옷을 제공하는 시의의 경우 1927년의 정부 통계에는 31,466건의 의복이 지급되었고, 1946-47년 사이에도 4,741건이 지급되었다.[8]

2. 약자에 대한 경제적 지원과 사회 복귀 정책

홍만자회가 중요시 했던 자선사업은 대제소나 휼리국, 인리국, 혹은 빈민공장 등 경제적 지원과 사회 복귀에 필요한 프로그램과 관련되어 있다. 빈민에게 영업 자본을 대여하는 형태의 인리국因利局은 은이나 동전 약간을 무이자로 대여해 주고 1개월부터 월부로 상환하는 제도로서, 홍만자회에서는 각 지회에서 이를 두도록 권하였을 만큼 중시했다.[9] 인리국 제도는 함풍 동치 연간 강남에서 '아무런 밑천이 없어서 살아갈 방도가 없는 사람에게 소액을 빌려주어 살아갈 방도를 찾도록'하기 위해 고안한 것으로 적은 경우 수백 위안, 많아도 3천 위안 정도를 대출하였고, 이자는 반문이었다고 한다.[10]

홍만자회에서 인리국을 운영한 것은 1926년부터였던 것으로 보인다. 산둥의 예현掖縣에 인리국이 개설되었는데, 이것은 1922년부터 1925년까지 제빈濟貧하고 남은 경전京錢 3천 조(1조는 보통 1,000전)를 인리국의 기본금으로 삼아 도원의 집사 왕동팡王東方에게 넘겨준 것에서 시작되었다. 또한 전쟁으로 인해 많은 피난민이 내도하였던 1940년의 한커우漢口에서도 홍만자회가 인리국을 운영하였다. 홍만자회에서는 이들 피난민을 위해 12만 위안을 인리국의 본금으로 삼고 소액을 대출해 주었으며, 1인당 대출액을 3위안으

---

7 小濱正子, 앞의 책.

8 Q120-3-38, 〈世界红万字会上海分会组织情况调察报告〉.

9 Q120-4-2, 〈人民團體組織許可證書〉.

10 宋光宇, 앞의 논문, p.26.

로 제한하였다. 하지만, 12만 위안은 곧바로 모두 대출되어 홍만자회는 부득이 대출을 중지할 수밖에 없었다.[11]

상하이 지역 홍만자회가 발전시킨 독특한 자선사업은 실업 자제라 할 수 있다. 앞에서도 잠시 언급한 바와 같이, 홍만자회의 수입 구조 중에서 특이한 부분을 이른바 '실업자제實業自濟'라고 하였으며, 이는 회사를 설립하여 그곳에서 나오는 이득으로 구제 활동을 벌이는 방식이다. 그것은 1938년에 리톈전李天眞과 리츠카이李慈開 등이 신생사창新生紗廠을 창립한 데서 시작되었다.[12]

홍만자회의 공장 운영은 1943년에 홍만자회가 인수하여 운영한 '상하이 유민습근소上海流民習勤所'에서 좀 더 변형된 형태로 활용되었다. 유민습근소는 도시 내의 유민을 수용한 뒤 기술을 익혀 사회에 내보내기 위해 1933년에 상하이시 정부가 조계에서 개설한 시설로서, 홍만자회 상하이 지부 산하의 호상보滬上寶판사처에서 이를 위탁받아 운영하였다. 이를 위해 소내에 직조창을 설립하여 수용된 유민을 공인으로 삼아 한삼, 수건, 포 등을 생산하였으며, 이것을 판매하여 습근소의 경비로 사용하였던 것이다.[13] 1937년의 8·13사건 때, 홍만자회 동남각회연합총판사처는 부녀복무부를 조직하여 난민을 구제하였는데, 이 수용소에는 방사기紡絲機 10대를 구입하여 난민들로 하여금 면사를 만들도록 하였다. 이를 일명 만자선卍字線이라고 불렀으며, 학생의 신발도 제작하여 난민수용소의 비용으로 충당하였다.[14]

이러한 방식은 1940년대에 더욱 진화하였으니, 츠카이직조훈련소慈開織造訓練所가 그것을 상징한다. 상하이홍만자회는 1948년에 리츠카이 회장을 기념하기 위해 상하이 분회에서 특별히 츠카이직조훈련소를 개설한 다음,

---

11 宋光宇, 앞의 논문, pp.26-27.

12 Q120-3-153, 〈爲本會奉訓成立盈餘道德會通啓〉.

13 Q120-3-65, 〈流民習勤所訓育組提案〉.

14 Q120-4-7, 〈聯合總辦事處臨時救濟總報告〉.

학생을 모으고 기사를 초빙하여 방직 기술을 교육하였던 것이다. 이곳에서는 1년 반 만에 포 3만여 마를 생산하고, 훈련된 학생 23명을 배출하여, 일식이조의 효과를 거둘 수가 있었다.[15]

이상과 같이 홍만자회, 특히 상하이 지역 홍만자회는 기왕의 선당들이 해오던 전통적인 자선사업과는 다른 형태로 나아갔다. 대표적으로 빈민들이 재정적으로 자활할 수 있도록 인리국을 개설하거나 공장의 설립과 운영을 통해 빈민들이나 난민들에게 기술을 익히게 하고, 그곳에서 생산된 상품을 팔아 원회의 운영에도 도움이 되도록 하는 실업자제 방식이었다.

이런 점에서 볼 때 홍만자회는 청대 말기에 발전한 종합형 선당[16] 기능을 충실히 계승하면서도 병원, 학교, 신문사, 실업 자제와 같은 새로운 형태의 복지 기능을 도입한 근대의 신형 자선기구라 부를 만하다.

---

15 Q120-3-101, 〈戊子年道慈工作報告〉.

16 청말에 신설된 선당 중에는 광저우의 9대 선당과 같이 육영 뿐만 아니라 宣講, 贈醫, 시약, 시관, 양로, 석자, 贈種洋痘 등의 기능을 수행하였다. 유장근, 〈청말 광동지역의 사회복지 기관〉, pp.100-113.

제5장

전시와 긴급 구제

1. 홍만자회 초기의 전시 구제 사업

홍만자회가 행한 긴급성의 자선활동 중에서 가장 빛나는 부분은 전시戰時 구제일 것이다. 전시 구제란 전쟁이 일어났을 때, 그에 따라 발생하는 많은 부상자를 치료하고, 피난민을 수용하여 의식주를 제공하고 전쟁이 끝나면 그들의 귀가시키는 구제 방식이라 할 수 있다. 1928년에 발간한《도원 홍만자회 선언-부만회자업공작보고서》에 따르면, 임시 자업으로 구제대를 조직하였는데, 이것을 조직한 이후 각종 전화戰禍가 이어졌다고 말한다. 인도人道를 중히 여긴다는 만회로서는 전쟁이 발생하는 대로 즉시 '의약, 구호, 매장, 수송'의 4개조로 편성된 구제대를 조직하여 전쟁터로 달려 나갔다고 말한다. 그곳에서 필요한 작업은 부상병과 난민구호, 임시 의원의 개설 및 수용소 설치 등이었다.[17]

현재 자료에 나타난 최초의 전시 구제 사업은 1924년 가을에 발생한 장저

17 Q120-4-2,〈道院紅卍字會宣言-附卍會慈業工作報告書〉.

江浙 전쟁 때의 구제였다. 장쑤 도독 지셰위엔군齊燮元軍과 저장 독군 루용샹군盧永祥軍 사이에 벌어진 이 전쟁은 이싱宜興, 쟈싱嘉興, 쿤산昆山 등 상하이 일내에서 전개되었기 때문에, 상하이를 비롯한 강남 지역의 홍만자회에게는 매우 긴급한 과제였다. 당시 강남 지방의 홍만자회는 난징 분회에서 주도권을 행사하였기 때문에, 일대의 분회를 연합회로 구성하여 류허瀏河, 쿤산, 이싱, 쟈싱 등에서 구호 활동을 벌였다. 또한 전장터에서 약간 벗어난 상하이, 항저우, 창저우, 단양丹陽, 전장鎭江, 난징, 장닝江寧 등의 홍만자회에서는 부상병과 난민 18,500명을 수용하는 것으로 전시 구제에 임하였다.[18]

이때의 전시 구제는 상하이와 난징 일대의 홍만자회에게 적지 않은 성과를 남겼다. 우선 구호를 위해 설립한 구호소를 들 수 있을 것이다. 전시에 사망한 병사와 민간인 3천여 명을 매장하고, 난민 수용소 50여 개 처를 개설하여 수용한 어린이와 부녀만 2만5천여 명에 이르렀을 정도로 적지 않은 성과를 올렸기 때문이다. 이것이 홍만자회 성립 이후 최초로 전쟁 지구 구제 사업에 투입된 구제대라는 사실도 의미가 있다.[19] 또한 난징의 샤관下關, 베이핑, 텐진, 전장鎭江 등에 임시 의원을 설치하여 부상병 8천여 명을 수용하였고 그 중 7천여 명을 치료하는 성과를 거둔 점도 적지 않은 소득이었을 것이다. 그리고 이 전쟁으로 인해 난징과 상하이 일대가 홍만자회의 입장에서 볼 때, 중요한 지역으로 인식된 사실도 눈에 보이지는 않지만 의미 있는 소득이었으리라 생각된다.

1924년의 장저 전쟁이 강남 지역 홍만자회의 중요성을 부각시켰다면, 1925년의 장강 일대와 즈리, 산둥, 허난의 각 성에서 벌어진 전쟁은 화중과 화북, 심지어는 열하 지역에 조직된 홍만자회의 존재감을 드러낼 수 있는 기회였다. 이 당시 활동한 화북 지역의 홍만자회는 베이징 총회와 지난濟南, 텐진 뿐만 아니라 차하르와 수이위엔綏遠, 파오터우包頭 지역의 분회, 화중

18 Q120-4-2, 〈道院紅卍字會宣言-附卍會慈業工作報告書〉.

19 Q120-4-2, 〈道院紅卍字會宣言-附卍會慈業工作報告書〉.

에서는 난징, 장닝江寧, 항저우, 상하이, 우시, 창저우, 단양, 전장, 양저우揚州, 허페이合肥, 안칭安慶 등지의 37개 분회가 연합회를 조직하였고 구제대 수효만 해도 30개 대에 이르렀을 정도로 광범위하고 큰 규모였다. 이 당시에 이들이 구호한 인원은 115,900여 명, 시체 매장 5069구, 수용한 유부幼婦는 50,000여 명이었다.[20]

1926-27년 사이에 진행된 국민혁명군의 북벌전쟁 때에도 화중과 화북의 홍만자회 각 분회에서 여러 개의 연합구제대를 조직한 다음 감악贛鄂, 경한京漢, 경포京浦, 경수京綏, 경봉京奉 등의 여러 지구에서 구제 사업을 전개하였다. 그들이 설치한 수용소는 32곳이었으며, 부상병 및 난민 구호는 20만여 명, 치료한 부상자 수는 1,000여 명에 이르렀다. 전시에 따르는 구제 작업 중에 피할 수 없는 것이 시체 매장인 바, 홍만자회에서는 당시 1,600구를 매장하였다. 뒤에 다시 전쟁이 확대되자 홍만자회에서는 남과 북에 각각 임시 병원 7곳을 개설하고, 부상병 6,000여 명을 치료하였으며, 매장한 시신은 4,700구 정도에 이르렀다.[21]

이 당시 홍만자회의 활동에서 주목할 만한 것은 연합구제대의 조직이라 할 수 있다. 전쟁이 화남뿐만 아니라 화중 및 베이징 일대에서도 전개될 정도로 광범위하였기 때문에 이에 대응하는 구제 작업도 여러 지역에서 모여든 분회들이 연합하여 진행할 수밖에 없었다. 그리하여 홍만자회 중화총회에서는 난징판사처에서 난징, 장닝, 전장, 창저우, 상하이, 쉬저우, 우후, 안칭의 각 분회를 연합하여 연합구제대를 조직하였고, 그 대장에 왕춘산, 부대장에 첸카이싱을 임명하면서 대원 60여 명이 구제작업에 나섰던 것이다. 구제에는 희생도 따랐다. 샤관下關에서 구제대원 30명, 공역 31명이 배를 타고 쥬장九江에 이르렀을 때 배에 화재가 발생하였고, 이 중 생환자는 대원 6명에 공역 10여 명이었다고 한다. 이것이 홍만자회가 구제 활동에 나

---

20 Q120-4-2, 〈道院紅卍字會宣言-附卍會慈業工作報告書〉.

21 Q120-4-2, 〈道院紅卍字會宣言-附卍會慈業工作報告書〉; Q120-4-437, 〈世界紅卍字會中華總分各會歷年辦理臨時賑濟工作一覽表〉.

섰다가 당한 최초의 희생이었다.[22]

이렇게 보면 홍만자회는 1920년대의 국내 전쟁을 겪으면서 전시 구제의 중요성을 깨날았고, 이에 대처하는 방식도 점차 체계화하는 과정이었다고 볼 수 있겠다. 예컨대 조직면에서는 연합구제대의 구성이 눈에 띄었다. 화북의 경우 베이징, 텐진, 지난의 지회들이 조직한 경진제京津濟구제대라든가, 안후이 지역에서는 환북皖北연합구제대와 같이 좀 더 넓은 지역권 내의 연합구제대가 조직되고 있고, 이와 달리 좁은 지역 형태로는 텐진구제대 등도 보인다.

또 중요한 성과는 부상병과 부상민 치료를 위한 임시의원의 개설이나 수용소 설치, 시신 매장 등 전화에 따른 거의 모든 사항들을 경험하면서 구제 시스템을 정비해갔다는 것이다. 구제대의 경우, 17차에 걸친 활동 속에서 적어도 80여개의 구제대를 조직하였으며, 임시의원도 1927년의 전쟁 때 7곳을 개설한 것을 비롯하여 필요할 때마다 5-7개 정도를 현장에 설치하였다. 부상병 및 민간인 치료는 3만여 명에 가까웠으며, 매장자는 5천여 구 정도였다. 결국 1924년부터 1928년까지 전개된 국내 전쟁은 홍만자회에 의해 주도된 전시 구제의 중요성을 정부와 사회에 각인시켰고, 이로 인해 홍만자회는 특히 전쟁이 벌어졌던 지역 내에서 비교적 쉽게 조직되며 뿌리를 내릴 수 있었다.

전시 동안 홍만자회의 활동은 구제에 주로 집중되었지만, 1928년 5월 3일에 벌어진 지난참안과 같은 사건에서는 협상자로서 활동하기도 하였다. 국민혁명군이 산둥으로 진입하여 지난을 장악하자 일본군은 자국민을 보호한다는 명목으로 산둥에 파병하여 지난의 관료와 민간인 약 1만 7천여 명을 살해하였고 2천여 명에 달하는 부상자가 발생하였으며, 포로가 된 중국인도 약 5천여 명이었다. 이에 홍만자회는 일본 영사와 협상을 진행하여 난민을 구호하는데 앞장섰다. 그리하여 5월 15일까지 시체 500여 구를 매장

---

22 Q120-4-2, 〈道院紅卍字會宣言-附卍會慈業工作報告書〉.

하고 1,500여 명의 부상병을 치료하였으며, 2,000여 명에 달하는 난민을 임시로 수용할 수 있었다. 이들은 다시 각 단체 및 일본군과 교섭하여 국민당군 포로 900여 명을 석방시켜 칭다오에서 상하이로 이송하기도 하였다. 이 구제 활동에서 상하이홍만자회는 지난 지역의 홍만자회와 함께 일본군과 협상하는 일뿐만 아니라, 상하이에 도착한 국민당군 포로들에게 여비를 주어 귀향시키는 일도 떠맡았다.[23]

1931년의 9·18사변이 발생하자 상하이 홍만자회는 '상하이자선단체진제동북난민연합회上海慈善團體賑濟東北難民聯合會'의 한 멤버로 구제 활동에 참여하였다. 9·18사변 시 만주 지역에서는 많은 난민이 전화를 피해 장성 이남 지역으로 진입하였으며, 이들을 위해 베이징과 톈진에 수용소를 설치하였다. 또 그곳에서 탈출하지 못한 난민들은 홍만자회에서 조직한 구제대를 통해 안전을 확보할 수 있었다. 홍만자회 중화총회에서는 난민을 위해 선양瀋陽에 죽창粥廠을 개설하였다. 그 덕택에 매일 1,500여 명이 식사를 해결할 수 있었고, 치료받은 부상병이 100여 명에 이르렀을 정도였다. 또한 전투 중에 사망한 800여 구의 시신을 매장하여 주었다.

위에서 잠시 언급한 바와 같이 당시 상하이 자선단체들은 9·18사변에 대비하여 '상하이자선단체진제동북난민연합회'를 조직하였다. 이 연합회의 멤버들은 '중국홍십자회, 화양의진회華洋義賑會, 세계홍만자회, 신미구제회辛未救濟會, 중국제생회中國濟生會, 중국도덕총회中國道德總會, 연의선회聯義善會, 혜생자선사惠生慈善社, 보선산장普善山莊' 등이었으며 쉬스잉許世英, 왕전王震, 슝시링 등 79인을 동사로 임명하였다. 또한 리윈스李雲書, 우카이성吳凱聲 등 14인을 동사 감찰로 임명하여 대대적인 규모를 갖추었다. 구체적으로 그들은 베이핑에 5개 죽창을 설립하여 난민들을 구호하였으니, 1932년 11월부터 1933년 3월까지 제1창에서는 140,723명, 제2창에서는 277,415명, 제3창에서는 297,431명, 제4창에서는 261,932명, 제5창에서는 78,471명 등

23 〈熊希靈傳〉, 《世界紅卍字會中華總會20年史略》(1941), p. 553.

모두 1,055,972명이 그 혜택을 입을 수 있었다.[24] 홍만자회의 책임자인 슝시링이 연합회의 부위원장으로 참가한 것은 상하이 지역 자선단체에서 홍만자회 지도자의 위상이 비교적 높았기 때문에 가능하였을 것이다.[25]

2. 1·28 상하이 사변의 발생과 전재 구제戰災救濟

상하이홍만자회는 위에서 본 바와 같이 조직 초기부터 상하이 인근 지역 내에서 전쟁이 벌어지는 바람에 전시 구제라는 생소한 상황에 직면하였다. 하지만, 1932년 1월 28일에 발생한 상하이 사변은 홍만자회로 하여금 종래와 달리 모든 역량을 총동원해서 구제에 임해야 할 사건이기도 하였다. 이 사건을 경험하면서 홍만자회는 국가와의 관계, 조계 당국과의 관계, 지역 사회에서의 인식, 전시 구제의 중요성, 구제 조직의 체계화, 구제 시설의 다양성 등 구제 사업과 관련된 거의 모든 분야에서 자신의 정체를 드러내게 되었다. 결과적으로 상하이 사변은 무수히 많은 상하이 지역 자선단체들 사이에서 홍만자회의 존재감을 분명하게 각인시키면서 상하이가 화중 지역 홍만자회 활동의 구심점으로 떠오르게 된 계기가 되었다. 또한 이 전시 구제에서 홍만자회는 그간 장저 전쟁이나 북벌전쟁, 그리고 만주사변 등에서 쌓아온 구제 전략과 네트워크, 구제 방법 등을 적절하게 활용할 수 있었다.

그렇다면 상하이 사변은 어떻게 전개되었는가에 대해 간단하게 보기로 하자.[26] 이것이 홍만자회의 활동을 구체적이고 체계적으로 이해할 수 있는 좋은 방법이기 때문이다. 1932년 1월 28일에 시작된 상하이 사변은 상하이에 주둔하고 있던 일본군이 상하이의 자베이閘北와 우송吳淞 포대를 공격하고, 일본 해군 육전대 1천여 명이 이곳을 수비하던 중국 19로군 옹자오위엔

24 李國林, 앞의 논문, p.86.

25 Q120-3-1. 〈世界紅卍字會上海分會工作概要歷史總沿革〉.

26 이에 대한 서술은 劉惠吾 主編, 《上海近代史(下)》(華東師範大學出版社, 1987), pp.233-257 참조.

翁照垣여단을 기습하면서 시작되었다.

일본이 전쟁을 일으킨 명분은 열흘 전인 1월 18일에 일본인 승려가 중국인에게 피살된 사건을 빌미 삼은 것이었다. 이 피살 사건 이후 상하이 시장 우티에청吳鐵城과 상하이 주재 일본 영사 무라이村井 사이에서는 말하자면 외교적으로 이 사건을 처리하려고 하였다. 무라이 영사는 우시장에게 사건의 범인 체포, 시장의 사과, 손해 배상, 항일운동단체 해산 등을 요구하였다. 이러한 해결 원칙은 일본 외무성의 지시를 따른 것이었다.[27]

반면 일본 해군은 이에 동의하지 않았다. 중국 당국이 반일단체 해산에 성의를 보이지 않을 경우 해군이 실력 행사를 벌일 것이며, 우송에서 상하이까지의 항로를 점령할 것이고, 우송 밖에 있는 중국 기선을 구금하여 중국을 응징할 것이라는 내용이 담긴 성명을 발표하였다. 사실상 군사 공격을 하겠다는 포고와 다름없었으며, 따라서 1월 28일의 포격은 명백히 준비된 것이었다고 하겠다.

일본군의 공격에 대한 방어 책임은 국민당 19로군이 담당하였다. 당 주석이던 장제스가 이 군으로 하여금 전력을 다해 상하이를 사수하도록 명령하였기 때문이다. 19로군의 반격으로 인해 일본군은 29일 오후에 전면 퇴각하면서 정전을 모색하였다. 그러나 이는 본국의 지원을 받기 위한 시간 벌기용이었고, 2월 2일부터 19로군에 대한 전면적인 공격을 단행하였다. 중국군의 완강한 저항으로 고전하던 일본군은 2월 13일에 9사단 1만여 명의 지원군이 상하이에 급파되면서 중국군에게 일방적인 후퇴와 과도한 양보를 요구하였고, 이를 수용할 수 없던 난징 정부는 2월 14일에 중앙군의 정예부대를 대거 전장에 투입하였다. 이 공격으로 중국군은 일본군을 일시에 패배시킬 수 있었으나, 전투가 더욱 치열해진 탓에 도시의 재난 상황도 갈수록 악화되었다. 특히 2월 하순에 우송 부근에서 벌어진 전투와 3월에 다시 일본군의 총공격이 재개되면서 단기간에 끝날 것 같던 전투는 5월 5일에

27 박현민, 〈상하이 사변과 난징정부의 저항정책〉, 《서울대학교동양사학과논집》 17(1993), pp.142-143.

맺은 정전협정에 이르러서야 비로소 멈추게 되었다.[28]

일본군의 공격과 국민당군의 방어 사이에서 제일 큰 피해를 입은 곳은 자베이 일내의 주민들이었다. 도시전의 양상이 그러하듯이, 일본군의 비행기 폭격은 이곳을 수비하던 웅자오위엔 군뿐만 아니라 주민들의 일상 공간에까지 가해졌기 때문이다. 특히 29일에는 하루 종일 치열한 전투가 벌어진 까닭에 군대뿐만 아니라 갑자기 전장터에 내몰린 민간인들의 피해도 컸다. 게다가 2월 2일 이후의 공격에는 비행기 수십 대가 지상 폭격에 참여하였고, 황푸강을 거슬러온 일본 군함까지 공격에 가담하였기 때문에 그 피해는 단순한 지상전에 비할 바가 아니었다. 세 번에 걸친 총공격에도 불구하고 전투에 패배한 일본군은 마침내 3월 1일에 개시한 네 번째의 총공격에서 중국군의 방어선을 돌파할 수 있었고, 상하이 시내 가까이 진격하게 되었다. 상하이에 많은 투자를 한 열강들의 주선으로 양군은 3월 3일에 정전에 합의하면서 큰 전투는 마무리되는 단계에 들어갔다.

잘 알려진 바와 같이 상하이에서 전투가 치열하던 3월 1일에 관동군은 만주에서 '만주국'을 만들어 냈다. 그런 까닭에 상하이 사변은 9·18사변을 통해 만주를 장악한 일본이 악화된 세계의 여론을 다른 곳으로 돌리기 위해 상하이에서 제한전을 일으켰다고 말하기도 한다.

그러나 20세기의 중국에서 처음으로 또 가장 치열했던 도시 전투였기 때문에 한 달여 동안 진행된 전투에 비해 양측의 피해가 이전에 비할 바 없이 컸다. 당시 상하이 전투를 보도한 국내의 《중앙일보》에 따르면, 상하이 전투에서 국민당군의 저항이 너무 강하였기 때문에 일본군 사상자가 의외로 많았다고 보도하였다. 예컨대 전투 발생 하루 뒤인 1월 29일의 보도에 따르면, 29일 오선에 5명의 전사자와 40명의 부상자가 발생하였다는 것이다.[29]

더구나 지상전에서 여러 차례 패배한 일본군은 공군 비행기와 해군 함대까지 동원하여 도심지 부근을 폭격하였기 때문에, 군대 뿐만 아니라 민간

28 박현민, 위의 논문, pp.147-151.

29 〈일본군 사상 의외로 다수〉, 《中央日報》, 1932년 1월 29일자.

인들과 그들의 재산, 가옥, 도로 등에까지 피해 범위는 넓고 컸던 것이다. 29일의 《동아일보》는, 29일부터 이미 일본군 비행기가 폭탄을 투하하기 시작하였다고 보도하였다.[30] 이런 와중에 상하이에 사는 조선 교민들도 적지 않은 피해를 입었던 것 같다. 《동아일보》 3월 9일자에서는, "이번 상하이의 대동란으로 인해 동포의 재산 손실이 매우 크다. 24만 위안에 이르는 거액이다. 다행히 생명의 희생은 없다"는 것이었다.[31] 상하이가 국제 도시였던 만큼 전쟁에 따른 피해도 국제적이었던 셈이다.

3. 지역연합 구제대의 조직과 활동

그렇다면 홍만자회가 어떤 절차와 방법으로 이 전쟁의 구제 활동에 참여할 수 있었을까. 전쟁이 발발하자 상하이시 위생국은 홍십자회와 홍만자회에 신속하게 구제대를 조직해 주도록 요청하였다. 또한 상하이시 사회국은 시내의 각종 자선단체에 자국의 관원을 파견하여 전쟁 난민을 수용하여 줄 것도 요청하였다.[32]

특히 위생국에서 홍십자회와 홍만자회에게 구제대를 요청한 사실은 이 양대 조직이 전쟁 구제에 반드시 필요하였음을 보여준다. 홍십자회는 이 방면에서 이미 잘 알려진 전문단체이거니와, 홍만자회 역시 그간 여러 번에 걸친 전시 구제에서 나름대로의 성과를 거두었기 때문이었을 것이다. 그보다 홍만자회는 시 정부 측의 요청이 없었다고 하더라도 조직의 이념이나 그간의 활동으로 인해 이 전쟁을 외면할 수 없었을 것이다.

홍만자회는 이러한 안팎의 이유 때문에 이 전쟁의 구제 사업에서 사실상 주도적인 위치에 있었고, 그 중에서도 '세계홍만자회동남주회상하이총판사처世界紅卍字會東南主會上海總辦事處'는 핵심부에 해당하였다. 앞에서 보았듯

30 〈飛機爆彈投下〉, 《동아일보》 1932년 1월 29일자.

31 〈금회 상하이의 대동란에 동포재산손실〉, 《동아일보》 1932년 3월 9일.

32 高鵬程, 앞의 책, p.174.

이 이 판사처는 중국의 동남부 지역에 조직된 홍만자회가 각종 구제 업무를 체계적으로 수행하기 위해 1931년 여름에 난징에서 조직한 것이다. 여기서 말한 동남 지역이란 장쑤, 안후이, 저장, 후난, 푸젠 등 5개 성을 포괄하는 곳으로, 이곳의 각 분회들이 그 해 6월 4일에 난징에서 성립시킨 것이다. 조직하자마자 위의 각 성에 수재가 발행하면서 이재민이 속출하였고, 그해 9월에 일어난 만주사변은 판사처의 구제 활동을 더욱 필요로 하였다. 이로 인해 자선단체와 활동이 가장 많고 교통이 편리한데다 재정적으로도 넉넉하며, 분회의 회장들이 상하이 지역에 다수 거주하고 있었기 때문에, 만주사변 직후 총판사처를 상하이로 옮기면서 위와 같은 이름을 정하게 되었다.

상하이총판사처는 연합조직답게 각지의 분회장들이 감리監理로 참여하는 감리제로 운영되었으며, 따라서 최고직은 총감리 1인이, 그리고 상무감리 11인과 모든 사무를 처리하는 일반감리를 두는 형태였다. 업무는 1)총무부, 2)저계부, 3)권모부勸募部, 4)구제부, 5)조사부, 6)교제부 등으로 구성되어 각자의 업무를 담당하고 있었던 바, 이는 9·18사변을 겪으면서 좀 더 현실적이고 체계적인 구호 조직으로 발전하였다. 이들이 구제대를 9개로 확장 편성하고, 의무원의 중요성을 인식한 것이나 수송, 매장, 구호, 수용소 운영에 관한 작업도 전시 구제에서 반드시 필요한 사항이라는 인식도 약 6-7년 사이에 겪은 경험에 기반한 것이었다. 이러한 사전 경험 덕택에 그 이듬해에 상하이 사변이 발생하자마자 마치 이 조직과 기능이 사변에 철저히 대비한듯한 것처럼 보였던 것이다.

상하이 일대의 홍만자회 조직이 1·28 사변 때 전시 구호의 중심에 설 수 있었던 것은 이른바 9지支로 알려진 아홉 개의 구제대 때문일 것이다. 9개의 구제대 중 일부는 난징에 총판사처가 만들어질 때 이미 조직되어 있었다. 제1구제대는 난징, 상하이, 창저우, 우시, 전장의 각 분회가 연합하여 조직되었으며, 그 본부는 난징에 두었다. 하지만, 9·18사변 이후 이 구제대는 상하이로 옮겼고, 그 대안으로 난징에는 동남연합구제대 제3대가 위치하였다. 제2구제대는 안칭, 우후蕪瑚, 차오巢, 허페이合肥 등지의 분회가 연합한 것으로 본부는 안후이성의 우후에 두고 있었다. 분회들의 위치가 안후이 지방이므로, 안후이 지역 홍만자회 연합이라고 할 수 있다. 1·28사변이 발생하자 총판사처에서는 동남 지역에 각각 6개의 구제대를 더 증설하여 구제 업무를 맡겼는데, 제4구제대는 우한武漢 지역 분회의 연합이었고, 제5구제대는 전장鎭江 분회와 단양丹陽 분회가 연합하여 조직된 것이었다. 또한 제6구제대는 안후이 북부의 분회들로 조직되어 있었고, 제7구제대는 장쑤 북부 지역에 존재하던 여러 분회의 연합이었다. 그리고 제8구제대는 창저우와 우시 등지의 분회가, 제9구제대는 쉬저우徐州 분회가 조직한 것이었다.[33]

이렇게 볼 때 연합구제대란 동남 5성 1개 시의 홍만자회가 전시 구제에 대비하기 위해 만든 임시 조직이라 할 수 있다. 또한 당시 베이핑에 있던 중화총회도 구제대를 파견하여 쑤저우에 주재하면서 구제 지도에 임하였다.[34] 이 점에서 1·28 상하이 사변은 조직 초기부터 중국 전역에서 발전하여 온 홍만자회가 최대로 동원되어 역량을 발휘하게 된 계기였다고 생각된다.

상하이에 본거지를 두고 있던 제1구제대는 대장, 부대장, 간사, 의무주임, 의무원, 의무대원, 대원, 통역 등으로 구성되어 있었다. 제1구제대의 인원은 모두 31명이었는데, 이 중 의무를 담당하는 직책으로는 의무주임 1인, 의무원 4인, 의무대원 13인 등 18명이었다. 사실상 의무팀으로 구제대를 편성했다고 보아도 좋다. 거기에 더한 것이 통역이었는데, 이는 중국인들이 거주하는 화계華界와 외국인들이 거주하는 조계租界와의 왕래뿐만 아니라 조계 당국과의 업무상의 협조를 위해서도 필요한 존재였다.

이들 의무 요원들은 부상당한 병사와 민간인을 상하이 시내로 실어 날라 치료하는 일이 주된 업무였다. 당시 구출한 부상병민은 약 2,000여 명이었으며, 구출한 난민은 약 10여만 명이었다. 전투가 벌어지고 사상자가 많이 발생한 곳은 자베이閘北이나 장완江灣 등 변두리였기 때문에 의료 시설이 비

33 Q120-4-6, 〈世界紅卍字會東南主會上海總辦事處賑濟工作報告書〉.

34 曹禮龍, 앞의 논문, p.47.

교적 잘 갖추어진 조계지역으로 이들을 이동시키는 일이 중요하였다. 또한 이들에게는 사망자를 매장하는 일도 중요한 임무 중의 하나였다. 이미 19세기 후반기에 상하이는 이 도시에 등장한 콜레라와 같은 질병이나, 아무렇게나 매장된 시신으로 인해 전염병이 돌았던 적이 있었기 때문에 시신의 매장은 무엇보다 급선무였다. 이를 위해 제1구제대는 3개의 매장팀을 구성하여 다장大場과 먀오싱廟行, 그리고 장완江灣으로 파견하였다. 이곳이 전투도 치열하였고 사망자도 많은 곳이었기 때문이다. 당시 홍만자회의 구제 상황을 매일 상세히 보도한《신보申報》4월 1일자에 따르면 이 일대에서 적어도 200여 구의 시신을 수습하여 매장하였다고 한다.[35]

4. 전시 구제 방식의 유형과 시스템화

상하이에서 활동한 제1구제대는 부상자나 사망자, 난민 처리뿐만 아니라 군 당국이나 조계 당국과의 업무 협조도 중시할 수밖에 없었다. 그에 비하면, 다른 지역에 본부를 둔 구제대들은 상하이 구제대와 달리 주로 난민 수용에 더 많은 비중을 두었다. 실제로 갑자기 발생한 수천수만의 난민들을 수용하기 위해 순식간에 그에 필요한 시설을 만들기는 거의 불가능하였다. 그리하여 기왕의 공공 시설이나 공장 시설을 임시로 개조하여 쓰곤 하였다. 예컨대 제5구제대의 본부가 있던 전장鎭江 지역에서는 대륜사창大綸紗廠과 화시창火柴廠을 개조하여 임시수용소로 사용하였다.[36] 또한 전투가 전개된 우송과 류허瀏河 지역에서 가까운 전장 제8구제대에도 후방 의원뿐만 아니라 7개의 수용소를 개설하여 치료와 난민 수용이라는 두 가지 사업을 동시에 처리하고 있었다. 전투가 치열했던 만큼 사상자나 피난민이 많았기 때문이다.

35 〈紅卍字會掩埋工作〉,《申報》1932년 4월 1일.

36 高鵬程, 앞의 책, p.178.

표15. 상하이 사변 시 각 지역 난민수용규모

지역	상하이	쑤저우	우시	창저우	전장鎭江	항저우	합계
수용인원	26,251	2,220	36,287	43,348	51,897	10,717	170,720

문제는 난민을 수용하는 것으로 구제 사업이 끝나지 않았다는데 있다. 수많은 인원을 먹이고, 재우고, 최종적으로 안전하게 귀가시키는 일이 남아 있었기 때문이다. 그렇다면 각 지역별 피난민과 수용 인원은 어느 정도의 규모였을까. 〈표 15〉를 보면[37] 우시, 창저우, 전장 등 상하이에서 난징에 이르는 주요 도시에 수용자들이 집중되어 있음을 알 수 있다. 이 밖에 개인이나 조사되지 않은 수용소까지 계산하면 대략 60여 개 처에 이르렀다. 제1 구제대가 있는 상하이 시내의 경우 회관, 농구장, 학교, 공장 등이 수용소로 개조되었다.

또 난민을 수용하기 위하여 상하이시 지방유지회는 '상하이시난민수용연합회'를 조직하여 홍만자회 대표인 리츠카이李慈開를 연합회 주석으로 추대하였다. 이곳에서는 난민에게 필요한 의약, 위생, 교육, 직업, 자견資遣, 공예 등 10여 가지 항목을 정해 해결할 방법을 모색하였다.

홍만자회에서는 이들 수용소를 관리하기 위해 주임 1인, 부주임 2인, 남녀관리원 1인, 남녀 중서 의사男女中西醫師 약간 명을 두어 이들로 하여금 음식, 의복, 훈육, 질병, 약품 조달 등을 책임지도록 하였다. 특히 상하이 지역에 수용된 난민들은 황급하게 몸만 빠져나온 상태였기 때문에 일상에 필요한 모든 것들을 지원해 주어야 할 터였다.

이 중에서 홍만자회뿐만 아니라 시 당국 등에서 특별히 관심을 쏟은 것은 부상자의 치료와 혹시 모를 전염병의 발생 및 그 확산을 방지하는 일이었다. 위의 수용소 관리 인력에서 보이는 바와 같이 '남녀 중서 의사' 약간 명을 배치한 것도 이에 대비하기 위한 데 있었다. 이를 위해 홍만자회 총판사처에서는 우선 상하이 시내에 있는 징안스로靜安寺路의 중덕의원中德醫院,

37 高鵬程, 앞의 책, p.181.

부유의원婦孺醫院, 아이원이로愛文義路의 혜여양병원惠旅養病院, 자오저우로膠州路의 자항의원慈航醫院 등은 출산에 필요한 여의사들이 확보되어 있는 곳이라서 애용되었고, 특히 자항의원에는 난민 산부가 더욱 많았다.[38]

그림 7. 세계홍만자회중화동남각회연합구제 총감부 제3임시의원에서 치료 중인 부상병들. 상하이는 동남지역 홍만자회의 중심지였다. 특히 1.28 상해사변과 1937년의 상하이 공방전에서 그 역할이 더욱 두드러졌다.

상하이 시내에 설치된 임시의원은 8개 처였다. 의원의 인적 구성은 총원장 1명, 부원장 2명, 주임 1명, 초빙의사 50여 명, 남녀 간호사 30여 명이었으며, 자원봉사자가 또 수십 명이었다. 임시의원은 2월 2일에 문을 열었다가 6월에 업무를 마감하였다. 이곳에서도 자견資遣이 행해졌는데, 자견된 부상병은 대략 240여 명이었으며, 의원이 문을 닫은 이후에는 지방유지회가 나머지 일을 떠맡았다.[39]

위에서 잠시 언급한 자견資遣 역시 홍만자회가 행한 난민 구제 방법 중의 하나였다. 이는 피난 나온 난민을 수용소가 있는 곳이나 안전한 곳에 데려다 주고, 부상병의 경우 본대로 귀환시키거나 다른 병원으로 이송하는 작업을 말한다. 이를 수행하기 위해서는 교통수단의 확보나 비용, 대동 인력, 안전 등 다양한 부분에서 협조와 도움을 받아야 했기에 홍만자회와 같은 체계적인 조직이 나서지 않고는 불가능하였다. 당시 상하이 시내를 횡단하는 쑤저우하나, 상하이-난징 교통선이 사실상 차단되어 있었기 때문에 난민 수송 자체가 쉽지 않았던 것이다. 결국 군 당국과 홍만자회가 협력 관계를 맺으면서 이 난제를 해결할 수 있었다. 또 배로 난민을 실어 나를 때에는 그 배에 각종 양식도 준비해야 했는데, 이 역시 지방유지회나 인근 지역 홍

38 高鵬程, 앞의 책, p.182.

39 Q120-4-6, 〈世界紅卍字會東南主會上海總辦事處賑濟工作報告書〉.

만자회 분회의 도움을 받아 해결하였다. 또 기왕의 동향회와도 협력하면서 난민을 이송하는 경우도 있었다. 닝보寧波 동향회인 상하이 사명공소四明公所가 닝보 및 샤오싱 출신 난민들을 항저우로 이송한 것이 대표적인 예이다. 이처럼 상하이 사변 시 홍만자회에서 난민을 자견한 총수는 13만여 명에 이른다.

물론 상하이 사변 때 홍만자회만이 구제에 나선 것은 아니다. 전시구제대의 상징처럼 알려진 홍십자회도 국제기구의 특장을 활용하면서 구호에 나섰다. 특히 그들은 이미 전시 구제에 필요한 각종 시설과 용품들 예컨대 병원, 차량, 수용소, 식량, 의복 등을 갖추어 놓고 있었기 때문에 사변이 발발하자 현장인 자베이에 곧바로 뛰어들었다.[40] 홍십자회 외에도 중국제생회는 백십자구호대를 조직하였고, 대학 의과대학, 의사회, 각지의 동향회, 기독교연합구제회 등이 만들어져 구제 활동에 나섰던 것이다. 또한 이들 구호단체는 '전시난민구제회'를 조직하여 전시 구제에 공동으로 나섰다.[41] 이처럼 상하이 지역에서 홍만자회 이외에도 전시 구제에 나선 기관들이 적지 않았지만, 전체적인 구제 시스템을 갖춘 채, 구제에 임하고 가장 큰 성과를 올린 것은 홍만자회였다고 말 할 수 있다.[42]

이상에서 보았듯이 1·28 상하이 사변은 상하이 지역의 자선 구제 사업에 큰 자국을 남겼다. 특히 홍만자회는 이전의 전시 구제를 경험 삼아 전시에 필요한 거의 모든 구제 시스템을 갖출 수 있었다. 우선 전시 구제에 필요한 것은 무엇보다 의료 시설과 수용소 설치였다. 또 행정상 상하이 지역은 조계지와 화계라는 복합적 거주지로 구성되어 있었기 때문에 조계 당국과의 업무 협조도 필수적이었고, 행정 및 군 당국과도 이는 마찬가지였다. 또한 수송이나 필요한 양식, 의복 등을 공급하기 위해서는 지역 유지 및 공공기

---

40 《申報》, 1932년 1월 31일자.

41 《申報》, 1932년 1월 31일자.

42 莫振良, 〈民國時期的紅卍字會〉, 《第1屆中國近代秘密社會國際學術討論會提出論文》(南京大學, 1993), p.9.

관 등의 도움을 필요로 하였다.

그리고 무엇보다 중요한 것은 국가의 통치 네트워크와 마찬가지로 구제 네트워크를 갖추면서 상하이가 자선 구제의 중심지로 부상하였다는 사실도 지적할 수 있다. 이렇게 본다면 상하이구제대 외에 8개의 지역 구제대가 연합하여 구제 활동에 나서지 않았다면, 1·28 전시 구제는 사실상 불가능하였을 것이다.

이러한 공로 때문에 홍만자회상하이총판사처는 군부와 시 당국에서 포상이나 공을 세운 데 따른 위로 등을 받았다. 19로군 군장이던 차이딩카이蔡廷鍇는 부관을 특파하여 홍만자회가 세운 공을 위로하는 한편, '혜몽장사惠蒙將士'라는 편액을 만들어 기증하였다. '은혜가 장사에게 미쳤다'는 이 표현은 단순한 수사를 넘어서 당시의 양자 관계를 잘 드러내준 것이라고 생각한다. 이러한 조치는 88사단 사단장도 마찬가지였다. 상하이시 사회국에서도 사람을 보내 홍만자회의 시체 매장 작업을 조사한 뒤, 시 정부에 포상을 추천하였다.[43] 요컨대 1·28사변을 통해 홍만자회는 국민당 정부와 군부, 조계 당국, 그리고 상하이시로부터 뛰어난 자선 구제 단체로 인정받게 되었다는 사실을 알 수 있다.

또한 이 전시 구제를 주도하였던 세계홍만자회상하이총판사처는 이후 몇 차례의 개조를 거치면서 더욱더 체계적인 모습을 갖추었다. 1932년 12월에는 상감常監 9인, 감찰 9인을 두는 조직상의 개조가 있었으며, 1934년 10월에는 각 지역의 협조 아래 사업을 수행하기 위해 동남 각 만회卍會를 호상보 등 6개조로 구분하였다. 곧 1·28상하이 사변 때 조직되었던 긴급구조대를 공식적인 조직으로 성립시킨 것이다. 이러한 개조를 통해 상하이 일대의 홍만자회는 더욱 체계적이고 합리적인 조직으로 발전할 수 있었다. 그러나 그것은 각 분회 조직의 연합체인 것이지, 각 분회를 하부 기구로 편입한 것은 아니었다.[44] 이러한 점에서 상하이 사변은 홍만자회의 구제 시스템뿐만 아

43 Q120-4-6, 〈世界紅卍字會東南主會上海總辦事處賑濟工作報告書〉.

44 Q120-4-7, 〈世界紅卍字會東南各會聯合總辦事處工作報告〉.

니라 지역 단위의 조직 체계 정비에도 영향을 주어, 분권적이면서도 강력한 연합체로 발전하는 데 중요한 계기가 되었다고 할 수 있다.

제6장

병원과 학교의 부설

1. 만자병원卍慈病院의 설립과 운영

1) 병원 설립의 경과와 규모

청대 중기까지 국가 기관이나 지역의 엘리트들이 설립해서 운영한 자선기관에는 학교와 병원을 부설한다는 개념이 사실상 들어 있지 않았다. 청말의 선당에 의사를 두거나 서양 우두를 접종하는 일은 시행하였으나, 독자적으로 병원이나 학교를 설립하여 운영한다는 프로그램은 없었던 것이다.

홍만자회를 비롯한 20세기의 많은 자선단체들이 학교와 병원에 관심을 갖게 된 것은 이 점에서 서양 선교 단체나 홍십자회의 덕택이었다고 해도 과언은 아닐 것이다. 특히 1904년에 청조에서 설립된 국제적십자사, 곧 대청홍십자회에서는 1907년에 국제홍십자회 상하이지부의 자금과 시설을 접수하여 학교와 병원을 건립하는 것으로 자선을 학교 및 병원과 연계시켰다.[45] 곧 상하이홍만자회의 주요 모델이었던 홍십자회에서 이미 구제의 한

45 行政院新聞局, 《中國紅十字會》(1947년 8월, 상하이도서관 소장), pp. 1-3.

방식으로 영구 구제 기관이라 할 수 있는 병원과 학교를 운영한 것이다.

상하이 지역 자선단체들의 상당수는 20세기에 이르러서 시의와 시약이 자선사업에서 중요한 영역이라는 사실을 점차 인식해 가는 중이었다. 이미 알려진 것만 해도 황씨시종우두국黃氏施種牛痘局과 인제의원仁濟醫院, 상하이의원을 비롯하여 15개의 시의·시약 의원과 선당이 있었다. 이 중 1846년에 서양의 선교사가 공공조계에 세운 인제의원이 최대, 최고의 의원이었다고 할 수 있다.[46] 병원 명칭 중에서 '시종우두, 시역, 마풍'이라고 표기한 데서 알 수 있듯이 일부 의원이나 기관은 특수한 임무를 담당하기 위해 개설되었던 것으로 보인다.

이 중 홍만자회에서 운영한 상하이의원도 보인다. 홍만자회에서는 전시와 재해 등 긴급 구제뿐만 아니라, 영구 시설로서 학교와 병원 운영에 더 큰 관심이 많았던 것이다. 병원의 경우, 크게 두 가지 목적이 있었던 바, 하나는 일상적인 빈민 치료 차원이었고, 다른 하나는 긴급 구제 시에 발생하는 부상자나 환자를 치료하기 위한 데 있었다. 그리고 그 종교적 근거는 당연히 도원에서 제시한 바와 같이 '천인감응과 세계의 형제애'를 구현하기 위한 것으로, 그 구체적인 방법은 빈민을 위한 병원과 학교 경영이었다.[47]

홍만자회에서 처음으로 병원 형태의 진료소를 개설한 것은 1923년 1월에 베이징에서였다. 이에 앞서 중의시진소中醫施診所를 열었다고 하지만 그 연도는 불명이다. 다만 1923년 1월에 이 중의진료소에 서의진료소西醫診療所를 첨설하여 빈민에게 무료로 진료하는 형태로 출발하였던 것은 확실해 보인다. 텐진분회에서도 같은 해에 병원을 개설하였다. 1933년에 이르자 각지에 설립된 의원과 시진소는 16개 처에 달하였으며, 이곳에서 진료를 받은

46 이 외에 동인의원同仁醫院, 원제의원元濟醫院, 인애의원仁愛醫院, 상하이시역의원上海時疫醫院, 중국제생의원中國濟生醫院, 상하이자선의원上海慈善醫院, 동덕의원同德醫院, 상하이공립의원上海公立醫院, 중국마풍의원中國痲瘋醫院, 광익중의원廣益中醫院, 호남신주의원滬南神州醫院, 협제의원協濟醫院, 상하이경생선회上海慶生善會, 보익사普益社, 달선당達善堂 등이 시의와 시약활동에 참여하였다. 李國林, 앞의 논문, pp.115-116.

47 陸仲衛, 앞의 책, p.128.

인원은 모두 493,444명이었다.[48] 그러므로 홍만자회에서는 조직 초기부터 빈민 치료를 위한 병원 개설에 관심이 매우 컸던 셈이다.

상하이 지역 홍만자회에서 병원을 설립한 때는 1925년으로 알려졌다. 병원 명칭은 상하이의원으로 그 위치는 중국인 거주 지역이던 난시南市 류쟈방로陸家浜路 1380호였고, 원장은 장간류江乾六가 맡았다. 경비가 부족하고 시간이 촉박하였던 까닭에 규모가 작았다고 한다.[49] 1934년에 상하이시 위생국[50]에서 검사를 받고난 뒤, 관리와 위생조건상에서 3개 항의 개선을 요구받았다. 하나는 상주 의사와 간호사 간병인을 둘 것, 둘째 진찰실과 처치실의 위생 조건을 개선할 것, 셋째 의사는 때맞춰 출근할 것 등이었다.[51] 이로써 보면 초기의 시설이나 의료원의 진료, 운영체계 등 의원으로서 갖추어야 할 최소 요건들이 제대로 갖추어지지 않은 것으로 보인다.

상하이의원은 이후 1934년에 인길의원仁吉醫院으로 개명하였다가 1942년에 다시 상하이의원으로 되돌아왔다. 이 때문에 의원과 관련된 당안에는 두 의원의 명칭이 혼용되어 쓰이기도 하여, 연구자들을 종종 혼란에 빠뜨리기도 한다.

1937년에 조사된 인길의원의 규모는 상당히 큰 편에 속하는 것처럼 보인다. 1937년 3월의 상황을 보면 모두 22명의 의사와 직원이 근무하고 있었던 것이다. 원장, 부원장(2인), 책임 감리, 원무 주임, 문서, 회계, 서무, 중의부 주임과 의사 4명, 서의부의 경우 주임, 부주임 겸 의사, 약제사, 간호사 2명이 있었으며, 또 중中, 약藥, 방房, 접수 부분에 각 1명씩의 담당자가 배치되어 있었다. 병원의 운영 시스템은 중서의, 간호사, 약제사 등 진료와 관

48 宋光宇, 앞의 논문, p.22.

49 曹禮龍, 앞의 논문, p.34. 홍만자회 부설 의원은 자금과 인력 부족으로 대부분 영세하게 출발하였다. 이 때문에 초기 의원은 시진소와 크게 차이가 없다고도 한다. 高鵬程, 앞의 책, p.105.

50 상하이 위생국은 1927년 상하이특별시 정부가 출발하면서 정식 출발하였다. 이에 대해서는 배경한, 〈1920, 1930년대 상해의 위생〉, 《20세기초 상해인의 생활과 근대성》(지식산업사, 2005), pp.81-93.

51 Q120-3-97, 〈上海市衛生局令〉.

련된 의료직, 그리고 원무주임, 문서, 회계, 서무 등 사무직, 그리고 병원의 운영과 재정을 감리하는 책임 감리 등으로 구성되어 있었다. 또한 1등실 4칸 4병상, 2등실 10칸 20병상, 3등실, 5칸 24병상을 갖추어 놓고 있었으며, 무료로 운영하는 병상이 별도로 20개가 있었는데, 그 중 10개는 빈민 환자에게 나머지 10개는 군인을 치료하는 데 사용하였다.

그림 8. 홍만자회 창사분회에서 개설한 창사중의시진소와 중의들.

그림 9. 전쟁 지역에서 민중들에게 무료로 예방주사를 놓는 홍만자회의 서의들.

이 중 초기 멤버로는 1926년 1월에 임직한 중의부 주임 장위엔한章元含과 간호사인 세웨이즈謝維之가 있으며, 서의부 주임인 리방정李邦政은 1931년에 임직하였다. 또한 1932년 5월에 임직한 의사 장산쉬엔張山鉉이 원장으로 근무하고 있다.[52] 문서, 회계, 서무직 직원은 각각 1934년과 1936년, 그리고 1937년에 임직한 것으로 보아, 의사나 간호사보다 장기적으로 근무한 것 같지는 않다.

이렇게 보면 1920년대에 임직한 사람은 중의와 간호사, 그 다음에 서의 1명이었다. 반면 1934년 인길의원으로 개명한 뒤에는 의료진과 행정 조직 등을 대거 확대하였고, 아울러 의원의 판사대강辦事大綱을 제정하였으며 각

52 Q120-5-97, 〈世界紅卍字會上海分會仁吉醫院職員醫師一覽表〉.

직책에 따른 임무도 정하였다. 그럼에도 불구하고, 분명한 사실은 병원 운영을 도원의 가르침에 기반하고 있다는 점이었다. 이 때문에 병원의 요직이라 할 수 있는 원장, 부원장, 주임 등은 일람표나 회의록에 모두 '훈파訓派'라고 표기된 도원의 신도이자 홍만자회 회원이기도 한 사람들이 맡았다고 생각된다.

여기서 주목할 만한 사항이 하나 있다. 위의 인력 구성에서 중의학 의사와 서양의학 의사가 함께 진료를 맡는 일이 그것이다. 상하이에서는 1844년에 서양식 의원이 시작되었고, 미국 성공회에서는 1880년에 동인의원同仁醫院에 의과를 창립하고, 1896년에는 성 요한서원을 개조하여 의학부를 개설하면서 서의학 교육이 시작되었다.[53] 사실 중의학에서도 예컨대 서구에서 발전한 폐결핵이나 페스트와 같은 전염병에 대한 대응법을 전통 의학에 접목시키면서 중의의 근대화를 지향해 나갔다. 또한 장쑤성 성장이던 첸궈푸陳果夫는 1934년에 장쑤성립의정학원을 설립한 뒤 스스로 원장에 취임하면서 중서 의학을 균형 있게 발전시키려고 노력하였다.[54]

그렇다고는 해도 중서의가 한 병원에서 공존하기는 쉽지 않았던 것으로 보인다. 20세기 초의 상하이 상황은 적어도 서의학이 우세하였고, 이 때문에 중서의는 학술논쟁뿐만 아니라 상호 비방도 서슴지 않을 정도로 관계가 악화되어 있었기 때문이다. 기본적으로 서의는 중의와 중약을 인정하지 않았다. 심지어 일본에 유학했던 위윈슈余雲岫(1879-1954)는 중의를 가리켜 '살인의 화수禍首'라고 부르면서 종족 개량과 국민의 삶을 향상시키기 위해서는 특단의 조치, 곧 중의 폐지가 필요하다고 주장하였다.[55]

이에 대응하여 중의들도 1920년대에 이르러 중의의 과학성을 증명하면서 이론적으로 맞부딪혀 갔다. 청말에 출범하여 중서 의학의 회통을 주장하

---

53 魏洲陽, 〈上海英美派高等醫学教育研究〉(上海大学 석사학위논문, 2011年) 참조.

54 신규환 지음, 《국가, 도시, 위생-1930년대 베이핑시정부의 위생행정과 국가의료》(아카넷, 2008), pp.57-59

55 중의폐지론자들은 상하이의 개업의들이었다. 신규환, 앞의 책, pp.78-79.

표16. 1944년 상하이의원 직원명단

연번	이름	성별	출신	직별	주소	가족
1	딩서우런丁守仁	남	저장	원장	위위안로 (愚園路) 1171	5인 (처1, 자4)
2	우자오런吳朝仁	남	푸젠	내과주임	상동	4인 (처1, 자녀 각1)
3	장페이룬張培倫	남	저장	의사	상동	7인 (처1, 자3 여2)
4	허우윈칭侯云卿	남	상하이	폐암과 주임	상동	7인 (부모,제,질)
5	첸딩陳鼎	남	샤오싱	안과 주임	충칭남로	9인 (부모,처1자2여3)
6	첸자오즈錢兆之	남	저장	의사	위위안로 1171	1인
7	멍진뤄孟瑾若	여	우진	의사	상동	1인
8	가오웨셩高岳生	여	광둥	의사	상동	1인
9	자오지량趙濟良	남	장쑤	조리의사	자베이	3인 (처1,여1)
10	장룽장莊榮章	남	장쑤	조리원	투산완	3인 (처1 자2)
11	주헝쉬안祝恒萱	남	저장	조리의사	위위안로 1171	1인
12	량런푸梁仁普	남	항저우	병리화학실험	상동	1인
13	황리진黃李勤	남	치동 啓東	약제사	상동	1인
14	푸옌루이璞彦瑞	여	항저우	간호사장	상동	1인
15	쉬루시徐路汐	여	항저우	간호사	상동	1인
16	링춘샹凌純祥	여	난퉁	상동	상동	1인
17	장옌완張燕婉	여	상하이	상동	상동	1인
18	위안쿤잉袁坤英	여	항저우	상동	상동	1인
19	쉬환밍徐煥明	여	우시	상동	상동	1인
20	장메이쥐안 張美娟	여	장쑤	상동	상동	1인
21	궈메이린郭美琳	여	샤오싱	상동	싱동	1인
22	뤄푸링羅馥齡	여	상위	상동	상동	1인
23	판야링潘亞苓	여	샤오싱	상동	상동	1인
24	후위전胡玉珍	여	상하이	상동	상동	1인
25	션웨이위沈韋玉	여	우싱 吳興	상동	상동	1인
26	링이쉰靈逸勳	남	장쑤	비서	상동	7인 (자1, 식1, 여2, 손녀2)
27	링핑凌鵬	남	상하이	회계조장	상동	10인 (자3,식2, 여1,손2,처1)
28	류헝산劉衡山	남	광둥	회계원	충칭서로	5인 (처1,자3)
29	루웨치우陸月秋	남	타이현	사무조장	위위안로 1171	1인
30	순용탕孫泳棠	남	장인	조원組員	성쩌가	1인
31	왕샤오칭王少卿	남	장쑤	상동	위위안로 1171	1인
32	장차오위안章巧元	남	저장	상동	상동	3인 (처1,자1)
33	첸원동陳文棟	남	저장	약제조 조원	진시엔로進賢路	4인 (부1,처1,여1)
34	리용셩李永生	남	상하이	조원	저우지아교	2인 (여1)

는 '중서의학연구회中西醫學硏究會'가 존재하기도 했지만, 서의를 대표하는 중화의학회는 정부에 중의 폐지를 주장하였고, 이로 인해 양측의 간격은 여전히 좁혀지지 않았던 것이다.[56]

이런 상황 속에서 홍만자회 부속 의원에서 중서의가 합동으로 환자를 치료했다는 사실은 여하튼 큰 의미를 갖는다. 아마도 홍만자회나 도원이 중국의 전통적 가치를 중시하였기 때문에 저러한 조합이 가능하지 않았을까 한다.

그렇다면 이 병원은 이후에 어떻게 변화하였을까. 1944년에 작성된 〈표 16〉을 보면 상하이의원의 인적 상황을 파악할 수 있다.

표를 보면 알 수 있지만, 1944년의 상하이의원의 규모는 이전보다 더 커진 것으로 보인다. 우선 원장을 비롯한 전 직원이 34명이다.[57] 1937년에 22명이었던 것과 비교해보면 12명이 증가하였다. 직별로 구분해 보면 원장 1인, 의사 10명(조리의사 포함), 간호사 12명, 약제사 1명, 약제조 조원 2명, 병리실험사 1명, 사무조 4명, 회계조 2명, 비서 1명으로 구성되어 있다. 1937년과 달리 중의사와 서의사의 구분은 없다. 앞서 언급한 바와 같이 의학계나 사회 모두 서의를 중시하는 추세였으므로 모두 서의사로 충원된 것은 아니었을까 하는 생각도 해 본다. 또한 부원장이나 감리도 보이지 않는다. 그 대신 의사가 7명에서 12명으로 증가하였고, 간호사 역시 2명에서 12명으로 증가하였으며, 병리실험사 1명은 신설되었다. 업무 담당 인원의 증가도 약간은 있었지만, 의료 부분의 인원이 크게 증가한 것이 주요 특색이라고 할 수 있다.

또한 직원들의 가족 구성원 부분에서 21명이 1인 가구인 것을 보면 대부

56 奚霞, 〈民國時期的中西醫論爭〉, 《醫藥學史》 2005년 제1기, p.46. 폐지론자 중에는 중화민국의약학회 상하이 분회 회장이던 위윈슈余雲岫가 있었다.

57 산둥성내 홍만자회 부설의원은 1940년에 리청歷城에 설립되었으며, 1947년 무렵, 부설 의원의 직원은 원장을 포함하여 의사 4명, 간호사 2명, 회계원 1명, 등록원 1명, 모두 8명이었다. 李光衛, 앞의 논문, pp.218-220. 또한 상하이의 불교계에서 세운 불화의원에는 상주의사, 특약의사, 약제원, 간호원 약간 명이 있었다. 5명 전후가 아닐까 한다. 吳平, 〈民國時期上海地區的佛敎醫院診所〉, 《佛敎文化》 2003년 제5기(총225기), p.30.

분 젊은 연령층으로 구성되어 있었던 듯이 보인다. 이들은 모두 위위엔로라는 거주지에 같이 살았는데, 이 주소는 병원의 주소이다. 곧 젊은 의사나 병리실험사, 약제사, 간호사 등 의료진과 비서, 회계조장 등도 그곳에서 기거한 것으로 보면, 병원은 진료시설뿐만 아니라 직원용 숙소도 함께 운영하였던 것으로 보인다.

2) 제1, 2시진소施診所

상하이의원은 이후 부설기관으로 제1시진소와 제2시진소를 개설하였다. 진료와 치료를 원하는 수요자가 크게 증가한 것도 중요 요인이었지만, 1·28 상하이 사변을 거치면서 의료시스템을 확장할 필요성이 더 커진 까닭이다. 이리하여 제1시진소는 원래 상하이의원에 소속되어 시작하였으나, 1940년에 남시의 구곡교 난민구 치료소로 이주하면서 의원의 부설 기구로 남게 되었다. 이곳도 본디 중서의中西醫 두 부분으로 나누어져 있었으며, 환자들에게는 등록비를 걷는 것 이외에는 무료였다. 의약비는 중의약 일부분에 한하였고 본회에서 지정한 약국에서 극빈병자에게 옛시약 처방에 따라 진행하였다. 제1시진소에는 중의 3인, 서의 1인, 간호 1인, 역인役人 1인이 상주하고 있었으며, 매일 상오 9시에 개진하여 12시에 정진하였다. 응진과목은 서의의 경우 외과, 이비, 안과이며, 중의부는 내과였다.[58]

1944년 무렵에 기록된 제1시진소의 인적 구성은 〈표 17〉과 같다.[59]

진료소 수준이기는 하지만 의사 3명과 간호사 1명, 약 담당 1명으로 구성되어 있으며, 나머지는 주임 1명과 사무원 1명이다.[60] 중서의사의 비율이 2대 1이어서 중의학 처방이 더 중요시되었던 것으로 보인다. 또한 남자 3명의

58 Q120-3-90. 〈世界紅卍字會上海市分會辦理世界紅卍字會上海醫院簡明概況〉.

59 Q120-3-25. 《世界紅卍字會上海分會及各附屬單位職員名冊和員工家屬恤老組老人名冊》(1933,1955).

60 산둥성의 웨이하이훙만자회시진소의 인력구성은 소장겸 의사 1인, 조수 1인이었다. 高鵬程, 앞의 책, p.106.

표17. 1944년 무렵의 제1시진소 인력 구성

연번	이름	성별	출신	직별	주소	가족
1	쉬즈신許自新	남	안후이	진소 주임	시먼로	4인 (처1 여2)
2	장민리엔張敏連	남	상하이	중의사	쉬자후이	3인 (부모 2인)
3	야오서우청姚守誠	남	상하이	중의사	야오주지아로	2인 (모 1인)
4	장화장張華江	남	상하이	서의사	룽먼로	4인 (처1,여2)
5	장펑전張奉貞	여	항저우	간호사	펑라이로	1인
6	공이민 龔逸民	남	총밍	사약司藥	루자방로	3인 (처1,자1)
7	마스쥔馬石君	남	장투	사무	상동	1인

의사들은 공교롭게도 출신 지역이 모두 상하이이다. 회원 구성이나 본부의 직원 구성이 장쑤 남부와 저장 북부 출신이 다수인 사실과 비교된다. 이미 19세기 말에 상하이에서 시작된 영미 계통의 의학 교육으로 인해 이 지역 출신들이 상하이 소재 의대를 수료한 뒤에 상하이병원에 취업하였을 것이라고 추측된다. 의료직 외의 다른 직책의 인원이 모두 비상하이 출신이라는 점도 흥미롭지만, 이들이 모두 장쑤와 저장, 그리고 안후이였던 것으로 보아 일반적인 회원 구성과 유사하다고 하겠다. 결국 상하이 외의 다른 지역 출신들이 의사로 들어오지는 못하였던 셈이다.

상하이의원 부설로 개설된 제2시진소는 1946년에 홍커우구 웨저우로虹口區 岳州路 364롱 타이싱탕太性堂내에서 시작한 것으로 알려졌다. 개설 이유는 중일전쟁이 끝난 뒤 홍커우 일대에서 많이 발견되는 빈민 환자를 응급 구제하기 위한 데 있었다. 이러한 필요성에 따라 1946년 3월 11일에 조직을 갖추었고, 개설과 관련된 주요 업무는 구샨싱顧善性과 후중칭胡中乘이 담당하였다. 진료는 서의부만 개설하여 담당하였고, 이를 담당한 의료진으로는 의사 1인, 간호사 1인을 두었으며, 사무직으로는 사무원 1인과 공역 2인을 두어 진료소를 운영토록 하였다. 진료 시간은 매일 오전 9시부터 11시까지, 오후에는 1시부터 3시까지였으며, 진료과목은 내외과, 안과, 이비인후, 피부과 등이었다. 1년 예산은 약 1천 8백만 위안이었고, 본소의 건물은 임시로 빌린 것이었다.[61] 1947년의 조사에 따르면 제2시진소의 책임자는 첸

61 Q120-3-90,〈世界紅卍字會上海市分會辦理世界紅卍字會上海醫院簡明概況〉.

전옌陳鎭岩과 딩서우런丁守仁이었으며, 경비지출은 매월 법폐法幣 1십4만3천여 위안이었고 경비의 내원은 본원 수입과 회원의 연조捐助에 의거한다고 되어 있다.[62]

제2시진소가 제1시진소와 다른 점은 우선 중의는 없이 서의만 있는 점이고, 진료부분에 있어서 피부과가 개설되어 있다는 사실일 것이다. 중일전의 승리 이후 가난한 응급 환자를 위해 개설하였다는 것으로부터 유추해 보면, 일본인들이 떠나고 난 훙커우 지역에 많은 난민들이 몰려들면서 응급 진료의 필요성이 생기게 된 것이 아닐까 한다. 게다가 중의를 배치하지 않은 것이나, 피부과를 증설하고 있는 바, 이러한 이유는 좀 더 분석해 볼 필요가 있다.

3) 상하이의원의 진료 업무

상하이의원의 진료는 크게 세 종류로 나누어져 있었다. 시진과 문진, 그리고 출진이 그것이다. 1940년 5월에 개정된 〈세계홍만자회의원간장〉에 따르면 시진은 "등록비가 1쟈오角이며, 가난한 환자에게는 약을 준다. 중의는 매일 상오 9시부터 12시까지 시진하였고, 서의는 하오 3시부터 5시까지 시진한다. 일요일과 공휴일은 진료하지 않는다"라고 설명하고 있다. 이에 비해 문진은 "신경과 진료비는 3위안이며, 일반 각과는 1위안이다. 약품과 기타 비용은 별도로 계산한다"로 규정하고 있다. 반면 출장 진료에 해당하는 출진出診은 "진료비는 10위안이며, 차비는 1위안이다"라고 규정하고 있다.[63] 이로서 본다면 전체 진료 중에서 가난한 환자를 위한 시진은 중의의 진료를 받고 약을 주는 것이 주요 기능이라고 할 수 있다. 등록비가 1쟈오로 규정된 것에서 보듯이, 완전 무료는 아니었던 셈이다.

이 비용은 1929년에 당국에서 정한 의료비와 약간의 차이가 있다. 〈진금

62 Q120-3-38, 〈上海紅卍字會上海市分會調査報告〉.

63 Q120-3-90, 〈世界紅卍字會上海市分會辦理世界紅卍字會上海醫院簡明概況〉.

그림 10. 홍만자회에서는 아편흡연금지, 곧 계연운동에도 관심을 많이 쏟았다. 상하이의원에서도 계연은 주요 진료과목이었다. 위의 사진은 후난과 광시에 개설한 계연소에서 계연에 성공한 중독자들이 출소하는 장면이다.

표준표診金標準表〉에 따르면, 문진비는 2자오[角]에서 1위안 2자오 사이, 출진비는 차비 포함해서 '보통 1위안에서 5위안 사이', '특진'은 6위안에서 10위안으로 문진 상대가 심야에도 부르면 출진할 수 있는 경우이다. 또 수술비의 경우, '소수술'은 1위안에서 5위안, '보통수술'은 6위안에서 10위안, '대수술'은 10위안에서 5백 위안이었다. 출산을 뜻하는 '접생비接生費'는 5위안에서 50위안까지였는데 이는 의사나 조산사가 받는 경우이며, 구식 산파는 이에 포함되지 않았다. 또 입원비는 2자오에서 10위안으로 정하였다.

그렇다면 입원 환자들에 대한 규정은 어땠을까. 우선 입원하기 위해서 환자는 본원 의사의 진찰을 받은 이후에 수속을 밟아야 하며, 특별히 특정한 의사를 주치의로 두고 싶다면, 별도의 비용을 치러야 했다. 이는 이미 특진제가 시행되고 있음을 알려준다. 또한 입원 환자는 보증인을 두어야 하고, 입원 시에는 입원비, 식비, 약비 15일치를 먼저 납부하고, 기타 비용의 경우 입원비를 등급에 따라 정리하여야 할 것을 명시하고 있다.[64]

당시 특등실이나 2등실에는 동반자도 데리고 올 수 있었다. 그들에게는

64 특실의 경우 매일 15위안에서 17위안의 입원비를 납부해야 했는데, 그 중에서 식비의 경우 중국식은 1위안, 양식은 4위안이었으며, 약비와 기타 비용은 별도로 수납하도록 하고 있다. 특실 이하로는 2등 갑, 2등을, 3등갑, 3등을 등 모두 5등급으로 나누어져 있는데, 3등갑은 2위안, 식비는 중식 1위안 서양식은 4위안으로 특실과 같다. 반면 3등을은 매일 식비 6자오를 받으며, 약비는 사정에 따라 참작하여 받도록 하였다. 상하이의원의 입원료를 다른 병원의 그것과 비교해 보면 어떨까. 예컨대 민국 시기에 상하이에 개설된 불교의원의 경우, 특실 입원비는 매일 3위안, 2등실은 2위안, 3등실은 1위안이었으며, 승려는 반값이었다. 吳平, 〈民國時期上海地區的佛敎醫院診所〉, 《佛敎文化》 2003년 제5기(총225기), p.30. 상하이의원의 특실 입원료와 비교해 보면 매우 낮은 편이다.

매일 숙식비를 별도로 받았으며, 특별히 고용한 간호자는 달리 논의하여 그 비용을 결정토록 하였다. 하지만 이러한 동반자는 3등 갑과 3등 을실에 입원한 환자에게는 허락되지 않았다.[65].

상하이의원에서 설정한 특등실과 2등실은 사실, 〈세계홍만자회상하이의원강칙〉의 경비 항목에 따라 비용을 거두었던 것으로 보인다. 이 중에서 1등과 2등 입원실은 '유자지병가有資持病家'에서 자원 출자하거나 본원의 의사에게 청하여 출진하며, 규정에 따라 거둔 비용은 3등 병실의 진료비나 당일 문진한 빈병인貧病人에게 공급한다고 되어 있다. 또한 병원에서 필요한 의약품이나 병원의 모든 경상비 부족분은 각 이사와 회원들의 기부금으로 충당한다고 정하였다.

이 점에서 1, 2등 병실은 단순히 수입을 위한 것이었다기보다, 3등실을 운영하는 데 따른 재정 부족분을 보충하기 위한 성격이 강한 듯하다. 특히 '자산이 있는 사람'이 자원해서 출자하였다는 부분에서 그 점을 읽을 수 있다. 아마 자산가는 이를 통해 기부도 하고, 고급 병실에 입원하여 진료도 받았던 것으로 보인다.

이 병원에서는 계연과 출산을 주요 진료 과목에 포함시켜 놓았다. 출산을 위해 여의사를 초빙하여 이 문제를 전담토록 하였는데 출장하여 출산을 돕기도 하였다. 그 시간은 주야를 불문하며 1회 출산 출장비는 50위안이고 조산사는 8위안, 난산의 경우는 별도로 계산하며, 주사비나 기타 비용 역시 별도로 계산한다고 규정하고 있다. 다만, 이 중에도 빈부 차이가 있는지에 대해서는 언급하고 있지 않다.

이 병원에서 설정한 또 다른 진료 과목은 계연戒烟일 것이다. 계연은 접산接産, 곧 출산과 마찬가지로 중요한 업무였다고 할 수 있는데, 그것은 〈간장〉의 규정 중에 '주원', '접산'과 더불어 '계연'이 독립 메뉴로 설정되어 있기 때문이다. 이 규정에 따르면, 입원하여 금연 치료를 받는 경우, 입원비 외에

---

65 Q120-3-90.〈世界紅卍字會上海市分會辦理世界紅卍字會上海醫院簡明概況〉.

1등실은 매 1백 위안, 2등실은 50위안이었고, 금연의 효과가 나타나면 10위안에서 1백 위안까지이며, 계연비는 반드시 먼저 비용을 납부하고 기타 비용은 별도로 계산한다고 규정하였다.

계연이 홍만자회에서 운영하는 병원에서 얼마만큼 중요한 부분이었을까. 실제로 병원 운영과 관련된 자료에서 계연에 대한 언급은 〈간장〉이 처음일 듯하다. 반면 주요 기능으로 포함시킨데다, 그 경비 또한 적지 않은 것으로 보아 매우 중요한 기능을 차지했던 것 같다. 1등실이 무려 1백 위안이었다는 사실은 일반 입원비의 그것과 비교해도 너무 많기 때문이다. 상하이시에서는 이를 위한 전문의원으로 계연의원을 개설하여 운영하고 있었으며, 1935년 말까지 3만여 명 이상이 등록하였고, 이들에 대하여 집중적으로 관리하면서 중독을 치료하였다.[66] 또한 1936년에 불교계에서 세운 불화의원에도 9개의 진료과 중에서 계연과가 있는 것으로 보아[67] 상하이 지역에서 금연 치료는 부유한 흡연자를 대상으로 한 중요한 병원 업무였던 것으로 보인다.

〈강칙〉에 따르면 병원의 조직은 동사회, 의원, 남시분진소로 구성되어 있다. 동사회는 동사장 1인, 부동사장 2인, 상무동사 8인, 동사 17인, 명예동사는 인수 무제한이었고, 동사의 책임은 의원을 집행하고 감독하는 기구로 설정하였다. 구체적으로는 경비, 약물 등의 구입 비치, 원무의 건설과 재정 수지를 주지하고, 원내 각부의 서비스와 근무태도 등 모든 것들이 동사회에서 관장하도록 하였다. 이 때문에 동사회에는 따로 규정을 두도록 정하였다.

이 병원의 중요한 시설로서는 화험化驗, 엑스광, 전료電療 등을 두고 있었다. 이 세 가지 시설은 사실, 이 병원이 단순하게 진료만 하는 것이 아니라 현대식 실험과 조사 및 치료 방법을 갖춘 병원이라는 의미일 것이다. 구체적으로 그 내용은 서술되어 있지 않지만, 나름대로 과학적 설비를 갖추었

66 배경한, 앞의 논문, p.88.

67 吳平, 앞의 논문, p.30.

던 것으로 생각된다. 진료라는 것이 구체적으로 어떤 방식의 치료법이었는지 알기는 어렵지만, 상하이 지역 내 의원으로서는 모든 면에서 비교적 양호한 의료진과 시설을 갖춘 병원이 아니었을까 한다.

또한 이 규정에는 문병 조항도 자세히 적혀 있으며, 퇴원에 관한 규정도 매우 상세하다. 예컨대 환자가 병실의 규칙을 따르지 않거나 의사의 권유를 무시할 경우, 강제 퇴원도 가능하며, 그에 따르는 비용은 환자뿐만 아니라 보증인이 청산해야 한다는 것이다.

결국 이 규정은 특별히 환자들이 부담할 비용에 대해 매우 촘촘하게 정해 놓은 반면, 병원측이 짊어져야 할 책임 등에 관해서는 거의 언급하지 않았다. 또한 병원에서 일어날 수 있는 사고에 대해서도 기재해 놓지 않은 것으로 보아, 그런 부분은 아직 생각하지 않았거나 혹 있다고 해도 진지하게 검토했던 것 같지는 않다. 마찬가지로 이 병원이 안고 있는 특수성, 곧 빈민 치료라는 부분에 대해서도 예컨대 실험이나 엑스광선 등의 경우 비용 부담에 대한 언급이 없으며, 3등 병실의 경우 보호자를 둘 수 없도록 규정되어 있다. 그렇다면, 그들에 대한 간병은 어떻게 하였을까 하는 점도 궁금하다.

4) 진료환자의 질병 유형

홍만자회에서 운영하는 병원에서 진료받은 환자의 수나 그들이 진단한 질병은 어떤 종류였을까. 이에 대해서는 인길의원이 1937년에 작성하여 상하이시 정부에 제출한 당안에서 그 상황을 조금은 확인할 수 있다.[68] 1937년 3월과 4월의 보고에 따르면, 중의와 서의에 따른 진료인수와 병증은 다음과 같다.

〈표 18〉, 〈표 19〉의 두 표를 통해서 보면 다음과 같은 점이 눈에 띈다. 우선 빈민을 위한 의료기관이라는 명분을 내건 홍만자회 의원치고는 무료 치료자가 매우 적다는 사실이다. 중의 진료자는 3월의 경우 2,663명 중 35명

---

68 Q120-3-97, 〈世界紅卍字會上海分會仁吉醫院每月診務狀況報告表〉.

표18. 1937년 인길의원의 진료인 수

	중의 진료		서의 진료		소계	
	3월	4월	3월	4월	3월	4월
남(명수)	860	1,224	299	653	1,159	1,877
여	1,226	1,736	138	211	1,364	1,947
노아	542	674	284	462	826	1,136
무료	35	39	25	71	60	110
(소계)	2,663	3,673	746	1,397	3,409	5,052
시약자수	2,602	3,613	기록 없음		6,215	

(중의/서의 비율 3.48)

표19. 인길의원 병증 개황

중의	서의
3월 1) 1위: 부인과, 간, 위, 유행성 감기, 춘온春瘟 2) 2위: 폐, 기침 3) 3위: 심장, 이질, 천화天花	3월 1. 내과 1) 1위: 종두(148) 2) 기타: 인후염, 기관지, 구강, 장, 관절통, 유행성 감기 2. 외과 1) 1위: 습증, 농증, 외상 2) 2위: 하퇴상下腿傷, 종기, 임파선염 등 3. 피부: 화류花柳 200명 4. 이비인후: 결막, 중이염 최다
4월 1) 1위: 상한傷寒, 식체 및 자궁병 2) 2위: 열, 감기, 기침, 이질 3) 3위: 간, 위병, 장염 및 기타 잡증	4월 1. 내과 1) 1위: 종두 2) 2위: 기관지염, 인념, 단독丹毒 3) 3위: 기타 위염, 유행성 감기, 잡증 2. 외과 1) 1위: 습증, 찰과상 2) 2위: 농양, 부스럼 및 중이염 3) 3위: 궤양, 악성종양 3. 안과 이비인후과 1) 1위: 결막염 2) 2위: 백내장, 사안沙眼 등

이며, 서의의 경우 746명 중 25명에 해당한다. 4월에는 조금 증가하기는 했지만 중의의 경우 3,673명 중 39명, 서의의 경우 1,397명 중에 71명이므로 여전히 낮은 비율이다. 4월의 총계로만 보아도 총 5,052명의 진료 중에 무료 진료자는 110명이므로, 약 2%가 조금 넘는 비율이다.

또한 중의와 서의 진료 중에서 눈에 띄는 것은 남성보다 여성이 중의 이용자가 많다는 점이다. 아마 이는 중의 진료에 부인과가 있는 반면에 서의 진료에서는 별도로 부인과가 없다는 사실이 반영되었을 것이다. 또 3월에 비해 4월의 진료자가 급격히 증가하는 것도 눈여겨 볼 사항이며, 중의의 경우 거의 모든 진료자들에게 시약을 한다는 사실도 주목할 만하다. 반면 서의에서는 시약자를 기록하지 않았는데, 그 이유를 알 수는 없다.

이곳에서 치료받는 질환은 중의의 경우 부인 관련 질환과 간, 위, 감기 등이며, 그 다음으로 폐와 기침 등이 포함된다. 곧 부인과, 내과 등이 많았던 것으로 보인다. 서의의 경우, 내과에서는 종두 접종자가 가장 많으며, 그 다음으로는 기관지 관련 질환이 많다는 사실을 알 수 있다. 외과의 경우 습증濕症이나 농양, 종양 등 피부병과 관련된 질환이 많은 편으로, 이는 상하이 지역의 기후와 관련이 있는 듯이 보인다. 덥고 습한 지역이므로 피부염 환자가 많이 발생하였다고 판단된다.

좀 더 흥미 있는 부분은 화류병이다. 3월의 진료환자 중에 200명이 이 질환을 앓았다는 것은 매우 높은 비율임에 틀림없다. 746명 중에 200명이므로, 약 27%의 비율이다. 이로 볼 때 서의에게 진료를 받은 사람들 중, 종두(148명)와 성병의 합계 비율이 약 47%였다는 사실은 이 질병이 사회에 만연되어 있었을 것이라는 짐작을 하게 된다. 전체적으로 볼 때, 중의에는 부인병 때문에, 서의에는 종두와 성병 때문에 진료를 받는 사람이 다수였다고 보아도 좋다.[69]

그렇다면 이 질환이 당시 상하이의 병원에서 진료하는 질환과 어떤 점에서 유사하고, 또 어떤 점에서 차이가 있을까. 또 상하이의원이 자선을 위한 의료기관이었다고 한다면, 저와 같은 질환은 빈민의 질병으로 보아도 좋을 것인가. 이는 좀 더 검토가 필요한 부분이다.

1920년대 상하이 지역의 시의 종류는 문진, 입원, 처방, 급약, 우두 등이 주종이었고, 이런 처방을 받아야 할 인원은 매년 수만 명에 이르렀다. 예컨

---

69 베이핑에서 질병 통제의 대상이 되었던 만성전염병은 주로 폐결핵과 성병이었다. 신규환, 앞의 책, p.193 및 pp.220-241 참조.

대 1927년에 시의 655,752명, 시약 89,686명, 종두 15,807명이었다. '포방공익회浦浜公益會'에서 발표한 자료에 따르면 1929년에 시진자는 1,367명, 내과 11명, 외과 1,115명, 사약수痧藥水(콜레라 대비음용수) 900병이었으며, 1930년에는 시진 2,487명, 내과 9인, 외과 1,953명, 사약수 1,600병, 그리고 1931년에는 시진 2,560명, 내과 18명, 외과 1,764명, 사약수 1,800병 등이었다.[70]

1929년에 비해 1930년의 시진 인원이 거의 배로 증가하였음을 알 수 있으며, 내과보다는 외과 진료자가 압도적으로 많다는 사실도 보여준다. 특징적인 것은 콜레라를 예방하기 위한 사약수를 제공한 것이 통계 수치에 잡혀 있다는 사실이다. 상하이의원의 진료자 중에는 콜레라와 관련된 문진 사항은 보이지 않는 것으로 보아, 이 부분에 대한 진료는 행해지지 않은 것 같다. 당시 상하이시의 음용수나 도시기반 시설, 위생 상태, 그리고 1919-1920년에 동아시아를 휩쓸었던 콜레라 대유행과 관련시켜 보면, 다소 이해가 가지 않는 부분이기도 하다. 그렇지만 시역병원의 존재라든가 1934년부터는 시립전염병의원을 개설하여 이 부분을 전담하도록 한 사실과 연계시켜 본다면,[71] 홍만자회 부설 의원에서는 전염병 환자를 본격적으로 진료하지는 않았던 것으로 보인다.

다음으로 우리가 주목해야 할 부분은 홍만자회 의원에서 부속기관으로 개설한 시진소의 운영이다. 제1시진소에서 제정한 11개조의 〈간장簡章〉에 운영과 관련된 사항이 비교적 세세히 명시되어 있다.[72] 공식 명칭은 세계홍만자회상하이의원 남시분진소로서, 이곳에도 중서의를 배치하여 극빈환

---

70 李國林, 앞의 논문, p.136.

71 상하이시에서는 1934년에 쟈베이에 시립 전염병의원을 두어 전염병환자를 전담하였다. 인력은 의사 3명, 간호원 12명, 사무원 4명이었으며, 6개월 동안의 진료자는 1,186명, 입원환자는 315명이었다. 배경한, 앞의 논문, p.88. 이와는 달리 베이핑에서는 1936년의 경우, 사망원인 1위와 2위가 호흡기질환 및 폐결핵이었고, 페스트와 콜레라로 인한 사망자는 없다. 신규환, 앞의 책, pp.191-193.

72 Q120-3-90, 〈南市施診所簡章則〉.

자를 구제하기 위해 시진과 시약을 전담하는 것을 종지로 삼는다고 명시하고 있다. 시진과 시약을 동시에 행하였던 것이다. 제3조에서는 정·부사무주임正·副事務主任과 중의주임中醫主任 각 1인이 동사회董事會의 뜻을 받아 규정에 따라 일을 처리하도록 하였다. 제4조의 경우, 초빙 의사는 국내외의 정식 전문의학교를 졸업하거나 그와 동등의 학식과 의학 경력을 가진 사람을 모신다고 규정하였다.

한편 시진소에서는 중의와 서의의 초빙 방법에 대해서도 규정을 두었는데, 곧 초빙 중의는 중의 주임이 고핵考覈을 한 뒤에 초빙할 수 있으며, 서의는 정·부 사무 주임이 이를 주관하는 것으로 정하고 있다. 다만 두 건 모두 원장의 동의가 필요하며, 합격한 뒤에는 동사회에서 이를 인준할 것이 요구되었다. 시진소내 간호사의 선정과 직원 선발에 대해서는 정·부 사무주임을 먼저 거치고, 그 다음에 정·부원장이 이를 동사회에 제출하여 승인하는 것으로 마무리하도록 되어 있다.

그렇다면 일일 시진인수와 시약의 종류나 수량, 진료할 수 있는 병에는 어떤 것들이 있었을까. 〈간장〉에는 이에 대한 명백하고도 세세한 규정은 없다. 다만, 이 모든 일들은 사무 주임이나 부주임이 처리하지만, 각각 중서의사들이 감독하여 표를 작성한 다음 동사회에 보내 검토한 뒤에 공포하도록 되어 있다. 이처럼 규정한 이유는 시진을 받기 위해 오는 모든 환자나 모든 질병, 그리고 양에 관계없이 시약을 하는 일이 불가능하기 때문에 제정한 것이 아닌가 한다.

특히 시진소에서는 시약을 하게 되어 있으므로 필요한 약을 공급받는 일도 쉽지 않았던 것 같다. 이 역시 사무국의 정·부 주임이 처리할 사안으로, 관련 조항을 영수증으로 만들어 동사회에 보고하고 난 뒤 구매하는 것으로 정하고 있다.

사무주임의 권한은 또한 병원의 수지 문제에도 미치고 있다. 이 수지 역시 최종적으로는 동사회에 보고하여 승인을 받은 뒤에 공포하도록 규정하였지만, 실질적인 책임은 사무주임의 손에 있었던 것이다. 의사, 간호사,

직원 잡역 등 병원내의 모든 사람의 근무 태도를 고찰하는 것도 사무주임의 책임이었으므로, 사무주임의 권한과 책임은 병원의 운영에 있어서 매우 막중하였던 것으로 생각된다.

이상에서 보았듯이 홍만자회 부설 상하이의원은 초기 설립시에는 제대로 규모를 갖추지 못한 채 운영되었던 것 같다. 하지만 1932년의 상하이 사변을 겪으면서 의사, 간호사 등 의료진과 사무직원 확장, 시설과 진료기구의 개선 등의 부분에서 크게 발전한 모습을 보였다. 이에 병원 운영에 필요한 각종 규정들을 제정하면서 일반 병원으로서의 모습을 갖추었다. 다만, 본래의 개설 의도였던 빈민치료나 무료치료 등에서 얼마나 중요한 공헌을 하였는지는 여전히 미지수이다. 아마, 부설 진료소에서 그 역할을 더 중시하였는지도 모르겠다. 병원 운영과 관련해서 얻은 정보는 그보다 진료환자의 수, 질병의 종류 등이다. 이에 관해서는 좀 더 많은 자료들을 이용해서 분석해야 할 것 같다.

2. 홍만자회 부설 학교의 개황

1) 중화민국 시기의 자선교육과 슈밍의 무소학

상하이에서 1910년대의 교육은 어떻게 전개되었을까. 우선 외국인 중심의 학교 제도에서 중국인 중심으로, 또 동·서 절충형의 교과목 중심에서 민국정부의 국가개혁에 필요한 교육과정으로 운영되고 있었다는 점을 지적할 수 있다. 더구나 초등학교의 수효도 계속 증가하는 중이었고, 직업학교나 사범학교 역시 마찬가지였다.[73]

무엇보다 중화민국 정부는 청조 시대의 교육 목표뿐만 아니라 학교제도 및 교육과정, 교원양성제도 등을 통해 민국인을 양성하여야 한다는 교육

73 張仲禮 主編, 《近代上海城市硏究》(上海人民出版社, 1990), pp.995-998.

목표 아래 제도를 정비해 나갔다. 특히 초등소학에서의 남녀공학, 여학교의 개설, 공화국의 종지에 맞는 교과서의 편찬 따위의 획기적인 법령들을 잇따라 반포하였다. 초등교육은 의무교육이어야 하며, 중학교육은 보통교육이 되어야 할 것도 명시하였다. 이에 따라 전통시대의 교육기관이었던 사숙私塾을 소학으로 전환하거나, 독경과 같은 유교 중심의 과목도 폐지하고 대신 체조나 수공手工과 같은 과목을 더 중시하는 방향으로 정책이 진전되었다.[74]

그림 11. 홍만자회에서는 영구자선사업으로 교육과 의료에 투자를 많이 하였다. 위의 사진은 전쟁지구에 설치한 난민수용소 부설 난동훈육반難童訓育班의 모습.

그럼에도 불구하고 이러한 국민교육제도는 모든 계층에게 고루 적용되기는 어려웠다. 말하자면 제도에서 소외될 수밖에 없는 빈민층이 존재하였던 것이다. 이에 따라 상하이 지역 자선단체들이 빈민 자제의 교육에 관심을 가지는 것은 당연한 추세였던 것으로 보인다. 1916년에 출발한 중국제생회中國濟生會는 명확하게 교육이 자선사업의 하나라는 사실을 인식하여 의학교義學校, 빈민노천학교, 야학교 등을 개설하였다. 상하이자선단에서도 1919년 9월에 시내에 무료로 운영되는 의학교를 3개나 설립하면서 자선의 취지를 실천하여 나갔다. 그 결과 1928년에 이르면 이들 3개 의학에서 700여 명이 재학했을 정도로, 자선교육이 성장한 셈이었다.[75]

국민당 정부 시절 상하이시 정부에서도 자선단체들이 학교를 개설하도록 권유하였다. 예컨대 1935년에 국민당 상하이특별시 집행위원회와 상하

74 〈敎育部通電各省頒發普通敎育暫行辦法〉, 李桂林·戚名琇·錢曼倩 編, 《中國近代敎育史資料匯編》(上海敎育出版社, 1986), pp.455-456.

75 李國林, 앞의 논문, p.158.

이시 사회국에서 작성한 제1701호령에 따르면, 당국은 식자 교육의 일환으로 '각 단체는 식자학교의 설립과 운영에 관한 법을 제정하도록' 요청하였다. 그 뒤 〈각 단체 식자학교 설립판법各團體設立識字學校辦法〉을 제정 반포하여 식자 교육에 동참하도록 권고하였다. 그 주된 내용은 빈민 자녀에게 무료로 교육을 제공하고, 조직의 건전성이나 지도력은 이러한 학교의 개설과 운영 성적으로 판단하며, 이를 어길 경우 책임자를 교체하거나 심지어 단체를 해산한다는 것 등이었다. 이후 자선단체의 교육은 식자 수준 뿐만 아니라 부녀와 아동을 위한 학교, 맹아용 학교, 여성용 공예 학교, 농아 학교와 같이 보호와 복지를 필요로 하는 계층을 위한 학교들이 연이어 들어서는 것으로 확장되었다.[76]

그렇다면 상하이홍만자회는 상하이 사회의 이러한 사조를 어떻게 인식하였을까. 이미 홍만자회는 자업慈業의 일부로서 학교 운영을 제시한 바가 있다.[77] 따라서 홍만자회의 학교 설립은 국민당 정부의 사회 교육 중시 이전에 이미 시작된 것이라고 볼 수 있다.

상하이홍만자회가 처음 설립한 학교는 1927년에 문을 연 '제일의무소학第一義務小學'이었다. 그 뒤 1937년의 8·13 상하이사건으로 교사가 피폭당하면서 업무가 정지되었고, 1944년에 지쓰濟思소학으로 개명하였다가 그 이듬해에 다시 만자소학卍慈小學으로 고쳤다. 1, 2학년은 단식으로 3, 4, 5, 6학년은 복식으로 운영되던 이 학교의 학생 수는 240여 명이었고, 교사는 8명이었다. 학비는 면제였고 잡비를 일부 거두기는 했지만, 빈곤자는 이것도 면제하였다고 한다.[78]

홍만자회에서 개교하여 운영한 학교로는 슈밍의무소학修明義務小學이 또 있다. 이 학교는 회원인 첸슈밍陳修明의 기부로 개교하였고, 이름은 이에 의

---

76 Q115-6-1, 〈上海仁義善會〉.

77 1940년대에 베이징의 홍만자회 총회에서 파악한 부설 소학교는 모두 85곳이었다. 方竟, 앞의 논문, p.79.

78 Q120-3-38, 〈上海紅卍字會上海市分會調查報告〉.

거한 것이라고 알려져 있다.

하지만, 첸슈밍의 개교와 관련하여 미리 언급해 두어야 할 사항이 하나 있다. 곧 이 학교 이전에 이미 홍만자회 상하이부녀분회 장홍징張宏境 사장 등이 실학失學 자제를 위해 여사女社와 함께 자금을 모아 세운 '세계홍만자회상하이부녀분회사립의무소학世界紅卍字會上海婦女分會私立義務小學'을 세운 적이 있었다는 사실이다. 이는 1933년 봄의 일로, 이들은 상하이 시내 8구 타이스더랑로臺斯德郎路 133가에 있는 건물의 방 두 개를 빌려 교실로 삼고, 그해 가을에 학생들을 모아 개교하였다.[79]

1942년에 이 의무소학이 경제난으로 인해 어려움에 빠지자 도원의 훈訓에 따라 홍만자회의 상하이 분회장인 첸슈밍 회장 등이 이를 인계받았다. 그런 다음 교사를 초빙하고 교지를 확충하는 한편 다시 '훈'을 받들어 학교 이름을 '세계홍만자회상하이분회사립슈밍의무소학'으로 개명하였다는 것이다. 그리고 의무학교를 운영하라는 훈의 뜻에 따라 학비나 잡비 등은 거두지 않았고, 교과목은 주로 실용성을 중시하여 편성하였다는 것이다. 이 부분을 제외한 기타의 법규는 종래와 같았다.[80]

이에서 보듯이 슈밍소학은 초기부터 몇 가지 특징을 지니고 출발하였다. 곧 의무소학으로[81] 시작하였기 때문에 학비와 잡비를 면제하였고, 또 출발 자체가 여사들이 주도한 터라서 이들의 기부금이 학교를 운영하는 데도 도움을 주었다. 또한 슈밍소학으로 개명한 일도 '훈'이라고 하는 종교적 계시에 따랐다는 사실이다. 결국 초기부터 도원의 적극적인 지원을 받은 사실이 드러난다.

그리고 이 학교는 빈곤실학생을 위해 세워졌지만, 국가가 요구한 사항도

---

79 지난지역에서도 여도덕사와 부녀홍만자회가 1927년에 여자소학을 설립하였다. 처음 명칭은 홍만자회사랍여자소학교였으나 1930년에 양정養正여자소학으로 교명을 바꾸었다. 李光衛, 앞의 논문, p.197.

80 Q120-3-83, 〈民國33年度 第1屆教務報告 33년 7월〉.

81 의무소학은 소학 중 초등과 4년에 해당하며, 고등소학은 초등과를 마친 이후 3년을 이수하였다.

소홀히 하지는 않았던 것으로 보인다. 학교의 모든 규정을 국민당정부 산하 상하이시 교육국의 그것에 맞추었다는 사실에서 그 점을 알 수 있다. 곧 교과과정 편성이나 학년제 그리고 교사의 수급 등을 소학교 체제에 맞게 운영한 것이다. 또한 학교의 종지를 '삼민주의교육을 실시하여 우수한 국민을 양성한다'[82]고 한 데에서도 국민당 정부에 대한 태도를 엿볼 수 있다.

홍만자회는 위의 두 학교 이외에도 '사립평민통속의무초급소학교私立平民通俗義務初級小學校'를 운영하였던 것 같다. 이 학교에 대한 연구는 아직 진행되지 않은 것으로 생각되는데, 1930년 정월 11일에 열린 〈상하이도원홍만자회회의록〉에 간단하게 언급되어 있을 정도로[83] 자료가 거의 없기 때문이다. 이에 따르면 당시 학생 수는 40-60명 정도였으며, 간부인 리츠카이李慈開에게 인원 문제를 전담시키고 있었다. 지난 해 경비는 1천 위안 이내라고 한 것으로 보아, 이미 1930년 이전에 설립되었던 것 같다. 이 회의에서는 직원의 사기 진작을 위해 급여를 70위안에서 90위안으로 올리는 것이 논의되었으며, 본년부터는 지필묵과 서적 따위를 모두 학생에게 부담을 시키는 것이 더 좋겠다는 안건도 제출되었다. 1931년 정월에 열린 회의에서 결정된 바로는 학생들로부터 학비를 받지 않는 대신, 학교의 경비를 절약하기 위해 학용품은 학생 자신이 부담한다는 것으로 결론내렸다.

홍만자회에서는 또한 중학과정으로서 만자중학을 개설하여 운영하였다. 1944년에 설립된 것으로 보아 소학교 졸업생들이 증가하고 있던 현실이 반영되었을 것이다. 또한 베이징에서는 이미 1934년에 교외의 청룡교 부근에 만자중학을 개교한 상태였으므로, 이것도 상하이 홍만자회를 각성토록 하였으리라고 본다. 당시 학생수는 140명이었다.[84]

이 중에서 현재 가장 많은 정보를 남긴 곳은 슈밍소학과 만자중학이다. 이 기록물을 중심으로 홍만자회 부설 학교의 운영 실태를 분석해 보도록

82 Q120-3-83, 〈民國33年度 第1屆教務報告 33년 7월〉.

83 Q120-3-22, 〈上海道院紅卍字會會議錄〉.

84 方竟, 앞의 논문, p.79.

하겠다. 부설학교와 관련된 문제로는 학교의 편제, 교직원의 선발과 대우, 학생 모집, 경비 조달, 교과과정, 교재, 학교법, 장학, 정규 교과 외의 생활지도, 훈육 등으로 매우 많은 편이었다.[85]

교사진에 대해서는 1933년에 작성된 〈세계홍만자회상하이시분회 및 판사처 의원 지소, 학교 각성원등기명책〉에 일부 기록된 것이 보인다.[87]

당안에는 어느 학교라고 특정하지는 않았으나 교장이 신즈신辛止心이고, 교사의 정원이 8명인 점으로 보아 만자소학이 아닌가 한다. 이 기록에는 연령이 빠져 있고 또 출신도 대부분 성省만을 기록하였기 때문에 연령대나 구체적인 출신지를 알기는 어렵다. 다만, 출신지는 모두 장쑤성이며 이에 비해 홍만자회 내에 다수를 차지하는 저장 북부 출신이 없다는 점이 눈에 띈다. 아울러 이 명책에는 특이하게 가족구성원을 표기하였는데 4, 5, 6인 가족이 각 1명, 2인 가족이 2명, 그리고 1인 가족이 3명이다. 4인 이상은 모두 부부와 자녀로 구성된 가족임에 비해 2인 가족은 손자와 형제의 구성이며, 나머지는 독신인 것으로 보인다. 독신 비율이 약 38%이므로 비교적 높은 편이라 하겠다.

2) 학교 운영 경비의 조달과 배분

학교 운영의 책임은 교동회校董會에서 맡았다. 홍만자회의 교동회는 만자소학뿐만 아니라 슈밍소학, 그리고 만자중학의 운영에도 책임을 지고 있었기 때문에 오늘날 남아 있는 회의록은 대부분 교동회의 것이라 할 수 있다. 1944년 7월 2일에 열린 교동회에 참석한 동사董事들은 첸슈밍, 첸란관錢瀾觀, 천다츠陳達慈, 구샨싱, 션다오싱沈道興, 장리姜黎, 첸간징陳乾靖, 샤오리펑邵黎豊, 첸온이陳蘊意 등 9명이었고, 내빈 열석자로 신즈신辛止心, 션쟈루沈嘉祿,

85 Q120-3-83, 〈中華民國33年 7月 2日 第2次 校董會 開會記錄〉

86 曹禮龍, 앞의 논문, p.35 및 Q120-3-83, 〈民國33年度 第1屆教務報告 33年 7月〉에 의거.

87 Q120-3-25, 《世界紅卍字會上海分會及各附屬單位職員名冊和員工家屬恤老組老人名冊》(1933, 1955).

표20. 상하이홍만자회 부설 학교 일람표[86]

	명칭	주소	책임자	학생수	수입	연혁
1	만자중학 卍慈中學	류자방로陸家浜路 1380호	샤페이바이 夏佩白	1) 114인(학년별로 각각 51, 46, 17인). 2) 교직원 7인	학비면제 잡비 3,000위안 빈한자 면제	1) 1944년 창설 1,2학년, 1946년 3학년 증설. 초기에는 소학교 교사 차용. 2) 1946년에 전일 수업 가능
2	만자소학 卍慈小學	류자방로陸家浜路 1380호	신즈신辛止心	1) 1,2학년 단식 3,4,5,6학년 복식 수업, 학생수는 각각 60, 69, 41, 30, 27, 16명. 2) 교직원 8인, 공역 1인	학비면제 잡비 2,000위안 빈곤자 면제	1) 1927년 창설 제1의무소학. 2) 1937년 8·13사건 피폭으로 교무정지 3) 1944년 지스소학濟思小學으로 개명 4) 1945년에 만자소학으로 개명
3	사립평민통속 의무초급소학교		리츠카이 李慈開	*학생수는 40-60명		*1930년 정월 이전에 개설
4	세계홍만자회 상해부녀분회 사립의무소학	상하이시내 8구 타이스더랑로臺斯德郎路 133가	상하이부녀분회 장홍징 사장			1) 1933년 홍만자회상하이부녀분회에서 설립 2) 1942년 재정난으로 슈밍의무소학에서 인계
5	슈밍의무소학	광위엔로廣元路 233홀 50호	신선지 辛愼齊	1) 1학년에서 6학년까지 각각 52, 37, 21, 22, 17명, 모두 190명 2) 교직 3인	완전면제	1) 창설년도 불명 2) 1944년 슈밍소학으로 개명

표21. 1933년 만자소학의 교사 구성

	이름	성별	출신	직별	주소	가족
1	신즈신	남	장쑤	교장	신자로	6인 (처1, 자2,여2)
2	장핑즈張平子	남	타이저우	교원	루자방로	2인 (손1인)
3	양쉐취楊學劬	여	장투	교원	수이로	5인 (부1, 자2, 여1)
4	장총시臧崇稀	남	타이저우	교원	루자방로	1인
5	신더룽辛隆德	남	장쑤	교원	상동	2인 (동생1)
6	장야황張雅煌	남	장투	교원	상동	4인 (처1,자녀 각1)
7	첸수동陳曙東	남	장쑤	교원	상동	1인
8	장주칭姜竹青	여	장쑤	교원	시먼시에교	1인

세위엔위謝元育, 신리솽辛黎爽, 정후이통鄭惠同, 리메이펀李梅芬, 장슈윈張秀雲 등 7명이었다. 회의는 광위엔로廣元路에 있는 슈밍소학에서 열렸으며, 첸슈밍 주석의 주관으로 진행된 이 회의에서 논의된 사항은 담당자들이 두 소학교의 수지와 교무 상황을 보고하고 이에 관해 토론하는 것이었다.

그 요지는 물가가 수배나 뛰었기 때문에 수지 상황이 갈수록 커진다는 것이었다. 슈밍소학의 경우, 경제적으로 어려운 학생이 적지 않은데다 졸업생들이 진학을 못하는 경우, 본교에서 보조금을 주는 방법을 생각해 보도록 강구한다는 것이다.

또 지쓰소학의 경우는 이 학교가 안고 있는 학년제의 편제 문제들을 제기하고 있다. 현재 가을 입학생이 단독으로 혹은 두 개 학년을 합해 모두 4개 학년을 구성하고 있으나, 여름 방학 이후에 봄학기 입학생을 가을 학기에 입학하는 학생과 합하여 모두 4개 학년으로 편성한다는 것이다. 이렇게 4개 학년으로 운영하면, 차후에 새로운 반을 첨가할 필요가 없다는 것이다. 지쓰소학은 매학기 학생들을 학습능력별로 뽑은데다, 해가 지날수록 학년도 채워지고 있으므로, 기왕의 편제를 새롭게 개편한 셈이다. 다시 말해 1학년과 2학년은 독립적으로 운영하고, 3학년 4학년은 합하고, 5학년과 6학년도 합하여 모두 4개의 학년으로 운영한다는 제안이다.[88]

또 하나의 안건은 빈한 자제의 교과서를 계속 공급하도록 하는 문제, 다음 학기의 교직원 처우 개선, 그리고 장리위姜黎豫 동사의 누이를 지쓰의무소학에 교원으로 임용케 하여 달라는 안 등 모두 4개의 안건을 처리하였다.

이 회의에서는 1944년 6월분 두 학교의 수지상황도 보고되었다. 이에 따르면 슈밍의무소학의 수입에서 특별기부금은 장리솽 등이 기부한 양 1만5천9백 위안이었고,[89] 지스의무소학의 수입 중 특별기부금은 첸슈밍의 1만

88 1912년 11월에 제정된 학년 편제는 4년제였고 이는 뒤에 6년제로 바뀌었다. 김지훈, 〈중화민국초기 중국의 학제개편과 역사교육〉, 《아시아문화연구》 제26집, p.48.

89 장리솽이 양洋1천 위안, 왕다오위엔王道源 양 3백 위안, 송호여사淞滬女社 1천1백 위안, 첸슈밍 양 1만 위안, 첸다츠 양 2천 위안, 싱펑신興豐新 양 5백 위안, 션바오젠沈保健 양1천 위안 등이었다.

위안을 비롯하여 모두 양 1만8천7백 5십5위안 3자오였다.[90] 또한 3월분 슈밍 지스 두 학교에 들어온 기부금은 송호여사淞滬女社의 양 1천1천3백95위안을 비롯하여 모두 양 12만5천3백83 위안이었다.[91] 세 군데서 모은 기부금을 모두 합하면 양洋 16만6천 위안 정도였다.

교동회의 동사 역할은 결국 학교 운영에 필요한 기부금을 모으는 것에 있었다고 할 수 있다. 위의 기부금 항목에서 보듯이 슈밍의무소학에는 창설자인 첸슈밍이 가장 많은 기부를 하고 있고, 왕다오위엔은 3백 위안을 기부하고 있다. 반면 '송호여사淞滬女社'에서 1천1백 위안을 기부하고 있는데, 이는 송호 지역 여신도들의 모임이라고 할 수 있을 것이다. 여도원의 멤버인 셈이다. 송호여사는 슈밍 및 지쓰의무소학 두 학교에도 다시 기부를 하는 것으로 보아, 여도원의 멤버들도 꾸준히 두 학교에 기부금을 내어왔던 것으로 이해된다. 또 단체 이름으로 기부금을 낸 곳은 호상보은빈과 시륜법회가 있으며, 싱펑신의 경우는 인명인지 단체명인지 구분하기 어렵다.

전체적으로 보면 슈밍의무에는 7명, 지쓰의무소학에는 9명, 그리고 두 군데에 같이 기부금을 낸 인사는 25명이다. 이 중 중복자를 제외한다면 개인 31명, 단체 3개이다. 액수로는 최저 2백5십 위안에서 최고 1만 위안에 이르고 있다. 이 중 1만5천 위안을 기부한 이도 있지만, 그것은 개인이 아니라 여러 사람의 것을 모아 온 것으로 이해된다. 그리고 단체는 '여사'나 '법회'라고 표기한 것으로 보아, 도원 관련 단체일 것이다. '호상보은빈' 역시 이 교

90 당시의 기부자는 츄이구邱貽穀 양 3천위안, 시륜법회時輪法會 양 5천1백86위안 5자오 9펀, 호상보은빈滬上寶隱貧 2천1백18위안 7자오 7펀, 첸다츠陳達慈 양 2천위안, 싱펑신興豊新 양 5백위안, 펑위밍馮玉明 양 2백5십위안, 션찬잉沈贊永 양 5백위안, 공첸먀오龔晨妙 양 2백위안이었다.

91 이에 대한 기부는 구샨싱 양 5천위안, 황바오치黃保吉 양 5백위안, 궈이푸郭益福 양 5천위안, 쑤바궈蘇保果(경모經募) 양 1천5백위안, 션잔잉沈贊永 양 1천위안, 류바오지劉寶吉(모募) 션리이위엔沈萊圓 5천위안, 진바오처金寶澈(모募)장장시엔章藏咸 5천위안, 션리찬沈黎贊 양 3천위안, 송호여사淞滬女社 양 1천 2백5위안, 황자오이黃操益 1백위안, 션진찬沈金燦 양 5십위안, 션다오싱沈道興 (경모經募)1만5천위안, 리러텐李樂天 양 2천위안, 자오다오츠趙道慈 양 5천위안, 여사女社 8백13위안, 장관샨張冠善(경모經募) 마오빙장毛炳章 3천위안, 첸란관錢灡觀 양 1만위안, 첸온이陳蘊意 5천위안, 장온샹張蘊爽 5백위안, 샤장션夏藏湛 5천위안, 여사女社 양 3백위안, 첸슈밍 양 5만위안 등이었다.

표22. 1944년 슈밍소학과 지쓰소학의 지출 상황(단위 위안)

	지출유형 (슈밍소학)		지출유형 (지쓰소학)		합계
1	급여 (洋)	14,980	급여	64,589	79,569
2	복식福食	49,693.8	연료	2,200	51,893.8
3	방세	1,207			1,207
4	문쇄文刷	3,589	문쇄 및 서적	14,347.9	17,936.9
5	교제비	480	교제비	480	960
6	졸업 및 여름방학 시험용비	2,769			2,769
7	수도전기료	215	수선 등	706	921
8			기구 비치	875	875
9	잡비	8,853	잡비	2,701.7	11,554.7
10	합계	양 85,168.2		양 85,890.66	

무 문서를 작성한 주체가 '호상보 판사처'이기 때문에 그와 관련된 도원 단체일 것이라 생각된다. 요컨대 기부자는 단순한 시민이라기보다는 도원 관련 신자였던 것으로 보인다.

1944년 1월부터 6월에 이르는 시기에 두 학교의 지출 상황은 〈표 22〉와 같다. 양교의 총지출 규모를 보면 약 8만5천 위안으로 유사하지만, 그 내용에서는 적지 않은 차이가 있다. 연료비의 경우 슈밍소학은 매우 많은데 비해 지쓰소학에서는 그렇지 않으며, 반면 문쇄 부분에서는 지쓰가 많고 슈밍이 적다. 이러한 차이가 어디에서 비롯되었는지는 불명확하며, 또한 잡비로 계상한 액수 역시 적지 않은데 그 용도 역시 분명치는 않다.

1947년 무렵의 슈밍의무소학 만자중소학의 교동회 멤버와 그들의 임무는 다음과 같았다. 교동회 멤버로는 첸린셩陳麟生, 마푸저우馬步洲, 첸전옌陳鎭岩, 리톈전李天眞, 후추칭胡楚卿, 판징탄范鏡潭, 샤페이바이夏佩白(첸전옌 대리), 신즈신辛止心 등 8명으로서, 이 중 샤페이바이는 불참하여 첸전옌이 그를 대신하고 있다.[92] 당시 논의된 주제는 이른바 존사헌금尊師獻金의 문제, 학생 모집의 문제, 그리고 신즈신의 교장직 담당 문제와 관련된 사항들이었다. 그리하여 이 회의록만으로는 존사헌금이 어떤 것인지는 명백하지 않다. 아

---

92 Q120-3-83, 〈世界紅卍字會上海市分會卍慈中小學 修明義務小學 校董會 第2次 商會〉 1947년 8월에 열린 회의 자료이다.

마도 교사를 초빙하는데 소요되는 경비를 기부금으로 해결하자는 것이었을 텐데, 이것이 사실상 걷히지 않고 있으므로, 다시 동사회 멤버들이 종래처럼 기금을 내는 것으로 해결하고 이를 당국에 청하는 것으로 하자고 의견을 모았다. 그리하여 이들 동사들은 기왕에 남은 기금에 더해 각 동사별로 책임량을 할당하여 기왕에 모금한 6백만 위안에 새로 4백만 위안을 보태 모두 1천만 위안이 되도록 하자는 것으로 의결하였다.[93] 결국 11명이 6백만위안을 책임지고 모금하기로 한 셈이다. 교사를 모시거나 그에 소요되는 비용을 마련하기 쉽지 않았던 상황을 반영한다.

그리고 이 동사회董事會에서는 슈밍의무소학의 헌금뿐만 아니라 기부금으로 모은 1천만 위안의 배분도 결정하였다. 그것은 만자중학에 4백만위안, 만자소학과 슈밍소학에 각각 3백만씩 분배한다는 것이었다. 곧 교동회는 문서의 제목이 말하는 바와 같이 슈밍소학의 일만 처리하는 것이 아니라, 만자중학 및 만자소학 등 상하이 홍만자회에 속한 3개의 학교에 드는 비용이나 학교 운영에 관한 일도 결정하는 권한을 가지고 있었던 것이다.

이 회의에서는 또 학생 모집에 따르는 어려움도 논의되었다. 가장 큰 문제는 학생들이 몰려드는 바람에 학급은 늘려야 하는데, 이럴 경우 학비감면 학생이 더 어려움에 처할 가능성이 있다는 것이다. 시설이나 교사가 부족한데, 학생수만 늘어나고 있으니 그에 따르는 어려움을 토로하였던 것이다. 결국 학생수의 증가는 수입의 증가로 이어지기보다 오히려 감면학생도 증가하기 때문에 경상 수지는 더욱 악화될 가능성이 있었던 것이다. 게다가 제1차 정기회의 때보다 예산지수가 수 배 오른 것이 이들 학교에 압박을 가하였다. 아마 중일전쟁의 승리 이후 국민정부가 떠맡았던 재정악화의 영

93 모금액은 리텐전李天眞 동사가 1백만 위안, 첸린성陳麟生 동사장이 2백만 위안, 첸전옌陳鎮岩 동사가 50만 위안, 그리고 후추칭胡楚卿 동사가 50만 위안을 부담하기로 하였다. 그 외에 장란핑張蘭坪 10만 위안, 자오빙허우趙聘侯 10만 위안, 쉬찬젠徐贊鈐 5만 위안, 쉬줘량徐左良 5만 위안, 구비산顧丕善 5만 위안, 류양다오劉襄道 5만 위안, 샤차이구이夏才圭 4십만 위안에 첸전옌이 추가로 20만 위안, 첸린성도 추가 1백만 위안 등 위의 약정자 4명 이외에 다시 7명이 가액하는 것으로 결정하였다.

향이 이들 학교에도 큰 영향을 주고 있었던 것으로 보인다. 이 때문에 교동회에서는 명예동사를 늘리고, 신임동사를 새로 임명해 교무校務에 관한 협조를 받는다는 방침을 세웠다.

1947년 무렵의 각 학교 운영상황은 매우 심각했던 것으로 보인다. 그것은 이들 학교가 기본적으로 안고 있는 문제와 국내 국민정부 통치 아래서 나타난 인플레 때문이었을 것이다.(표 23, 24, 25, 26 참조)

만자 중·소학에서 1학기당 수입 경비는 4억 8천 4백 3십만 위안, 지출 총액은 4억8천4백26만 위안으로 되어 있다. 하지만, 1947년 무렵의 인플레는 천정부지로 올랐기 때문에 문구류 지출이나 수도 전기 요금을 더하면 실제 예산은 이미 1천만 위안 정도 초과 지출한 상태였던데다, 교직원들의 월급여 역시 급등하고 있었다. 이 때문에 교원의 월급여로는 겨우 쌀 1석, 중학교 교원은 1석 2두 정도밖에 되지 않는다는 상황을 구구절절하게 이야기하고 있다. 곧 교원 1인의 자급조차 쉽지 않다는 것이다. 그런 상황 속에서 학생수의 급증으로 60명 이상을 하루에 4-5교시씩 가르친다는 것은 본인이나 학생들의 교육을 위해 모두 나쁘다는 사실을 말하고 있다. 그것은 기본적으로 본교의 학비가 타교의 그것에 비해 반도 되지 않기 때문이라고 진술하고 있다. 게다가 일부 학생들은 이른바 '학생가장'이어서 잡일을 하는 것으로 학비를 대체하기 때문에 수입 사정은 더욱 악화되고 있었던 것 같다. 이로 인해 1947년 2학기의 5, 6, 7월의 3개월치 급여 지급을 미루고 있는 상태였고, 잡비 역시 4개월치를 지급하지 못하고 있음을 말하고 있다.

이와는 달리 1949년 3월 8일에 제출한 〈사립만자제2소학개황표〉에 따르면 교장은 매월 1천5백 위안, 주임은 매월 1천4백 위안, 교원은 매월 1천3백 위안으로 설정되어 있다.[94](표 27 참조)

다른 항목과 달리 잡용이 3월에 비해 4월에 들어 약 26배 정도 증가한 것은 이해하기 어렵다. 마찬가지로 전등과 수도비도 비율로 따지면 이해할 수

---

94 Q120-3-87. 〈私立卍慈第2小學概況表〉.

표 23. 슈밍의무소학 1947년 제2학기 지출경비예산표

	항목	비용	비고
1	교원급여	국폐 1억 3천 2백만 위안	5인
2	교실 임대료 및 전기수도료	국폐 1천 2백만 위안	
3	교사 수선비	국폐 3천만 위안	
4	교구 비치비	국폐 약 2천만 위안	
5	문구 등 잡비	3천만 위안	

표 24. 만자중-소학 1947년 제2학기 수지경비예산표

	수입항목	액수	비고
1	초중학잡비	1억 6천만 위안	1) 초중생 매인당 학비 1백2십만 위안 2) 잡비 40만 위안 3) 학생수는 150명, 이 중 학잡비를 거둘 수 있는 학생은 약 100명 4) 총계 16만위안* 100명= 1억 6천만 위안
2	소학 학잡비	3억 위안	1) 소학생 매인당 학비 70만 위안 2) 잡비 30만 위안 3) 학생수 400명, 이 중 학잡비를 낼 수 있는 학생은 약 300명 4) 1백만 위안*300명=3억
3	기금 이식	2천 4백 30만 위안	
합계		4억 8천 4백 3십만 위안	

표 25. 만자중학 1947년 2학기 매월 지출 내역

	매월 지출 내역	액수	비고
1	교도주임 겸 교원	5백4십 6만 위안	
2	급별 도사 및 교원	1천 5백 9만 위안	
3	겸임 교원	3백만 위안	
4	회계원	2백 26만 위안	
5	교장 급여	1백 6십만 위안	
6	교공	1백 2십만 위안	
7	잡용	1백 8십만 위안	
합계		3천 4십 1만 위안	6개월=1억8천2백4십6만 위안

표 26. 만자소학 1947년 제2학기 매월 지출예산

	지출예산 내역	액수	비고
1	교원 급여	4천만 위안	교원 10인 * 월 40만 위안 * 10개월
2	직원 급여	3십만 위안	1) 교원 중 1인 겸 교무주임이므로 이를 위의 교원급여에 가상함(20만 위안) 2)교원 중 1인 훈육주임 겸임, 매월 급여에 가상함(10만 위안)
3	교장 급여	5백 2십만 위안	
4	교공 급여	2백 4십만 위안	교공 2인
5	잡용	2백 4십만 위안	7급
합계		5천 30만 위안	6개월*5천3십만 위안=3억1백 80만 위안

표27. 상하이시사립만자 제2소학 3,4월분 지출표(단위 위안)

지출내역	3월분 경비	4월분 경비
교원 급여	68,000	68,000
교공校工급여	2,000	2,000
지장紙帳 및 필묵비筆墨費	25,000	35,000
전등비	1,120	36,000
수도비	336	77,000
잡용	10,210	261,700
합계	106,666	479,700

없을 만큼 늘어났다. 그리하여 항목 종류나 인건비 등의 비용은 그다지 변화가 없는데 비해 학교 운영상에 필요한 수도와 전기, 그리고 잡비가 폭발적으로 증가한 셈이다.

홍만자회에서 운영하는 학교 중 슈밍소학의 학생 수는 어땠을까. 1943년의 학년별 통계와 학기별 학생수 통계표에 따르면, 이 학교에서는 학년을 초급, 중급, 고급반으로 구성하고, 각급 단위마다 2년 반 동안 봄과 가을에 입학한 5개 학기를 두었으며, 학기가 지날수록 학생 수도 많아지고 있다. 1941년 가을부터 입학하여 1943년 봄학기까지 입학하여 재학 중인 학생은 남학생이 461명, 여학생이 390명으로 모두 851명이다.[95] 그간의 연구에서는 슈밍소학의 설립연도가 분명치 않았는데, 이 학년별 구성과 학생수를 보면 1941년 가을에 처음 학생을 모집하였던 것으로 보인다.

3) 슈밍의무소학의 교과과정

그렇다면 슈밍의무소학의 교과과정은 어떠했을까. 그에 관한 1944년의 자료가 남아 있다. 1944년의 교과과정은 1928년, 곧 무진년에 국민당 정부에 의해 반포된 〈소학잠행조례小學暫行條例〉에 기초하고 있으며, 이후 1945년까지 4차례에 걸쳐 개정을 하였지만, 이른바 무진학제 조례는 크게 바뀌지 않았다. 잠행조례에서 강조된 것은 교육에 삼민주의 사상이 크게 침투한 것이며, 이는 이른바 '국어'의 중요성과 더불어 삼민주의를 실천할 수 있는 과

95 Q120-3-83, 〈本校歷系學生人數統計表〉.

표28. 슈밍의무소학 저급 교과과정[99]

		일	월	화	수	목	금	토
1	8:45-9:15	자						수
2	9:30-10:15	산술		산술	산술		산술	산술
3	10:30-11:15	국어		국어	국어		국어	국어
4	11:30-12:15	국어		국어	국어		국어	국어
				점심				
5	2:00-2:45	상식		상식			상식	상식
7	3:00-3:45	고사		작문			복습	작문
8	4:00-4:45	미술		공민			공민	음악
		해楷		체조			체조	해楷

목의 개설과 역사, 지리, 공민 등 중국의 정체성을 훈육하는 부분에서 드러났다.[96] 개설 과목은 공민훈련, 위생, 체육, 국어, 사회, 자연, 산술, 노작, 미술, 음악 등 10개 과목이었다. 곧 지, 덕, 체, 미라는 범주를 중심으로 구성된 교과목이라 할 수 있다. 이 교과목 체계에서는 전체 6학년을 저급, 중급, 고급으로 나누어 교과과정을 편성하였다.[97] 또한 당시의 소학은 민국 초기의 소학과 달리 수학연한이 6년이었다. 1922년, 곧 임술년에 새로운 학제가 만들어졌는데, 이때 소학교의 수업연한이 6년으로 정해지면서 초등 4년, 고등 2년으로 확정되었기 때문이다.[98]

〈표 28〉은 슈밍의무소학의 저급교과 과정으로서, 저급은 1, 2학년을 의미한다.[99]

슈밍의무소학 저급반의 교과과정은 위와 같이 편성되어 있다. 우측에 별도로 부기附記한 설명에 따르면, 일주일간의 교학 시간 배분은 국어가 405분으로 가장 많으며, 그 다음이 산술, 상식, 자수(自修) 순이다.[100] 1,405분

---

96 馮衛斌, 〈民國時期小學課程改革淺探〉, 《安徽教育學院學報(哲學社會科學版)》 1998년 제1기, p.80.

97 劉爽, 〈民國時期我國小學課程標準的歷史演變〉(遼寧師範大學 碩士學位論文, 2014.3), p.29.

98 馮衛斌, 앞의 논문, p.80.

99 Q120-3-83, 〈本校低級課程表〉에 의거하여 작성. 이 자료는 Q120-3-83, 〈校務報告〉(1944년 7월 9일) 속에 들어 있다.

100 과목별 시간 배분은 산술 225분, 상식 180분, 공민 45분, 체조 45분, 작문 90분, 사자寫字 45분,

의 교과시간 중 국어시간에 29% 정도를 배정하고 있을 만큼 국어교과에 큰 비중을 두고 있다. 이는 국민당 정부가 애초에 의도하였던 '국어'정책의 산물로 보면 좋을 것이다. 곧 표준 중국어를 가르침으로써 언어를 통한 통일국가 수립에 기여하겠다는 정부의 의도가 반영되었다고 볼 수 있다. 국어 과목에 산술과 상식 과목을 포함하면 약 58%를 차지하고 있다. 자수와 복습 과목을 제외하면 모두 10개 과목인데 비해, 음악과 미술은 각각 30분이 배정되어 있으므로 과목별 주요도에서 매우 큰 차이를 보이고 있다. 국어 교과에 대한 과중한 배당은 정부의 국어정책뿐만 아니라 자선단체의 학교 개설 목적이 빈민 자제의 '식자識字'에 있었던 데에서도 기인한다고 생각된다.

교과목의 운영에서 의문이 드는 것은 일요일 수업이 있는 대신에 월요일과 목요일 수업이 없다는 점이며, 수요일 오후 수업 역시 없고, 토요일에도 전일 수업이 실시되고 있다는 사실이다. 이는 교실 부족에 따른 것으로 볼 수 있다. 곧 1,2학년을 한 교실에서 가르치고 있다는 말이 된다.

그렇다면 3-4학년에 해당하는 중급반 교과과정은 어떠하였는가. 이를 〈본교중급과정표〉에 의거하여 보도록 하겠다.[101] (표 29 참조)

표 29. 슈밍의무소학 중급반 교과과정

		일	월	화	수	목	금	토
1	8:45-9:15	자	기념주					수
2	9:30-10:15	산술	산술			산술		산술
3	10:30-11:15	국어	국어			국어		국어
4	11:30-12:15	국어	국어			국어		국어
점심								
5	2:00-2:45	작문	상식		주산	상식		등謄
6	3:00-3:45	상식	문文		국	문		상식
7	4:00-4:45	복	음악		공민	미술		공민
		습	해楷		체조	해楷		체조

자수 150분, 음악 30분, 미술 30분, 복습 45분, 고사 45분이다.

101 Q120-3-83, 〈本校中級課程表〉에 의거하여 작성.

표 30. 슈밍의무소학고급과정표[102]

		월	화	수	목	금	토
1	8:45-9:15	기념주 紀念週	자수 自修	자수	자수	자수	
2	9:30-10:15	산술	주산	산술	주산	산술	
3	10:30-11:15	국어	국어	국어	국어	국어	
4	11:30-12:15	국어	국어	국어	국어	국어	
점심							
5	2:00-2:45	등謄	문	연然	문	작문	
6	3:00-3:45	역사	지리	역사	지리	연然	
7	4:00-4:45	공민	음악	미술	공민	복습	
		체조	해楷	해楷	체조		

표의 우측에 부기한 1주일간의 시간 배분 설명에 따르면 국어 405분, 산술 180분을 비롯하여 상식, 자수, 영어 순으로 시간 비중을 조절하였다.[103] 하지만 표에는 '영어'과목이 없으며, 등謄이 사자寫字와 같은 과목인지, 또 '해楷'와의 구분도 정확하지는 않다. '해楷'는 붓글씨 쓰기일 것이라 생각하는데, 민국 초기의 초등교과목 시간에 서법書法시간이 설정되어 있기 때문이다.[104] 그럼에도 과목별 중요도는 저급반과 마찬가지로 국어와 산술, 그리고 상식이 가장 큰 비중을 차지하고 있으며, 음악과 미술은 마지막 시간에 각각 30분씩 배정되어 있어 국어 등에는 훨씬 못 미친다고 할 수 있다.

중급반 역시 교실 부족으로 인해 저급반과 교실 하나를 교대로 쓰고 있는 실정이어서, 화요일과 금요일에는 수업을 할 수 없고, 수요일은 저급반과 오전 오후 시간을 나누어 쓰고 있다.(표 30 참조)

이 중에서 '등謄'이라 표기한 과목과 '해楷'는 중급반과 같은 과목일 것이며, '문文'은 초등소학에서 문학 과목을 중시하도록 교육부에서 지시하였으므로,[105] 문학으로 볼 수 있다. '연然'은 자연 과목일 것이다. 과정표의 오른

102 Q120-3-83, 〈本校高級課程表〉에 의거하여 작성.

103 참고로 각 과목별 시간 배정은 영어 90분, 상식 180분, 공민 45분, 체조 45분, 사자寫字 45분, 자수 95분, 복습 45분, 기념주 30분, 음악 30분, 미술 30분으로 되어 있다.

104 〈範祥善:一週間之單級教授(1914)〉, 李桂林 等編, 앞의 책, pp.698-702.

105 〈教育部咨各省師範及小學注重圖文手工圖畫音樂〉, 李桂林 등, 앞의 책, pp.475-476.

쪽에 각 교과목별 배정 시간이 표시되어 있지만, 이곳에서 문, 연, 역사, 지리, 해 등은 표기되어 있지 않으며, 과정표에는 배정되지 않은 '상식' 과목이 230분으로 표기되어 있다. 월요일 1교시에 배정된 '기념주'는 1932년에 국민당 정부에서 반포한 〈소학과정표준〉에서 개설한 교과 이외의 활동 중에서 '조회朝會, 주회周會, 기념주紀念週, 동자군童子軍' 등이 있었으므로,[106] 과외 활동의 일환으로 볼 수 있으며, 자수自修 역시 그 맥락의 과목일 것이다. 시간 배분별로 보면 국어 495분, 산술 135분, 상식 230분, 자수 120분, 주산 90분으로 되어 있으며 공민, 체조, 영어, 음악, 미술, 사자寫字, 작문 각각 45분으로 배정되어 있다.

이로 보면 슈밍소학의 고급반 교과과정은 주로 국어와 산술, 상식, 자수, 주산을 매우 중시하고 있다고 하겠다. 이 때문인지, 이들 과목은 모두 오전 시간에 배치되어 있고, 특히 국어 과목은 3-4교시에 연속으로 배치되어 있다.

또한 초급, 중급, 고급 과정에서 공통적으로 설정된 교과목은 음악, 미술로서, 문학과 더불어 이른바 미육美育에 관계되는 긴요한 과목으로 규정하였다. 1914년의 교육부령에 따르면, 미감美感이 결핍되면 국민 도덕 역시 타락한다는 것이다. 이 과목은 국문과 더불어 4대 과목으로 불러야 할 정도로 중요 과목이었으며, 이 때문에 사범학교뿐만 아니라 소학교령에도 이것을 필수 과목으로 설정해야 할 필요가 있다는 사실을 강조하였다. 각 지역의 사정에 따라 창가를 넣을 수도 있을 것이라고 부연하고 있다.[107]

이처럼 슈밍소학의 교과과정은 저급반에서 고급반에 이르기까지 국어와 산술, 그리고 상식 교과에 집중되어 있음을 알 수 있다. 또한 미육과 관련된 교과목도 적절히 배치되어 있었다. 이러한 교과목 편성은 당시 사회의 흐름에 맞추는 것으로, 말하자면 신시대의 전인적 교육 체제를 반영한 것이라고 할 수 있다. 당연히 유교 이념에 바탕을 둔 전통적 교육과정은 슈밍

106 馮衛斌, 앞의 논문, p.80.

107 〈教育部咨各省師範及小學注重圖文手工圖畫音樂〉, 李桂林 등, 앞의 책, pp.475-476.

소학 내에 자리 잡을 수 없었다.[108]

이 점에서 슈밍소학은 중화민국 시기에 자리 잡은 보통교육을 실시한 것으로 이해할 수 있다. 중화민국 초기 소학교는 보통교육과 직업교육, 그리고 촌락연구교육 등 크게 세 종류로 구분되어 있었다. 이를 대표하는 곳이 '베이징고등사범부속소학'일 것이다. 이곳에서는 제1부에서 보통교육을 실시하였고, 제2부에서는 직업교육과 보통교육을 겸하였다. 제3부에서는 촌락연구교육을 실시하였는데, 공예와 원예를 중시하였다.[109] 곧 슈밍소학은 직업교육 과목이나 촌락연구교육 과목은 개설되지 않았으므로, 보통교육을 실행하는 소학이었다고 보면 좋을 것이다.

그렇다고 해서 다른 자선기관에서 운영한 교육기관에서 볼 수 있는 특수 과목도 개설되어 있지 않았다. 예컨대 상하이의 광츠고아원廣慈孤兒院에서는 '작물作物', '원예園藝'와 같은 과목을 개설하여 고아원 교육의 특성과 더불어 농촌에 적용할 수 있는 과목을 학습토록 하였다. 광츠에서는 상식 과목이 개설되어 있지 않고, 그 대신 '당의黨義', '담화談話' 등 정치색이 강한 과목이 화요일과 수요일에 전학년을 대상으로 배정되어 있는데다, 매일 2교시에 조회가 열리고 있어서 국민당 정부의 정책이나 의지를 많이 반영하고 있는 듯이 보인다.[110] 달리 말하면, 교과목 편성에서 슈밍소학은 일반적인 교과목에 충실한 편이고, 반면 종교기관을 반영하는 듯한 교과목이 없다는 점에서 비종교적 교과과정 중심의 학교라고 볼 수 있을 것이다.

이러한 교과과정은 당시의 초등 교육 교과과정과 비교해 보면 어떤 특색이 있을까. 중국학계에서 보통 임자년인 1912년과 계축년인 1913년에 제정되었다고 해서 임자·계축학제로 알려진 민국 초기의 4년제 초등학교 교과과정계획은 〈표 31〉과 같다.

이 교과과정을 보면 소학교는 4년제이며, 교과과정에서 중시하는 과목

---

108 李國林, 앞의 논문, pp.160-161.

109 〈高等師範附屬小學〉, 李桂林 등, 앞의 책, pp.554-555.

110 李國林, 앞의 논문, p.160.

표 31. 민국 초기 초등학교 교과과정계획

<table>
<tr><th></th><th>1학년</th><th>2학년</th><th>3학년</th><th>4학년</th><th>합계</th><th>비율</th></tr>
<tr><td>수신</td><td>2</td><td>2</td><td>2</td><td>2</td><td>8</td><td>7.7%</td></tr>
<tr><td>국문</td><td>10</td><td>12</td><td>14</td><td>14</td><td>50</td><td>48%</td></tr>
<tr><td>산술</td><td>5</td><td>6</td><td>6</td><td>5</td><td>22</td><td>21.1%</td></tr>
<tr><td>수공</td><td>1</td><td>1</td><td>1</td><td>1</td><td>4</td><td>3.8%</td></tr>
<tr><td>도화</td><td></td><td>1</td><td>1</td><td>남 2
여 1</td><td>남 4
여 3</td><td>남 3.8%
여 2.9%</td></tr>
<tr><td>창가</td><td rowspan="2">4</td><td rowspan="2">4</td><td>1</td><td>1</td><td>6</td><td>5.7%</td></tr>
<tr><td>체조</td><td>3</td><td>3</td><td>10</td><td>9.6%</td></tr>
<tr><td>재봉</td><td></td><td></td><td>1</td><td>2</td><td>3</td><td></td></tr>
<tr><td>합계</td><td>22</td><td>26</td><td>남 28
여 29</td><td>남 28
여 29</td><td>남 104
여 106</td><td>100%</td></tr>
</table>

은 수신, 국문, 산술 등이고 그 밖에 수공, 도화, 창가, 체조가, 여학생에게는 재봉 과목이 추가되었음을 알 수 있다. 이 중 체조 과목은 1912년의 교육법에서 고등소학교 이상에서 반드시 개설해야 할 과목으로서, 특히 중병식重兵式에 대비한 것이었다.[111] 제일 많은 시간이 배정된 국문 과목은 발음, 간단한 읽기, 쓰기, 작문, 어법 등을 익히도록 하였으며,[112] 산술은 가감승제의 기초를, 매학년에 배정된 수공은 간단한 세공細工을 익히는 수준이었다.[113] 수공 역시 중화민국 정부 초기에 제정된 교육법에서 독경과를 폐지하는 대신 소학교와 사범학교에 새로이 개설한 과목으로 국문, 도화, 음악과 함께 중시된 과목이었다.[114] 곧 민국 초기의 교과목은 초등소학의 경우 수신, 국문, 산술, 수공, 도화, 창가, 체조 등 7개 과목이었으며, 여학생에게는 재봉 과목이 더해졌다. 이보다 한 단계 더 높은 고등 소학의 경우 10개 과목으로서 수신, 국문, 산술, 중국역사, 지리, 이과, 수공, 도화, 창가, 체조 과목이 개설되었고, 여학생에게는 재봉이 추가되었다.[115]

곧 국민이 필요한 기초 교육과 재능을 익혀 사회에서 실제로 활용할 수

111 李桂林 · 戚名琇 · 錢曼倩 編, 《中國近代教育史資料匯編》(上海教育出版社, 1986), p.456.

112 국문은 1922년에 '국어'과목으로 변경되었다.

113 김지훈, 앞의 논문, p.48.

114 李桂林 · 戚名琇 · 錢曼倩 編, 앞의 책, p.475.

115 劉爽, 앞의 논문, p.15.

있는 교육과정이었다고 할 수 있을 것이다. 슈밍소학과 비교해 보면, 슈밍소학의 교과과정에는 국민당의 교육정책이 더 많이 반영되어 있었던 것으로 보인다. 아울러 종교기관이나 복지기관의 특성은 거의 반영하지 않은 교육과정이었다고 생각된다. 나아가 민국 초기에 개설되었던 농업 혹은 상업 등과 관련된 교과목도 보이지 않기 때문에 민국 초기의 교육 목표였던 실리교육도 다소 후퇴한 것이 아닌가 한다.

4) 만자중학의 설립과 운영 실태

앞에서 잠시 언급하였듯이 홍만자회 총회가 자리하고 있던 베이징에서는 1934년에 만자중학을 개설하였고, 상하이에서는 1944년에 개설하여 운영하였다. 베이징의 홍만자회 총회에서 파악한 부설 소학교는 모두 85개 처로 적지 않은 수효였다고 한다.[116] 하지만, 만자중학은 소수였기 때문에 홍만자회 상하이 분회에서 중학을 개설한 것은 상당히 의미 있는 성과였다.[117]

만자초급중학교卍慈初級中學校 장정에 의하면, 이 학교의 설립 종지는 실학의 청년들에게 중등교육을 실시하는 것에 두고 있었다.[118] 〈만자중학개황 46년 5월〉에 따르면 이 학교를 개설한 동기는 1944년이라는 시대 상황이었다. 그것은 역사적으로 볼 때 두 가지 상황이 중복되어 있음을 의미하였다. 하나는 일본군의 지배하에 놓여 있다는 정치적 상황이고, 다른 하나는 홍만자회가 본래 내세웠던 구제 사업의 일환이라는 내부의 상황이었다. 현존 지배층의 정치적 목표를 따르지 않을 수 없었던 저간의 사정을 감안하고, 또한 사회적으로 교육받지 못한 인민의 수효나 실학한 젊은이들이 다수인데다 홍만자회가 안고 있는 재정적 불리함까지 모두 고려한다면, 사실상 1944년에 중학을 개설한다는 것은 상당히 과감한 사업이었다고 생

---

116 方竟, 앞의 논문, p.79.

117 曹禮龍, 앞의 논문, p.36.

118 Q120-3-84, 〈卍慈中學概況 46年 5月〉.

각한다. 더구나 이곳에서 설립한 만자소학과 슈밍소학의 성공과 수많은 실학 아동의 존재를 고려한다면, 중학교 개설은 더욱 불가피했던 것으로 보인다.[119]

당시 만자중학의 정식 명칭은 '사립만자초급중학교'였다. 사립은 성省이나 행정원 소속의 직예시 등 공공기관에서 설립하는 공립에 대응하는 개념으로, 개인이나 단체 혹은 종교기관 등에서 세운 학교에 붙이는 관사라 할 수 있다. 중화민국 시기의 중학 학제는 1912년의 '임자계축학제'에서는 4년이었으나, 1922년의 '임술학제'에서는 중등교육을 초급과 고급으로 분리하고 각각의 수업연한을 3년으로 규정하였다.[120] 국민당 정부 시기에 이르러 '임술학제'가 정돈되기는 하였지만, 임술학제에서 규정한 수업연한인 6·3·3제는 계속 지켜지고 있었다. 초급중학은 보통교육을 실시하였고, 고급중학의 경우 보통과 뿐만 아니라 농, 공, 상, 가사, 사범 등의 직업과를 둘 수 있었다. 중학교의 경우에도 중요한 교육 목표의 하나는 삼민주의의 실천이었다. 그렇기 때문에 그것이 학교 운영이나 교육과정, 학생 활동 등에 반영되었다.[121]

이 학교의 운영 구조는 만자소학이나 슈밍소학과 마찬가지로 최상위에 세계홍만자회상하이 분회가 존재하며, 그 아래에 실질적으로 학교 일을 맡아 처리하는 교동회校董會가 있었다. 교동회를 구성하는 동사董事는 만자중학에만 별도로 둔 것이 아니라 홍만자회의 부설 학교를 총괄하는 동사였고, 그 수효는 대개 8-10여 명이었다. 이곳에서 소학과 중학의 운영에 관한 업무를 함께 처리하였다. 이곳의 동사들은 모두 도원의 신자이자 홍만자회 회원이었기 때문에 동사회 구성은 종교적 성격이 강하였고, 그 때문에 배타적인 성격을 띠었던 것으로 보인다. 예컨대 앞에서 잠시 보았듯이 소학을 개

119 Q120-3-84, 〈卍慈中學概況 46年 5月〉.

120 〈北京高等師範附屬中學校33制學則〉, 李桂林 等編, 앞의 책, pp.862-863.

121 王建頔, 〈民國時期普通中學課程實施硏究〉, (東北師範大學 學歷碩士 學位論文, 2008.5), pp.14-15.

표 32. 1946년 5월의 만자중학조직

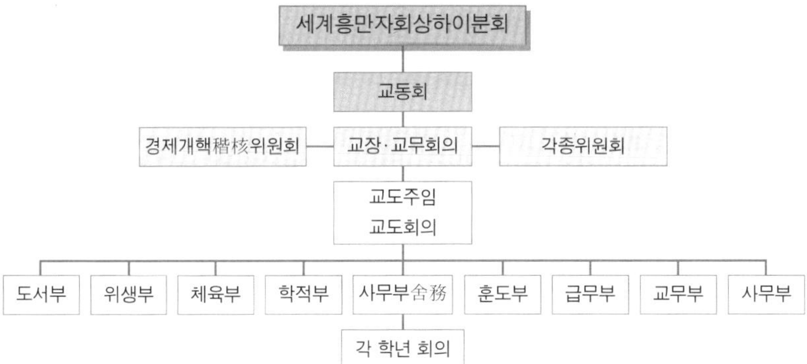

설하려 할 때에도 '훈訓'곧 신의 계시에 따랐고, 회의에서도 훈을 암송하는 경우가 있었던 것이다.(표 32 참조)

교동회의 아래에는 학교를 실질적으로 이끌어가는 교장 중심의 교무회의와 교도주임으로 구성된 교도회의가 있었으며, 경제개핵위원회와 각종위원회가 별도로 조직되어 있었다. 이 중 경제개핵위원회는 학교의 경제 상황을 감독하기 위해 의무적으로 설치된 위원회이다. 교무회의 산하에 있는 9개의 각종 부서는 크게 교육, 학생, 체육위생, 학교관리, 총무, 도서 등의 기능으로 분할되어 있었고, 이 교육 조직 산하에 각 학년 회의체가 구성되었다.

조직 구성으로 본다면, 만자중학은 최상위에 홍만자회상하이 분회가 존재하였다는 점에서 자선기구 산하의 학교라는 특색이 강하다. 반면 실행부서에 해낭하는 9개 부는 학교 운영에 필요한 각종 부서들이 고루 배치되어 있는 형태다. 이 중 위생부는 청말의 신정 시기와 민국 초기의 베이징 정부 뿐만 아니라 국민당 정부의 교육 정책에서는 더욱 강화된 교육의 일부였다. 이리하여 위생교과목이 개설되었고 건강검진이나 예방접종, 위생운동대회 등의 학교위생은 학교운영에서 빠질 수 없는 부분으로 자리를 잡았다.[122] 체육부서 역시 학교 교육에서 중시된 부분인데, 특히 1930년에 국민당중앙집행위원회에서는 학생들의 군육群育과 여성체육을 발전시키기 위해 자치회 조직에 체육부를 설치하여 학내의 체육활동을 진행하는 데 도움을 주도록 하였다.[123] 하지만 이 실무부서 중에 홍만자회의 특색이나 혹은 자선기구 산하의 학교를 상징하는 부서 등은 설치되어 있지 않다. 곧 조직이 기능적으로 상당히 세분화되어 있으면서도 종교성을 띠지 않은 세속적인 성격이 강하였다는 점이다.

1944년에 창설된 만자중학은 1946년에 이르러 1, 2, 3학년을 모두 갖출 수 있었다. 다만 초기에는 소학교의 교사를 빌려 쓰다, 1946년에 정식 교사를 완성하여 전일 수업이 가능하였다고 한다. 개설 목적은 실학 자제를 구제하는 것으로 종지를 삼았으며 1학년 54명, 2학년 48명, 3학년 35명이었다. 실학 구제를 목표로 개설된 만큼 완전 학비 면제생은 3분의 1정도였고 학생 중에는 부유층 자제도 포함되어 있었다.[124]

학교의 구성원과 그 임무는 1946년에 공지한 〈세계홍만자회상하이시분회 사립만자초급중학교 장정〉 제5조에 "분회에서 교동회를 주판 조직하여 책임을 맡기고, 교동회에서 교장 1인을 초빙하여 교무를 맡기며, 교장은 교도教導주임 1인을 초빙하여 교장을 대신하여 전교의 교도 사무를 맡으며, 각 학년마다 도사導師1인을 두어 협동하여 각 학년의 교도 사무를 분담한다. 별도로 교무원과 사무원을 두어 전교의 교무·사무상의 문서 업무를 책임지도록 한다"고 규정하였다.[125]

만자초급중학교의 운영은 매월 교무회의와 교도회의를 열어서 교무 및 교도에 관련된 일을 추진하고, 매학기 경제개핵위원회와 2차례의 학생모집

---

122 신규환, 앞의 책, pp.159-160.

123 徐元民, 〈戰前 10년간 체육사상(1928-1937)〉, 許義雄 등 저, 황호숙 역, 《중국근대체육사상》(도서출판 황전, 2000), pp.522-523.

124 Q120-3-38, 〈上海紅卍字會上海市分會調查報告〉.

125 Q120-3-84. 〈世界紅卍字會上海市分會 私立卍慈初級中學校章程〉.

위원회를 소집하여 전교의 경제 수지 및 학생 모집 관련 업무를 토론하도록 하였다. 또 매주 학습 소조회와 학과 소조를 열어 학습 및 교도 부분의 문제에 대해서도 토론하도록 규정하였다.[126] 이를 보면 학교 내부의 운영은 1)교무 및 교도, 2)경제수지 및 학생모집, 3)학습 및 교도라는 3개 부분을 중심으로 움직여 나갔던 것으로 보인다. 이 중 두 번째 항은 사립학교이자 자선기관 학교이기 때문에 특별히 중시되었던 것 같다. 앞에서 기술한 학교 운영 부분에서 보았듯이 상하이시 정부는 자선기구가 경제상의 이익을 위해 혹은 특정인이 자산을 숨기는 것을 방지하기 위해 경제감사위원회를 설치하도록 요구하였다. 하지만 홍만자회 부설 학교는 이보다 실학 혹은 빈민층 자제를 위해 운영되었기 때문에 수지 부분에서 항상 적자에 시달렸다. 학생들의 등록금보다는 회원들의 기부금을 중심으로 운영되었으므로, 경제수지 문제는 학교 운영에서 초미의 관심사였을 것이라 생각된다.

학교의 운영경비 조달은 기본적으로 회원들의 기부금과 학생들의 학비로 충당하였다. 1946년에 발표된 교칙 제8조에 따르면 기본적으로는 각 사립학교의 학비 표준에 따르지만, 매학기 징수 학비는 20-30% 감액하고 실제 생활 상황에 따라 수시로 공포한다고 규정하였다. 그리고 징수는 수지를 원칙으로 하며, 먼저 교동회에서 심사한 다음 부족액은 교동회에서 헤아려서 보충한다는 것이다. 당연히 빈한하여 학비를 낼 능력이 없는 학생은 심사하여 다시 감면키로 한다고 말하였다.[127] 곧 기본적인 감액이 있고, 또 이조차 감당하기 어려운 학생들에게는 다시 감면의 혜택을 준다는 방식이었다. 이것으로도 해결되지 않는 소요 경비는 동사회에서 책임지는 것으로 마무리하였다. 1949년 12월에 발표한 〈상하이시 사립학교 개황조사표〉에 따르면, 학비 및 잡비는 매인당 초·중등이 각각 60위안과 20위안, 전교 합계는 각각 6,180위안, 2,060위안, 총계는 8,240위안으로 103명분이었다.

당안에 기록된 '주기註記'에 따르면 "감면비용 학생은 이 표를 작성할 때까

126 Q120-3-84. 〈世界紅卍字會上海市分會 私立卍慈初級中學校章程〉.

127 Q120-3-84. 〈世界紅卍字會上海市分會 私立卍慈初級中學校章程〉.

지 이미 100분의 60을 초과하고 있었기 때문에 총지출은 약 30만금 위안을 넘기기 어렵다. 심각한 재정난에 있으므로 경비를 보조해 주기 바란다"는 사항을 기록하였다. 경제개핵위원회가 이 수지를 감독하고 있었으며, 위원으로는 잉샤오시엔應孝先, 장샤오훙張少虹, 류인한劉銀漢으로 각각 교도주임, 학년도사導師, 국문교원 담당이었다.[128] 모두 내부 인사들이다.

1946년의 〈만자중학개황표卍慈中學概況表〉에 따르면, 이 학교의 1학기 예산은 수입으로 학비 666,880위안, 잡비 260,000위안, 합계 926,880위안이었고, 지출로는 직원 급여 854,880위안, 판공비 72,880위안, 합계 926,880위안이었다. 이 예산 개황에 의하면 수입의 전액을 학비와 잡비로 충당하고 있다. 여기서 잡비란 학비 외에 학생들이 부담하여야 할 비용을 말한다. 지출의 경우, 전 지출액의 약 92% 정도가 교직원의 급여였으므로 교사校舍와 같은 시설투자나 교사 충원 부분은 거의 엄두를 내지 못하였던 것으로 보인다.

만자중학을 운영하는 데 따르는 여건이 어려웠음에도 불구하고, 상하이시 교육당국은 행정적인 차원에서 감독을 소홀히 하지 않고 있다. 가장 기본적인 감독 사항은 만자중학이 중화민국의 교육이념과 정책을 존중하는가 하는 것이었다. 이 때문에 〈1946년 만자중학 개황〉에서 상하이시 교육국에 제출하는 문서에 "학교의 종지는 기본적으로 중화민국 교육을 존중하며, 홍만자회의 사회정신에 복무"한다고 명시하였다.[129]

또한 상하이시 교육당국은 직인 등록을 통해 만자중학의 모든 행정문서를 재가하였다. 1946년 10월 16일자로 학교 동사회장이 교장에게 보낸 서류에는 '상하이시사립만자초급중학검기鈐記' 및 '상하이시사립만자소학검기' 직인이 등록되었다는 공문이 왔으며, 앞으로 외부에 보내는 공문에는 이 직인을 사용할 것을 알리고 있다. 또 공문 속에는 그 형태로 찍은 직인이 있

128 Q120-3-84. 〈世界紅卍字會上海市分會 私立卍慈初級中學校章程〉.

129 Q120-3-84. 〈世界紅卍字會上海市分會 私立卍慈初級中學校章程〉.

다.[130] 이는 공식기구에 직인을 등록한 것으로서, 요컨대 교육과정이나 공문 양식에서 교육국의 승인을 받고 있었다는 사실을 확인해 준 셈이다.

교육 당국에서 허가한 학교 직인 역시 법령에 규정된 것이었다. 1929년 12월에 만들어진 '도기圖記에 관한 잠행 규칙'에 따르면, 모든 농·공·상 및 공익자선단체는 상하이특별시정부 사회국에서 인정한 도기를 사용할 것이며, 여기에는 재료(목질), 가로세로 크기, 형태(4각), 글자체, 테두리에 들어갈 단체명과 호수 등을 규정하고 있다. 이를 어기고 자신들이 임의로 만들어 사용하는 문서는 아예 접수를 받지 않았던 것이다.[131]

이러한 도기들은 결국 어떤 형태의 학교든지, 국민당 정부나 시 정부의 통제 아래 놓여 있었음을 의미할 것이다. 따라서 학교의 설립이나 조직, 학년 구성, 교과목 편성, 교사임용 등 학교와 관련된 모든 면에서 자율적인 역량을 발휘할 수 있는 여지는 그만큼 줄어들었을 것이다.

5) 만자중학의 교과과정과 교학 규칙

(1) 만자중학의 교과과정과 그 특징

다음으로 우리가 주목할 부분은 이 학교의 교과과정이다. 현존하는 관련 당안에는 3개 학년의 과정표가 남아 있다. 이를 통해 만자중학의 교과과정을 비교적 소상히 알 수 있다. 먼저 1946년 2월에 사용한 1학년의 교과과정이다.

〈표 33〉을 보면, 초급 중학 학생들의 교과과정과 그 운영상황이 한 눈에 들어온다. 우선 교과목은 체조를 시작으로 국문, 영문, 산술, 역사, 지리, 정치, 동물, 식물, 음악, 체육, 도화, 설화로 구성되어 있다. 체조 시간이

130 정방형으로 된 이 직인의 중앙부에는 공식명칭을 예서체로 쓰고, 둘레 부분 속 하단에는 각각 '사중1,4,8私中一四八', '사소3,3,6私小三三六'이 음각되어 있다. 이 번호는 등록번호로서, 교육국에서 파서 보낸 것으로 짐작된다.

131 Q115-25-7, 〈上海特別市頒發團體圖記暫行規則〉.

표 33. 사립만자초급중학1학년과정표[132]

교시	수업시간	월	화	수	목	금	토
1	7:50-8:00	아침체조早操					
2	8:10-9:00	주회周會	지리(臧)	국문(林)	역사(臧)	국문(林)	역사(臧)
3	9:10-10:00	영문(應)	산술(張)	정치(鄧)	산술(張)	산술(張)	식물(劉)
4	10:10-11:00	산술(張)	영문(應)	영문(應)	영문(應)	영문(應)	산술(張)
5	11:10-12:00	식물(劉)	동물(劉)	체육(臧)	정치(鄧)	정치(鄧)	체육(臧)
점심							
6	1:30-2:20	국문(林)	역사(臧)	지리(臧)	설화說話(臧)	국문(林)	
7	2:30-3:20	음악(王)	도화(臧)	국문(林)		국문(林)	
8	3:30-4:20						

매일 오전 7시 50분부터 10분 동안에 첫 교시에 배정되어 있는 점이 눈에 띄는데, 위의 광츠고아원의 교과편성표에도 편성되어 있다. 이로 보아 체조는 당시 학교의 교과과정에서 공통적이었던 것 같다. 다만, 국민당정부의 표준교과목에는 체조과목이 아니라 동자군童子軍과목이 설정되어 있는데, 체조와 동자군의 상관성은 불분명하다. 또한 표준교과목에는 박물 과목 아래에 동물, 식물 과목이 설정되어 있으므로, 만자중학도 이를 따른 것으로 보인다. '설화' 시간이 배정된 것은 흥미롭다. 국민당 정부에서 정한 선택과목이었을 것으로 생각되는데 다만 이 교과목 시간에 무엇을 배웠는지는 궁금하다. 담당과목 교사는 장총시로 역사, 지리, 체육, 도화 등을 담당한 것으로 본다면 '스피치' 시간이 아니었을까 짐작한다. 이 교과목은 광츠고아원에서 행한 '담화談話'와 같았으리라 생각된다.

교과목의 중요성은 과목에 따른 시간 배정에서 엿볼 수 있다. 위의 학습시간은 조회와 체조를 제외하면 모두 32시간으로, 이 중 국어는 6개 단위, 영어는 5개 단위, 산술은 5개, 역사 3개, 정치 2개, 지리 2개, 그리고 동물, 식물, 음악, 도화, 체육, 설화 등이 각각 1개 단위이다. 곧 '중요과목'은 국어, 영어, 산술로서 32개 단위 중 절반인 16개 단위를 차지하고 있다. 그 뒤

132 Q120-3-84, 〈私立卍慈初級中學1學年課程表〉에 의거하여 작성. 담당 교과목 아래에 쓰여진 것은 성姓으로, 그 이름은 다음과 같다. 張=장야황張雅惶, 臧= 장총시臧崇稀, 林=린치타이林啓泰, 劉=류인한劉銀漢, 應=잉샤오시엔應孝先, 鄧= 덩시팅鄧希庭, 王= 왕위엔우王元嫵.

를 역사와 지리,[133] 정치가 따르고 있다. 과학 과목은 동물, 식물 모두 3시간이므로 비교적 중시되지 않은 셈이며, 국어 과목의 경우 하루에 잇따라 2개 교시를 편성한 것과 비교해 보면 그 중요도를 짐작할 수 있다. 반면 두원이나 홍만자회와 관련된 교과목은 보이지 않으며, 심지어 실업 교과 과목 역시 편성되어 있지 않다.[134] 곧 일반 학교의 교과편성과정과 대동소이한 구성이라 하겠다.

그렇다면 2학년 학생들의 교과편성은 어떻게 되어 있었을까.

〈표 34〉를 보면 알 수 있듯이, 2학년의 교과목은 아침체조와 주회를 제외하면 국문, 영문, 대수, 화학, 역사, 지리, 정치, 음악, 생리위생, 체육, 도화 등 11개 교과목으로 구성되어 있다. 산술과목이 대수로 바뀌었으며, 동물과 식물 과목 대신에 화학과 생리위생이 새로 편성되어 있다. 이렇게 된 까닭은 자연과학의 여러 과목 중에서 동·식물은 1학년용인데 비해 화학 및 생리위생은 2학년용이기 때문일 것이다. 도화, 체육, 음악은 1학년과 동

표34. 사립만자초급중학 2학년 과정표(1949년 추계)

교시		월	화	수	목	금	토
1	7:50-8:00	아침체조早操					
2	8:10-9:00	주회週會	정치(辛)	영문(應)	영문(應)	대수(張)	화학(顧)
3	9:10-10:00	대수(張)	영문(應)	화학(顧)	설화(郭)	영문(應)	정치(辛)
4	10:10-11:00	국문(劉)	국문(劉)	화학(顧)	국문(劉)	음악(王)	생리위생(劉)
5	11:10-12:00	영문(應)	지리(郭)	대수(張)	체육(臧)	국문(劉)	대수(張)
점심							
6	1:30-2:20	역사(郭)	대수(張)	국문(劉)	역사(郭)	지리(郭)	
7	2:30-3:20	체육(臧)	역사(郭)	국문(劉)		도화(臧)	
8	3:30-4:20						

* 참조: 郭=궈쥔소郭君素, 顧=구텐찬顧天贊, 辛=신더룽辛德隆.

133 역사 과목의 경우, 1학년은 중국사, 2학년과 3학년에서는 세계사 혹은 서양사를 설정하였고, 지리 과목도 마찬가지로 1학년 때에는 중국지리를, 3학년에서는 세계지리를 편성해 놓았다. 〈廖世承: 關于新學制草案中等教育課程之硏究(1922年)〉, 李桂林 等編, 앞의 책, pp.929-936.

134 허베이의 바오딩保定에 있던 육덕중학育德中學에는 부설 공장이 있어서 빈고학생 40여인이 방직업에 필요한 북을 제조하여 학비에 보탰다고 한다. 〈王卓然記參觀保定育德中學〉, 李桂林 等編, 앞의 책, p.895.

표 35. 사립만자초급중학 3학년 교과과정[135]

교시	시간	월	화	수	목	금	토
1	7:50-8:00	아침체조早操					
2	8.10-9:00	주회週會	영문(應)	물리(顧)	기하(張)	영문(應)	역사(郭)
3	9:10-10:00	국문(劉)	국문(劉)	영문(應)	국문(劉)	국문(劉)	물리(顧)
4	10:10-11:00	영문(應)	기하(張)	기하(張)	영문(應)	국문(劉)	물리(顧)
5	11:10-12:00	정치(鄧)	체육(臧)	역사(郭)		체육(臧)	국문(劉)
점심							
6	1:30-2:20	기하(張)	역사(郭)	설화(張)	음악(王)	기하(張)	
7	2:30-3:20	지리(郭)	정치(鄧)	도화(臧)	지리(郭)	정치(鄧)	
8	3:30-4:20						

일하다. 각 교과과목의 비중은 총 32개 단위 중에서 국문 6개 단위, 영문 5개, 대수 5개로 이 세과목이 16개 단위로 전체 편성 단위 중에서 절반에 해당된다. 역사 3개, 화학 3개, 정치 2개, 지리 2개, 그리고 기타 생리위생, 음악, 체육, 도화, 설화 등은 각 1개 단위를 차지하고 있다.

다음, 3학년의 교과과정 편성표를 보기로 한다.(표 35 참조)

3학년의 교과과정은 대수 대신에 기하가, 화학 대신에 물리 과목이 들어간 것을 제외하면 2학년의 그것과 대동소이하다. 편성 단위는 국문 6개 단위, 영문 5개 단위, 기하 5개 단위이며 역사 3개, 정치 3개, 물리 3개, 지리 2개이고, 나머지 음악, 체육, 도화, 설화는 각 1개로 짜여 있다. 총 32개 단위 중에서 국문, 영문, 기하가 16개로 역시 절반이며, 역사, 정치, 물리, 지리가 11개 단위로 약 30%의 비율에 이른다.

이 교과과정에도 홍만자회나 도원 관련 교과목은 없으며, 직업 교육과 관련된 과목 역시 개설되어 있지 않다. 그 점에서 오히려 〈광츠고아원 학년별 교과과정〉보다 좀 더 단순한 편성이라 할 수 있을 것이다. 광츠고아원에서는 토요일 3교시에 2-6학년까지 '작물'을, 6교시에 '원예'를 교육하며, 4, 5, 6학년에는 '주산'을, 그리고 5, 6학년에 '응용문'을 편성해 두고 있었기 때문이다.[136]

135 Q120-3-84, 〈私立卍慈初級中學3學年 教科課程表〉에 의거하여 작성.

136 李國林, 앞의 논문, p.160.

또한 전학년의 교과과정은 중일전쟁 시기의 교과과정이나 전쟁 승리 이후의 그것과 거의 유사하지만 그렇지 않는 과목도 있다. 예를 들어 1936년에 공포된 〈수정중학과정표준〉에 따라 작성된 1940년 초급중하 개설과목을 보면 1학년, 2학년, 3학년에 공통되는 것으로 '공민, 체육, 동자군, 국문, 산학, 역사, 지리, 노작勞作, 도화, 음악, 그리고 선수과選修課' 등이 있었다. 학년에 따라 달리 배우는 과목으로서는 '자연과학'이 있었으며, 그것은 박물, 생리 및 위생, 화학, 물리 등으로 구성되어, 1학년은 박물, 2학년은 생리 및 위생, 화학을 배웠고, 3학년은 생리, 위생, 물리를 배우도록 규정하였다.

중일전쟁 승리 이후인 1948년에 국민당 정부는 다시 〈수정 중학과정 표준〉을 공포하였다. 이에 따르면 초급중학의 교과목은 '국문, 외국어(영어), 공민, 역사, 지리, 수학, 이화, 박물, 생리 및 위생, 체육(여학생), 음악, 미술, 노작(여학생은 가사), 동자군, 선택과목' 등이었다. 이곳에서도 이화는 2, 3학년용이었고, 박물은 1학년, 생리 및 위생은 2학년용이었다.[137] 1936년의 과정표준이나 1948년의 그것은 대차가 거의 없는 셈이다.

정부의 표준과정과 위의 만자중학 교과목을 비교해 본다면 국문, 영문, 수학(산술, 대수, 기하), 역사, 지리, 박물(동물, 식물), 체육, 음악, 미술(도화)은 같은 과목이라 할 수 있을 것이다. 정부표준에는 '공민'이 있으나 만자중학에는 1, 2, 3학년 모두 '정치'로 표기되어 있다. 또한 정부의 표준으로 설정되어 있는 자연과학(박물, 생리 및 위생, 화학, 물리)의 경우, 동물과 식물은 1학년에, 생리위생과 화학은 2학년, 물리는 3학년에 배치되어 있다. 한 가지 의문스러운 점은 만자중학에 동자군 과목이 포함되어 있지 않은데, 앞에서 잠시 언급한 것처럼 전학년 1교시에 6일간 10분씩 편성된 아침체조가 그것을 대체한 것은 아닐까 한다. 그리고 정부표준에는 노작(혹은 가사) 과목이 16시간을 기본시수로 개설된 데 반해, 만자중학에는 이 교과목이 보이지

137 王建頔, 앞의 논문, pp.59-63.

않는다. 아래 직원 명단에서 노작 담당 교사가 있는 것으로 보아, 무언가 착오가 있지 않았을까 한다.[138] 또한 만자중학에는 앞에서 본 바와 같이 '설화' 과목이 개설되어 있는데, 아마도 이것은 선택과목이었을 것이라고 생각한다. 이렇게 보면 만자초급중학의 교과과정은 국민당 정부가 제정한 교과표준을 일부 교과목을 제외하고는 잘 지키고 있었다고 할 수 있다.

이상과 같이 만자초급중학에서는 보통교육을 실시하였다. 1922년에 제정된 중학교령에는 초급중학에서 직업교육을 실시한다는 것이 포함되어 있었으나, 이를 실천한 학교는 매우 드문 형편이었다.[139] 이 점에서 만자중학은 자선기구의 부설학교였고, 실학자제가 많았음에도 불구하고 통상적인 보통교육에 집중하였던 것으로 보인다. 반면 위의 교과목들은 사실상 20세기에 등장한 새로운 직업들, 예컨대 사무직에 필요한 능력을 배양하는 데 도움을 주었을 것이다.

그렇다면 만자중학의 교원 구성은 어떠하였을까. 다음의 〈표 36〉은 1946년 5월에 상하이시 당국에 보고한 〈만자중학교 직원일람표〉이다.[140]

표에서 알 수 있는 사실은 만자중학의 교사는 모두 6명으로 담당과목은 역사, 국문, 체육, 과학, 산술, 기하 및 대수이다. 교사 1인당 과목수는 국문과 산술 및 수학의 경우 각 1과목이며, 기타 과목은 거의 1인당 3과목을 겸하여 가르치고 있다. 이는 과목수는 많은 데 비해 교사수가 적다는 사실을 반영한다.[141] 게다가 전임교원은 4명에 불과하다. 그리고 사무원을 겸하고 있는 두 사람은 모두 홍만자회 산하 진료소나 습근소에서 의료 부분을

---

138 '노작' 과목은 민국 초기의 표준교과과정에서 '수공(남)' 혹은 '가사(여)' 과목으로 출발한 것이다. 이것이 1932년의 교과과정에서 '노작'으로 개명되었다. 王建頔, 앞의 논문, pp.28-55. 국민당 정부시대의 노작 과목의 변천에 대해서는 王林鋼, 〈民国二三十年代中小學勞作教育研究(1922-1936)〉(南京師範大學 碩士學位論文, 2011), pp.43-71 참조.

139 王書田, 앞의 논문, pp.56-57.

140 Q120-3-84, 〈卍慈中學校職員一覽表〉(1946年 5月).

141 베이징사범대학 부속 중학의 경우, 1922년에 전임교원 12인, 기타 겸임교원 15인이었다. 겸임은 고동사범 겸임자 7인, 고등사범졸업생 11인이었다. 이곳의 학생수는 9개 반으로 291명이었다. 〈高等師範附屬中學校〉, 李桂林 等編, 앞의 책, pp.859-861.

표36. 만자중학교 직원일람표 (1946년 5월)

성명	성별	연세	적관	출신	경력	직무	전임 및 겸임	담당과목	부임연월
샤페이바이 夏佩白	남	58	전장 鎭江	장쑤교육학원 및 장쑤특설전과教務長 장쑤성 독학督學 등 역임		교장	잠시겸		1944. 8
야오톈청 姚天成	남	48	장투	국립 동남대학교육과 졸업	안후이2여사女師 3여사女師 교도주임 성통중사범주임 상하이 우번여중省通中師範主任上海務本女中성마리여교교원	교도주임	전임	한문 역사 공민	1946. 8
장캉링 張康齡	남	58	타이현	양강사범兩江師範 졸업	타이현현립중 장쑤 다이용중학代用中學 국문교원, 타이현일고 교장		전임	국문	1945. 10
장총시 臧崇稀	남	33	타이현	상하이신륙사범上海新陸師範 및 동아체전東亞體專 및 졸업	상하이시립고 창홍로昌虹路소학교장 소사임중蘇四臨中 교원		전임	체육勞作 미술	1946. 2
한샤오쩡 韓紹曾	남	30	후이안 淮安	장쑤성립 우시공전工專 화공과 졸업	상하이신아약창화학사上海新亞藥廠化學師 및 우시유원*성중학이화교원有原*聲中學理化教員	교무원	전임	물리 화학 동식물	1946. 2
장센위 張愼於	남	55	장투 江都	난징사범전과 졸업	성현립중소학교장 현독학교국과장縣督學教局科長30년 이상		겸임	산술	1945. 10
왕쩐 王溱	남	46	옌청 鹽城	장쑤특설 수리전과數理專科 졸업	교통부 오송상선吳淞商船학교 수학 교원 및 장쑤성 상중석사* 上中錫師 상하이사립*덕**上海私立*德**중학교원		겸임	기하 대수	
쉬즈신 許自新	남	36	허페이		본회 진소 주임	사무원	겸임		1944. 8
마스쥔 馬石君	남	60	장투		본회 상하이유민습근소上海流民習勤所 및 의무주임 역임	사무원	겸임		1944. 8

* 표는 독해 불가능한 글자임

담당하고 있다.[142]

사무원인 쉬즈신을 제외하면 모두 장쑤성 출신이다. 하지만 그 중에서도 강남은 전장 출신으로 교장뿐이며, 나머지는 모두 장쑤 북부 출신이다. 이는 상하이 지역 홍만자회의 회원들이 상하이, 강남, 저장 북부, 그리고 장쑤 북부 등으로 구성된 것에 비하면 지나치게 강북에 치우쳐 있는 구성이라고 할 수 있다. 그들의 학력은 모두 정규 학교 전공과목 이수자이고, 경력 역시 교장이나 교원을 맡았을 정도로 만만치 않은 능력을 지닌 사람들로 보인다. 평균 나이는 47세이다.

흥미롭게도 개학 당시 부임하였던 사람은 교장과 사무원 세 사람뿐이며, 나머지 교원은 모두 1945년 8월 이후에 부임하였다. 이는 아마도 일본군의 지배에 있다가 다시 국민당 지배에 들어간 상하이 지역의 특성을 반영한 것으로 보인다. 말하자면 일종의 물갈이를 단행한 느낌을 주는 셈이다.

교사 중에서 도사제가 운영되었던 것도 흥미를 끈다. 장핑즈는 3학년 학생들의 도사導師이며, 2학년은 장총시 선생, 1년은 야오텐청 선생이 각각 학년의 지도 교사를 담당하고 있다. 이들의 주도하에 학생들을 조별로 나누어 독회 활동을 할 뿐만 아니라 국내외의 중대 사항에 대해 강해하면서 실질적으로 지도를 하고 있었던 것으로 보인다.

특히 '심득心得에 관한 전문 독회'를 통해 그 득실을 바로 하는 일에도 노력을 기울였던 것 같다. 여기서 주목할 부분은 '심득에 관한 전문 독회'라는 것이다. 심득을 일반적인 용어가 아니라 '논어심득'이나 '원효대사의 심득'의 사례와 같이 '특정한 교의를 깊이 깨닫는 일'로 볼 수 있다면, 도사제의 심득 역시 이에 해당하는 것이 아닐까 한다. 정규 교과나 교사 제도를 통해 도원과 홍만자회의 가르침을 전하는 것이 아니라 도사제를 통해 도원

---

142 1950년도 칭다오자제慈濟상업직업학교 교직원은 24명이었는데, 그 중 1949년 이전에 재직하고 있던 교직원은 11명이었다. 교직원의 수효로 보면 상하이보다 훨씬 많은 셈이다. 이 학교는 앞서 말한 사립칭다오상업직업학교로서 1949년에 위의 이름으로 바뀌었다. 李光衛, 앞의 논문, pp.205-207.

을 대상으로 하는 일종의 종교 교육을 실시하였던 것이 아니었을까 라고 짐작해 본다.

또한 이들 교사는 교훈을 관철하기 위해 4대 활동을 실시하고 있있다, 곧 시사예험時事豫驗, 원족용화遠足鎔化, 작문경주, 강연회 등이 그것이다. 이 중에서 더 중시했던 활동은 시사문제 토론이었던 것 같다. 구체적으로는 세계의 대세와 국내 정세에 초점을 맞추어 신문 읽기, 정치 상식 추구, 외교 방면의 추단, 국토 완정完整의 열망, 동북 동포의 고통 따위를 강해하였던 것으로 보인다.[143]

이렇게 보면 교사들은 정규 교과목을 가르치는 일뿐만 아니라 도사제를 통해 정부에서 요구하는 국가사의 여러 문제들, 종교에 관한 토론회, 그리고 학생들의 개인능력을 향상시키기 위한 작문 등 비교과 부분에서도 매우 다양한 역할을 담당하였던 것으로 짐작된다.

(2) 학습 능력의 신장

그럼에도 학교에서 중요한 부분은 교육이 진행됨에 따라 학생들의 학습 능력이나 학습 이해도와 같은 부분도 더불어 진보하는가 하는 문제일 것이다. 당시의 자료들을 살펴보면, 요컨대 학생들이 처한 어려움이나 학습 능력은 좀체 나아지지 않는다는 점이었다. 오히려 갈수록 떨어진다는 것이다. 그 이유는 기본적으로 실학 청년의 구제 차원에서 수업을 하고 있는데다 학비를 내지 않기 때문에 학교 운영에 어려움이 많기 때문이라는 것이다. 면제 대상은 총학생수의 4분에 1에 달할 정도로 많았던 것이다. 이를 보완하기 위해 학생들로부터 3천 위안의 잡비를 걷고 있으나 이마저 그들에게는 큰 부담이며, 사회까지 빈곤하고 관련 기관의 도움도 미미하여 어디에도 기댈 수 없는 처지였던 것이다. 그만큼 학생들이 처한 개인적인 여건이나 학내의 학습 조건이 제대로 갖추어지지 않았던 셈이다.

---

143 Q120-3-84. 〈卍慈中學概況 1946年 5月〉.

그리하여 학교측에서는 수시로 시험을 보면서 성적을 끌어올릴 방도를 찾고 있었지만, 그보다 더 절실한 문제는 이들이 돈을 벌면서 학교를 다닐 수 있는 방법을 모색하는 것에 있었다. 공독제도工讀制度가 그것이다. 그렇다고 해서 그 제도가 만자중학만의 해결책은 아니고, 이미 전중국에서도 많이 시행하고 있는 제도이기 때문에 그 방법이 이 학교의 학생들에게 반드시 도움이 된다는 보장이 없다는 것도 문제였다.

또 학생들의 학습능력을 향상시키는 방법의 하나로 제시된 것이 기숙사의 설립이었다. 하지만 기숙사보다 더 급한 건 교실이었다. 소학교의 건물을 빌려 쓰고 있는 실정이었기 때문이었다. 건물 역시 건축의 원리를 무시하고 지은 까닭에 채광이 부족했고 교실 외에 다른 특설실 — 예컨대 실험실, 도서실, 노작실, 미술실, 음악실, 자수실, 강당, 체육관도 없는 실정이었다.

교사에 대한 처우 역시 열악하였다. 가난한 학교 환경으로 인해 교사들이 수업에 매진할 수 있는 여건이 되지 않았으며, 급여 또한 낮았다. 게다가 중일전쟁 이후 닥쳐온 물가폭등으로 인해 교사의 의지는 갈수록 꺾이고 있었다. 이상에서 열거한 네 가지 어려움, 곧 수업의 질, 가난, 시설, 교사 등을 홍만자회 스스로 타개하기란 쉽지 않았던 것 같다.[144]

좀 더 구체적으로 학교 시설은 어땠을까. 1949년 6월에 행한 조사 초록에는 〈상하이사립만자초급중학 의기 도서 정리책上海市私立卍慈初級中學儀器圖書清冊〉에서 그 면모를 조금쯤 엿볼 수 있다.[145] 이 목록은 새 정부에 제출하기 위한 재산목록의 성격이 짙은데, 크게 물리와 화학 과목에 필요한 기구와 도서관에 소장 중인 도서류로 나누어져 있다. 지남철, 볼록거울, 오목거울, 온도계, 시험관 등을 비롯하여 알 듯 모를 듯한 실험 기구들이 몇 페이지에 걸쳐 빼곡하게 적혀 있다. 그 최종 통계문은 "이상 물리·화학 기구 합

144 Q120-3-84, 〈卍慈中學概況 1946年 5月〉.

145 Q120-3-84. 〈上海市私立卍慈初級中學儀器圖書清冊〉.

계 81건"이다. 두 교과 수업 시 필요한 실험기구들을 통계로 잡은 셈이다.

도서정리책자에 실린 도서류는 사전, 교육, 특수교육, 국어, 문학, 수학, 역사, 지리, 과학, 철학, 윤리, 정치, 사회, 경제, 화학 및 물리, 고전, 생활, 기타 등 18종으로 분류할 수 있을 것이며, 모두 118책이다.[146] 이들 도서

---

146 그 종류와 구체적인 도서명은 다음과 같다.

1) 사전류: 《세계명인대사전》, 《각급학교 규정》, 《사해(상하)》, 《사용사전四用辭典》. (4책)

2) 교육: 《교육학》, 《전시아동교육》, 《유치원교육》, 《향촌민중교육》, 《희극과 교육》, 《향촌사범교육실습지도》, 《과정표준》, 《교육실험과 통계》, 《직업교육》, 《체험주의 교육원리》, 《교육개론》, 《개성교육 지도와 조사》, 《교육사대강》, 《예술교육학》, 《보급교육》, 《교육경비문제》, 《교장위치》, 《근대교육 및 그 이상》, 《교육실험》, 《현대교육사조》, 《구국교육》, 《구미노작교육사상사》, 《지방교육행정》, 《교육과정편제의 원칙과 방법》, 《서양교육제도의 발전과 그 배경》, 《교육통계학초보》, 《음악과 교육》, 《초중각과과본》(20권), 《중화교육계》, 《소학각과과본》(57권). (30책)

3) 특수교육: 《실험소학행정》, 《의무교육실제문제토론집》, 《어떻게 소선생을 만들까》, 《소학조직법》, 《소학행정개요》, 《단기의무소학실시법》. (6책)

4) 국어: 《저학년국어교학법》, 《1천1백개한자사용교학법》. (2책)

5) 문학: 《현대응용문선》, 《한유산문선》, 《근대산문고》, 《복란종군》. (4책)

6) 수학: 《정수론》, 《수학》, 《중등학교산술교학법》, 《삼각분수실습》. (4책)

7) 역사: 《일본소사》, 《선진사회사상소사》, 《미국소사》, 《고대사회》, 《산업혁명사》, 《상하이항전전사》, 《항전의 경험과 교훈》. (7책)

8) 지리: 《경제지리학중국문제》, 《천시와 지리》. (2책)

9) 과학: 《과학의 가치》, 《세계과학신역》, 《과학론》, 《과학규범》, 《화학병기의 연구》, 《현대항해학》, 《과학적 개조세계》. (7책)

10) 철학: 《묵자정치철학》, 《맹자정치철학》, 《상대론》, 《불학》, 《루소철학》, 《철학도덕집》. (6책)

11) 윤리: 《수학修學지도》. (1책)

12) 정치: 《중일실력 비교》, 《적정연구》, 《당의문답》, 《쑨원주의철학 기초》, 《세계왕자는 누구인가?》, 《삼민주의청년단논총》, 《아주내막》, 《국제정치의 이론과 실제》, 《지방자치의 이론과 실제》, 《우즈후이吳稚暉최근언론》. (10책)

13) 사회: 《사회진화》, 《생산합작경영론》, 《사회론》, 《사회학대강》, 《러시아농촌생활》, 《동자군전서》, 《사회과학대강》, 《중국농촌문제연구》, 《향촌교육실시기》, 《사회개조8대사상가》, 《사회진화사》, 《훈정시기 촌정문제》, 《진화개론》, 《사회와 교육》, 《신용합작제요》, 《공업합작사초보》. (16책)

14) 경제: 《반식민지중국경제》, 《정치경제학방법론》, 《중일화폐전》, 《일본의 정치경제연구》. (4책)

15) 화학 및 물리: 《약물》, 《화학유리용기》. (2책)

16) 고전: 《서경집주》, 《장자》. (2책)

17) 생활: 《가정신식보》, 《위생교육실시법》. (2책)

18) 기타: 《실험보통심리학》, 《아동학의 신개념》, 《보병조연초안》, 《학용學庸》, 《813구제징신록救濟徵信錄》, 《방공연습선전휘간》, 《계남桂南합작통신》, 《등화관제수지》, 《백성초급영어》. (9책)

중에 중요한 부분을 차지하고 있는 것은 만자중학처럼 실학 자제를 위한 특수교육용 교재일 것이다. 예를 들면 《단기의무소학실시법》, 《향촌사범교육실습지도》, 《직업교육》, 《어떻게 소선생을 만들까》, 《직업교육》, 《보급교육》 등등은 이 학교의 교육 원칙과 방법을 알려주는 교재들이라고 생각한다. 그 외에 교육방법론이나 교과과정 편성, 교육사상, 각과 교육 등에 관한 도서도 적지 않다. 곧 소학교육이나 실학자제용 교육에 필요한 도서들이 다수라는 사실이다.

또한 이 목록에서 눈에 띄는 것은 국내외 정세에 관한 것들이다. 《적정연구敵情硏究》, 《중일화폐전中日貨幣戰》, 《등화관제수지燈火管制須知》, 《방공연습선전휘간》, 《보병조연초안》, 《세계왕자는 누구인가》, 《아주내막亞洲內幕》, 《중일실력비교》 등이 이와 관련될 것이며, 《상하이항전전사》, 《항전의 경험과 교훈》 역시 중일전쟁의 교훈을 강조하는 책이라 생각된다. 책들을 직접 보지 않았기 때문에 구체적인 내용이나 편집, 서술 방법 등은 알 수 없으나, 《적정연구》는 국민당 정부의 신문국에서 1940년 이후 총서로 해마다 발간된 것이고, 《아주내막》은 1941년에 충칭에서 발간된 아시아 각국의 현황을 개괄한 책이다.

반면 국민당의 정책이나 쑨원주의에 관한 것도 눈에 뜨인다. 《훈정시기 촌정문제訓政時期 村政問題》, 《신용합작제요信用合作提要》, 《공업합작사초보工業合作社初步》, 《삼민주의청년단논총》, 《쑨원주의철학기초》 등이 그것이다. 이런 부류의 책이 만자중학에서 자체적으로 구입한 것인지, 아니면 국민당 측에서 제공한 것인지는 분명치 않다.

만자초급중학 도서관에서 소장하고 있는 또 다른 분야는 사회학의 영역에 속하는 도서들이다. 《사회진화》, 《사회론》, 《사회학대강》, 《러시아농촌생활》, 《사회과학대강》, 《사회개조8대사상가》, 《사회진화사》, 《진화개론》 등이 그것이며, 《중국농촌문제연구》나 《향촌교육실시기》도 이 범주에 들어갈 것이다. 따라서 만자초급중학 도서관에 비치된 책 중 다수를 차지하는 것은 교육 분야, 정치와 정세 분야, 그리고 사회 분야라고 생각되며, 그 중에서도 특히 실학 교육이나 사회 개조와 분석에 관한 것, 그리고 일본과의 대립 상황을 분석한 책들이 많았다고 생각된다.

반면, 만지 중학의 특색을 드러내는 종교서나 자선사업과 관련된 서책은 거의 없다. 《8.13구제징신록》 정도가 유일하다. 징신록이란 앞서 말한 바와 같이 어느 사회단체가 공익활동과 그에 따른 수지사항을 내외에 보고한 보고서이므로, 이 징신록은 1937년 8월 13일에 전개된 상하이 전투 시, 홍만자회의 구제활동과 그 수지사항을 기록한 자료일 것이라고 생각한다.[147]

그 외에 영어 관련 교재는 한가지이며, 또 중국어 관련 교과서나 도서도 드문 편이다. 관련 교과서는 모두 《초중각과과본初中各科課本(20권)》과 《소학각과과본小學各科課本(57권)》 속에 들어 있으리라 여겨지지만, 그럼에도 그와 관련된 도서가 빈약하다는 사실은 이해하기 어렵다. 아마도 국민당 정부 시기에 계속된 종교와 자선의 분리가 도서 구입이나 소장에 영향을 주었을지도 모른다. 또한 응당 중요시되었을 것이라 생각되는 국어나 역사 등도 적은 편이다. 오히려 문학이나 고전에 관한 도서들이 더 많다. 그 점에서 만자초급중학은 일반계 중등학교에서 중시하는 국어, 영어, 수학, 역사 등과 관련된 교재는 비교적 적었던 셈이다.

이러한 도서들이 단순히 비치용은 아니었을 것이다. 아래에서 살펴볼 것이지만, 도서관 이용과 관련된 규정이 있으며, 그 속에서 이 도서들을 어떻게 활용하여 소장 도서의 효율성을 극대화시킬 것인지에 대해 세세히 규정하고 있기 때문이다. 다만, 항일전 시대에 친일정권 아래에서 반일 친국민당 성격이 강한 도서들이 어떻게 온존할 수 있었는지, 또 공산당을 반대하는 도서들은 전혀 보이지 않는지는 궁금한 부분이다. 통치집단이 바뀌는데 따라 장서의 보존과 활용이 바뀌었는지에 대해서는 더 검토가 필요하다고 생각된다.

그렇다면 이 학교가 기본적으로 갖추고 있던 또 다른 시설들은 어땠을

147 李光衛, 앞의 논문, p.140.

까. 이 역시 1950년에 작성된 〈상하이시사립만자초급중학 교실 및 교구 정리책〉에서 그 면모를 볼 수 있다.[148] 이 학교의 기본 공간은 교실 3칸, 교무실 1칸, 동자군 겸 체육기재실 1칸, 교장실 1칸, 교원침실 3칸, 회계실 1칸 등으로 구성되어 있다. 이 중, 교장실과 회계실은 진료소의 공간을 차용하고 있었으므로 가장 중요한 공간은 교실과 교무실, 그리고 교원 침실이라 할 수 있다. 또 다른 시설물들은 탁자, 흑판, 서가, 의자 등등 사무나 교학 등에 사용되는 기물들이다. 이 중에서도 서가, 의자, 공문서가, 유인물기, 풍금 등은 진료소에서 빌려 쓰고 있는 물품이었다.

이러한 공간 배치와 물품 중에 동자군童子軍, 곧 보이 스카우트에 관한 공간과 관련 사물이 적지 않다는 사실도 흥미롭다. 동자군과 체육 기재실이 따로 갖추어져 있다는 사실은 이 학교에서 동자군에 대한 처우가 남달랐음을 보여준다. 기물 중에도 '동단곤童單棍' 100근根과 '동자군제복' 10벌이 별도 목록으로 제시되고 있는 바, 동자군제복은 오늘날에도 볼 수 있는 전통적인 보이스카우트 제복이며, 동단곤은 이들이 휴대하고 다니던 다소 짧은 형태의 몽둥이였을 것이라 생각된다. 또한 이 초급학교에서는 도서관의 도서 중에도 《동자군전서童子軍全書》가 있을 만큼 동자군 활동에 힘을 기울였던 것으로 보인다. 국민당 정부의 교육정책에서 동자군을 중시한 부분이 교육현장에서 위와 같이 나타났을 것이라고 생각된다.

(3) 학내의 여러 규칙들

다음으로는 각종 규칙을 통해 만자중학이 어떻게 운영되었는지를 보기로 한다. 우선 〈만자중학 교실 규칙〉은 교실에서 어떻게 행동해야 하는지를 세세하게 규정하고 있다.[149] 16개 조항으로 구성된 이 규칙에서 교실은 전학

148 Q120-3-84, 《上海市私立卍慈初級中學房室校具淸冊》. 종합 합계란에 '방실 10칸, 교구 358건'으로 기록하고 있다.

149 Q120-3-84, 〈卍慈中學概況 1946年 5月〉.

년의 공동 배움터라는 전제 아래 수업이 있건 없건 모든 규칙을 잘 지켜야 한다는 것을 전제로 하고 있다. 그 중 일부는 수업 시작과 끝은 타종, 교실 출입 시 쟁신하지 말 것, 등하교 시 교사에게 경례할 것, 앉은 자리를 맘대로 옮기지 말 것, 호명 시 즉각 응답, 수업 시 정숙하고 다른 교과목 책을 보지 말 것, 흑판 사용 주의, 청결 위생, 정부급장은 매학기 선발하며 학생과 교사 사이의 의견을 전달하고, 당직학생은 급장에게 부여받은 임무 — 질서와 청결 등을 잘 처리할 것이며, 당직생은 일지를 잘 기재할 것 등을 명시하고 있다. 이러한 규칙이 단순히 권고사항이 아니라 규칙 위반자는 경중에 따라 처분한다고 한 것에서 강제성을 띠고 있다.

또 〈만자중학 도서관 학생 열서 규칙〉도 있다.[150] 도서관이 안고 있는 최대의 문제는 책이 많지 않은 반면, 이용자는 그 반대라는 사실이다. 그렇기 때문에 자습 시간이나 교과 학습 이외의 시간을 활용하여 각 학년별로 이용할 수 있는 시간을 편성하고, 학생들을 선정하여 이들이 도서관 복무를 할 수 있도록 규정하였다. 도서는 반드시 관내에서 읽어야 하고 독서 시에 절대 정숙을 요할 뿐만 아니라 훼손 금지, 분실 시 배상 등도 명시하고 있다. 특히 학습 능력을 제고하기 위해 학년별 지도 교사가 개개학생의 독서 상황을 살펴 수시로 성적에 반영하도록 하고 있다.

만자중학에서는 시험규칙을 제정해서 시험의 중요성과 규정성을 매우 강조하고 있다.[151] 시험 시간에는 반드시 고시 감독 교사의 명령에 철저히 따를 것, 문제에 의문이 있을 경우 시작 뒤 5분 내에 질문할 것, 시험 시간에는 어떠한 참고서도 들고 갈 수 없으며, 또 자리 이동이나 좌고우면을 금지하고, 종이 규격이나 필기용 도구도 규정을 지킬 것이며, 시험은 규정 시간 내에 마치고 답안을 내면 즉시 교실을 떠날 것 등을 정하고 있다.

이들의 기숙사 생활은 어떠하였을까. 〈만자중학 학생 기숙 규칙〉에 따르

---

150 Q120-3-84, 〈卍慈中學概況 1946年 5月〉.

151 Q120-3-84, 〈卍慈中學概況 1946年 5月〉.

면[152] 기숙사의 규모는 알 수 없으나, 이 규칙을 통해 학생들의 학내 사생활 일부를 살펴볼 수 있다. 우선 학생들은 가장의 요청에 의해 기숙이 허락되며, 기숙생은 입학할 때에 식사비, 전기수도료를 내도록 되어 있다. 또 기숙 처소를 한번 지정받으면 함부로 변경할 수 없으며, 정기 휴일이나 특수 휴일 외에는 외출이 불가능하고, 사사로이 외출할 때는 엄처한다. 기숙생은 특수한 일로 외출할 경우 허락을 받아야 하며, 아침 7시에 기상하며, 저녁 9시에 취침하며, 9시 반에 소등한다. 위생과 안전에 주의하며, 식사시간을 엄수하며, 퇴학 때에는 전기 수도료는 돌려주지 않으며, 식비는 먹은 날까지 계산한다. 휴가가 일주일을 넘길 때에는 식사중지[停膳]를 청구하며, 귀교하면 다시 속식을 요구한다. 기숙생은 매일 저녁 7시부터 9시까지 지정된 곳에서 두 시간 동안 자습한다는 등, 모두 12개조로 되어 있다. 특히 출입과 기상 취침, 식사, 휴식, 자습 등에 대해 세세히 규정하고 있다. 공동생활에 필요한 다양한 규정을 상당히 엄격하게 요구하고 있는 셈이다.

만자중학에서는 학생들에게 정해진 규정에 따라 휴가를 청하도록 하고 있다. 여기서 말하는 휴가란 우리가 아는 바와는 달리, 사고나 불가피한 사정으로 인해 결석해야 하는 경우를 말한다. 〈만자중학 학생 청가 규칙〉에 따르면,[153] 결석해야 할 경우 먼저 가장의 도장이 찍힌 청가서를 교도처에 제출하여 허가를 얻어야 했다. 또 병으로 인해 제때에 귀교하지 못하면 가장이 2일 이내에 청가를 신청하여야 하고, 시험기간 중에 병이나 중대사고로 청가할 경우, 보충시험을 신청할 것도 규정하고 있다.

흥미 있는 것은 각 과목별 결석 시간을 단위로 계산했다는 점이다. 예컨대 과목별, 전체 집회, 과외 활동이나 자습은 한 차례가 1단위이며, 아침 체조는 3차가 1단위, 기숙생의 저녁 학습 시간은 2차가 1단위로 계산되었다. 곧 단위로 결석 시간을 계산하되, 수업과 직접 관련이 있는 것은 1회,

152 Q120-3-84, 〈卍慈中學概況 1946年 5月〉.

153 Q120-3-84, 〈卍慈中學概況 1946年 5月〉.

그렇지 않은 것은 2회나 3회 정도를 한 단위로 계산하여 출결 시간을 합산하는 방식이다. 출결 시간이 기준에 미치지 못하면 시험 자격을 주지 않았던 것이다. 또한 무단결석자의 경우에도 20단위에 이르면 제적한다는 규정도 마련해 두었다. 이 점에서 만자중학은 출결석 상황을 매우 중시하였던 같지만, 이는 중학생의 출결 사항에 관한 전국 표준을 따른 것이었으므로 그곳만의 특별한 규정이라고 말하기는 어렵다.

학교 당국에서 학생들에게 필요한 학습 능력은 글쓰기로 보았던 것 같다. 〈만자중학 회문 간칙卍慈中學會文簡則〉에서 그것을 읽는다.[154] 만자중학에서는 매학기에 한 차례씩 글쓰기 경연대회쯤으로 볼 수 있는 회문을 학기별로 1차례씩 개최하면서 학생들로 하여금 글 쓰는 능력을 향상시키려고 했다. 문제文題나 답안작성 요령, 시험장 분위기, 성적평정법 등을 중시한 이 회문은 평시의 작문 성적에도 반영하면서 기본적으로는 문장력의 향상을 기대한 것으로 보인다.

특히 이 중에서 성적 평가의 경우 서법과 구조, 그리고 의의라는 3가지 요소를 주요 기준으로 삼았다. 서법은 주로 붓으로 쓴 해서를 중심으로 정제하게 썼는지를 보고, 구조는 단락, 자구, 군더더기의 유무 등을 보며, 의의는 주어진 범위 내에서 자신의 견해를 정확하고 분명하게 진술하는 것을 표준으로 삼았다. 이렇게 보면 회문이란 결국 작문의 일부인 셈이며 서법이나 모필 사용, 제의 등을 강조한 것을 보면, 과거시험의 전통이 현대식으로 개조된 듯이 보이기도 한다.

이상에서 우리는 만자중학이 매우 다양하고도 세세하게 각종 규정을 두고 있었음을 보았다. 교실 이용, 도서관, 회문 등에서 교육열을 읽을 수 있으며, 기숙사 생활에서는 공동체적 규칙을, 또 시험이나 평가 등에서는 엄격하게 규정을 지킬 것이 강조되었다. 따라서 만자중학은 허술한 운영시스템이 아니라 명백하고 세세한 규정을 통해 운영된 규율 있는 현대식 학

154 Q120-3-84, 〈卍慈中學槪況 1946年 5月〉.

교였다고 할 수 있다. 이 규정만으로는 만자중학이 실학 자제를 위한 학교인지, 아니면 일반 시민의 자제를 위한 학교인지 구분하기 어렵다는 의미도 될 것이다.

(4) 만자중학생의 구성 성분

그렇다면 학생들의 구성상 특징은 어떠했을까. 다행스럽게도 〈만자중학개황 1946년 5월〉에는 〈초1, 2, 3학생일람표〉 목록 속에 1학년 49명, 2학년 48명, 3학년 17명 등, 모두 115명의 학생들을 '성명, 성별, 연령, 적관, 학력, 입학년월' 등의 항목으로 구분하여 싣고 있다.[155]

1946년 무렵에 중학교 학생 수가 115명이라면 그렇게 큰 규모의 학교라고 말하기는 어렵다. 예컨대 1916년에 조사된 전국의 중학교 학생 규모 중에서 장쑤성의 성립중학교의 학생수는 장닝 소재 성립제1중학 208명, 우현 소재 제2중학은 138명, 송장 소재의 제3중학 217명, 탄투 소재 제6중학 121명, 난퉁 소재 제7중학 167명 정도였다.[156] 그렇다고 매우 작은 규모의 학교였다는 것은 아니다. 1946년에 황옌페이黃炎培 등이 주도하여 문을 연 상하이의 비러比樂중학의 경우 첫해 신입생이 60명이었던 데서[157] 만자중학의 규모를 짐작할 수 있다. 만자중학의 신입생 49명에 비하면 크게 많지 않은 규모였던 것이다.(표 37 참조)

위 학생 중 '중학필업자'라고 기재되어 있는 사례는 없다. 이렇게 볼 때 3학년의 경우, 입학 때 소학 졸업자보다 중학 재학생을 중심으로 선발하였던 것으로 보인다. 이 학교는 1944년에 개교하였으므로 3학년은 말하자면 이 학교에서 처음 받은 학생들인 셈이다. 이 당시의 입학생은 모두 22명이었지만, 1945년 9월에도 2학년과 3학년 학생이 입교하고 있다. 이는 편입의 의

---

155 Q120-3-84, 〈卍慈中學槪況 1946年 5月〉.

156 〈全國教育行政會議各省區報告滙錄〉, 李桂林 等編, 앞의 책, pp.850-851.

157 王書田, 〈解放前上海比樂中學的教育實驗〉, 《中小學管理》 1992년 6기, p.50.

표37. 만자중학 1, 2, 3학년학생 일람표(1946)

	1학년(49명)	2학년(48명)	3학년(17명)
성별	남 40명 / 여 9명	남 45명 / 여 3명	남 15명 / 여 2명
연령		12세 1명	
	13세: 5명 (여1명 포함)	13세: 9명 (여1 포함)	13세: 1명, (여1)
	14세: 15명 (여1)	14세: 18명	14세: 2명
	15세: 20명 (여4)	15세: 14명 (여1)	15세: 7명
	16세: 8명 (여3)	16세: 4명 (여1)	16세: 3명
	17세: 1명	17세: 1명	17세: 3명 (여1)
		8세: 1명	18세: 1명
적관	*상하이(총12명)	* 상하이(총10명)	*상하이(총7명)
	*장쑤남부(총 14명): 우시 1명, 쟈딩嘉定 1명, 송장松江 1명 , 전장鎭江 4명, 우장吳江 1명, 우현吳縣 2명, 촨사川沙 1명, 칭푸靑浦 1명, 난후이南匯 2명	*장쑤남부(총 8명): 바오샨寶山 1명, 우진武進2명, 난징 1명, 장인江陰 1명, 전장鎭江 1명, 우현吳縣 2명	*장쑤남부(총 3명): 난징 1명, 우시 1명, 우현 1명
		*장쑤북부(총 9명): 장투江都 1명, 옌청鹽城 1명, 바오잉寶應 1명, 타이현泰縣 3명, 가오여우高郵 2명, 후이인淮陰 1명	*장쑤북부(총 2명): 타이현泰縣 2명
	*지장 북부(총 10명): 닝보寧波 8명, 샤오싱紹興 2명	*저잔북부(총15명): 샤오싱紹興 3명, 주지諸暨 1명, 닝보寧波 6명, 딩하이定海 1명, 전하이鎭海 1명, 위야오餘姚 2명, 인현鄞縣 1명	*저장북부(총 5명): 하이옌海鹽 1명,인현鄞縣 1명,딩하이定海 1명,숭샤松廈 1명, 위야오餘姚 1명
	*안후이(총 4명): 위타이 盱眙 1명, 우웨이無爲 1명, 후이닝懷寧 1명, 시현歙縣 1명		
	*광둥(총 4명): 중샨中山 4명	*광둥(총 2명): 자오저우潮州 1명, 신후이新會 1명	
	*푸젠(총 1명): 민허우閩候 1명	*푸젠(총 2명): 민허우閩候 2명	
		*텐진(총 1명)	
		*베이핑(총 1명)	
학력	본교 소학: 8명	본교 소학: 2명	
	사립중학:	사립중학: 28명	사립중학: 11명
	사립소학: 27명	사립소학: 13명	사립소학: 1명
	공립소학: 7명	공립중학: 4명	공립중학: 4명
	기타: 보육원소학 6명, 성난통중학 1명	기타: 중법중학 1명	기타:전공부국격치공학前工部局格致公學1명
입교시기	1944년 9월: 2명	1944년 9월: 14명	1944년 9월: 6명
	1945년 2월:	1945년 2월: 14명	
	1945년 9월: 37명	1945년 9월: 5명	1945년 8월: 9명
	1946년 2월: 10명	1946년 2월: 15명	1946년 2월: 2명

* 1학년생 49명 중 '소학필업자'는 32명, '소학'이라고만 기재한 경우는 13명
* 2학년의 경우 '소학필업자'는 9명, '소학'기재자는 4명
* 3학년의 경우 '소학필업자'는 0명, '소학'기재자는 2명

미로 파악된다.

시간이 지날수록, 정식 소학 졸업자를 중심으로 학생을 입학시켰다는 사실이 드러난다. 연령별로 본다면 1학년이 연령 차이가 적고 14-15세에 집중되어 있다. 반면 3학년은 15세가 7명으로 가장 많지만, 넓은 연령대에 걸쳐 있다. 또한 남녀 성비에 있어서 남학생이 압도적으로 다수이지만, 1학년에서 여학생들이 급증하고 있다. 3학년의 경우 성비가 15명 대 2명인 반면, 2학년에서는 45명 대 3명, 그리고 1학년에서는 40명 대 9명이라는 비율에서 그것을 볼 수 있다.

출신 지역으로 볼 때 상하이, 장쑤 남부, 저장 북부, 장쑤 북부의 순이다. 장쑤 남부에서는 상하이 일대의 중소 도시들 곧 전장, 쾬사, 칭푸, 송장, 우장, 우현 등에서 많이 진학하고 있고, 저장 북부에서는 닝보 출신이 절대다수를 차지하고 있다. 1학년에서는 저장 출신 10명 중 8명이, 2학년에서는 15명 중 6명이 닝보 출신이다. 상하이에서 닝보 출신들이 차지하는 사회경제적 위상은 비단 공공 부분에서만이 아니라, 이와 같은 자선 학교에서도 드러나고 있는 셈이다. 또 출신지의 경우 푸젠의 민허우 지역 출신 3명이 있어서 이채롭다.

출신학교에서 약간의 의문스런 사항들이 있다. 3학년 학생들의 학력을 보면 소학 출신은 1명뿐이고, 나머지는 모두 중학이거나 공부국 격치공학 출신이다. 특히 공부국 격치중학은 본래 격치서원에서 출발한 것으로 1914년에 격치서원의 경영권을 상하이공공조계 공부국에서 인수하여, 그 이름을 '화동공학華童公學'으로 바꾸었다가 다시 1917년에 '공부국격치공학'으로, 1945년 8월 이후에는 소유권이 국민정부로 넘어갔다. 성난퉁중학省南通中學은 1909년에 장지앤張謇에 의해 설립된 유서 깊은 학교로, 1913년에 성립제7중학으로, 1917년에 다시 장쑤성립난퉁중학으로 바뀐 곳이다.

2학년의 중법중학은 1886년에 프랑스인이 설립한 학교로, 당시 프랑스의 공동국에서 설립 이후 중국인들에게 불어 위주로 수업을 하던 학교였다. 1911년에 '중법학당'으로 개명하였고, 1935년부터 1939년까지는 중법학교라고 하였으며, 1946년에 이르러 '중법중학'이라고 불렸다. 1951년부터는 '상하이시광명중학'으로 개명되어 오늘에 이르고 있다. 이렇게 보면 격치중학이나 중법중학은 조계 당국이 설립한 것이라서 공사립의 범주에 들어가지 않은 듯이 보인다.

또한 직업중학 출신도 2명이 보인다. 어느 직업학교 출신인지는 알 수 없으나 직업학교 출신이 직업을 찾아 나서지 않고 중학에 입학하였다는 사실은 조금 의아하다. 직업학교는 1913년에 반포한 〈실업학교령〉에 의거하여 만들어진 것으로 농·공·상에 필수적인 지식을 교육하기 위해 설립하였으므로,[158] 그에 맞는 방향으로 진로를 결정할 수 있었을 것으로 보인다. 다만 중학 입학생이므로, 초급직업학교와 고급직업학교 중에서 초급직업학교 출신이었을 것이다. 직업학교에서는 학비를 징수하지 않았으므로 위의 학생은 학비 부담이 없는 곳을 택하여 만자중학에 진학한 것으로 보인다. 이와는 달리 칭다오의 홍만자회에서는 '사립칭다오상과직업학교'를 두고 있었으므로[159] 그러한 인연 때문에 만자중학에 진학하였을 가능성도 있다.

이상과 같이 1946년에 재학 중인 학생들을 분석해 보았을 때, 1946년 단계에는 학교의 틀이 잡혀 있는 듯이 보인다. 입학생 중에는 정규 소학교 졸업생이 증가하고 있으며, 여학생의 입학 비율도 마찬가지로 점차 높아지고 있는 추세이다. 상하이 지역에 설립된 학교이기는 하지만, 대체로 화동지역 출신들이 압도적 다수를 차지하고 있다.

그렇다면 이러한 학생 구성은 1949년 무렵에 어떻게 변화하였을까. 〈표 38〉을 중심으로 이 문제에 접근해 보자.

우선 전체 학생이 103명으로, 1946년의 115명과 비교해 볼 때 약간 감소한 상태다. 그 감소가 의미 있는 만큼 크지는 않기 때문에 세세히 분석하기는 어렵지만, 전쟁 직후라는 상황도 반영되었을 것이다. 또한 학생들의 출

---

158 榮慧珠, 〈民國時期的《職業學校法》研究〉, 《職業技術教育》 vol.28, no.25(총번호 515, 2007), pp.75-77.

159 李光衛, 앞의 논문, pp.205-208.

표38. 사립만자초급중학 각학년 학생 명부(1949년도 제1학기, 단위:명)

	1학년(42명)	2학년(30명)	3학년(31명)
남/녀	남 34 / 여 8	남 26 / 여 4	남 25 / 여 6
연령별	11세: 1명		
	12세: 2명		
	13세: 2명		13세: 1명
	14세: 13명	14세: 2명	14세: 4명
	15세: 14명	15세: 13명	15세: 11명
	16세: 6명	16세: 10명	16세: 5명
	17세: 3명	17세: 3명	17세: 8명
	불명: 1명	18세: 1명	18세: 2명
적관	*상하이(총10명)	*상하이(총4명)	*상하이(총8명)
	*강북(총8명): 타이현 2명, 장투 1명, 하이먼海門 2명, 옌청 1명, 난후이 1명, 동타이 1명	*강북(총8명): 장투 2명, 푸닝阜寧 2명, 난후이南匯 1명, 타이현 1명, 난퉁 1명, 장인江陰 1명	*강북(총1명): 하이먼 1명 *장쑤: 1명
	*강남(총8명): 우현 1명, 전장 3명, 촨사川沙1명, 송장 1명, 단양丹陽 1명, 우시 1명	*강남(총4명): 전장 2명, 우현 1명, 진링 1명	*강남(총5명): 우전 1명, 우현 1명, 우시 1명, 바오산 1명, 난후이 1명
	*저장(총 8명): 인현鄞縣 3명, 하이옌海鹽 1명, 전하이鎭海 1명, 닝보寧波 1명, 츠시慈谿 1명, 샤오싱 1명	*저장(총5명): 샤오싱 1명, 텐타이天台 1명, 인현 1명, 항저우 1명, 츠시慈谿 1명	*저장(총9명): 인현 5명, 항저우 1명, 황옌黃岩 1명, 샤오싱 1명, 츠시 1명
		*안후이(총1명): 허페이 1명	
	*산둥(총4명): 치샤棲霞 2명, 지난濟南 2명	*산둥(총1명): 옌타이 1명	*쓰촨(총1명): 뤄현瀘縣 1명
	*후베이(총1명): 한커우 1명	*허베이(총1): 자오장棗江 1명	*광둥(총 2명): 타이샨 1명, 보로 1명
	*푸젠(총1명): 린산林森 1명	*광둥(총1): 신후이 1명	*푸젠(1명): 린샨 1명
	*텐진:1명	*텐진: 1명	*텐진: 1명
	*불명: 1명		*베이핑: 1명
학비감면 및 납부 여부(총 80위안)	*감면: 10-15위안 5명 20-25위안 6명 30-35위안 9명 40-45위안 12명 50-55위안 1명 60-65위안 1명 전액(80위안) 1명	*감면: 5위안 1명 10-15위안 2명 20-25위안 18명 30-35위안 5명 40-45위안 9명 50-55위안 2명 60-65위안 1명 전액(80위안) 1명	*감면: 10위안 3명 20위안 이상 3명 30위안 1명 40위안 8명 50위안 2명 60위안 3명 전액 무감면 1명
	*기납: 5위안 2명 10-15위안 6명 20-25위안 7명 30-35위안 6명 40-45위안 4명 50-55위안 14명 60-65위안 4명 전액(80위안) 1명	*기납: 5위안 1명 10-15위안 1명 20-25위안 11명 30-35위안 7명 40-45위안 5명 50-55위안 0명 60-65위안 3명 전액(80위안) 1명	*기납: 1-15위안 12명 20-25위안 4명 30위안 이상 3명 40위안 이상 2명 50위안 이상 1명 60위안 이상 4명.
	*미납: 10-15위안 5명 20-25위안 5명 30-35위안 12명 40-45위안 3명	*미납: 10위안 1명 20-25위안 5명 30-35위안 6명 40-45위안 4명	*미납: 10위안 이상 6명 20위안 이상 8명 30위안 이상 6명 40위안 이상 1명

	50-55위안 1명 60-65위안 1명 전액(80위안) 2명	50-55위안 1명 전액(80위안) 1명	50위안 이상 3명
비고	학비납부 여부 총액	학비납부 여부 총액	학비납부 여부 총액
	감면 1,149위안	감면 830위안	감면 1,108위안
	기납 1,203위안	기납 945위안	기납 702위안
	미납 1,008위안	미납 625위안	미납 670 위안

신 지역에서도 큰 차이는 없다. 상하이 출신이 역시 다수이며 강북과 강남, 그리고 저장 출신들로 구성되어 있다.

하지만 1949년의 조사와 1946년의 조사에서는 조사 항목에서 차이가 있다. 1949년도 조사에서는 학비납부 여부와 주소가 상세히 기재된 반면, 이전 조사에 포함되어 있던 출신 학교와 입학 년도 항목이 빠져 있는 것이다. 이 중 수학잡비收學雜費 8,240개 단위에서 감면은 3,087개이며, 10월 19일까지 기납된 것이 2,850개, 미납된 것은 2,303개 단위를 차지하고 있다. 이 조사야말로, 실학 자제용 교육기관이라고 내세운 만자중학의 학생납부금 실태를 비교적 명백하게 보여 주고 있다. 학비 감면액의 경우, 전학년에 공통적으로 보이는 것은 학비 80위안 중에서 40위안을 감면받는 학생이 다수를 차지하고 있다는 사실이다. 곧 1학년에는 12명, 2학년에는 9명, 3학년에는 8명에 이른다. 물론 2학년 학생 중에는 그보다 적은 20-25위안을 감면받는 학생이 18명이기 때문에 일괄적으로 말할 수는 없지만, 다수의 학생이 학비의 절반을 감면받는다고 보면 무난하다. 반면 전액을 면제받는 학생은 매우 적은 비율이다. 따라서 학비의 감면 상황을 놓고 말한다면, 만자중학은 실학 자제용 학교로서 그 역할을 비교적 충실히 하고 있었다고 생각된다.

제3부

1949년 직후의 신국가체제와 홍만자회

제7장

홍만자회의 신체제 적응 노력과 그 해체

1. 신정부에 대한 충성과 자선사업의 유지 노력

중화인민공화국이 건국된 뒤 신정부는 이 단체를 어떻게 인식하였고 마침내 불법화하는 단계에까지 이르게 되었을까. 반면 홍만자회는 이 체제에 어떻게 대응하였을까. 이는 사실 중국 역사에서 가장 뒤늦게 들어선 현대의 인민공화국 체제와 민간 사회에서 자발적으로 성장한 자선단체와의 각종 양상을 보여 준다는 점에서 매우 흥미롭고도 중요한 부분이라 생각된다.

신정부 출범 이후 홍만자회는 자신의 조직적 성격을 유지하면서 신국가 체제의 요구에 부응하려는 노력을 '피눈물'나는 수준으로 진행하였던 것으로 보인다. 그것은 거의 새로 태어나는 과정이나 다름없었다. 새로운 사업, 조직의 개조, 종지의 변화, 노농, 부녀 교육, 항미원조운동 등등의 분야에서 그것을 읽을 수 있다.

신정부의 설립을 먼저 목도한 것은 베이징에 있는 세계홍만자회 중화총회였다. 이들은 각 분회에 보낸 전문 형식의 공문에서 "'해방'에 따라 홍만자회가 어떻게 행동해야 할 것인가" 라는 내용이 담긴 지침을 내렸다. 그것은 "모든 사무는 평상시처럼 할 것이며 … 또 현재 베이핑시인민정부에 등기할 예정이다"[1]라는 것이었다. 이들은 또한 상하이가 해방되었다는 소식을 들었다는 것도 첨가하고 있다. 이 점에서 홍만자회 본부는 신정권 출범 직후 조직 활동을 큰 변화 없이 진행해 나갈 것이며, 정부에 등록하여 법적 사회단체로서의 상태를 유지하려고 하였음을 알 수 있다.

그렇다면 인민공화국의 건국 직후에 상하이 홍만자회는 이에 어떻게 대응하였을까. 국공 내전 중에 이 회는 종전처럼 전시구제 사업에 진력하였다. 5월 31일 상하이시 군관회에서 발포한 제1호 포고문 중에 이와 관련된 부분이 나와 있다. 곧 인민해방군의 전투 중에 발생한 시체는 홍만자회가 이미 인력을 조직하여 매장하고 있으며, 아울러 본 시의 보선산장普善山莊이나 홍만자회 등 자선기구도 적극적으로 시신 매장 작업에 협조하고 있었다는 것이다.[2] 좀 더 구체적으로 보자면, 이미 5월 7일에 40여 명의 대원이 구제대를 조직하여 정식으로 구호 작업에 투입되었으며, 10월 말까지의 사업 성과를 보면 병사와 민간인 치료 462명, 시신 매장 208구, 말 시체 90두를 매장하였고 방역 주사 접종자는 20,763명이었다.[3]

이러한 활동은 이른바 낙후성·봉건성과 새로운 정권과의 부조화 등을 이유로, 화북인민정부가 이미 1949년 1월에 각종의 민간결사체인 회도문會道門을 불법 조직으로 규정하여 활동을 금지시킨 것과는[4] 다른 양상이다. 당시 신정부에서 파악한 회도문은 크게 가로회나 홍창회와 같이 정치 사회적 특징을 지닌 회문과 일관도나 선천도처럼 종교적 특징을 내포한 교문으로 구분될 수 있는데, 그 규모는 모두 4,542종일 정도로 많았다. 그 중 회 908종, 도 1,601종, 문 366종, 교 368종이었으며, 그 외에 단團 295종, 사

1 Q120-3-9, 〈世界紅卍字會中華總會上海分會東南各會關于開展愛國公約争取世界持久和平簽名運動抗美援朝辦理情形及上海分會對會員革新宣言提供意見的函〉.

2 上海市檔案館編, 《上海解放續編》(上海三聯書店, 1999), p.371.

3 李光偉, 앞의 논문, p.63.

4 曹禮龍, 앞의 논문, p.11.

社 152종, 학學 14종, 잡 450종이었다. 회도문의 세력이 강성하였던 까닭에 국민당과의 내전 기간뿐만 아니라 건국 이후에도 신정부는 국민당 잔존세력, 토비와 더불어 가장 먼저 소탕해야 할 대상으로 이들을 손꼽고 있었다.[5] 그 이유는 회도문이 안고 있다는 이른바 사교적邪教的 성격에서 연유하기도 하지만, 일관도와 같이 일부 강력한 회도문이 친국민당 단체였을 뿐만 아니라 반공산당 활동도 전개하였다는 점에서 찾을 수 있다.

그러나 강남지역의 상황은 이와 약간 달랐던 것으로 보인다. 1949년 4월 중공중앙화동국에서는 회도문을 처리할 때 반드시 신중하게 대책을 세워 준비 없이 처리하지 말 것을 주문하고 있다. 회도문이 있는 지역에서는 결성을 불허한다고 선포하였지만, 이미 결성되었다면 정치투쟁을 통해 와해시키고, 부득이할 경우 군사적 타격을 가해 해결하라는 것이었다. 그런 뒤에 주요 분자를 징판懲判하고 나머지 추종자들은 관대하게 처리하라는 것이었다.[6]

상하이의 홍만자회에 대해서는 이 정책을 원용하였던 것 같다. 그럼에도 중요한 사실은 위에서 본 바와 같이 상하이에서 홍만자회가 회도문 부류에 포함되어 있지는 않았다는 점이다. 그것은 홍만자회가 평소에 병원과 학교를 운영하는 등의 활동으로 인해 지역사회에서 이미 공인을 받은데다, 전후처리 과정에서 시신 매장과 같은 활동을 전개하면서 친정부적인 존재로 인식되려고 노력하였기 때문이다.[7]

문제는 홍만자회와 일체 관계에 있는 도원이 말하자면 회도문의 범주에 들어 있다는 사실이었다.[8] 이 도원을 회도문에 포함시킨 것은 이미 국민당 시대의 정책이었다. 특히 국민당 정부는 도원이나 일관도 등과 같은 신흥

---

5 李光偉, 앞의 논문, p.70.

6 《上海解放續編》(上海三聯書店, 1999), p.237.

7 이 때문에 李光衛는 도원과 홍만자회가 회도문이나 비밀종교에 속하지 않고, 오히려 합법적 민간종교자선조직이라고 정의한다. 李光衛, 앞의 논문, pp.266-267. 그렇다고 해서 도원을 전통적인 민간종교의 특성과 단절시켜 볼 수는 없을 것이다.

8 Q120-3-38, 〈世界紅卍字會上海市分會調査報告〉.

종파가 신의 뜻을 받는 방식으로서 부계점扶乩占을 쳤다는 사실을 들어 이를 미신으로 규정하고 지속적으로 단속에 나섰다. 홍만자회와 도원은 표면상 국민당 정부의 요구에 응하는 것처럼 행동하였으나 사실상 1949년까지 한 몸으로 활동하였다. 이른바 '미신적 요소'를 포기하지 않았던 것이다.

이로 인해 상하이시 인민정부는 홍만자회가 주도하는 부녀부의 활동을 지원하면서도 신정부의 지침을 따르지 않을 수 없는 모순된 상황에 처하게 되었다. 게다가 신정부는 국가의 공공 사무를 처리하는 데 절대적인 주도권을 행사하려고 하였고, 거의 모든 구제 활동에 대해서도 역시 마찬가지였다. 다시 말해 인민 정부는 '자선'이란 부르조아 계급의 체제 유지 수단이고 구제는 국가의 배타적 영역이라고 인식하였기 때문에, 홍만자회가 독자적으로 재환災患을 구제하여 화평을 촉진한다는 주장은 받아들일 수 없었던 것이다.[9]

새 정부는 1950년 10월 19일에 공포된 〈사회단체등기잠행판법〉에 따라 홍만자회와 같은 자선단체 뿐만 아니라 모든 사회단체를 정부에 등록하도록 조치하였다.[10] 보통 사단社團으로 불리는 사회단체는 중국에서 특히 20세기에 민주정치가 도입되고 결사의 자유가 보장되면서 조직된 민간단체를 총칭한다. 그 성격은 대부분 상호부조와 자선, 그리고 취미 등을 중심으로 모인 사회 조직이라고 할 수 있다. 하지만 그 중에서 공공적인 성격이 강한 단체들이 대부분이었기 때문에 사회단체의 성장과 발전은 공공사회의 발전을 잴 수 있는 지표라고 보아도 좋다.

반면 국가에서 법률적으로 등기를 강요하는 행위는 어떤 형태든 간에 사회단체를 통제하는 수단을 확보하는 것이라 할 수 있으며, 이 점에서 1950년의 〈사회단체등기잠행판법〉은 그 선구라고 보아도 좋을 것이다. 왜냐하면 인민공화국 성립 직후에 만들어진 이 법은 그 후 몇 번의 개조과정을 거

9 曹禮龍, 앞의 논문, p.11.

10 Q120-3-2, 〈社會團體登記暫行辦法〉

쳐 1998년에 제정된 〈사회단체등기관리조례〉로 귀결이 되었고, 이 법에 따르면 국가 내 모든 사회단체는 법적 요건을 갖추어 등기해야 하고, 이는 결국 결사의 사유와 충돌할 수밖에 없었기 때문이다. 사단의 성립 조건에서 보듯이 어디까지나 국가의 주권이나 안전, 공공질서에 위해가 되어서는 안 될 뿐만 아니라, 민족의 단결이나 사회도덕이 우선시되어야 했던 것이다.[11]

모두 17개조로 구성되어 있는 이 판법은 제1조와 제2조에서 본 법은 중국인민정치협상회의 공동강령에 근거한 것으로, 모든 사회단체는 이 법의 규정에 따라 인민정부에 신청을 하여 등기를 마치도록 규정하였다. 이 법에서 말하는 사회단체의 정의에 대해 제3조에서 1)인민군중단체, 2)사회공익단체, 3)문예공작단체, 4)학술연구단체, 5)종교단체, 6)기타 인민정부법률에 의해 조성된 단체 등으로 정하였다. 말하자면 모든 비정부 사회단체를 포함시켰다고 보면 좋을 것이다.

이 법의 제정 목적은 제4조에서 분명하게 제시되었는데, 그것은 국가와 인민의 이익에 위해를 가하는 반동 단체를 금지하자는데 있었다. 등기 과정을 통해 반동 여부를 색출하자는 것이었다. 이에 따라 각종 사회단체들은 해당 기관에 신고를 하고, 주관 기관의 심사를 통과하여야 등기단체가 될 수 있었으며, 그렇지 못한 경우 더 이상 공개적인 활동을 할 수 없었다. 등기처는 전국적인 수준의 단체일 경우 중앙인민정부 내무부에, 지역성의 단체일 경우 해당 지역의 인민정부에서 등기 업무를 처리할 것이라고 규정하였다.

이에 따라 11월 10일, 상하이홍만자회에서는 조직의 입장과 종지뿐만 아니라 〈세계홍만자회중화총회 각분회 및 지회 조직통칙〉이란 규정을 만들어 베이징 소재의 세계홍만사회중화총회에 제출하는 것으로 정부의 잠행법을 따르려고 하였다. 우선 전문에 이 회의 입장과 종지, 조직구성, 경비, 그리고 역사 등을 제시하면서 판법에 대응하였다.[12]

---

11 李麗萍, 〈我國社會團體登記制度研究〉, 中國法政大學 碩士學位論文(2005년 4월), pp.7-13.

12 Q120-3-2, 〈上海分會調查表〉. '우리 회의 입장과 종지'에서는 가. 국제성과 전국성. 우리 조직은

조직의 구조적 특성을 국제성과 전국성으로 규정하면서도 기본 종지는 자발적 기부에 의한 재해 구제와 세계 평화를 지향한다는 식으로 정부의 조사에 임하였다. 달라진 것이라면, 지금의 정부 정책에 따른다는 점을 보여 주기 위해 인민정부에서 제시한 '사회복리'라는 개념을 조직의 주요 목표에 첨가하는 것이었다. 아울러 경비 조항에서 다른 기관의 보조를 받지 않았다는 사실을 부기한 것을 보면, 존재의 독립성과 자립성을 강조하려고 했던 것 같다.[13]

또한 이들은 5교합일의 교의를 계속 유지할 의지도 있었다. 1951년에 실시한 신 정부의 조사표에 따르면, 질문 항목에 "무엇을 신앙하는가"가 있었던 바, 홍만자회는 이 항목에 "회·야·유·석·도 5교 回耶儒釋道 五教"라고 분명하게 밝히고 있기 때문이다.[14] 성립 목적에서도 "세계 각종 민족을 연합하고 계급과 종교를 불문하고 정치에 간섭하지 않으면서 진실로 성의를 다해 사람을 사랑하고 세상을 구하려는 사람들과 함께 구제 사업을 하기

관사冠詞로서 '세계'를 붙이고 있기 때문에 국제성을 띄고 있으며 … 중화총회는 전국성을 띠고 있다. 이를 통해 국외에 우리나라의 민족지상의 정신을 보여준다. 나. 종지는 재해를 구제하여 세계 평화를 촉진한다. 그러나 현금 정부정책은 단순한 구제를 취하지 않고, 또 현재의 각회는 영구사업으로 거의 대부분 학교와 의원에 치중하고 있다. 등기법에 따라 우리 조직도 공익 범위에 속하므로, 재해구제에 '시회복리'라는 4자가 더해져야 적절할 것이다. 또한 홍만자회는 내부 조직의 문제, 경비-회비, 기부금, 각지 지회의 보조비, 자산수입 등도 본회가 해결해야 할 과제다. 다만 어떤 기관에서도 보조를 받지는 않았다는 점 등을 기술하고 있다.

13 Q120-3-2, 〈上海分會調查表〉. 모두 12개조로 구성되어 있는 통칙은 대체로 이 회의 위치나 목적, 각 시회에서 새로이 제정해야 할 규정과 의무, 총회와 지회의 관계 등에 대해 규정하고 있다. 그 중 제2조에는 본회의 사업을 '사회복리사업을 넓게 추진하겠다'는 점을 강조하고 있다. '자선'이라는 용어 대신에 '사회복리사업'이란 용어가 쓰인 것은 중공 당국이 자선에 대해 어떠한 시각을 갖고 있었는지를 보여주는 사례였다는 점에서 주목할 만하다. 또한 각지의 지회는 시와 현소재지에 두고, 기본 회원을 48인 이상으로 유지하며 회관을 정할 뿐만 아니라 상당한 기금을 마련하여 공익사업에 뛰어난 사람에게 이를 맡기겠다는 말을 하고 있다. 아울러 각 지회는 총회에 반드시 문서로 보고하도록 하여 총회가 각 지회의 사정을 잘 알도록 하고, 마찬가지로 현지의 관서에도 이 사정을 법에 따라 보고하는 것으로 정하였다. 아울러 각 지회들이 연합하여 사업을 해야 할 경우 연합판사처를 둘 수 있고, 이 판사처로 하여금 성의 경계를 뛰어넘어서까지 사업을 할 수 있게 한다는 것이다. 마지막 조항은 각회의 부녀회원은 별도로 명책을 작성하고 별도의 주소지를 둘 것이라는 점을 밝혔다.

14 Q120-3-38, 〈世界紅卍字會上海市分會調查報告〉.

위해 노력한다"는 다짐을 하고 있다. 이 조사표에는 특별히 "외국과 관계가 있는지" 그리고 "외국인이 공작에 참여하는지" 등에 관한 문항도 있다. 이에 내해 홍만자회는 모두 '무無'라고 답하고 있다. 또한 기왕의 조사표와는 다르게 주요 행정 책임자의 '당파'와 '종교'를 묻는 칸을 두고 있다. 주요 책임자 5명은 모두 무당파이지만, 종교로는 유교 4인에 도교 1인으로 나타나 있다.

나아가 상하이 분회는 이 새로운 상황에 별도의 대응책을 마련하였던 것으로 보인다. 그들은 자신들이 어떤 단체인지를 알려주기 위해 그간 진행해 온 활동과 기관을 지방 정부에 보고한 것이다.[15]

이들이 보고한 자료에 따르면, 1928년의 그것과 매우 다르다. 예컨대 직조훈련소, 부녀부봉인자수사 등이 새롭다. 임시구호대와 도서관도 마찬가지이다. 도서관은 도덕사에서 설립한 시설인 듯이 보이지만,[16] 정확한 설립연도와 내부 규모 및 조직에 대해서는 자세하게 기록되어 있지 않다. 직조훈련소와 같은 생산기구는 기왕에 없었으며, 도서관도 1945년 수준에서는 존재하지 않았던 것이다. 반면 영구사업으로 규정되었던 인리, 은행, 평조平糶 등의 금융 관련 사업이나 죽창, 시관, 시약 등 정기적으로 행하던 자선 관련 사업 명칭은 보이지 않는다.

이 보고서에는 상하이시 정부가 이들에게 "무엇을 생산하고 있는가?"라는 질문 항목을 두고 있다. 이에 대해 홍만자회는 '장유醬油를 생산하고, 차

---

15 Q120-3-1,〈世界紅卍字會上海分會工作概要歷史總沿革〉. 이들은 자신의 활동을 1) 의원. 의원 1개소 설립, 2) 진소. 3개 처에 진소 설립. 남시南市의 루자방陸家浜, 장러로長樂路, 그리고 북시北市의 푸퉁로普通路, 3) 학교. 만자중학 1개 소, 소학 3개 소. 중학과 제2소학은 남시 루자방로, 제1소학은 하이커로海格路, 제3소학은 북시의 바오퉁로寶通路. 텐퉁안로 입구天通庵路口, 4) 직조훈련소織造訓練所, 북시의 송공위엔로宋公園路, 5) 부녀부봉인자수사婦女部縫紉刺繡社, (위에서 말한 북시 분회 내에 부녀부가 있다는 것은 이를 말하는 것). 두 곳, 하나는 중국 쥐루로巨鹿路, 하나는 북시 바오퉁로와 텐퉁안로 입구(곧 북시의 분회판사처에는 제3소학과 부녀부가 같이 있음), 6) 임시구호대. 대대부는 본회 내에 있고, 남북 양판사처에 각각 구호소救護所 1개소가 있다. 7) 도서관. 본회 2층 등이라고 보고하였다.

16 李光衛, 앞의 논문, p.150.

량을 구입하여 원예재배를 계획하고 있다'고 답변하였다.[17] 이는 건국 초기 물품 생산에 관심을 두었던 국가의 요구에 부응하기 위한 답변이었다고 생각되지만, 그간의 자료에서 볼 수 없었던 장유업과 원예에 왜 이들이 관심을 기울였는지는 의문으로 남는다. 다만 1948년의 국민당 정부 아래서 행한 〈사회 구제기관 단체 보고표〉라는 조사에 '생산개황'이라는 부분이 있고, 그 아래에 피구제자 참여 수, 반년 동안의 수입 등으로 세분된 항목이 있는 것을 보면[18] 구제 기관에서는 피구제인을 활용하여 생산 활동에 직접 참여하도록 하는 규정이 있었던 것 같다.

상하이홍만자회는 1949년 10월 30일의 대회에서 통과된 〈세계홍만자회 상하이 분회 이감회理監會 및 각조 판사 세칙各組辦事細則〉에서 조직 개편을 단행하였다. 이사장의 직무, 부이사장, 상무이사, 이사, 본회 감사, 상무감사, 감사를 비롯한 임원진의 임무를 명확히 하였고, 각 부서-총무, 재무, 자무, 구제, 방재, 교제를 비롯하여 운영에 관한 많은 사항들이 새로이 정비되었다.

여기에 각종 규칙을 새롭게 제정하면서 신정부 정책에 호응하려고 하였다. 예컨대 〈세계홍만자회 상하이시분회 임시구제 판사 통칙世界紅卍字會上海市分會臨時救濟處辦事通則〉, 〈세계홍만자회 상하이시분회 임시구제처 각 지역 구호소 판사 통칙世界紅卍字會上海市分會臨時救濟處各區求護站辦事通則〉과 같은 규정을 잇따라 제정하였다.[19]

---

17 Q120-3-38, 〈世界紅卍字會上海市分會調查報告〉.

18 Q120-3-2. 〈社會救濟機關團體報告表〉.

19 Q120-3-5. 〈世界紅卍字會上海市分會理監事會暨各组臨時救濟處南北辦事處診所辦事細則簡則組織規程〉. 〈세계홍만자회상하이시분회 난포초대소간칙世界紅卍字會上海市分會 難胞招待所簡則〉(1949년 5월), 〈세계홍만자회상하이시분회시진소간칙世界紅卍字會上海市分會施珍所簡則〉, 〈세계홍만자회상하이시분회남시판사처간칙世界紅卍字會上海市分會南市辦事處簡則〉(1949년 10월 25일), 〈세계홍만자회상하이시분회북구판사처직공치일규칙世界紅卍字會上海市分會北區辦事處職工值日規則〉, 〈세계홍만자회상하이시분회직공연의회조직규정초안世界紅卍字會上海市分會職工聯誼會組織規程草案〉, 〈복리기금보완심핵위원회간칙초안福利基金保莞審核委員會簡則草案〉 등이 그것이다.

이들 규칙이 담겨 있는 당안은 대부분 초안 수준의 것들이다. 그렇지만 부기附記에 따르면 1949년 10월 30일의 대회에서 통과되었다고 하였으므로 차후에 홍민자회가 어떻게 운영되어 갈 것인지를 짐작하는 데 도움이 된다. 다만 여기 저기 수정한 흔적이 그대로 남아 있는 초안인데다 규칙의 제목이 대부분 '간칙簡則'이나 '초안草案'의 형식이란 점도 눈에 띈다. 이런 사정을 감안하면 위의 새로운 규칙은 신 국가의 요구에 대비하기 위해 급하게 만들었음에 틀림없다.

〈세계홍만자회 상하이시분회 임시구제 판사 통칙〉에 따르면 이 조직의 기본 형태는 이사제이다. 이사장이 내외의 모든 사무를 총괄하고 부이사장이 이사장을 도우며, 이사들은 각종 사무를 토론을 통해 결정하고 감사장은 모든 사무를 독찰하도록 규정하고 있다. 이사회는 사실상 기구의 핵심으로서, 홍만자회 조직 초기부터 유지되어 왔던 조직 형태라 할 수 있다. 각 실행 부서 역시 바뀌지 않고 있다.

새로운 정부 아래서 상하이 분회가 취한 행동 중에 주목할 만한 것은 〈세계홍만자회상하이시분회 임시구제 판사 통칙〉에서 보는 임시구제처의 설립일 것이다. 설립 목적은 비상시의 수요에 대비하기 위해 임시구제처를 두고 임시 구제 사업을 처리하기 위한 것이었다. 홍만자회에서는 일반적으로 수행해 오던 일을 특별히 임시구제처라는 이름으로 설치한 이유는 아무래도 신정부의 설립 이후 필요한 임시 구제 사업에 적절하게 대응하려고 한 데 있었다고 짐작된다. 이 처에서의 사무는 일반 서무 외에 임시구제, 의무, 운수, 교제, 구제대 조직 등이었던 데서 상하이 사변 때에 구호대가 수행하였던 기능과 유사하다는 사실을 알 수 있다. 〈세계홍만자회상하이시분회 임시구제처 각 지역 구호소 편시 통칙〉에서는 각 구역별로 구호소를 설치하여 특히 임시 구호 의료를 담당하도록 하겠다는 규정을 두고 있다. 각 구역은 남구, 서구, 북구 등으로 나누고 각 구호소에는 간호사가 의사의 허가를 거쳐 투약을 하도록 하며, 또 의사는 본회의 의원이 돕도록 규정하고 있다.

〈세계홍만자회상하이시분회 난포초대소 간칙世界紅卍字會上海市分會 難胞招

待所簡則〉에서는 상하이 근교에서 벌어진 전투로 인해 많은 난민이 발생하였으므로 이들을 위한 초대소를 짓겠다는 규정이다. 국공 내전에 따른 상하이 시역의 난민을 수용하겠다는 목적으로 만들어진 것이 분명하다. 상하이 근교에서 벌어진 전투로 인하여 시내로 들어오는 난민을 어떻게 수용할 것인가가 중요한 문제였던 셈이다.

좀 더 특별한 사업은 직공연의회를 조직하는 일이었을 것이다. 〈세계홍만자회상하이시분회 직공연의회조직 규정초안世界紅卍字會上海市分會職工聯誼會組織規程草案〉에 그것이 잘 나타나 있다. 연의란 말 그대로 조직원 간의 우의를 다지는 데 주요 목적을 둔 것이므로, 직공연의회는 직공들의 우의를 위한 조직이라고 할 수 있다. 여기서 말하는 직공은 홍만자회 본부나 부속기관에서 일하는 단순노동자가 아니라 모든 직원을 지칭한다고 할 수 있다. 직공 명단에 도서관 진료소의 노동자뿐만 아니라 사무 직원도 포함되어 있기 때문이다.[20]

홍만자회 상하이시 분회 내에 두어졌던 연의회의 기본 종지는 "합심하여 단결하고 호조하여 신중국의 구제 복리 사업이 잘 될 수 있도록 하는 것"에 두었다. 결국 인민공화국을 위해 구제 복지 사업에 집중하겠다는 것이었다. 회원 가입은 본회의 직공은 누구든지 가능하며 단 본인이 원하는 바에 따른다고 정하였다. 그렇다고 해서 단순한 친목 단체는 아니었으니, 상임위원회를 조직한 뒤 그 아래에 총무, 선교宣敎, 연락, 복리 등 4개의 조직을 두어 각 조장으로 하여금 일을 맡긴다고 한 데서 실무 조직이었던 것으로 볼 수 있다. 특히 이 중에서 선교는 유관 문화 사업을 처리한다고 정의하였다. 정확한 문서 생산 일자가 적혀 있지 않기 때문에 이 초안이 언제 만들어졌는지는 불분명하다. 하지만 그에 부속되는 초안인 〈복리기금 보관심핵위원회 간칙초안福利基金保莞審核委員會簡則草案〉에, 본회는 1951년 12월 27일에 열린 직련회職聯會, 곧 직공연의회 제2차 위원회의 결정에 따라 조직된 것이라

20 Q120-3-25, 《世界紅卍字會上海分會及各附屬單位職員名冊和員工家屬恤老組老人名冊》(1933, 1955).

한 것을 보면, 1951년 무렵에 작성된 것이라 생각된다.

복리기금을 관리할 위원회는 아무래도 기금을 관리하고 감찰하는 것이 중요한 과제였기 때문에 별도로 조직한 듯이 보인다. 이 초안에서는 위원회의 구성과 위원장의 선출, 그리고 주요 업무로서 연의회의 복리기금을 보관하고 심사하는 일을 규정하고 있다. 그리고 기금을 인민은행에 보관해야 하지만, 본회와 직련회의 동의를 받아야 하는 만큼 이 작업이 끝난 뒤에 해당 은행에 존치하겠다는 점도 초안에 집어넣었다. 특히 이 기금은 우선적으로 본회 직공 계급의 단결과 호조, 우애 정신을 발양하기 위해 혼상婚喪, 질병, 재해로 인해 경제적으로 곤란하거나 교육비 때문에 일시적으로 힘겨운 회원에게 기금을 대여하도록 한다는 점도 주요 사업으로 결정하였다.

이렇듯이 상하이 홍만자회는 1951년 말까지 직련회가 제 기능을 하고 있고, 복리기금 역시 홍만자회에서 관리를 하였으며, 그 기금 중 일부를 경제가 어려운 회원에게 사용하도록 하였다는 사실을 알 수 있다.

총회 차원에서도 회를 유지하기 위한 노력을 하였던 것 같다. 1951년 6월 25일에 작성된 〈중앙인민정부 내무부에 올리는 문고呈中央人民政府內務部文稿〉를 보면 그 사정이 절절하게 드러난다.[21] 기본적으로 내무부의 (홍만자회) 정리 의견에 대한 해명인 이 문건에서는 우선 명칭의 개정을 제시하고 있다. 곧 "창립 초기에는 시대의 조건상 정치문제에는 큰 관심을 두지 않았고 오히려 기형적인 사회 현상에 대해 더 적극적이었다. 피압박 피착취 계급의 고통을 덜기 위해 구제와 복리 사업에 힘을 기울였다. 이로 인해 반동 통치 계급의 원한을 샀던 것이고, 또 사업의 완수를 위해서는 부득이하게 소자산 계급과 민족자산 계급의 역량을 기초로 할 수밖에 없었다"는 사실을 강조하고 있다. 또한 이러한 구제와 복지 사업은 국내뿐만 아니라 국외에도 필요한 것이었고, 그 까닭으로 '세계홍만자회'라는 이름을 짓게 된 것이다. 그러나 이러한 사회 모순은 이미 (신정부의 성립으로) 소멸되어 가고 있고, 우리

21 Q120-3-5. 〈世界紅卍字會上海市分會理監事會暨各组臨時救濟處南北辦事處診所辦事細則簡則組織規程〉내의 〈呈中央人民政府內務部文稿〉 참고.

들도 신사회의 발전에 부합하기 위해 지방성의 이름인 '베이징홍만자회'로 바꾸어 인민정부와 인민구제회人民救濟會의 영도에 따르려 한다는 점을 밝혔다. 이렇듯이 정부에서 지역 명칭을 권유하고, 홍만자회가 이를 따르려고 하는 이유는 이 조직이 전국적이고 또 방대하기 때문에 그것을 해체하여 각 지역에 분산된 형태로 조직을 존치시키려고 한 데 있었다.[22]

아울러 베이징 본부에서는 이를 위해 현행의 사업을 어떻게 운영할지에 대해서도 사업별로 제시하고 있다. 기왕에 해오던 학교, 병원, 잔질원 관련 사업을 발전시킬 것이며, 필요한 경비 역시 옛 회원의 기금과 새로운 기부금으로 충당해 나가겠다는 의지를 표명하고 있는 것이다. 이들은 최종적으로 우리의 사업이 인민혁명의 목적과 배치되지 않으므로 본 계획을 허가하여 인민구제회에도 잘 알려주기를 바란다는 것으로 마무리하고 있다.

여기서 인민구제회에 대해 잠시 설명이 필요할 것 같다. 정식 명칭이 중국인민구제총회中國人民救濟總會인 인민구제회는 1950년 4월 29일에 베이징에서 구제 및 복지사업에 종사하는 단체가 모여서 만든 사회기구로서 신정부를 도와 관련 사업을 추진하는 데 목적을 두고 있었다.[23] 내전 직후인데다 1950년에 전반기에 안후이, 장쑤, 허베이, 허난 등에 수재가 발생하였고, 이는 긴급 구제의 필요성을 크게 진작시켰던 것이다.

또한 국가 차원에서 구제총회가 필요했던 이유는 신중국 정부의 자선 및 복지에 대한 기본 인식이 변화한 때문일 것이다. 공산 정부는 더 이상 "반동 정부(국민당)의 부르조아 자본가나 미국 등과 결합한 자선단체, 혹은 종교단체의 명목으로 인민을 돕는다는 자선가는 불필요하며, 자력갱생의 정신으로 모든 빈곤과 재난을 극복해야 한다"는 구제복지정책 방향을 제시하면서 이 총회를 성립시켰던 것이다.[24]

---

22 李光偉, 앞의 논문, p.64.

23 李飛龍, 〈中國人民救濟總會和建国初期的社会救濟〉, 《蘭臺世界》(遼寧省檔案局), 2012년 9월 상순, pp.20-21.

24 김민서, 〈中華人民共和國 건설기 兒童福利事業 연구 -1949~1958년 上海市를 중심으로〉, (연세대

인민구체총회가 만들어진 좀 더 중요한 이유는 지난 시대의 유산인 사회 구제 조직을 정돈하여 국가의 통제 아래 두려는 데 있었던 듯이 보인다. 그 중에서도 특히 중국홍십자회가 주요 관찰 대상이었던 것 같다. 홍십사회는 당시에 중국내 최대 규모의 사회 구제 기구였기 때문에 사상, 지도, 조직, 제도, 인원 등 여러 방면에서 집중적인 조사를 받았고, 새로운 면모로 일신하면서 의료 작업, 한국전쟁 당시의 구호 사업, 소수 민족 지역의 방역 사업, 침략 반대 및 화평 보위 사업 등에서도 적극적으로 활동하였다. 또한 미국의 자금 보조를 받는데다, 국제조직이었기 때문에 쉽게 정리할 수 없었던 난점도 있었다.[25] 이리하여 1950년 12월 29일에 내린 정무원의 지시에 의해 "중국에 존재하는 미제국주의의 문화기구를 완전히 청소"하는 것으로 결정되었고,[26] 그 이듬해인 4월 말에 열린 미국 지원 구제단체 관련 회의에서 그 관계를 정리하고 중국인민구제총회에서 접수하는 것으로 마무리되었다.[27] 결국 이 구제총회의 정리방침에 따라 "반동적인 단체, 이름만 남은 채 활동하지 않는 단체, 겉으로는 자선기구인 척 하지만 내실은 그렇지 않는 허위 단체" 800여 개가 정리되기에 이르렀다.

1950년 5월 5일에 《인민일보人民日報》에 게재된 《중화인민구제총회장정》에 따르면,[28] 이 총회는 모든 구제 조직 및 사회 복지사업을 중앙인민정부의 영도하에 두어 통일적으로 운영하며 서로 협조하여 인민 대중의 구제 복지 사업을 추진하기 위해 조직되었다. 이에 필요한 물자나 인력은 정부뿐만 아니라 인민 중에서 모집하고, 동시에 국제 우인들의 원조도 받는 것으로 운

학교 대학원 사학과 석사논문, 2009.1), p.9.

25 중국홍십자회뿐만 아니라 송칭링이 주석 직을 맡고 있던 중국복리회 역시 살아남았다. 김민서, 앞의 논문, p.13.

26 〈中央人民政府政務院關于處理接手美國津貼的文化教育救濟機關及宗教團體的方針的決定〉, 《人民日報》 1950년 12월 30일. 이 결정은 1949년에 中華全国文学藝術会主席 자리에 당선된 궈머러郭沫若가 제출한 같은 제목의 보고서에 근거하여 내려졌다.

27 李飛龍, 앞의 논문, p.21.

28 〈中國人民救濟總會章程〉, 《人民日報》》, 1950年5月5日.

영 방침을 정하였다. 공작 범위 역시 수·한재나 환과고독뿐만 아니라 국제성의 구제 공작도 진행한다는 내용이 포함되어 있다. 주석, 부주석, 집행위원회 등의 조직 형태와 부칙을 두고 있는 이 장정에 따르면 기왕의 사회 복지사업 기구를 통합하여 정부가 통제한다는 점이 두드러진다.

송칭링宋慶齡이 초대 주석이었던 이 기구에[29] 홍만자회도 총회 차원에서 가입하기 위해 노력하였던 것으로 보인다. 다만, 베이징의 총회와 상하이 분회가 처한 위상은 달랐던 것 같다. 베이징 총회는 전국 단위의 인민구제 총회에 초대장을 받지 못한 것으로 보인다. 1950년 6월 7일에 상하이 분회에서 총회로 보내기 위해 작성된 문건에 따르면, 베이징에서 개최된 인민구제회의에 홍만자회는 참가하지 못한 것으로 되어 있다.[30] 그 이유는 여러 가지였겠지만, 전국성의 단체임에도 불구하고 내무부에 사단으로 등록하지 못하였기 때문이었다. 요컨대 내무부의 등기는 물론이려니와 구제단체의 종합 기구인 인민구제회의에도 명단이 오르지 않았던 것이다.[31]

반면, 상하이 분회에서는 당시 상하이 분회 회장을 맡고 있던 리톈전李天眞 회장이 '상하이시인민구제분회'의 집행위원장을 맡고 있었을 만큼 새 기구에서도 주도적인 역할을 한 것으로 보인다. 1947년에 상하이 분회의 동사 겸 교제부 주임이었던 롱샤오윈龍篠雲도 참가하였으므로, 상하이에서 홍만자회의 위상은 베이징과는 달랐던 것이다.[32] 그러나 리회장이 구제총회에서 중요한 자리에 앉아 있었고, 의연금을 모집하며 재해 사업을 진행하고 있었다고 하더라도 그것이 바로 정부의 홍만자회 승인으로 이어지지는 않았던 것 같다. 1950년 10월에 상하이에서 소집된 인민구제총회 상하이 분

---

29 温健, 《新中国成立初期中国人民救濟總會研究》, 河北師範大學 碩士學位論文(2013), pp.12-27.

30 Q120-3-2, 〈世界紅卍字會上海分會關于向人民政府登記和一般會務問題的請示報告建議及總會的指示辦法和頒發各分支会組織通則〉.

31 총회에서는 1951년 초에 각지의 분회에 중국인민구제총회 및 각지 분회에 가입하여 그들의 영도를 따르면서 주어진 일을 추진하도록 호소하였다. 趙寶愛, 앞의 논문, p.65.

32 Q120-3-2, 1950년 10월 16일에 총회에서 상하이 분회에 보낸 글에 대한 답신으로서, 답신일은 11월 7일이다.

회 집행위원회에는 위에서 언급한 어느 누구도 이름을 올리지 못했기 때문이다. 집행위원회 주석에는 초대 상하이시장 천이陳毅, 부주석은 류홍성劉鴻生, 자오만즈曹漫之, 사오푸추趙朴初, 황한즈黃涵之(본名 黃慶瀾), 비시징은 자오푸추가 맡았던 것이다.[33] 상하이에서 오랫동안 불교계의 큰 인물이자 자선단체 연합회의 회장으로 활동하던 황한즈[34]를 제외한다면 홍만자회와 관련된 인물은 보이지 않는다.

이러한 사정으로 인해 홍만자회는 두 개의 안건이 주요 의제로 채택된 1951년 봄과 여름에 정부에 등기하는 과제와 인민구제총회 참석에 온 힘을 쏟았다. 그럼에도 불구하고 장시성 난창의 분회 책임자인 왕밍쉬안王明選의 보고에 따르면, 난창의 분회를 6월 15일에 이미 정부에 헌정하였다고 한 것으로 보아,[35] 지역에 따라 이미 정부에 기부하는 형태로 정리 단계에 들어간 것으로 보인다.

실제로 1951년 6월 26일에 총회에 올린 글에서 상하이홍만자회는 지난 해 이래 등기 문제에 매진해 왔지만, 허다한 곤란이 가로 놓여 있었음을 실토하고 있다. 정부는 우리 회에 대해 언명하지는 않았지만 비교적 명확한 입장을 가지고 있다는 것이다. 정부가 구제 복지사업을 직접 관장하려는 입장을 견지하고 있기 때문에 각 지역의 사회단체도 독자적으로 존속하기는 어려우며, 우리 회의 명칭이나 조직 문제조차도 보장할 수 없다는 사실을 지적하고 있다. 예컨대 '자선'이란 용어를 쓸 수 없고 그 대신 '구제 복리단체'를 써야 하고, 우리 회가 비록 도원에서 생산된 것이지는 하지만, 이미 별개의 조직이니만큼 순수한 구제단체로서 존속해야 한다고 언급하고 있다. 어떤 이는 종교는 개인의 자유에 맡긴다는 조항을 넣자고 하지만, 만약 정부가 구제단체에 종교성을 띠고 있다는 사실을 안다면 결코 허용하지 않을

33 김민서, 앞의 논문, p.9.

34 陳嬌燕, 〈論民國時期黃涵之慈善事業〉, 《忻州師範學院學報》 27-4(2011, 8), pp.65-67 참조.

35 Q120-3-2, 1951년 7월 10일자 상하이 분회발 총회 접수문건. 이사장에 '坪'이라는 사인이 들어있는 것으로 보아, 당시의 상하이 분회장이던 장난핑張蘭坪이 최종 확인한 문서로 보인다.

것이라고 주지시키고 있다.[36]

이러한 태도는 앞서 보았던 건국 초기의 종교에 대한 자신들의 입장에서 매우 후퇴한 것이다. 1951년 초에 실시한 신정부의 조사에 대한 답변에서 홍만자회는 '회·야·유·석·도 5교回耶儒釋道 五教'라고 분명하게 밝힌 것과 현격한 차이가 있다. 이러한 태도 변화가 총회 차원의 것인지, 아니면 상하이 분회의 것인지는 분명하지 않다. 여하튼 도자일체론에 근거하여 활동하고 있는 홍만자회로서는 도원과의 관계 설정이 등록의 최대 난제였던 것으로 보인다.

이로 보아 1951년 여름 무렵에는 홍만자회가 도원에서 출발하기는 하였지만 그것은 전혀 별개이며, 혹 종교 관련 항목이 들어가면 정부의 문책을 피하고 어렵다고 인식하고 있었다. 이리하여 명칭은 해당 지역의 명칭을 관사로 삼아 '○○홍만자회'로 정하고 정부의 결정을 기다려야 한다는 입장이었다. 종지 역시 '구제 복리사업을 주재한다'는 것으로 바꾸었다. '자선'이라는 용어 자체가 시혜적이며 부르조아적 성격을 내포하고 있기 때문에 '복리'라는 용어로 대체하여야 한다는 것이 그 이유였다. 단체의 가장 근본적인 종지조차 국가체제가 요구하는 이념과 목표에 맞추고 있었던 것이다.

2. '항미원조' 운동의 참여와 홍만자회의 해체

홍만자회 총회가 새로운 국가체제를 맞이하여 내세웠던 각오와 목표, 그리고 구체적인 계획들은 이후 어떻게 진행되었을까. 결론부터 말하자면 새로운 계획들은 사실상 제대로 진행되지 못하였다. 부녀들을 위한 직조 관련 사업이나 식자반識者班 운영 등이 때 맞추어 출범하기는 하였지만, 새로운 사업을 시도하기에는 정치적 여건이 어려웠던 것이다. 뿐만 아니라 중국 정

---

36 Q120-3-2, 〈附提供今後各地分支會應注意事項〉.

부는 한국전쟁에 곧바로 개입하면서 사회 내부의 긴장도를 최대한으로 끌어올린 상황도 사업을 방해한 걸림돌이었다. 그리하여 1950년 여름 이후 홍만자회는 주어진 과업은기녕 국가체제가 지향하는 바를 따르기에도 힘든 입장에 처해 있었다. 홍만자회는 신국가 수립 직후에 벌어진 전쟁 상황에서 국가가 추구하는 목표를 추종하면서도 종래 그들이 행해 오던 자선과 구제라는 활동을 지속하는 것으로 정체성을 유지해야 하는 힘겨운 이중 과업을 짊어졌기 때문이다.

1950년 10월 8일 마오쩌둥이 〈중국인민지원군을 조성하는 명령組成中国人民志願軍命令〉을 발표하면서 시작된 중국군의 한국전 개입은 "조선 인민의 해방전쟁을 지원하고 미제국주의 및 그 주구의 진공을 반대하기 위한"다는 데 목적이 있었다. 직후인 11월 4일 공산당과 민주당파가 연합하여 전국적인 '항미원조 보가위국抗美援朝 保家爲國' 운동을 전개하기로 선언하였고, 이로부터 본격적인 항미원조운동이 시작되었다.

이를 위해 통일된 전국 조직을 만들었다. 전국 차원에서 1950년 10월 26일에 항미원조를 이끌 통일기구로서 '중국인민보위세계화평반대미국침략위원회(약칭 중국인민항미원조총회)'가 출범하였고, 상하이시에서도 이에 맞추어 1950년 11월 18일에 '중국인민보위세계화평반대미국침략위원회 상하이분회'가 성립되었다. 직후 이들 조직을 중심으로 10만 명의 학생, 3천여 명의 교사, 12만3천여 명의 상공인, 4천여 명의 구제 복리 단체, 2만여 명의 의사 등이 참가한 대규모 군중 시위가 상하이 시내에서 전개되기 시작하였다. 1951년 2월 하순에는 이보다 더 큰 시위가 항미원조뿐만 아니라 '미제의 일본 재무장' 반대를 외치면서 진행되었고, 3월 8일 곧 3·8부녀절에는 무려 30여만 명의 부녀자가 위와 같은 구호를 외치며 시위에 앞장섰다. 3월 21일에는 종교계와 교회 학교의 5만여 명도 시위를 벌었다.[37] 1951년 초부터 3월까지는 거의 끊임없이 내부 냉전이라 불릴 만한 항미원조, 일본 재무장 반

37 畢曉敏, 〈上海的抗美援朝運動研究〉(上海師範大學 碩士學位論文, 2013.4), pp.5-23.

대,[38] 세계평화[39] 등을 주장하는 시위대가 상하이 시가지를 뒤덮었다.

상하이홍만자회는 이 상황에 어떻게 대처하였을까. 1951년 3월에 발표한 〈세계홍만자회중화총회정진회무-각지의 분회와 지회가 일치하여 공동목표에 매진하기를 호소한다世界紅卍字會中華總會整進會務 號召各地分支會一致向共同目標邁進〉에서 신국가의 목표를 적극 추종하고 '항미원조'운동에 참여하려는 태도가 분명하게 보인다.[40] 이에 따르면 "일치하여 공동의 목표로 매진하자"라는 선언문 형식으로, 금후의 사업에서 이들은 정부의 생산 절약과 노동 호조의 정책에 맞추어 기초적인 복지 사업, 직업 생산, 아동 교육 등에 치중할 것을 주장하고 있다. 또 다른 한편으로 세계평화를 촉진하고, 제국주의 침략을 반대해야 한다는 주장도 이 선언을 통해 제시하였다. 세계 5대국인 미국, 소련, 중화인민공화국, 영국, 프랑스가 화평공약을 체결해서 세계평화를 촉진해야 한다는 것이다. 또한 구체적인 행동으로는 전쟁에 따른 조선 난민의 구제, 중조전사中朝戰士 위로 등도 제시하고 있다.[41]

사실 1951년은 중국 정부뿐만 아니라 홍만자회와 같은 사회단체에게도 결정적인 시기이기도 하였다. 위에서 본 바와 같이 사회단체들은 존립에 필요한 등기안 이외에 한국전쟁에 관한 기본 입장과 그에 따른 행동을 준비하여야 하였고, 이는 상하이 지역에서도 예외가 아니었다. 두 가지 목표를 동시에 달성해야 했던 것이고 이는 그들이 운영하던 각종 부속 시설에서도 강

---

38 당시의 중국인에게 미제국주의를 이해시켜 중화인민공화국의 인민으로 번신翻身시키는 '내부냉전' 과정에 대해서는 임우경, 〈번신하는 국민과 냉전: 항미원조 시기 중국의 반미대중운동〉, 백원담·임우경 엮음, 《'냉전'아시아의 탄생: 신중국과 한국전쟁》(문화과학사, 2013), pp.153-190.

39 세계평화운동은 한국전쟁 직전인 1950년 3월 19일에 세계평화대회 상설위원회 제3차 회의에서 시작되고 있었다. 중국에서는 그해 5월부터 본격화되었다. 항미원조는 사실상 평화보위운동의 연장선상에서 전개되었다고 할 수 있다. 이에 대해서는 청카이, 〈평화염원과 정치동원: 1950년의 "평화서명운동"〉, 백원담·임우경 엮음, 앞의 책, pp.104-152.

40 Q120-3-2, 〈世界紅卍字會上海分會關于向人民政府登記和一般會務問題的請示報告建議及總會的指示辦法和頒發各分支会組織通則〉.

41 Q120-3-9, 〈世界紅卍字會中華總會上海分會東南各會關于開展愛國公約争取世界持久和平簽名運動抗美援朝辦理情形及上海分會對會員革新宣言提供意見的函〉.

조되었다.

예를 들면 상하이 자선단체의 반미제국과 조선 원조 문제는 1951년 봄 무렵에 중요한 화두로 대두되었나. 홍만자회 총회 역시 1951년 봄에 이 사실을 전국의 각 분회 및 지회에 분명하게 고시하고 있다. 특히 1951년 5월 1일의 노동절을 기해 전국의 도농 인민이 모두 항미원조와 일본 재무장 반대를 통해 세계의 평화를 지키자는 대대적인 시위를 계획하고 있었다. 당연히 홍만자회도 이 대열에서 빠질 수는 없었다.[42]

이러한 항미원조운동은 상하이 자선단체의 부설학교인 푸위안소학普元小學을 통해서도 볼 수 있다. 상하이 지역의 모든 학교에서 1951년 제2학기의 학교 운영 계획은 기본적으로 항미원조에 어떻게 참여할 것인가 하는 데에 있었다. 주제는 신애국주의 사상 교육을 더욱 강화하자는 것이었다. 이를 위한 구체적인 방법으로 반미 친소련 애국을 위해 조회 및 학급회의, 주회의 등을 통해 교사가 강해講解를 하며, 미제국주의의 침략 만행을 폭로하고 이와 관련된 도표, 그림, 지도 등을 작성하여 게시하는 것이었다. 또한 학생들에게 만화를 그리도록 하여 애국주의를 발양하는 일, 오락이나 체육, 노래, 연극, 무용 등을 통해 교육하는 일도 이에 포함되었다.[43]

상하이홍만자회는 1951년 6월 1일에 열린 '중국인민항미원조총회'에 참석하는 것으로 대대적인 군중 운동 대열에 합류하였다. 이 회의에서는 조선에 파견된 병사들을 위문하기 위해 '부조위문단赴朝慰問團'을 조직할 것도 논의되었다. 홍만자회 등에 떨어진 임무는 이들을 돕기 위한 애국 행동에 적극 나서야 하며, 좀 더 구체적인 것으로는 비행기, 대포, 탱크 비용을 충당하기 위해 헌금을 하도록 권유받았다. 상하이 지역 상공업자들이 이 부분에서 더 중요한 역할을 맡았지만,[44] 이런 것들이야말로 상내를 완전하게 압

42 Q120-3-2, 〈世界紅卍字會中華總會整進會務 號召各地分支會一致向共同目標邁進〉. 이 문서는 1951년 3월 30일에 작성되었다.

43 Q115-6-1, 이 당안은 Q115-5-9의 앞부분에 속해 있다.

44 1952년 5월까지 헌금액은 8491억여 위안, 비행기는 566대어치를 모았다. 畢曉敏, 앞의 논문,

도할 수 있는 무기들이기 때문에 수입의 일부 혹은 전부라도 좋으니 기부할 것이며, 이들 무기에 기부자의 이름을 새겨 기념할 것도 제안하고 있다.[45]

또한 홍만자회 등 상하이 지역의 자선단체는 '미제국주의의 실체'를 폭로하는 일도 떠맡았다. 미국은 조선 침략 전쟁에서 실패하자 세균과 독충 무기를 동북과 칭다오 영공에 확산시켰다는 것이다. 홍만자회 등은 외교부장의 성명을 받아 이를 각 회원들에게 고지하였다.[46] 이 세균전쟁 문제는 근래에 한국에서도 연구되었고, 또 외국인의 한국전쟁 연구에서도 중시된 바가 있기 때문에[47] 당시의 중국 인민들에게 '미제국주의의 실체'를 이해시키는데 유효했을 것이다.

이러한 노력에도 불구하고 상하이 홍만자회는 인민구제총회에로의 참가뿐만 아니라 등기 문제가 여전히 해결되지 않은 채로 남아 있었다. 상하이 분회에서 작성한 1951년 6월 25일자 베이징 홍만자회 총회에 보낸 문서에 저간의 사정이 대략 4개의 항목으로 정리되어 있는데서 그 사정을 알 수 있다.[48] 첫 번째 문제는 등기문제였다. 등기문제는 이미 2년이나 경과하였음에도 아직 미해결 상태에 놓여 있기 때문에 각지의 분회가 총회의 등기 여부를 기다리고 있지만, 아직 답이 없으니 총회가 빨리 각 분회에 등기 여부를 알려주기 바란다는 것이다. 둘째 문제는 조직 형태에 관한 것이었다. 예전의 조직 형태는 총회 중심이기는 하지만 사실상 분회 상태이므로 통일적

---

pp.33-35.

45 Q120-3-9, 〈世界紅卍字會中華總會上海分會東南各會關于開展愛國公約争取世界持久和平簽名運動抗美援朝辦理情形及上海分會對會員革新宣言提供意見的函〉.

46 Q120-3-9, 〈世界紅卍字會中華總會上海分會東南各會關于開展愛國公約争取世界持久和平簽名運動抗美援朝辦理情形及上海分會對會員革新宣言提供意見的函〉.

47 강정구, 〈한국전쟁과 미국의 세균전〉, 《동국사회연구》 1(1992), pp.159-193 참조. 또 관련 번역서들 중 세균전 문제를 비교적 상세하게 다룬 것으로는 브루스 커밍스 · 존 할러데이 공저(차성수 · 양동주 공역), 《한국전쟁의 전개 과정》(태암, 1989)와 데이비드 콩드(최지연옮김), 《한국전쟁-또 하나의 시각》(과학과 사상, 1988)이 있다.

48 Q120-3-2, 문서 제목은 없이 수기로 쓴 내용만 남아 있다. 〈世界紅卍字會上海分會關于向人民政府登記和一般會務問題的請示報告建議及總會的指示辦法和頒發各分支会組織通則〉.

조직 형태를 갖출 필요가 있다는 점도 강조하고 있다. 현재 구제 복리사업은 정부에 의한 직접 영도 방식으로 변하였으므로 우리도 이에 맞출 필요가 있다는 것이다. 상하이 분회가 볼 때, 적어도 조직의 분산성이 등기에도 영향을 미치고 있다고 판단하고 있는 셈이다. 상하이 분회는 또 그간 홍만자회에서 행한 자업慈業을 새 정부가 믿지 못하는 게 아닌가 하는 의문도 제기하고 있다.

여기서 주목할 것 중의 하나는 홍만자회가 조직의 분산성보다 통일성을 강조하고 있다는 사실이다. 앞에서 본 바와 같이 공산당 정부는 전국성의 조직을 해체하고 각지의 지방 조직이 독립적으로 존속할 것을 요구하였다. 홍만자회 총회는 이에 따라 '베이징홍만자회' 등의 방식으로 조직을 개조하려고 하였던 것이다. 그렇기 때문에 등기를 위해 통일적 조직을 강화하려는 의도는 이해하기 어렵다.

좀 더 중요한 이유는 세 번째 항목의 기술일 것이다. 지난해 겨울까지 내무부에서 반포한 사단등기판법에 따라 우리 회도 공식으로 해당 기관에 신청하였는데, 이때까지만 해도 우리 회에 대해 반동 혐의가 없는 것이 확실하고 우인友人이라는 사실이 인정되었으며, 대략 (1951년) 4월말까지 정부의 이런 입장은 변함이 없었다는 것이다. 그러나 각지의 홍만자회의 보고 중에 자업慈業뿐만 아니라 개단공신開壇供神 등의 이야기를 하거나 심지어 자업에 대해서는 아무런 말이 없이 오직 공신供神 이야기만 하고 있는 지회도 있었다는 것이다. 이로 인해 홍만자회는 정체성이 일치하지 않는 조직이라는 비판을 받았기 때문에 최종 등기에 실패하였다고 말하고 있다. 정국이 안정되지도 않은 상황에서 말하자면 회도문이라는 사실을 자인하는 사태가 발생하였으니, 우리 회의 등기에 일대 타격을 받게 되었다는 것이다.

아마도 1952년 여름 무렵에는 상하이시 정부에서도 홍만자회를 해체하는 일과 그 뒤의 처리에 대한 입장을 정리한 것으로 보인다. 1952년 여름에 작성된 것으로 보이는 〈세계홍만자회 상하이시분회 조사보고〉라 쓰인 제하의 보고서에서 그 사실을 알 수 있다. 깨알같이 쓰인 6매의 보고문에는 기관의 명칭, 주소, 성격, 책임자 등과 더불어 "1. 일반 정황, 2. 존재 문제, 3. 조사자 의견"으로 항을 나누고 각 항마다 해당 문제를 자세하게 다루고 있다.[49] 1항 중에서 '기관성격'이란 목이 있고, 여기에 '미신구제단체'라고 기술한 것이 눈에 들어온다. 이미 미신단체로 규정하고 조사에 임했던 셈이다. 그리고 '존재 문제' 부분에서는 이미 업무가 거의 정돈 상태에 들어갔으며, 그들의 자선사업이라는 것도 결국 자산계급이 미신의 힘을 빌려 자신의 사회적 지위를 유지하려는 의도였다고 판단하였다. 조사인의 의견은 요컨대 홍만자회는 자산계급의 미신 자선단체로서 최근의 활동은 미미하므로 취소가 가능하고 부속 기구들은 개조하여 사용할 수가 있으며, 분회의 공작원들은 계속 근무를 시키거나 유사한 기구로 보내 일을 하도록 하는 것이 좋다는 방안을 제시하고 있다.

이를 보면, 인민정부는 미신을 활용해서 자신의 지위를 유지해 온 자산계급들은 더 이상 존속시킬 수 없다고 판단하였던 셈이다. 다른 한편으로는 홍만자회 내부에서도 자선사업보다는 오히려 단을 두고 점을 치면서 신의 뜻을 묻는 종교 활동이 외부에 더 강조되면서 정부로 하여금 홍만자회를 회도문으로 인식하게 하는 분회도 있었던 것으로 보인다.

여기서 우리는 정말로 중공 당국이 개단공신과 같은 종교적인 이유로 도원을 비롯한 민간종교를 회도문으로 몰아 탄압을 했는지에 대해 좀 더 심도 있게 검토할 필요가 있다. 잘 알려진 것처럼 '회'는 주로 천지회나 가로회와 같이 '회'자 형태의 사회 정치적 성격이 강한 민간결사를 말하며, '도'는 일관도 등에서 보이는 바와 같이 거의 대부분 종교결사를 의미한다. 회도문 자체를 20세기의 종교결사에 한정해서 붙이는 경우도 있지만[50] 여하튼 '교'와 '회'라는 전통적인 맥락에서 볼 때 회도문이란 천지회나 가로회 계통의 민간사회 결사와 무위교나 일관도와 같은 종교 결사의 총칭이라고 할 수 있다. 이들을 '좌도혹민左道惑民'하는 세력이라는 인식은 이미 청대에서 시

49 이 문건은 Q120-3-38, 〈世界紅卍字會上海市分會調查報告〉에 들어 있다.

50 邵雍, 《中國會道門》(上海人民出版社, 1997) 참조.

작된 것이고, 국민당 정권 역시 정도의 차이는 있었지만 회도문의 일부를 미신집단으로 인식하여 단속하였다. '회도문'이라는 용어가 공식적으로 사용된 것은 인민공화국 성립 직후이지만, 이에 대한 국가권력의 부정적 인식은 그 뿌리가 깊었던 것이다.

역사적 사실에 근거하여 말한다면 국민당과 공산당이 장악한 국가권력이 민간결사를 대하는 태도는 분명히 이중적이었다. 국민당은 정권 장악 과정에서 상하이 지역의 청방에게 많은 도움을 받았고, 특히 4.12쿠데타에서 두위에성杜月生을 중심으로 한 청방의 역할은 결정적이었다고 할 수 있다. 공산당의 경우, 혁명 과정에서 특히 가로회는 매우 우호적인 세력이었다. 그들이 징강산井崗山에 근거지를 마련하려고 했을 때, 그곳의 가로회 회수였던 왕줘王佐와 위안원차이袁文才에게 지원을 받았고, 옌안에서도 항일연합전선의 필요에 의해 섬감녕지역의 가로회에게 도움을 요청한 전력이 있었던 것이다.[51]

이 점에서 신정부 성립 이후 중공의 회도문 정책은 혁명 과정에서 보여 주었던 종래의 우호적 입장과 상반되는 것이었다. 국민당의 회도문 탄압이 주로 정치적인 성격이 강하였던 점에 대해서는 이미 언급하였지만, 공산당의 회도문에 대한 탄압도 유사한 것이었다.

중화인민공화국의 회도문 단속은 명분상 '사교'세력을 일소한다는 것이었지만, 사실상 '반혁명 집단'을 제거하는 데 두어졌다.[52] 여기서 말하는 반혁명 집단의 핵심은 텐진을 비롯한 화북 일대에서 큰 세력을 가지고 하던 일관도였다. 일관도는 특히 중일전쟁 시기에 베이징과 텐진 일대에서 세력을 확대할 수 있었는데, 이는 주로 그들이 교의로 내세웠던 말겁末劫사상과 그것의 현실체라고 할 수 있는 전쟁이라는 상황이 맞아떨어진 결과였다. 입교

51 陝甘지역의 가로회와 공산당과의 관계에 대해서는 박상수, 《중국혁명과 비밀결사》(심산, 2006), 〈제2부 陝甘寧邊區의 중공과 가로회(1930-40년대)〉를 참조할 것.

52 孫江, 《近代中國の革命と秘密結社》(汲古書院, 2007), p.400. 중공은 회도문 단속을 剿匪 차원에서 진행하였다.

하면 재앙을 피할 수 있다는 교의와 국가권력이 제대로 작동하지 않던 혼란 상태에서 두려움에 떨던 지역 내 민중들에게 큰 호소력을 가지고 있었던 것이다. 이에 많은 민중들을 입교시킬 수 있었다. 또한 1947년 국민당정부에 합법적인 종교단체로 등록된 사실도 세력을 증대시키는 데 도움을 주었다.

공산당 정부가 맞닥뜨린 현실적인 상황은 사실, 체제 유지에 타격을 줄 만큼 심각한 것이었다. 신중국 성립 이후에도 이러한 회도문 뿐만 아니라 청방이나 홍방과 같은 방회 세력들이 사실상 사회의 상당 부분을 장악하고 있어서, 상당수의 인민들이 이 조직으로부터 자유롭지는 않았기 때문이다. 심지어 충칭의 경우 방회에 가담한 인원은 도시 전체 인구의 70-80%였을 정도로 막강한 사회 세력이었다.[53]

종교 결사를 대표한다고 할 수 있는 일관도는 더 위험하다고 판단하였다. 중공의 집권에 대해 갖가지 방식으로 저항하였기 때문이다. 예컨대 일관도는 공산당의 반혁명집단 진압 활동을 '악마의 시험魔考'으로 규정하였고, 이에 대응하기 위해서는 공산 정권이 아직 통제하지 못한 농촌으로 들어가서 전도하는 등의 방법을 모색하였다.

또한 인민들에게 '요언'을 만들어 퍼뜨리는 방식도 택하면서 공산당 정부를 혼란에 빠뜨렸다. 그들이 만든 요언 일부를 보면 다음과 같다.

> '오성五星'은 주인이 없다. '공자共字'는 28일이다(곧 28일이면 끝난다). 민국 38(1949)년에 말년의 겁재가 오고, 민국 39년에는 흑풍이 49일간 불면서 천지가 혼미해지고 모래와 돌이 나르며 천지가 뒤집힌다 … 돼지(돼지猪zhu는 '朱zhu德')가 죽고 고양이(고양이猫mao는 '毛mao澤東')가 멸하면 천하가 태평해진다.

---

53 허하오, 〈신중국 노동국민의 형성과 전 국민 동원의 현실-항미원조 시기 '마헝창 소조'의 형성배경과 그 사상적 의미〉, 백원담 · 임우경 엮음, 《'냉전'아시아의 탄생: 신중국과 한국전쟁》(문화과학사, 2013), p.240.

말하자면 '요언과 저주'가 있었다는 것이다.[54] 중공 정권으로서는 결코 좌시할 수 없는 상태였다.

그림 12. 홍콩 홍만자회는 대륙의 홍만자회가 인민공화국정부에 의해 해체되자, 신의 계시와 총회의 결정에 따라 이곳을 세계홍만자회 총본부로 결정하였다. 홍콩 분회는 1931년에 설립되었으며, 위의 건물은 1940년 4월에 낙성식을 거행한 뒤 발전을 거듭하여 오늘날 홍만자회의 재건에 앞장서고 있다.

회도문의 반공산당 정서와 공산 혁명에 대한 반발은 이미 1947년 산시성 다이현代縣에서 시작된 적이 있었다. 그것을 주도한 주체는 일관도 신도들이었기 때문에 그 조직 형태나 반발의 정도, 이에 대한 당의 대응 방식 따위는 공산당도 이미 경험한 바 있었던 것이다.[55]

1949년 1월 4일 화북인민 정부가 회도문을 반동으로 규정하면서 일관도 탄압이 시작되었다. 일관도의 최대 거점 지역이던 텐진에서는 그해 12월 15일부터 단속이 벌어져 25명의 일관도 간부가 체포되었고 수천 명에 달하는 교도가 강제로 명부에 등록되었다. 이러한 상황은 베이징에서도 마찬가지였다.

그 과정은 사실상 전쟁과 거의 유사한 수준이었다. 공산당 정부는 다양한 형태의 민간결사를 제압하고 난 뒤에야 공산당 체제에 맞는 사회를 주조할 수 있다고 믿었던 것이다. 다시 말해 민간결사가 종래와 같이 계속 민중을 지배하면서 이를 바탕으로 집단적 저항으로 나아가는 것이 더 두려웠다고 할 수 있다.[56] 회도문에 대한 정리는 그만큼 시급한 작업이었고, 도원 역

54 孫江, 앞의 책, pp.500-503.

55 孫江, 앞의 책, pp.504-505.

56 K.G. Lieberthal, "Suppression of Secret Societies in Post-Liberation Tientsin," China Quarterly,

시 이 인식틀에서 벗어나 있지 않았다.

제대로 드러나지 않는 부분이기도 하지만, 홍만자회 지도자들의 비당파성도 조직의 해체를 앞당긴 요인이 아닐까 한다. 1951년도의 조사표에는 회원들의 당파성을 묻는 항이 있었는데, 홍만자회 임원들은 모두 당파가 없다고 기술해 놓았던 것이다.[57] 국가가 모든 구제 복리사업을 총괄하는 상황 속에서 당파성이 없거나 부르조아나 다름없다고 인식되는 비공산당원에게 사회 복리사업을 맡기기는 사실상 불가능한 상태였다고 생각된다.[58]

이 때문에 홍만자회의 회무는 1952년 이후 사실상 중지 상태에 놓여 있었다. 1951년 6월 25일자에 작성된 문서의 말미에 내무부 책임자가 구두로 전국의 홍만자회의 실제 상황을 조사하여 보고하라는 지시를 받고 다시 문건을 만들었지만, 그 이후에 진전된 일은 없었던 것이다. 이리하여 세계홍만자회 중화총회와 각지의 분회는 1953년 2월 《인민일보》에 다음과 같은 성명을 발표하였다.

"본회는 사회의 수요에 부적합하고, 중앙인민정부 내무부에 요청하여 오늘부로 업무를 마무리 한다. 소유 재산은 중국인민구제총회에 헌납하고 본회의 대외 채무와 모든 사무는 3일 이내에 처리한다."[59]

홍만자회는 공개적인 방식을 통해 자진 해산을 선언한 셈이었다. 이에 따라 지난濟南 분회의 홍만자회 지도자들은 모두 구제총회 분회의 집행위원에 초빙되는 형식으로 문을 닫았다.

No.54 (1973), pp.247-249. 1951년 봄에도 잡지 《新中國婦女》에 애국공약의 이행사항으로 '일관도의 영향을 청산하고, 향 피우고 공양을 바치는 데 쓸 돈으로 아이들 책을 사준다.'라는 조항이 있었다. 임우경, 〈한국전쟁 시기 중국의 애국공약운동과 여성의 국민 되기〉, 《중국현대문학》 제48호(2009.3), p.157. 1951년에도 여성들 사이에서 일관도가 숭배되고 있는 현실을 보여준다.

57 Q120-3-38, 〈世界紅卍字會上海市分會調査報告〉.

58 김민서, 앞의 논문, pp.9-17.

59 朱式倫, 〈世界紅卍字會在濟南的興衰〉, 《濟南文史資料選集》 제4집(1983), p.168. 이후 상하이 지역의 구제사업은 중국인민구제총회 상하이시분회가 총괄하는 형태로 전환되었다. 고하마 마사코, 〈사단社團 관계망으로서의 근대 상해 도시사회의 구제救濟 — 20세기 상해 자선계의 공적 구조와 전환〉, 배경한 엮음, 《20세기초 상해인의 생활과 근대성》(지식산업사, 2006), p.352.

그렇다고 해서 홍만자회가 완전히 문을 닫은 것은 아니었다. 베이징총회, 톈진종원, 지난모원의 소유권은 홍콩 지부로 이양되었고, 이에 따라 홍콩 도원이 도원에 관한 각종 권한을 행사할 수 있게 되었기 때문이다. 발하자면 홍콩의 원회가 내외의 도원과 홍만자회를 총괄하는 통단統壇의 역할을 하고, 선천노조 역시 이곳으로 모셔와 홍콩에서 훈유訓諭를 내리며 도를 전한다는 방식으로 결정되었던 것이다. 이러한 작업은 이미 1950년 5월에 진전되었다. "그 해 5월 30일에 개단하라"는 여조呂祖의 훈訓에 따라 '종모총주항판사처宗母總駐港辦事處'가 홍콩에 설립되었고, 최종적으로는 대륙의 원회도 이곳으로 통합된 셈이라고 볼 수 있다.[60]

아울러 상하이 분회뿐만 아니라 총회 및 각 지역 지회들이 소유하고 있던 부설기관 중 병원은 시 정부와의 협의 과정을 거쳐 시 정부의 공사로 바뀌었고, 학교는 모두 공립학교로 전환되었다.[61] 학교의 경우 교육부가 1952년 9월 10일에 〈사립중소학교를 접판하라는 지시에 관하여關于接辦私立中小學的指示〉라는 지시를 내렸고, 이에 전국의 모든 사립학교를 정부가 접수하여 공립으로 개조하였던 것이다. 홍만자회 부설학교 역시 각지의 인민정부 기관으로 이양되는 형태로 마무리되었다.[62]

---

60 香港道院 · 香港紅卍字會 編, 《弘道展慈－香港道慈80載－》(香港紅卍字會, 2011), pp.171－172. 2011년 10월 28일부터 11월 1일까지 산둥대학 주최, 〈근대민간조직과 사회구제 국제학술회의〉에는 홍콩의 홍만자회와 도원에서 대거 참석하여 관련 논문을 발표하거나 '제4조 패널 홍만자회'를 주재하였다. 회의 주재자의 말로는 홍콩홍만자회가 대륙에 다시 복귀하려는 움직임이 있으며, 이 회의도 그 전 단계에 해당한다고 말해 주었다. 당시 프로그램 중에는 홍콩도자기금회 책임자의 치사도 있었다.

61 李光衡는 최근 인민공화국정부가 도원과 홍만자회를 회도문으로 몰아 불법화한 행위는 잘못이었다고 비판한다. 두 조직은 회도문이나 민간비밀종교가 아니었으며 오히려 공개적이고 합법적인 신흥민간자선조직이었다고 간주하였다. 李光衡, 앞의 논문, p.71.

62 柴松霞, 〈建国初期私立学校改造措施的考察－以北京地区爲例〉, 《當代中國史研究》 2007년 5기, pp.85－92.

제8장

1950년 이후 상하이 홍만자회 부녀부의 사회교육 프로그램

1. 부녀부의 사회학습반 운영

홍만자회의 한 부서로 활동해 오던 부녀부 역시 새로운 국가체제에 부응하기 위해 여러 가지 새 사업을 벌일 준비를 하고 있었다. 1951년 3월에 제정한 〈상하이시홍만자회 부녀부 업여보습반 초생 간장上海市紅卍字會婦女部業餘補習班招生簡章〉에 따르면,[63] 이 보습반은 신민주주의 교육 방침에 근거하여 여가 시간을 활용하는 학생들을 위해 구성한 것이었다. 그 목적은 청년의 문화, 정치, 기술 수준을 높이고, 국가의 생산 건설 수요에 부응한다는데 두어졌다. 개설 학급은 초급부기반, 고급부기반, 회계반, 어문반, 식자반으로 모두 5개 반이었다. 수업 시간은 4개월간 매주 8시간씩 수업을 하며, 그 중에 2시간은 정치에 할애되었다. 입학 자격에서는 초급부기반과 어문반의 경우 소학교 졸업이나 동등 학력자를, 고급부기반은 초기부기반 이수자나 초중 이상의 학력자를, 회계반은 고급부기반 혹은 동등 정도의 이수

63 Q120-3-6, 〈上海市紅卍字會婦女部業餘補習班招生簡章〉.

자를, 식자반은 모든 불식자로서 연령 불분을, 그리고 모든 반은 성별을 가리지 않는다고 공표하고 있다. 다만, 이들 보습반은 모두 각 반에 따라 학비를 징수하였는데, 초급부기반은 학·잡비를 매기별로 8개 단위인 반면, 고급부기반은 10개 단위, 회계반은 12개 단위, 어문반은 8개 단위였으며, 식자반의 경우 학비를 받지 않는다고 공고하였다. 1개 단위의 비용이 얼마인지는 정확하지 않지만, 고급부기반이나 회계반은 학비가 비싼 반면, 나머지 반은 그보다 낮았으며, 식자반은 무료였던 셈이다. 전공의 진로나 성격에 따라 학비의 단위도 높낮이가 있었던 것이다. 또한 한 반에 20인을 넘지 않는다는 단서 조항도 첨부하였다. 말하자면 학비도 차등화를 두는 것과 동시에 소수 인원을 받아 실질적인 학습을 하겠다는 의미였다.

그러나 실제 수지결산항을 보면 각반의 인원은 30명이었던 것 같다. 예상보다 더 많은 학생들이 등록한 셈이었다. 예를 들면 초급부기반의 수입은 2개의 반에서 480단위를, 고급반은 1개 반에서 300단위, 회계반은 360단위, 어문반은 1개 반에서 240단위를 거두어, 모두 1,380단위에 이르렀다.

여가보습반에 투입된 교사들은 어떤 사람들이었을까. 〈표 39〉를 보면 교사들의 여러 양상에 대해 잘 알 수 있다. 린위성을 제외하면 모두 여교사라는 점이 눈에 띈다. 연령대로는 왕푸잉이 56세로 최연장이며, 뉴인치안이 25세로 최연소이다. 출신지는 상하이와 안후이, 장쑤, 저장으로 모두 양자강 하류권 출신들이며, 학력은 뉴인치안을 제외한다면 전문적인 교육을 받은 이들이다. 특히 부기와 회계 전문가 2명이 교사로 임용된 점이 눈에 뜨이며, 그 중 우이펀은 홍만자회에서 부녀부 부기반을 주무하던 교사였음을 알 수 있다.

또한 홍만자회의 활동과 관련된 인물은 우이펀뿐만 아니라 왕푸잉과 샤오엔펑, 그리고 뉴인치안이 모두 이 회에서 식자반을 담당하던 전문 교사들이었으며, 어문교사인 린위성 역시 만자중학 교사였다. 상하이공인 애국주의 생산전람회上海工人愛國主義 生産展覽會 회계원인 우푸렌을 제외한다면, 모두 홍만자회와 연관이 있는 인물이었다는 사실을 알 수 있다. 그 점

표 39. 상하이홍만자회 부녀부보습반 각반교사 약력성명표[64]

이름	성별	나이	본적	학력	경력	담당과목
우이펀 吳易芬	여	36	장쑤 우시	페이밍여중고 상과 培明女中高中部商科 졸업, 광화대학 光華大學 졸업	세계홍만자회상하이시분회부녀부 부기반주무, 주임 겸 교원	반주임 겸 고급교사
우푸렌 吳馥蓮	여	36	상하이	광화대학 졸업	한더소학涵德小學·이성소학頤生小學·쿤판여중교원坤範女中教員, 상하이애국주의 생산전람회 회계원上海工人愛國主義生産展覽會會計員	회계부기교사
린위성 林毓生	남	49	안후이 無爲	안후이우사졸업 安徽優師卒業, 1950-51년문사지교원연구회회장 文史地教員研究會長	우웨이소학교사無爲11, 12小學教師, 우후광이중학교사蕪瑚廣益中學教師, 상하이만자중학교사上海卍慈中學教師	어문교사
왕푸잉 王甫英	여	56	장쑤	구제중학사범과 舊制中學師範科 졸업	상즈유치반尙志幼稚班 1年, 카이먼여학開門女學2年 역임, 원본식자반교사原本識字班 教師	식자반교사
샤오옌펑 邵燕鳳	여	45	저장 鎭海	전하이신창여고 鎭海新倉女高 졸업	원본식자반 교사	상동
뉴윈치안 鈕芸倩	여	25	상하이	치밍초啓明初2	원본식자반 교사	상동

에서 부녀부 여가 보습반의 운영은 아이디어와 실무 모두 홍만자회 부녀부가 주도하였을 것으로 짐작되며, 그것은 부분적으로 신정부 설립 이전부터 행해오던 활동 중의 하나였던 것으로 볼 수 있다.

등록 인원은 예상보다 더 많았다는 사실은 위에서 잠시 지적하였다. 하지만 그 중에서도 특히 식자반의 인원이 지극히 많아 원래의 부녀부 식자반 강좌가 마무리된 이후에도 주임이었던 우이펀 선생이 식자반과 유아반 두 개를 다시 열어 운영하였다고 한다. 이 중 유아반 하나는 쥐루로鉅鹿路 거민위원회居民委員會와 장러로長樂路 거민위원회의 공간을 활용한 덕에 비용이 들지는 않았다. 반면 식자반은 원래 부녀부가 세 들어 있던 쥐루로 동푸리同福里에 있던 건물의 아래층에서 진행하였기 때문에 공간과 그에 따르

64 Q120-3-6, 〈上海紅卍字會婦女部補習班各班教師略歷姓名表〉에 의거하여 작성.

는 비용의 문제가 제기되었다. 이에 대한 재정적 책임을 우이펀 선생이 지고 있었기 때문이다. 이를 인식한 '영도기관동지領導機關同志' 곧 상하이시 루완구 인민정부 문교과盧灣區 人民政府 文敎科는 홍만자회와 우이펀, 그리고 건물의 업주가 협의하여 이 문제를 해결토록 주선하였다고 한다.

홍만자회 부녀부에서 주관한 또 다른 사회 교육 프로그램은 유아반의 설치와 운영이었다.[65] 이 프로그램의 기본 의도는 부녀부에서 신민주주의 교육정신에 근거하여 유아의 건강을 증진하고, 오애품덕을 배양하며, 위생습관을 양성하고, 애미관점愛美觀點을 발전시킨다는 점에 두고 있었다. 다른 한편 노동 부녀가 안심하고 노동에 참여할 수 있도록 탁아를 보장하는 것 뿐만 아니라 어릴 때부터 체제에 맞는 인간을 양육한다는 목표도 당연히 포함되어 있었다.[66] 3-7세에 걸친 유아들의 교육 수준을 소학 교육에 필요한 기초를 닦는데 두어졌던 것이다.

그 연혁은 1951년에 상하이시 장러로 272롱과 쥐루로 22롱의 두 지역 주민이 부녀부의 보습반에 제안하면서 시작되었다. 따라서 그 구성은 대체로 루완구 동푸리라는 동네 인근의 실학 아동을 대상으로 60명을 모아 두 개의 반으로 운영한다는 것이었다. 교과목은 체육, 창가유희, 고사故事, 그리고 공작이었으며, 이에 필요한 비용은 학·잡비조차 거두지 않고, 교육용품은 모두 보습반에서 사용하는 것을 활용하기 때문에 별도로 들지 않는다는 점을 명기하였다. 교사진은 주임 1인, 교사 6인, 관리직원은 업여보습반 지원의 협조를 받는 것으로 정한 까닭에 기왕의 시설과 교사진을 함께 활용할 계획이었던 것 같다.[67]

〈표 40〉의 이력난에서 볼 수 있듯이 유아반에 투입된 교원은 정식 교사가 아니라 초급중학을 졸업하였거나 그보다 상급 학교를 중퇴한 자, 심지어 초

65 정무원은 1950년 12월과 1월에 걸쳐 민간탁아소와 유아원 등 교육기구에 대한 등기조례를 발표하였다. 김민서, 앞의 논문, p.29.

66 김민서, 앞의 논문, pp.26-28.

67 Q120-3-6, 〈上海市紅卍字會婦女部籌辦幼兒班計劃書〉.

표 40. 상하이시홍만자회 부녀부주판 유아반교원이력표[68]

성명	성별	연령	적관	약력
더우후이잉竇惠英	여	25	장쑤 우시	상하이부녀보습학교 초중부 上海婦女補習學校 初中部
위지건虞繼根	남	20	저장 인현鄞縣	리즈중학초중졸업勵志中學初中卒業
룽스칭龍世慶	남	20	베이징	쉬후이중학고2徐匯中學高2, 전국음협상하이 분회제1회 음간졸업全國音協上海分會제1회音幹卒業
리싱펀李杏芬	여	31	장쑤 우장吳江	우장중학초1이수吳江中學 初1 履修, 루완구중소우호협회제10분지회 간사盧灣區中蘇友好協會第10分支會 幹事
왕딩전王定珍	여	24	저장 인현	테화중소학고소졸업, 초중1이수鐵華中小學高小卒業, 初中1履修
리런디李仁弟	여	18	저장 인현	전간여자보습반 초중2년학생震旦女子補習班 初中2年學生

중 2년 재학생 등으로 구성되어 있었다. 하지만 연령대가 20대 전후이기 때문에 이미 성인 수준에 도달한 데다, 지역 내 공식 위원회의 하나였던 '중소우호협회' 간사도 포함되어 있어 위 단계의 학교에 진학하기 위한 학생예비군으로도 볼 수 없는 신분이다. 아마도 보습반에서 경력을 쌓은 뒤 유아반과 같은 사회교육에 관심을 가진 젊은이들로 구성되었다고 보면 좋을 듯하다. 출신지는 저장 인현 출신이 3명, 장쑤 남부 출신 2명, 그리고 베이징 출신 1명이다. 하지만 베이징 출신인 룽스칭龍世慶도 상하이의 쉬후이중학을 이수한데다 상하이 지역 음간音幹 출신이라고 되어 있으므로, 교사는 모두 상하이와 그 인근 지역이라 볼 수 있으며, 거주지는 모두 유아반이 위치하고 있던 루완구에 있었으리라 추측된다. 한 가지 주목할 것은 룽스칭은 상하이시분회 구호대에서 구호원을 겸직하고 있었다는 점이다.[69] 곧 유아반만을 전문적으로 담당한 것이 아니었으니, 한 사람이 여러 일을 동시에 맡고 있었던 것으로 보인다.

당시 식자반을 운영하면서 제기되었던 또 다른 문제는 '홍만자회'라는 명칭을 계속 사용할 것인가의 여부였다. 루완구 문교과에서는 '홍만자회부녀식자반'이라는 명칭 대신 '홍만자회'라는 이름을 다른 것으로 대체하거나, '동푸리부녀식자반同福里婦女識字班'으로 바꾸기를 원하였던 것 같다.

반면 1952년 8월 31일에 세계홍만자회 상하이시분회 부녀부 주임 쉬차오

68 Q120-3-6, 〈上海市紅卍字會婦女部籌辦幼兒班教員履歷表〉.

69 Q120-3-25, 〈世界紅卍字會上海市分會救護隊職工名冊, 1952년 7월 8일〉.

이徐操宜가 상하이시 홍만자회 장란핑 이사장에게 보낸 문서에는 이와 다른 내용이 들어 있다. 곧 동네의 아동 교육이 더욱더 필요해지기 때문에 본년 가을부터는 장리로 중화촌과 귀루로 동푸리 두 곳의 거민위원회가 운영하는 유아반을 부녀부가 주관하는 것으로 하고, 그 명칭도 이에 맞게 '상하이시 홍만자회부녀부주판유아반'으로 바꾼다는 것이다. 그리하여 유아의 건강을 증진하고 품성과 위생 습관 등을 배양하여 소학교육의 기초로 삼겠다는 것이었다. 이 작업은 이미 거민위원회와 함께 학생을 모집한다고 공고하고, 또 교사에게 계속해서 이 업무를 맡기는 것이 좋겠다는 생각이었다.

여기서 중요한 사실이 하나 있다. 곧 '거민위원회'라는 공식 조직이 홍만자회와 협력해서 부녀부, 유아반, 식자반 등을 운영하였다는 점이다. 최근의 국내 연구에 따르면 신정부가 도시 지배의 핵심 공간으로 창조한 거민위원회는 군중의 역량을 결합하는 기층 조직이었다.[70] 또한 거민위원회의 주요 목표 중의 하나는 가정 부녀, 노점상, 자유직업자, 무업 및 실업자 등 효과적으로 통제하기 어려운 거민들을 조직화하여 위원회가 기층의 복리사업을 담당하는 것이었다.[71] 이런 상황이었기 때문에 홍만자회의 각종 활동 역시 거민위원회가 주관하는 형태로 진행될 수밖에 없었던 것이다. 여하튼 홍만자회는 공식 조직의 후원을 받으며 자신의 정당성을 입증할 수 있었다고 생각된다.

반면 거민위원회는 이를 통해 부녀나 무식자 등 기층민을 신국가체제 내에 포섭하려 시도했던 것으로 보인다. 행정 당국이나 거민위원회로서는 부녀부의 활동에 동감하면서도 그 소속이 홍만자회였다는 사실에 대해 부정적인 인식을 하고 있었던 것이다. 특히 홍만자회의 영향력이 식자반과 유아

---

70 박상수, 〈1950년대 北京 街道 '공간'과 居民委員會의 작동 방식〉, 《중국근현대사연구》 제64집(2014.12), pp.220-223 및 윤형진, 〈중화인민공화국 도시주민 조직 방식의 형성 — 일본 점령기에서 건국 초기(1937-1954)의 北京을 중심으로〉(서울대학교 대학원 동양사학과 박사학위논문, 2014.8). 윤형진은 인민공화국의 가도거민위원회를 중화민국이 남겨 놓은 유산을 상속하면서 당면한 현실과의 절충 과정 속에서 만들어진 도시주민 조직으로 이해한다.

71 김민서, 앞의 논문, pp.27-28.

반으로까지 확대되는 것을 원하지 않았던 셈이다. 미등기 상태인 홍만자회가 미구에 해체될지도 모른다는 판단을 하고 있었기 때문이었을 것이다.[72]

확실히 상하이 지역에서는 공산 정권 수립 이후 사회교육의 필요성이나 수요가 점차 증가하였다. 위의 식자반이나 유아반에서도 이 점이 확인되지만, 야간학교의 개설과 운영에서도 그 사실을 알 수 있다. 부녀부에서 작성한 〈야교계획초안夜校計劃草案〉에 따르면,[73] 이 사업의 정식 명칭은 '만자업여야교卍慈業餘夜校'로서, 목적은 "문맹을 일소하고 문화정치 수준을 높여 정치와 생산 군중에게 서비스하며, 애국주의 교육에 연계시키고 최종적으로 생활이나 작업, 생산 건설 등에 작용할 수 있도록 노동계급을 학습에 참가시키는 것"에 두고 있었다. 이 때문에 야학의 대상도 직업이 있는 리롱里弄 주민이나 창교廠校, 곧 근로자학교에 다니지 않는 노동자들로 한정시키고 있다. 야간 학교의 교육 대상과 목적을 분명히 한 셈이다.

반의 규모는 보급반 2개와 중급반 1개로서, 매반 인원은 각각 50명으로 정하였다. 수업시간은 오후 5시부터 7시까지는 초급반, 7시부터 9시까지는 중급반을 개설하는 것으로 계획되었다. 교과목의 구성은 중급반의 경우 국어, 산술, 역사, 지리, 주산, 음악, 습자였고, 초급반의 경우는 국어, 산술, 주산, 음악, 습자였다. 이 부분에 투입할 교원은 교무원 1인과 교원 5인으로, 모두 홍만자회 소속의 직원으로 충당할 수 있기 때문에 별도의 급여를 지급하지 않아도 된다는 계획을 세워놓았다. 반면 1인당 사용료 1단위를 내도록 하였는데, 그것은 문화·오락 활동과 차수茶水에 쓸 것이었다. 각종 교구는 기왕에 소유하고 있던 것들을 사용할 예정이었다. 곧 만자중학이나 소학에서 사용하던 용품을 활용하고 교사 역시 그곳의 교사를 거의 무임으로 활용하려고 하였던 것 같다.

그렇다면 4차 학기를 끝내고 난 뒤 부녀부가 주관한 업여보습반의 성과는

---

72 1950년 이후 상하이에서는 장애인의 소개와 수용에서도 거민위원회의 소개서신을 첨부하는 사례가 많아졌다. 고하마 마사코, 앞의 논문, p.352.

73 Q120-3-6, 〈夜校計劃草案〉.

어땠을까. 〈상하이시홍만자회 부녀부주판 업여보습반 제4차학기 총결〉[74]을 중심으로 이 문제를 살펴보자. 이 반에 등록한 학생은 대체로 학교 인근의 가정주부들로서, 모두 130명이 과정을 마쳤는데, 고급 부기반은 11명, 초급 부기반은 23명, 어문반 40명, 고급 식자반 32명, 초급 식자반 24명이었다. 회계반과 산술반은 인원이 차지 않아 폐반하였다. 그러므로 부기반은 모두 34명, 어문 40명, 식자반은 56명인 셈이다. 이를 다시 부기반과 어문식자반으로 양분하면 후자가 96명으로 전체 수료자 중에서 어문과 글을 익히려는 사람들이 압도적으로 많았다는 사실을 알 수 있다. 곧 홍만자회 부녀부에서 운영한 업여보습반의 주축은 어문 식자를 익히려는 인근 주부들이었으며, 그와 달리 부기나 회계를 익혀 생산 활동에 직접 도움이 되거나 수입을 얻으려던 지원자는 비교적 적었다고 할 수 있다.

이러한 사회적 수요와 성공적인 운영의 결과, 부녀부에서는 상하이 인민정부 교육국에 이 보습반을 시 전역으로 확대하고 좀 더 체계화하며, 많은 교직원들이 의무적으로 참여하여 이번 학기에는 4개 반을 나누어 6개 반으로 운영할 것을 제의하였다. 따라서 반의 구성은 초기부기반, 고급부기반, 어문반, 초급식자반, 고급식자반으로 구성한다는 것이다. 그리고 각 반마다 책임 교원을 두어 진행하는 것이 좋겠다는 보고서를 내었다.

2. 부녀부의 실업 교육 실시

새로운 공산당 정부는 부녀의 복리사업에 대해 공산혁명 시기부터 관심을 보여 왔고, 이는 정부 수립 직후부터 실천에 옮겨졌다. 노동에 참여하고 각종 정치행사에 동원하기 위해서는 부녀들에 대한 기초 교육뿐만 아니라 기예를 익혀 생산 현장에 투입될 수 있는 부녀를 만들어 내는 일이 급선무였

74 Q120-3-6, 〈上海市紅卍字會 婦女部主辦 業餘補習班 第4屆學期總結〉.

던 것이다.

홍만자회 부녀부에서는 정부의 목표에 보조를 맞추기 위해 재봉반과 자수반을 운영할 계획을 세워놓았다. 그곳에서 작성한 〈세계홍만자회 부녀부 부설 봉인자수사 장정世界紅卍字會婦女部附設縫紉刺繡社章程〉에 따르면,[75] 이 반의 개설 목적은 부녀들의 생산 기능을 높이고 재봉과 자수 등의 기예를 학습토록 하는 것에 두고 있었다. 그 위치는 역시 보습반이 있는 쥐루로 동푸리의 부녀부 내였다. 다른 반과 달리 이 조직을 운영하기 위해서는 재봉틀이 필수였는데, 이에 필요한 6기의 재봉틀과 기타 용기는 각 부녀회원들이 나누어 제공하는 것으로 정해졌다. 또한 이 조직을 운영해 나갈 업무 부서를 관리조, 재무조, 그리고 수발조收發組로 나누었다. 이처럼 여타의 사회교육반과 달리 3개의 부서로 나눈 이유는 많은 용품과 경비를 투입한데다, 학생들이 내는 수업비 역시 많았기 때문이다. 예컨대 수발조는 재봉, 의류, 직물 등 기본 재료뿐만 아니라 실이나 가위 등 반 운영에 필요한 용품들을 끊임없이 조달하고 분배할 필요가 있기 때문에 만든 조직이었다. 더구나 등록생 중에는 가정 형편상 필요한 재료를 자급할 수 없는 사람도 있다는 사실이 고려되었다.

이 반의 기술부서는 크게 봉인縫紉, 재전裁剪, 자수刺繡 등 3개 부로 나뉘어졌다. 봉인부에서는 각각의 학습자에게 침봉과 기봉機縫의 기술 사항을 학습하도록 하였고, 재전조에서는 재전과 각종 의물에 관한 기능을 학습하도록 하며, 자수조에서는 포경包梗, 퇴화堆花, 감수嵌繡, 타수坨繡, 추사抽絲, 도망挑網[76] 등 여러 종류의 자수 기능을 학습하도록 지도하였다.

---

75 Q120-3-6, 〈世界紅卍字會上海市分會北區婦女部附設縫紉刺繡社章程〉. 부녀부에서 학생 모집을 마감한 날짜는 1951년 10월 25일이다.

76 包梗繡는 수를 놓은 면이 좁은 곳에 국화나 매화와 같은 꽃무늬를 도드라지게 만드는 繡法이고, 堆花는 도자기나 장식품 따위의 공예품 표면에 도도록하게 만든 무늬나 기법을 말한다. 또 嵌繡란 천을 덧대어 놓는 자수로써 주로 꽃무늬를 놓을 때 사용하며, 坨繡는 실타래를 활용하는 방식의 자수이다. 그리고 推絲는 바늘이나 실을 이어가지 않고 건너뛰면서 자수하는 방식을 말하며, 挑網은 마치 고기 잡는 그물처럼 코 사이를 성기게 자수하는 방식이다.

부녀부의 보습반 운영이 무료였던 것과 달리, 재봉자수반에서는 거액이라 할 만큼 많은 액수의 학습비를 거두었다. 학습비와 잡비로 5천 위안, 등록비로 1천 위안을 거두었고, 학습과정이 종료된 뒤에도 본인의 필요에 의해 교육을 더 받아 숙련 상태에 이르려고 하는 경우, 부서에서 조리 지도원을 붙여 주도록 장정에 넣고 있다. 학생수는 36명으로 정해 분반 학습하고, 두 달을 일기一期로 삼아 과정을 마치도록 정하였다. 이를 담당할 만한 지도원은 우선 본회원 중에서 재봉과 자수에 뛰어난 사람이 의무적으로 봉사하여야 한다는 규정을 마련하였다.

이 재봉자수반이 어떤 성과를 내었는지에 대해서는 자료를 확보하지 못하였기 때문에 아무런 말도 할 수 없다. 다만 그 당시에 만든 〈세계홍만자회 부녀부 봉인자수사 초생 간장世界紅卍字會婦女部縫紉刺繡社招生簡章〉이 남아 있으므로,[77] 이에 의존해서 당시의 상황을 추측해 볼 수 있다. 이에 따르면, 과정은 위의 〈자수사장정〉에서 정한 바와 같이 3개 과정의 학생을 모집하였고, 자격으로는 서書와 산算을 알고, 신체가 건강한 15세에서 35세 사이의 사람 중에서 상하이시 홍만자회 회원의 소개를 받은 사람들이 등록할 수 있다고 정하였다. 남녀를 구분하지 않았지만, 이미 종지에서 부녀를 대상으로 못 박았기 때문에 남성들은 입학 대상에서 제외되었을 것이다. 2개월 동안에 개설된 학기를 마치고 시험에 통과하면 본회에서 발행하는 졸업증을 수여하며, 수업 시간은 매일 오전 9시부터 11시, 오후 1시부터 5시까지였다. 다만 모집 인원이 24명이었던 것으로 보아, 위의 장정에서 정한 인원보다는 축소되었던 것 같다. 학비는 인민폐 5천 위안이었으며, 경제 사정에 따른 학비 감면 사항은 초안에는 쓰여 있었으나, 최종 공고문에는 지워져 있다. 학습 재료는 자비를 원칙으로 한다고 정하였고, 개학일은 10월 26일로 예정되어 있다. 이 모집 공고에 의거해 보건대, 장정에서 정한 내용을 거의 가감 없이 수용하여 학생을 모집하여 운영하였으리라 짐작된다.

---

77 Q120-3-6, 〈世界紅卍字會婦女部縫紉刺繡社招生簡章〉.

이들 각 반이 최종적으로 추구하는 바는 민간사회 차원에서 새로운 국가 체제를 지원하는 데에 두고 있었던 것으로 보인다. 각 반의 근본 사상은 신민주주의와 신애국주의였으며, 이 사상을 기초삼아 운영되는 보습반을 통해 생산 건설에 필요한 인재를 배양하고 가정에서 부녀의 문화정치의 수준도 올릴 수 있는 것으로 파악하고 있었기 때문이다. 장정에 쓰여 있는 '가정부녀문화정치'라는 용어 자체에서 보듯이, 이 보습반의 주 대상은 여러 가지 사정으로 인해 배움의 기회를 놓친 주부들이었고, 이들로 하여금 문화를 익혀 정치에 활용하겠다는 의도였다. 그들을 끊임없이 학습시켜, 이를 통해 새로운 국가 체제에 헌신토록 하는 작업이 보습반의 주 목적이었던 것이다. 특히 어문이나 식자는 단순히 그 부분에 대한 능력을 키우는 것뿐만 아니라 정치사상까지 제고시키자는 목표를 제시하고 있었다. 이러한 공식 학습이 가정주부의 특성인 가사 업무로 인해 결석이 잦아 도달 목표에 미치지 못한다고 판단되면, 교사는 해당 가정을 방문하여 보습 교육의 필요성을 주지시키고 아울러 동학 가정끼리 네트워크를 구성하도록 할 것도 요구되었다.

이 점에서 교육을 담당하는 실행 주체는 홍만자회 부녀부였지만, 그 내면을 통과하는 기본 사상은 도를 전파하고 자선을 행하는 원회 수준의 그것이 아니라, 바로 공산주의 체제를 기층 사회에 확립하려고 시도한 당의 이념이었다. 물론 공산 체제의 안정과 강화가 홍만자회 부녀부의 주된 역할은 아니었다고 해도 보습반의 목표와 구성, 그리고 운영이 그렇게 되도록 짜여졌던 것이다. 그리고 이른바 정치 방면의 교육을 위해서는 별도로 '정치과'의 개설이 불가피하지만, 전담 교사의 초빙이 현실적으로 어렵기 때문에 이번 학기에는 어문과 중에서 일부를 '정치상식'으로 배정하여 부족분을 메울 수밖에 없다고 보고하였다. 사실 정치 학습은 전담교사뿐만 아니라, 그에 필요한 교재나 또한 체계적인 사상 및 제도적 뒷받침이 필요한 부분이기 때문에 용이하지 않다는 사실을 이 보습반을 담당했던 우이펀吳易芬 주임도 인식하고 있었다.

표 41. 송호-상하이-바오산 3사의 시진소 보조비[78]

	송호 주사	상하이 여사	바오산 여사
2월	5천3백 위안		
3월	2만 위안		2만5천 위안
4월	80만 위안	80만 위안	80만 위안
5월	2천만 위안	2천만 위안	2천만 위안
6월	3천 위안	3천 위안	3천 위안
7월	1만 위안	1만 위안	1만 위안
8월	1만 위안	1만 위안	1만 위안
9월	1만 위안	1만 위안	1만 위안
10월	1만 위안	1만 위안	1만 위안
11월	2만 위안	1만 위안	2만 위안
12월	2만 위안	2만 위안	2만 위안
소계	20,888,300	20,873,300	20,908,000
기타	용타이싱 · 저우즈위안 2만 위안	왕청위 5백 위안	우텐닝 5천 위안
총계			250,695,100

신정부 성립 직후 상하이홍만자회 부녀부는 여러 가지 사업 계획을 세워 당국으로부터 허락을 받았으며, 그 중 한 가지는 시진소였다. 부녀부 소속이었던 시진소에는 의사인 저우옌다周彦達 1명에게 주는 월급액만 표시되어 있다. 기타 지출은 문구류 정도이다. 수입항목에서는 등록비가 618만여 위안인 반면 보조비가 6,247만여 위안일 정도로 상당히 큰 규모이다. 이 보조비는 호·상·보滬·上·寶 3사와 왕청위王承昱, 우텐닝吳天凝, 용타이싱永泰興 등이 보조한 것으로 보인다. 호滬는 송호주사松滬主社를, 상上은 상하이여사上海女社, 보寶는 바오산여사寶山女社를 지칭하는데, 그 내용은 〈표 41〉과 같다.

이 중에서 조금 의문스러운 것은 송호 주사의 5월분 2천만 위안, 상하이 여사에서 5월분 2천만 위안, 그리고 바오산 여사에서 5월분 2천만 위안을 각각 보조한 사실이다. 다른 달과 달리 5월에 동일하게 거액에 해당하는 2천만 위안을 보조한 이유가 무엇이었는지는 알 수 없다. 또한 보조금 총액이 6,247만여 위안이라고 기술하였지만, 실제 액수는 2천5백만여 위안이었다. 이 역시 의문스러운 부분이다. 여하튼 3사 중에서 상하이 여사와 바

78 Q120-3-16, 〈上海市紅卍字會南區 婦女部 1954年 1·2·3月 3個月分 收支總結報告表〉.

표 42. 1954년 상하이 부녀부의 수지결산(단위: 위안)[79]

	수입항목	수입액	지출항목	지출액
1, 2, 3월	경상	131만5천	의사 임금	67만5천
	보조	40만	직원	35만
	특별보조	27만	공우	21만
			화식 (3인)	67만4천2백4십
			인신보험 (2인)	3만
			지세연地稅捐 (춘계)	3만6천5백
	소계	1,985천		1,975,740
4, 5, 6월	수입	176만	지출	185만3천4백

오산 여사의 보조금이 매우 큰 규모였다는 사실로 미루어 여도덕사가 시진소 운영에서 매우 중요한 역할을 하였던 것으로 짐작된다.

공식적으로는 홍만자회를 불법으로 규정하고 해산을 명령하였지만, 이와 달리 1954년 6월까지 상하이 지역 홍만자회는 활동하고 있었다. 〈표42〉 홍만자회 남부 부녀부의 수지결산표를 통해 그 사실을 알 수 있다. 중요한 것은 부녀부의 활동비 속에 의사뿐만 아니라 그와 관계되는 사람들의 급여 등이 포함되어 있었다는 점이다. 이 점에서 남부 부녀부의 활동이 1954년까지 지속될 수 있었던 이유는 바로 이 의료 활동 때문이 아니었을까 한다.[79]

상하이시 홍만자회 남구 지역의 부녀부 활동은 이 결산으로 마무리되었던 것 같다. 그 이후의 자료는 보이지 않기 때문이다. 이 때의 부녀부 활동에 소요된 모든 경비는 의사, 직원, 공우工友 등에 지출되었다. 또한 두 사람의 보험료가 지출 내역에 들어 있는 것이 독특하며, 토지세를 낸다는 사실 역시 마찬가지다. 이 점에서 신정부는 홍만자회의 등기는 허가하지 않았으나, 부녀부의 활동 중에서 의료행위와 관련된 부분은 여전히 용인하고 있었던 것으로 보인다.

마찬가지로 이 시기에 부녀부가 운영하는 '식자반'도 정상적으로 운영되고 있었던 것으로 보인다. 〈상하이시홍만자회부녀부주판식자반 본학기 수지예시표〉에 따르면 총 수입 631만 위안 중에서 교직원 7명의 급여와 공우 1명의 급여가 모두 450만 위안이었으며, 기타 문구인쇄비, 수리비, 항목

79 Q120-3-16, 〈上海市紅卍字會南區 婦女部 1954年 1·2·3月 3個月分 收支總結報告表〉.

에 잡을 수 없는 부비, 도서 비치, 전기 수도료 등이 포함되어 있다. 학생은 225명으로, 이들로부터 거둔 수업료가 675만 위안이었으며, 그 중에는 감면액이 44만 위안, 받지 못한 수업료가 31만 5천 위안이었다.[80]

그러나 이 식자반도 그 해를 넘기지는 못한 것 같다. 1954년 7월 9일에 작성된 식자반의 〈수지보고표〉에 따르면 1월부터 7월 9일까지의 수지 상황뿐만 아니라 〈자산부채표〉까지 부록 형식으로 들어 있기 때문이다. 이에 따르면 자산 항목은 '은행저축-중국인민은행, 도서 구매 비치, 가구 설비, 도서 대행으로 모두 253만7천 위안이었고, 부채 항목에서는 부녀부婦女部 이월 173만2천5백 위안, 잔액 80만4천5백 위안으로 정리하고 있다.[81] 이것으로 미루어 보면, 홍만자회 부녀부 식자반 소유의 현금과 도서, 가구 등을 모두 중공 상하이시당의 부녀부에 넘겼던 것으로 보인다. 이는 식자반을 마무리하는 작업이었다고 하겠다. 이렇게 본다면 홍만자회의 부녀부가 운영하는 기초교육과 의료 기능은 1954년 여름까지 여전히 유지되고 있었다고 할 수 있다. 이는 적어도 지역 사회가 반드시 필요로 했던 분야였기 때문이었을 것이고, 이는 지역사회뿐만 아니라 신정부의 지방정부에서도 이를 모두 용인하였기에 가능하였을 것이라고 생각한다.[82]

---

80 Q120-3-16, 〈上海市紅卍字會婦女部籌辦設字班〉.

81 Q120-3-16, 〈上海市紅卍字會婦女部籌辦設字班〉.

82 상하이 잔질원의 기능도 1952년까지 유지되었으며, 최종적으로는 '상하이시 구제복리계 제4잔로원'으로 개편되었다. 고하마 마사코, 앞의 논문, 349쪽.

제9장

1949년 이후 만자학교의 변신

1. 만자소학의 체제 부응 노력

홍만자회 부설의 사립만자제2소학은 신중국 건국 이후에 어떻게 변모하였을까. 〈사립만자제2소학9월분공작보고, 1951년 9월 23일〉에 작성된 문서를 중심으로 이를 살펴보자. 우선 눈에 띄는 것은 1,2,3학년의 학생수가 증가하고 한 학급당 수업인수가 과다하여 애초에 설정한 수업 효과가 제대로 나타나지 않는다는 점이었다. 이를 해결하기 위해 1학급을 더 만들어 과밀 학생 수를 줄이고, 그 대신 교실은 여전히 부족하기 때문에 부득이 복식반을 두어 운영하려 한다고 보고하고 있다.[83] 인민공화국 정부가 들어서면서 학생 수가 증가하였지만, 그렇다고 해서 그에 걸맞는 정부의 시설 투자는 뒤따르지 못하고 있었던 셈이다.

반면 교사는 더 증원하고 있다. 여교사 1인을 초빙한 바, 공회工會에서 소개를 하였고, 동시에 교사들이 사용할 교탁과 흑판 등 교육 용품을 신

---

83 Q120-3-87, 〈私立卍慈第2小學9月分工作報告, 1951년 9월 23일〉.

임 교사가 도래하기 전에 갖추어 놓을 것이라고 보고하고 있다. 이에서 알 수 있는 것은 교사 채용의 주체가 이전의 교동회가 아니라 공회工會로 바뀌었다는 점이다. 그러나 이 공회가 언제 만들어졌는지, 또 누구에 의해 조직된 것인지, 교내 인력에 의해 운영되는 것인지에 대해서는 아무런 언급이 없다.

교육에 대한 국가와 사회의 수요도 더 증대된 듯이 보인다. 이 해(1951년) 12월에 작성된 공작 보고 속에 '주비증설유치대반籌備增設幼稚大班' 항목이[84] 있는데, 이로부터 그 사실을 확인할 수 있다. 새로운 학제에 따라 만들 것이라는 이 반은 배움의 기회를 놓친 아동으로 하여금 입학할 수 있는 기회를 주고, 1952년 춘계부터 유치대반 한 학급을 첨설하여 학생 수를 60명으로 정하며 교실, 설비, 경비 등의 문제는 이미 계획을 세워놓았기 때문에 이를 (상하이시 루완구) 문교과文教科에 보내면 되는 것으로 설명하였다.

또 한 가지 중요한 변화는 이른바 '동인학습同人學習'이라는 교원 조직을 만들었다는 사실이다. 이는 학교의 주요 업무를 '시사, 업무, 교학'의 3개 부분으로 나눈 뒤, 개개인이 반드시 요약문을 남기고 문제를 제출하여 토론과 연구를 하여야 한다는 것이다. 종래의 학교 기능은 업무와 교학이었는데, 신정부 들어 '시사' 부분이 첨가되었다는 사실을 확인할 수 있다. 이 시사 토론은 토론으로 그치지 않고 그에 관한 요약문을 남기도록 의무화한 것을 보면 신정부가 상당히 중시한 기능이었던 것으로 보인다.

동인학습 조직이 교직원 수준의 조직이라면, 학생들에게는 또 다른 형태의 조직을 두도록 장려하였다. 우선 매 학년 당 정·부正副학생장 1인을 선출하여 '급련회'를 조직하고, 학년에도 소조를 두어 정·부 소조장을 선출한다는 것이다. 그런 뒤 아동의 활동을 강락康樂, 학습, 노동, 복무 등 네 개 분야로 나누어 지도교사로 하여금 이를 지도하도록 한다는 것이다.

그 밖에 눈길을 끄는 '공작보고'로는 학적을 조정하는 작업이 있었다. 이

---

84 Q120-3-87, 〈私立卍慈第2小學9月分工作報告, 1951년 9월 23일〉.

는 아동의 가정 사정을 완전히 파악하는 것으로 특히 가장이 누구인지가 주목의 대상이었다. 이 작업은 학년 담당 교사가 책임지고 이번 주 내에 완성해야 할 주요 과제였다. 이렇게 보면 신정부는 교사와 학생을 조직화시켜 각 조직에 맞는 기능을 부여하고, 나아가 학생의 가족 신상까지 철저하게 파악하여, 학교에 관한 세세한 사항을 모두 장악할 수 있게 하였던 것이다.

마지막 과제는 올해(1951년)에 맞이하는 국경절 준비행사였다. 이제 2년이 지난 조국의 탄생을 경축하기 위해 동인들이 회의를 열어 그 방법을 모색해야 한다고 결론짓고 있다. 이들이 제시한 방법으로는 항미원조 도편抗美援朝 圖片[85] 전람회와 사생 및 공원 경축대회를 거행하는 것 등이었다.

1951년을 전후한 시기의 제2소학 공작보고는 확실히 한국전쟁이 소학교 운영에 미친 영향을 잘 보여 주고 있다. 1951년 10월 24일에 작성한 〈사립만자제2소학10월분 공작보고〉에 따르면[86] 이 보고서에서도 가장 중요한 사항이 '방공교육의 진행'과 '국경활동' 조항의 '항미원조 도편전람회 거행'이었기 때문이다.

미국의 공중폭격에 대비하는 방공교육은 베이징의 신정부뿐만 아니라 상하이 지역 교육계에도 상당히 중대한 문제였던 것 같다. 그렇기 때문에 그에 대한 대비책도 매우 구체적으로 세워놓고 있었다. 상하이시 문교과에 다녀온 홍만자회 담당자의 말에 따르면, '모든 사람들이 다 놀랐으며, 매우 중요한 문제라서 절실하게 토론을 하고, 연구까지 더하여 전교의 사생과 원공의 생명 및 재산까지도 보호하여야 한다'고 전제하고 있기 때문이다. 이를 위해 제2소학의 동인同人들은 학생들뿐만 아니라 각 가장과 연계하여 방공의 중요성과 그 방법을 설명해서 협조를 얻어야 한다고 제안하였다. 이를 위해 전교의 동인들이 돌아가면서 방공의 책임을 지고, 방공 규찰을 조직하여 매일 학생들이 대원으로 복무하도록 하며, 경보가 울리면 동인들은

85 袁永生 主编, 《抗美援朝珍藏图片集》(四川大学出版社, 2010)의 사진들은 중국정부가 '항미원조' 전쟁을 국내 정치에 어떻게 활용하였는지를 잘 보여 준다.

86 Q120-3-87, 〈私立卍慈第2小學10月分工作報告, 1951년 10월 24일〉.

아동을 데리고 건물 아래에 마련한 지하실에 대피한 뒤, 경보가 해제될 때까지 기다려야 한다. 그 속에서 임시 구급 상황에 대비하기 위해서 간단한 의약품, 물, 면포, 약수, 면화 등을 준비하도록 한다는 것이다. 만약에 경보가 울리면 가장들은 반드시 방공규약을 지켜 마음대로 어린이를 데리고 학교를 떠나지 않도록 규제하고 있다.

한국전과 관련되지는 않았다 하더라도 각종 정치활동이나 그와 연계된 활동은 매월의 공작보고 때마다 빠지지 않았다. 1951년 10월의 공작보고에서는 '추유계획秋遊計劃'을 넣고 있는 바, 주요 활동 내용은 농촌을 방문하는 일이었다. 그것이 지식의 범위를 확대할 수 있을 뿐만 아니라 이상교육을 진행하는 데에도 도움을 주기 때문이라는 것이다. 말하자면, 농민이라는 인민의 삶을 현장 방문을 통해 이해하고, 이러한 방법을 거쳐 지식의 개조까지 이루려고 하는 의도였다. 제목은 '추유秋遊'라서 마치 가을 소풍을 연상시키지만, 실은 교육계에 밀려오는 '인간 개조'의 한 단면을 보여 주고 있는 것이다. 물론 이 추유 프로그램에는 집체 유희나 무도 등이 포함되어 있었으므로, 오락의 기능이 없는 것은 아니었지만 기본적으로는 인간의 개조에 있었다고 생각된다. 추유의 목적지는 자오허칭漕河涇으로, 오늘날에는 상하이 시내로 편입되어 있으나, 과거에는 상하이 서부에 있는 농촌 지역이다.

이러한 전쟁 상황과 정치적 변동에도 불구하고, 학교 생활의 일상적인 면을 보여 주는 보고 사항도 있어서 이채롭다. 등하굣길의 길가에 늘어선 노점상의 문제였던 것이다. 먹거리를 파는 노점상이 너무나 많은 탓에, 작은 시장을 방불케 할 정도라는 것이다. 학생들이 등하교 길에 주전부리를 사먹거나 이것저것 구경을 하면서 다니므로 이들 지도할 필요가 있다는 점을 강조하고 있다. 방법은 열을 지어 등·하교를 하도록 지도하는 것이었다. 신정부라고 하더라도 학교 부근의 노점상과 학생들의 군것질 문제는 단순하게 해결할 수는 없었던 모양이다.

신정부의 기초 교육에 대한 관심은 이 외에도 여러 형태로 드러났다. 아동의 건강을 개선하는 일도 그 중의 하나였다.[87] 학생들의 신체를 검사하여 건강이나 발육상태를 점검할 뿐만 아니라 질병의 유무를 살피기도 하고,[88] 예방 주사를 접종하여 천연두 등을 예방하는 일도 중시해야 할 공작으로 꼽고 있다. 다만 이 소학교의 학생들은 빈한한 탓에 가정에서 치병을 감당하는 일이 쉽지 않으므로 학교 측에서 의사에게 조사를 요청하고, 폐병과 같은 질환이 발견되면 치료를 받는 동시에 가장에게 연락하여 3개월 정도 집에서 휴양하도록 조치하고 있다. 우리는 이 공작보고에서 학교 당국이 폐질환의 전염성을 우려하고 있었음을 알 수 있다. 다만 궁금한 것은 홍만자회에서 운영하는 병원은 전혀 언급되지 않고 있다는 점이다.

또한 건강을 위해 학교 주변을 항시 청결하게 하도록 지도하는 일도 포함되어 있었다. 건강 증진 프로그램과 관련된 교내의 행사 중에, 줄넘기도 포함되어 있다. 학생을 나이에 따라 3개의 조로 구성한 다음, 예선, 준결승, 결승전을 치르는데 그 평가 기준은 표연表演에 따른다는 것이었다.

이러한 보건위생 교육은 단순히 신정부의 위생 정책이나 아동 위생의 일환으로 실시되었을 가능성도 있지만, 그보다는 당시의 전시 상황과 더 관련이 있었을 것이다. 1952년 3월 무렵 베이징에서는 항미원조의 일환으로 애국위생운동이 전개되었는데, 이는 이른바 미국의 세균전에 대비하는 차원에서 비롯되었다. 특히 이를 예방하기 위해 반드시 방역주사를 접종해야 했고, 그 위협이 어느 정도 사라진 여름에는 페스트, 콜레라, 뇌염과 같은 유행병이 다시 문제가 되었다. 이 때문에 애국위생운동은 군중운동 차원에서 전국적으로 전개되었는데,[89] 상하이 지역에서도 이 운동은 예외가 아니었다.

상하이에서는 1952년 6월에 상하이시애국위생위원회가 성립되었고, 첸

---

87 Q120-3-87, 〈私立卍慈第2小學11月分工作報告, 1951년 11월 25일〉.

88 우두접종은 다음달 12월에 진행되었다. Q120-3-87, 〈私立卍慈第2小學12月分工作報告, 1951년 12월 25일〉.

89 金嫒嫒, 〈建國初期的愛國衛生運動 1949-1959年〉(安徽大學碩士學位論文, 2010), pp.8-19.

이 시장이 주임을 맡으면서 이 운동이 본격적으로 전개되었다. 시내의 경우, 대대적인 골목길 청소가 시작되었고 학교에서는 위생교육이 강화되었으며, 교외에서는 이른바 '3대 뚜껑덮기운동', 곧 분뇨통, 물독, 우물에 뚜껑을 덮자는 운동으로까지 확산되었다.[90]

전체적으로 볼 때 1951년 무렵의 사립만자제2소학은 학교의 존재 이유나 목표, 그것을 실현하는 방식 등에서 커다란 전환점에 서 있었던 셈이다. 그 해 하반기의 자체 평가에 따르면, "건교 사상을 수립하고 인민의 재부적 관점을 중시하며, 애국주의 교육을 관철하여 아동을 '전면적으로 발전하는 인간'으로 양성하는" 학교로 변해 갔던 것으로 보인다.[91]

학생의 가정환경 — 특히 가장에 대한 면밀한 조사, 농민에 대한 관심의 제고, 항미원조 활동, 동인 등 새로운 조직 형태를 통한 자기학습, 공습에 따른 방공 훈련, 위생과 질병 예방의 강조, 학생의 증가에 따른 학급 증설과 유치반 첨설 따위가 새로운 국가 체제에 맞는 학교로 변해 가는 중요한 증거일 것이다. 학교 운영의 주체였던 동사회도 자율성을 띠고 있던 교사 조직이나 학생 조직, 실학생失學生을 중심으로 운영되던 학교의 특색 등은 어디에서도 찾아보기 어려운 지경이 되었다. 게다가 시설의 증가나 교사의 증원은 여전히 진전되지 못한 채였기 때문에 교육의 질은 예상한 만큼 나아지지 않았다. 오히려 학생은 증가하였고, 교육 업무 외의 정치활동 등이 폭증한 사실까지 감안한다면, 신국가의 건설은 교사들에게 과중한 업무를 부여하였을 것이다.

2. 만지중학의 구조 변화

만자중학도 국가 체제가 바뀐 뒤, 그에 맞는 변화를 겪고 있었다. 그 변화

---

90 畢曉敏, 앞의 논문, p.41.

91 Q120-3-87, 〈私立卍慈第2小學1951年下半年學期總結〉.

는 외부의 압력 탓이었으며, 이에 대처하면서 생존하기 위한 학교와 만회 측의 전략이기도 하였다. 그 중 눈에 띄는 것은 조직 구성의 변화이다. 앞서 보았듯이 1949년 이전의 만자중학 조직은 홍만자회가 최상위에 존재하였으며, 교동회는 원회院會의 종교적 가르침을 세속적으로 실현하는 기구였다.

그러나 중국이 인민공화국체제로 전환하면서 홍만자회라는 조직은 더 이상 존재하기 어려웠고, 교동회는 단순히 학교일만을 처리하는 최고기구로 바뀌었다. 교동회 아래에 학교를 총괄하는 교장과 학교 사무를 실무선에서 책임지는 교도주임이 있으며, 그 아래에 실질적인 회의체라고 할 수 있는 교도회의와 교무회의가 수평적으로 존재하였다. 이를 뒷받침하는 부서로서는 민주관리검토회, 학습소조회, 각과소조검토회와 같이 검토를 중시하거나 정치색이 짙은 민주관리 따위의 조직들을 배치하여 이 조직들이 실무부서를 장악하는 형태로 구성되어 있다. 또한 교학업무를 처리하는 실행 부서로 6개 부가 개명되거나 신설되었다. 곧 도서부와 체육부는 각각 출판부와 운동부로 명칭을 바꾸었고 훈도부라는 명칭이 공안부로 개칭된 것도 주목할 만한 변화일 것이다. 그러나 학교의 주요 기능을 담당하였던 학적부와 교무부가 사라진 대신 이를 통합하여 연구부를 신설한 것으로 보인다. 사무부 역시 총무부로 개명된 듯이 보인다. 9개 부서가 6개 부서로 축소되면서 단순화시킨 것 이외에 전통적인 학교 기능보다 오히려 정치색이 있는 조직을 창출한 것이 특색일 것이다.[92](표 43 참조)

이 조직 구성상의 원칙은 크게 두 부분이었다. 하나는 신정부의 출범에 맞추어 교과과정이나 교재 채용 등 모든 교학 부분에서 정부의 규범을 따르겠다는 것이었다. 그 밖에 교사는 '참정자료參政資料'를 열독하면서 학생을 지도하고, 학생들에게는 보충교재를 쓰게 하며, 그 외에 간행물이나 연설, 진학지도 등에도 힘을 기울일 것을 강조하고 있었다는 점이다. 또 하나는 민주관리제도의 경우 학년별 도사제導師制와 별도로 학년 조직을 만들

---

92 Q120-3-84, 〈上海市私立卍慈初級中學組織概要〉.

표 43. 1949년 10월 만자중학 조직도

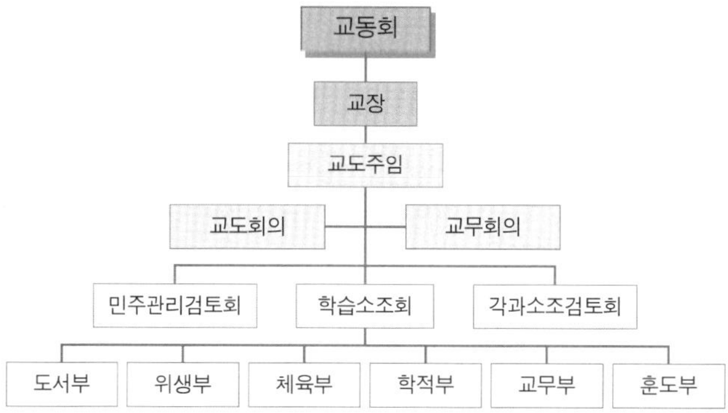

어 학생들의 자치 정신과 능력을 양성하고 각 학년별로 학생생활 공약을 제정하여 이를 준수하도록 하였다. 학생들의 과외 활동을 위해 학생회를 조직하고 학련學聯에 참가하며 이를 통해 사회정치 활동을 지도받는 일도 주요한 과제였다.[93] 이를 위해서는 교내의 각과 소조, 학습검토회를 매주에 1차 혹은 2차에 걸쳐 개최할 것이 요구되었다.[94] 학교를 얼마나 민주적으로 운영할 것인가, 그리고 정부의 정책이나 법제를 얼마나 잘 따를 것인가를 강조하고 있는 것이다.

조직 구성의 변화 못지않게 눈여겨 보아야 할 부분은 교직원의 구성과 그 변화이다.

1949년 10월에 작성된 〈표 44〉를 보면 교장, 회계원, 교공을 제외하고 나면 교원은 모두 11명이다. 그 중 사무원과 교무원을 겸임하고 있는 사람은 첸샨陳善 1인뿐이다. 학력은 대학 졸업 4인, 전과 졸업 3인, 고등사범 졸업 2명, 중학 졸업 2인이다. 이러한 학력은 예컨대 1949년 2월 28일자에 작성된 교직원의 그것과 약간의 차이가 있다. 모두 10인인 이 학교의 교사 중에

---

93 이러한 활동은 만자중학뿐만 아니라 보통중학에서 공통된 현상이었다. 王書田, 앞의 논문, p.58.

94 Q120-3-84, 〈上海市私立卍慈初級中學組織概要〉.

표 44. 1949년 제1학기 만자중학교 직원 명단[95]

성명	성별	연세	적관	문화 정도	간력	직별	부임연월
신즈신辛止心	남	56	장쑤 장투江都	사범전과 졸업	중소학 교장 교원 20년 이상 역임	교장	1943.9
궈쥔수郭君素	남	33	장쑤 장투	국립 복단대학 외문계 졸업	국립15중학 문사지文史地 교원 국립서북 사범부중 영문교원	교도주임 겸 초2급 도사	1949.8
장야황張雅惶	남	59	장쑤 장투	난징사범전과師範專科졸업	공사립중소학 교장 교원 등직 역임	초3급 도사	1945.9
장총루臧崇祿	남	37	장쑤 타이현	상하이시립 신륙사범 및 동아체전上海市立新陸師範 및 東亞體專졸업	공사립중소학교 교원10년 이상 역임	초1급 도사	1945.9
류인한劉銀漢	남	62	장쑤 동타이	양강우급사범兩江優級師範졸업	공사립중학교원 역임	교원	1948.9
구텐찬顧天贊	남	48	장쑤 장투	동난대학 수리과數理科 졸업	성립 양저우, 후이안, 루 가오, 난퉁 省立揚州, 淮安, 如皐, 南通 등 교직원 20년 이상	교원	1949.9
린치타이林啓泰	남	35	안후이 우에이	베이핑 추이원학원萃文學院 이수	상하이시 중소학교원	교원	1947.9
덩시팅鄧希庭	남	38	장쑤 타이현	사범 졸업	공사립소학교원 역임	정치교원	1945.9
신더룽辛德隆	남	28	장쑤 장투	리신회계전과立信會計專科 졸업	공사립 소학교원	정치교원	1945.9
왕위엔 우王元嫵	여	25	장쑤 타이현	장쑤성립 제4임중 江蘇省立 第4臨中 졸업	공사립소학 교원	교원	1947.9
첸샨陳善	남	32	장쑤 타이현	장쑤성립 양저우중학揚州中學 졸업	공사립 소학교원 역임	사무원 겸 교무원	1947.9
쉬즈신許自新	남	40	안후이 허페이		세계홍만자회상해분회 남시진소주임南市施診所主任	회계원	1945.9
잉샤오시엔應孝先	남	54	장쑤 후이안	지난대학 상학원旣南大學商學院 졸업	공사립중등학교 교직원 30년 이상 역임	교원	1947.2
관칭管慶	남	51	장쑤 장투			교공校工	1945.9

* 참고: 동타이현은 인민공화국 건국 이후 동타이시로, 타이현은 장옌江堰시로 개명되었음

서 대학 졸업 3인, 전과 졸업 2인, 고사高師 졸업 1인, 고중사범 졸업 3인, 기타 1인이었으며, 그 중 전임 6인, 겸임 4인이었다. 성별로는 남 9인, 여 1인이있다.[96] 곧 신징부 출범 이후의 교원 중에서 중학졸입자가 2명이 있으며, 겸임은 1명뿐이다. 또한 소학교 출신 교원이 4명이나 되는 점도 지적할 수 있다. 이러한 변화가 왜 초래되었는지는 위의 자료만으로는 설명하기 어렵다.

또한 종래까지 조사 항목이 바뀌지 않은 것도 있지만, 또 바뀐 것도 적지 않다. 이름, 성별, 연령, 부임 연월은 바뀌지 않은 반면, 출신을 '간력'으로, 경력을 '문화정도'로 바꾸었고, 직무와 전임 여부, 그리고 담당 과목을 통합하여 '직별'로 단일화하였다. 또한 조사목록에서는 학년주임과 일반교원, 그리고 정치교원이 나누어져 있으면서도 담당 과목을 밝히지는 않고 있다. 정치교원 중 '덩시팅鄧希庭'은 전공이나 담당 과목이 불분명하고, 신더롱은 '리신회계전과졸업'이자, '전공사립소학교원'으로 소개되어 있다.

주목하고 싶은 것은 교원의 출신지가 특정 지방에 몰려 있다는 사실이다. 곧 1949년 10월의 경우, 장쑤성의 타이현이나 장투 출신으로 메워졌다는 점이 그것이다. 장쑤 북부 사람들이 압도적으로 많다. 신정부 들어 교원의 출신이 두 군데로 집중된 현상도 위의 자료로는 설명하기 어렵다.

교원의 평균 나이는 47세로서 이전의 46세와 거의 차이가 없다. 반면 여교사 1인이 증가하였고, 또 교공校工을 명단에 실은 점, 또 1945년 조사에는 시진소에서 파견한 인물이 2명이었으나, 1949년 조사에서는 1명으로 축소된 것도 눈에 뜨인다. 홍만자회의 회원이 직원으로 파견되어 있던 종래의 특성과 비교해 보면, 일단은 그 특성이 약화된 것으로 보인다. 전체적으로는 전임 교원이 증가하였으나, 교원의 담당 전공 과목 표시는 없으며, 종래에는 보이지 않던 '정치교원'이라는 직별이 생긴 것은 새로운 정부의 요구에 부응한 것처럼 생각되지만 확인하기는 어렵다. 정치 관련 교과를 전담하는

95 Q120-3-84, 〈1949年 第1學期 卍慈中學校職員恭 名冊〉, 1949年 10月 20日 作成.

96 Q120-3-84, 〈卍慈中學概況〉.

교원이었을 것이지만, 나이가 젊고(신더룽은 28세, 덩시팅은 38세), 공사립소학교 교원을 역임한 것을 제외한다면 정치교원이라고 해서 경력상 특이한 점은 없다.

1950년 제1학기에 대비하여 작성한 〈만자중학공작계획〉에 따르면, 새로운 국가체제 아래서 만든 사업 계획을 다음과 같이 밝히고 있다. '사생원공의 의견을 모아 실사구시의 정신에 입각'하여 (가)행정 영도 방면, (나)교도 방면, (다)총무 방면으로 나누어 그 계획을 구체화하고 있다.[97]

공작 계획의 첫 번째 항목에 '행정 영도 방면'을 내건 것에서 알 수 있듯이 이 학교를 새로운 정부 체제에 맞추겠다는 의도가 분명하게 보인다. 그간에 생산한 문서에는 이러한 표현이 없었기 때문이다. 그보다 행정 영도 부분에서는 수많은 회의체를 만들어 행정상의 영도를 잘 이루어내겠다는 결의가 특히 강조되고 있다. 위원회는 우선 기왕의 '교무위원회'를 '교직원공회의'로 대체하여 행정최고회의 기구로 삼고, 매월 한 차례씩 교장이 소집하여 개최하되 필요 시에는 임시회의를 여는 것으로 계획을 짜 놓았다. 명칭 변경이 주는 의미는 심장하다. '원공'이 포함되어 있는 것이다. 그간 학교 조직에서 원공은 숫자도 미미하지만, 회의체 등에서 끼일 자리가 없던 존재였다. 하지만, 원공은 이제 새 정부 들어 교내 최고회의의 한 주체로 상승한 것이다.

또한 각종 회의체도 수없이 만들어졌다. 위의 '교직원공회의'뿐만 아니라 교도회의, 총무회의, 각과연구회, 교학관마회教學觀摩會,[98] 경제심의위원회, 경제지배위원회, 전체사생원공대회, 학생가장회의, 중소학연의회, 총결회의, 가기초생假期招生위원회 등이 열거되어 있다. 이 중 교도, 총무, 각과, 경제심의 등의 회의체는 이전에도 있었으나, 나머지 회의체는 새로이 생긴 것들이다. 또 경제지배위원회는 학교의 재정상황을 관리감독하였던 경제개핵위원회와 같은 성격의 위원회일 것이며, 학생가장회의는 이 학교

97 Q120-3-84, 〈卍慈中學工作計劃(1950年度 第1學期)〉.

98 觀摩란 서로 절차切磋해주며 학습을 도와준다는 의미이다.

의 특징을 반영하고 있는 듯이 보인다. 요컨대 교내에 있는 교원, 직원, 학생들은 각종 회의체를 통해 촘촘히 매이게 되는 결과로 귀결되었음이 확실하다.

기왕에 학교 운영의 주체였던 '교동회'가 전혀 거명조차 되지 않았다는 사실도 유의할 필요가 있다. 학비 조달이나 운영, 교장 선임, 교사 임용 등에서 주요 역할을 담당했던 교동회가 존재하지 않는다면, 특히 운영비 문제가 심각해질 수밖에 없다. 그간 부족한 운영비는 교동회에서 주도하여 해결해 왔기 때문이다. 이런 까닭에 공작계획의 제19조에는 기왕의 경제심의위원회 외에 '경제지배위원회'를 두어 매월 수지를 확인하고 이를 공포하며, 전교의 모든 이들에게 수입 및 지배 상황을 이해하도록 한다고 정하고 있다. 그 외에 교직원의 급여나 판공비를 새로운 규정에 따라 정하고 생활수준을 높인다든가 하는 항목도 신설되었다. 신국가가 들어서면서 그간 외부에서 볼 때 논쟁거리가 있던 수지의 투명성을 강조하면서 교직원의 생활수준을 높인다고 공언한 사실은 이 학교가 종래부터 바라던 주요 과제이기도 하였다. 하지만 이를 위해서는 무엇보다 운영비 조달이 원만해야 하지만, 이에 대해서는 아무런 언급이 없다.

학교에서 무엇보다 중요한 곳은 교육 부분일 것이다. 새 정부의 등장에 따라 이 부분에 대해 새로운 방침을 밝힌 것이 사업계획서의 '교도 방면'이다. 이는 '교도 중심 확립' 등으로 구성된 8개 항과 그 아래에 25개의 목으로 세분되어 있다. 눈에 띄는 것은 제1항이다. 곧 "정치사상 교육을 광범위하게 전개하여 파시스트들의 봉건적 식민지적 찌꺼기를 일소하고, 학생들에게 집단노동 관념을 배양하며, 민주 질서를 건립하고 민주 관리를 실천하자"는 것이다. 이를 실현할 방법으로는 주로 소조小組를 많이 만들어 자신들끼리 자습하는 것을 권장한다고 되어 있다. 결국 소조를 통해 더 큰 조직으로 나아갈 수 있고, 소조에 책임을 맡기면 영도자도 자연스럽게 성장할 수 있을 것이라고 예상하고 있는 셈이다. 그러니 앞에서 거론한 각종 소조를 많이 만든 것도 교도 방면의 핵심 전략에 포함되어 있었던 것이다. 이것이 가능해야 학생들이 자각하게 되고, 사상이 더욱 깊어질 수 있으며, 또한 민주집중제의 훈련도 더불어 될 터였다.

그렇다고 해서 학교 당국이 소조가 자유롭게 활동하도록 방치하지는 않았던 것 같다. 그것은 소조를 만든 원칙과 목표를 벗어나기 때문이다. 오히려 소조란 '학생들의 사상을 장악'하는 데 그 목적을 두었으며, 구체적으로는 '개별 담화, 가정 방문, 숙제 검사, 그리고 개별 활동 따위를 주의 깊게 관찰'함으로써 그 목적을 달성하는 데 용이하다고 판단하였던 것이다. 이를 잘 지키는 학생은 표창하지만, 그렇지 못한 학생은 비판하면서 사상이나 행동에 적극적인 분자를 양성하는 일이 중요했다. 이를 반복하면 민주집중제의 원리도 충분히 학습된다고 믿었던 것이다.

3. 항미원조 사업과 만자중학

중공 성립 이후 국가나 사회 차원에서 중시한 사안은 한국전쟁에 어떻게 대처할 것인가 하는 문제였다. 홍만자회도 예외가 아니었다. 현재 남아 있는 홍만자회 관련 당안 중에는 이른바 '항미원조'와 직접 관련되는 자료가 적지 않으며, 만자중학에서 1951년 1월에 발간한 〈항미원조애국주의교육공작총결〉도 그 중의 하나이다.[99] 8매로 구성된 이 문서 속에서 만자중학은 항미원조라는 시대적 과제를 어떻게 인식하고, 구체적인 행동 양식은 어떠해야 한다고 규정하였을까.

먼저 필요했던 사항은 침략자인 '미제국주의'를 학생들에게 어떻게 인식시키는가 하는 문제였다. 적어도 1949년의 건국 이전까지 미국은 중국의 주요 동맹국이었다. 이 동맹국을 하루아침에 침략자이자 구적仇敵으로 몰면서 중국과 거의 무관할 듯한 신생국 '조선'을 도와야 한다는 명분을 중학생

99 Q120-3-84, 〈抗美援朝愛國主義教育工作總結〉.

들에게 인식시키는 일이 쉽지 않았던 것이다. 더구나 이 과제는 가정환경과도 직결되어 있었다. 아무리 학교에서 '구적 미제'와 '동맹 조선'이라는 국가적 구도를 애국주의 교육 차원에서 강화한다고 하더라도 가정의 영향을 많이 받는 학생들이 이 사상 교육을 쉽게 수용할 수 있을지 의문이었다.[100] 게다가 구체적인 행동으로 들어갔을 경우, 이 사상 교육을 진행할 만한 방식 또한 쉽지 않았다.

이 때문에 만자중학에서는 항미원조 애국주의 교육 공작을 주도할 수 있는 조직을 먼저 만들고, 이 조직을 통해 필요한 작업을 구체화시켜 나가는 과정을 설계하였다. 조직의 경우, 소조를 만드는 일이 급선무였다. 예컨대 '시사학습위원회'를 두고 이를 조직, 자료, 연구, 선전 등 4개의 부서로 나눈 다음 각 부서에 주어진 책임을 맡기는 방법이 제시되었다. 또한 1개 학년을 한 단위로 삼아 동학끼리 주제와 재료 등을 선정한 다음, 짤막한 연설을 돌려가면서 하는 방식도 고려되었다.

시사학습위원회에서 제시한 구체적인 행동 방식은 다음과 같은 것이었다. 앞에서 말한 바와 같이 4개 부서를 둔 다음, '매일 신문에 보도된 내용을 반시간 정도 학습하는 외에 관련 문건을 읽거나 시가 형식을 만들어 낭송한다, 만화를 그린다, 표어를 만들어 내건다, 칠판에 써놓는다'는등 일상적인 학교생활 과정에서 할 수 있는 방법들이었다. 또한 항미원조와 같은 갑작스런 사태는 교과서에 실리지 않았기 때문에 관련 교과, 곧 문학, 역사, 지리, 수학 등의 교과와 연계시키기 위해 보충자료를 만들어 수업을 진행할 필요가 있다는 것도 제시되었다.

시중에서 열리는 각종 대회에 참가하는 것도 권장되었다. 예를 들면 자선복지 단체가 행하는 항미원조 집회나 7개교가 거행하는 연합궐기대회에 참석하는 것, 그리고 '평양해방 경축대회'를 축하하는 모임에 참석하고 가장들은 저녁 모임이나 동네 모임에 참가하거나, 필요한 경우 학생 중에 연설이

100 1949년 무렵, 중국 엘리트와 대중들의 친미적인 성향에 대해서는 임우경, 앞의 논문, pp.161-165.

나 설득력이 뛰어난 학생을 선별하여 항미원조에 대해 잘 이해하지 못하는 가정에 파견되는 방법도 고려되었다. '서울 탈환 경축대회'도 열렸던 바, 이에도 참가하도록 권장하였다.

그렇다면 이들에게 전쟁에 참가하는 것도 권장되었을까. '공작과제' 중 12번째 항목의 '참간운동參幹運動전개'에서 그것이 진행되었던 사실을 확인할 수 있다. 입대하는 행위를 의미하는 '참군參軍'과 더불어 진행된 참간운동이란 무엇인가. 1950년 12월 1일 중앙인민정부혁명군사위원회와 정무원은 전국의 청년노동자와 학생 중에서 각종 군사간부학교에 참가할 사람, 곧 참간을 초빙한다는 결정을 내렸는데, 이것이 참군참간운동의 시작이었다. 상하이총공회에서는 12월 5일에 이를 받아 "청년노동자와 군사간부학교에 용약 참가하고 군사 기술을 학습하여 국방 역량을 키우자"라는 호소문을 내걸었다. 학교 영역에서의 참간은 12월 20일부터 시작되었는데, 전 시내의 모든 학교 학생이 참간학교에 참가하기로 등록하면서 참간운동이 달아올랐던 것이다. 그 결과 1951년 2월 1일까지 각종 군사간부학교에 참가한 청년학생과 청년 노동자는 전국적으로 25만여 명에 달하였으며, 상하이의 경우 학생은 2만 명, 노동자는 9천여 명이었다. 여성도 포함된 상하이 지역의 지원자는 전국 등록 총 인원의 8분의 1 정도였을 만큼 큰 비중을 차지하였다.[101]

그렇다면 홍만자회 부설의 만자중학에서는 이 운동에 어떻게 대응하였을까. 만자중학에서는 열 가지의 행동 방식을 제시하였다. 그 중 첫 번째는 동원 대회를 거행하는 일이었다. 그런 다음 동학들이 용약 참가하도록 호소하도록 하는 것이며, 세 번째로는 개별 가정을 방문하여 가장을 설득하는 일이다. 설득이 끝나면 사생원공들이 공동으로 참간 동학들에게 기념품을 증명하며, 그 다음으로는 학년별로 나누어 간담회를 개최하고 참간 동학의 사상을 더 공고히 하는 동시에 이를 재학생들에게 교육하도록 하는

101 畢曉敏, 앞의 논문, pp.27-28.

것이다. 아울러 이들이 기차에 탈 때 환송하는 것도 주요 행동 중의 하나였다.[102] 이러한 참간 운동은 1951년의 1.4후퇴로 알려진 '한성해방' 이후에 더 강조되었던 것 같으며, 참군 참간 이외에도 의료대, 수송대도 조직되어 전선에 보내졌다.[103]

그림 13. 홍콩에 위치한 다푸大埔만자중학. 1989년에 설립되었으니, 대륙의 만자중학보다는 뒤늦게 출발한 셈이다. 하지만, 대륙의 만자중학이 신정부 성립 이후 국가에서 모두 인수한데 비해, 홍콩에서는 홍만자회가 여전히 자선 교육 사업을 계승하고 있다는 점에서 의미가 있다.

만자중학에서 진행된 '항미원조' 공작은 그 수확이 어떠하였을까. 이에 대해 학교 당국에서는 교육 공작이 실시된 이래, "동학들이 친미親美, 공미恐美 혹은 숭미 사상을 털어내고 학생들로 하여금 미제국주의 침략의 본질을 인식하면서 '구미仇美, 비미批美'사상을 갖게 되었다"고 자평하고 있다. 예컨대 항미원조 공작은 학생들로 하여금, "미제의 위선을 폭로하여 침략자라는 것을 알게 되었고, 미제의 조선 침략은 앞선 일본제국주의의 길을 걷는 것이며, 원자탄으로는 전쟁의 승부를 가를 수 없고, 미

102 여러 중학생들이 꽃을 꽂아주며 致敬隊, 秧歌隊 등을 조직하여 환송회를 열어 주었다.

103 실제로 중국 인터넷에는 관련 사진이 경매되고 있다. '청년단남대부중총지14분지 환송참간동지유영青年團南大附中總支14分支 歡送參干同志遺影 1951.1.7.'이라 씌어진 사진이 그것이다. 모두 13명의 인물이 실려 있는데, 전면에 학생복 차림의 젊은이들 6명이 가슴에 커다란 인공 꽃을 달고 있으며, 뒤편에는 이들을 환송하는 학생 6명이 함께 찍은 사진이다. 여기서 남대부중은 난징대학 부속 중학일 가능성이 높지만, 장시성 난창대학 부속 중학 역시 남대부중이라는 약칭을 사용하였기 때문에, 전자라고 못 박기는 어렵다. http://www.997788.com/pr/detail_191_11047869.html. (검색일 2013년 2월 25일. 검색용어 '참간운동', 검색엔진 '바이두'.) 또 http://www.nanmo.cn/nanmobao/bao-11/My%20Webs/dbc77.htm 에는 〈纪念参加军事干部学校55周年〉라는 이름으로 교우명단과 일부 참가자들의 회고록이 실려 있다. 기수로는 49회에서부터 56회에 걸쳐 있다. 곧 49회 2명, 51회 41명, 52회 56명, 53회 22명, 54회 7명, 55회 6명, 56회 2명. 학생들이 자원 형식으로 참전하는 이러한 전통은 국공내전 시기인 1948년에 텐진에서도 보인다. 텐진 전투 무렵에 난카이대학南開大學 학생들 중 혁명에 참여한 학생이 329명이었고, 그 중 공산당원이 24명, 민청 성원이 87명이었다. http://nkweekly.cuepa.cn/show_more.php?doc_id=244759 南開大學校報電字版 – 第1080期(2009年12月11日) – 第03版:综合版, 劉焱, 〈解放初期 南開學生的參軍參干熱潮〉.

제국주의는 망하조약望厦條約 이래 중국에 대한 경제, 문화, 군사적 침략을 계속 진행시켜 왔으며, 중·조 양국의 혈통 문화를 심화시키게 되었고, 인민 역량이 강대해서 항미라는 정의가 필승할 것이며, 평화를 쟁취하여야지 기다릴 수는 없다"고 결론지었다. 자신들뿐만 아니라 가정에서 '미국의 소리'를 듣던 부친에게도 이를 권하여 짧은 시간 내에 가장들을 국방 건설에 참여시키게 되었다고 자평하였다. 곧 학생 개개인의 사상공작과 더불어 가정 공작에도 성공하였다고 간주한 셈이다.

그렇다고 해서 항미원조 공작이 100% 만족스러운 것은 아니었다. 학교 당국의 의도와는 반대로 학생들이 오히려 가정의 영향을 더 많이 받은 탓에 학생의 사상 공작이 동요될 가능성도 있고, 따라서 일반 가정을 어떻게 교육하여 그들의 사상을 바꿀 수 있도록 하겠는가 하는 것이 주요 과제로 떠올랐다. 말하자면 영도 학생들의 사상이야 흔들림이 없겠지만, 일반 학생과 가정까지 그걸 기대할 수는 없었기 때문이다. 오히려 공적 영역에서 요란하게 전개되었던 반미운동과는 다르게 1951년에도 베이징시 사립교회학교 학생들이 미국 제품을 사용하고, 침실에서는 몰래 '미국의 소리'를 청취하는 일도 있어서, 정부의 의도와는 정반대로 상황이 전개되는 경우도 있었던 것이다.[104]

이러한 상황을 보면 '항미원조'뿐만 아니라 공산 정권 자체의 수립에 대해서도 반신반의하거나 '미국의 소리' 방송을 통해 국내의 정치 상황을 이해하는 사회층도 적지 않았다는 사실을 알게 된다. 또한 학교에서 항미원조 운동이 고조되자 학생이나 교사 및 인민들 사이에서 학교는 공부하는 곳이 아니라 정치운동을 하는 곳이라는 인식도 확산되었다.

---

104 임우경, 앞의 논문, pp.180-181.

결론

1

20세기 전반기의 중국사회는 5.4운동 때에 보여 준 것처럼, 전통의 유산이 매우 강했던 반면, 그에 저항하거나 절충하면서 새로운 세계를 만들기 위해 분투하고 있었던 부분도 조금씩 진전되고 있었다. 대부분의 역사가들은 이러한 흐름 중에서 대체로 새로운 정치세력이나 사회세력에 더 초점을 맞추어 왔다. 신해혁명, 5.4운동, 국민혁명, 공산혁명 등으로 이어지는 흐름이 그것이다. 그러다 보니, 20세기 전반기는 개혁과 혁명으로 점철된 듯이 보이곤 하였다.

그러나 시선을 이른바 중도파나 제3세력,[1] 혹은 시민사회 쪽으로 돌려보면 또 다른 형태의 집단들을 볼 수 있다. 다시 말해 국민당이나 공산당이라는 대립적인 정당과는 다른 방식으로 사회개혁을 추구하던 사회집단들이 도시와 농촌에서 끊임없이 이어지던 내전이나 전쟁 혹은 재해에도 불구하고 꾸준히 활동하면서 자신들의 영역을 확장해 나갔다. 이들의 개혁 프로

1 이 개념은 체스타 탄(민두기 역), 《중국현대정치사상사》(지식산업사, 1977), pp.195-232를 참조할 것.

그램은 장기적이고 온건한 것이었다. 대표적인 것은 교육개혁운동이나 향촌건설, 그리고 자선과 구제 등이었다.

이들의 노력은 결국 양당의 대립이라는 견고한 구조 속에서 크게 결실을 맺지 못한 것처럼 보였으나, 실상 홍만자회라는 자선기구를 중심으로 중국 엘리트들의 사회개혁 정책을 분석해 보면 그 실질적 성과가 축소되었거나 심지어 거의 무시되어 온 것처럼 보인다. 그 이유는 앞에서도 말한 바와 같이 정치 세력 중심의 현대사 서술이 근대 역사학을 지배해 왔고, 또 공산당 정부 집권 이후 이들에 대해, 특히 부르조아 계급의 체제 유지 도구로 규정한 자선단체에 대해 우호적이지 않았던 데에도 있을 것이다. 그러나 중국의 개혁 개방 정책 이후 역사학자들이 민간사회단체가 발전시킨 국가 사회적 역량에 주목하자, 이들의 실체가 좀 더 분명하게 드러나게 되었다.

그렇다면 홍만자회와 같은 민간사회 조직은 왜 생겨난 것일까. 우선 전통시대의 유산을 지적해야 할 것이다. 적어도 청대의 국가 체제에서 자선과 사회 구제를 목표로 설립된 선당善堂은 덕치 이념의 상징이기도 했지만, 사실상 그 대상이나 종류에 있어서 제한적이었다. 곧 영유아나 노약자의 보호 쪽에 집중되어 있었고, 1개 현에 거의 하나 정도의 시설이 존재하였기 때문에 선정의 표본은 될지언정, 실속은 그에 따르지 못하였다.

하지만 19세기 중엽 이후에 서양의 기독교 선교사들이 포교를 위해 자선시설을 대거 운영하면서 이 선당에도 변화가 초래되었다. 우선 기관이 크게 증가한데다 자선의 종류도 다양해졌다. 운영의 주체도 점차 관영에서 관민합판 혹은 민영으로 전환하였고 그만큼 지역사회의 신상紳商이 자선사업에서 떠맡은 책임도 증가하였던 것이다. 이는 특히 상하이나 광저우와 같은 대도시에서 현저한 양상이었다. 이처럼 민간인들이 자선사업을 위해 자발적으로 조직한 선회나 그 시설인 선당의 증가는 상호부조 정신을 공공성 속에 사회화시킨 것으로 이해할 수 있을 것이다.

상하이에서의 자선 기관의 증가는 급격한 인구 이입과 빈민의 증가, 사회안전 시스템의 부재 등과 같이 국가와 사회의 구조적 취약성에서 비롯되었다. 게다가 20세기 초는 중국뿐만 아니라 세계적으로 위기의 시대였다. 중국에서는 새로운 공화 정부가 들어섰으나, 중국 전체를 통치할 수 있는 체제와 역량이 부족하였고, 각 지역의 군벌들은 그들의 존속을 위해 진쟁도 불사하였다. 실제로 1920년대에 극렬했던 군벌 간의 전쟁은 화중과 화북 일대를 피폐하게 만들었다. 이러한 전쟁의 폐해는 제1차 세계대전에서 더욱 심하였다.

게다가 이 시기에는 재해가 잇따랐다. 산둥의 빈현에서 도원이라는 신흥 민간종교가 출현하고 그 부속기구로서 자선행위를 전업으로 하는 홍만자회가 조직된 직접적인 계기도 허난과 산둥 일대에서 일어난 대규모 수재였다. 특히 1920년에 화북에서 시작된 큰 가뭄은 약 2천만여 명의 이재민을 만들었고, 우리가 화양의진회華洋義賑會라고 부르는 중서 연합의 공공 구제 조직을 탄생시켰다.

또한 전통적인 민간종교는 20세기에 들어 기독교와 이슬람교의 교의를 받아들이면서 종래보다 더 진전된 교의와 실행 덕목을 강화하였다. 예컨대 산둥에서 출발한 도원은 5교합일이라는 교의를 발전시켰고, 결국 구제는 자신의 수행 이후에 반드시 해야 할 사회적 실천 행위라는 결론에 도달하였다. 그리고 그 실천을 위한 기구로서 홍만자회를 설립하였던 것이다. 요컨대 홍만자회는 사회적 공공성과 초국가적 세계주의라는 인식하에 전통적 종교의식을 가진 엘리트들이 출현시킨 자선·구제 전문 단체였다.

2

이들은 기본 목표를 달성하기 위해 조직과 운영 면에서 기왕의 자선단체와는 다른 새로운 면모를 보여 주었다. 최상부에 이사회 혹은 동사회로 불리는 최고 책임기구 밑에 자선과 구제를 담당할 수 있는 자선부, 구제부, 방재부 등이 만들어졌고, 이를 뒷받침할 재정부, 연락부, 총무부 등이 있었다.

또 규약을 제정하고 결산보고서[徵信錄]을 출간하여 정보를 공개하면서 결사체를 개방적이고 공공적인 형태로 발전시켰다.

또한 회의체는 도원과 홍만자회가 함께 여는 이른바 원회院會였고, 그런 까닭에 이 회의체는 원회도자일체라는 원리에 근거하여 운영되었다. 다시 말해 도원과 홍만자회는 하나이고 이들의 본질인 도道와 자慈도 역시 한 몸이라는 것이었다. 베이징 정부는 이러한 회의체에 대해 관대하였으나, 난징의 국민당 정부는 그렇지 않았다. 국민당 정부는 오선사와 같은 신흥 종파가 부계점을 통해 삼민주의를 비판하였다는 이유를 들어 도원을 비롯한 각종의 민간종교결사를 미신단체로 규정하면서, 더 이상의 종교와 사회 활동을 하지 못하도록 금지시켰기 때문이다. 이로 인해 외견상 원회도자일체 회의는 중지된 듯이 보였으나, 실질적으로 그것은 1949년까지 홍만자회를 이끌어 가는 핵심체였다. 그들은 수도와 자선을 별개로 인식하지 않았던 것이다.

이 기구를 지탱해 주는 인적 물적 자원은 상하이 지역사회의 상공인 엘리트들이었다. 물론 베이징 정부 시대에는 관, 군, 상, 학 등 각 분야의 엘리트들이 홍만자회뿐만 아니라 다른 자선단체에도 많이 가입하였으나, 국민당 정부의 반미신 정책으로 인해 1920년대 후반과 1930년대에는 대부분 상공인들로 제한되었다. 그리고 이들 상공인은 대부분 홍만자회 조직의 지도층이나 주요 직책의 책임자로 앉았고, 재정 부문에서 큰 책임을 졌으며 전국적 네트워크를 구성하는 데에서도 결절점과 같은 존재였다. 이 점에서 홍만자회는 신앙심으로 무장한 도시인 중심의 자선 네트워크라고 할 수 있다.

상하이 지역 홍만자회는 화중 지역권에 존재하던 여러 홍만자회의 중심지 기능도 수행하였다. 양자강 하류 지역과 저장, 안후이, 장시, 푸젠 지역을 아우르는 상하이총판사처가 그것을 말해 준다. 사실, 재난은 어느 특정 지역이나 특정 도시에만 한정된 것은 아니었기 때문에 각 지역 사이의 네트워크는 필수적인 사항이었고, 이는 베이징 일대의 화북조직과 만주 남부 지역을 포함하는 전국적인 네트워크로 확대되었다. 또한 그들의 초국가적인 구제 이념은 일본의 관동대지진을 계기로 일본에 이어 홍콩, 조선, 동남아 및 유럽에 지부를 설치하면서 자선을 실천하는 단계로 나아갔다. '세계 홍만자회'라는 명칭에 걸맞는 조직과 활동 체계를 갖춘 셈이다.

홍만자회를 근대형 자선단체라고 말할 수 있는 이유는 위와 같은 조직체계뿐만 아니라 다양한 자선활동을 전개하였기 때문이다. 전통적인 방식인 시미施米, 시의施醫, 시약施藥뿐만 아니라 약자에 대한 항구적이고 안정적인 제도를 통해 그들이 사회에서 제대로 활동할 수 있도록 하는 재생프로그램도 운영하였다. 이들은 특히 장기적인 자선활동의 일환으로 학교와 병원을 설립하여 운영하였고, 전시 구제에도 적극적이었다. 전시 구제의 경우, 예컨대 1931년 1월에 발생한 상하이 사변 때가 전형적이었다. 수많은 난민 구호와 부상병민 치료, 사망자 매장 등은 중국의 역대 자선단체에서 보지 못했던 전시 구제 활동이었다. 이러한 활동은 특히 홍만자회가 존재하는 지역들끼리 연합하여 구제하고 그에 필요한 구제대, 의료대, 수송대, 수용소, 그리고 당국과의 협력 등 구제 시스템을 발전시키는 계기가 되었다.

이들은 서양의 선교사회와 마찬가지로 병원과 학교에도 관심을 보였다. 병원과 학교를 세운 주된 이유는 영속적으로 사회에서 소외된 빈민들에게 치료의 기회를 주고, 교육을 시켜 사회로 내보내는 데 있었다. 의원의 경우, 중의뿐만 아니라 서양의를 두어 협진하도록 하였고, 입원실은 물론이고 실험실과 수술실까지 갖춤으로써 근대의 절충형 병원으로 환자들을 치료하였으며, 몇몇 지역에 시진소施診所를 두어 싼 값으로 혹은 무료로 의료 복지를 제공하였다. 이들이 남긴 진료 관련 자료는 당시의 도시사회가 어떠한 질병에 노출되어 있었는지를 이해하는 데 좋은 정보를 제공한다. 그 중 결핵이나 콜레라, 성병과 같은 전염병이 많다는 사실, 또 시민과 학교에 위생시설을 강화해 나간 사실은 근대위생제도에서 눈여겨볼 만한 부분이기도 하다.

홍만자회는 다른 사회단체와 마찬가지로 중화인민공화국의 건국과 함께 새로운 체제에 적응하기 위해 많은 프로그램을 개발하였다. 배우지 못한 사람을 위한 식자반, 여성을 위한 재봉반 등이 그것이다. 이러한 사항들은 사실 신중국에서 더욱 절실한 과제이기도 하였다. 그러나 한국전쟁이 일어나자 홍만자회를 비롯한 자선단체들은 항미원조 운동에 동원되었고, 미국은 제국주의라는 새로운 사조를 억지로 받아들여야 했으며, 더구나 도원이 미신단체라는 이유로 해체의 대상이 되었다. 그들이 미신이라 지칭하였던 부계점도 사실은 20세기에 들어 합리화되고 제도화되면서 과거의 불가해하고 신비적인 측면에서 벗어났기 때문에 일방적인 미신집단이라는 공격은 적절치 않지만, 이들에 대한 국가 권력의 인식은 왕조 시대의 그것과 다를 바가 없었다. 또한 이들은 저항성이 강했던 일관도와는 달리 새로운 체제에 부응하려고 노력하였다. 그럼에도 불구하고 공산 정부는 그들의 교의와 일상적 기능보다 공산당이 지원하고 보호해야 할 무산계급을 이들 단체가 포용한 채 반체제 단체로 전환할지도 모른다는 점이 더 불안하였던 것으로 보인다. 그리고 사회단체가 행해 오던 모든 구제 활동은 국가 기구의 통제를 받아야 한다는 결정으로 결국 인민구제총회 등에 귀속되었다. 그것이 공산당 정부의 정체성이었던 것이다.

3

결론적으로 홍만자회는 20세기 전반기에 가장 성공한 민간자선단체였다고 말할 수 있으며, 이는 민간 시민사회의 성장을 증명해 주는 주요한 증거였던 셈이다. 일반적으로 신해혁명 이후 인민공화국 건설 때까지 정치 혁명 프로그램을 중심으로 역사를 기술하지만, 사실은 위와 같은 사회단체들의 활동 덕택에 수많은 혼란과 전쟁에도 불구하고 중국 사회가 그나마 유지되었다고 생각한다.

다시 말해 중도파의 개혁이나 시민사회의 역량은 국·공 양당의 극단적 대립 속에서도 계속 발전하면서 사회질서를 유지하는 데 적지 않은 기여를

했다고 할 수 있을 것이다. 청대 이후에 발전한 민간종교 결사의 주요 목표도 신도들에게 사실상 빈곤이나 질병과 같은 현실적 난제의 해결, 종교적 구원, 부당한 국가권력으로부터의 보호 등에 두고 있었다.[2] 곧 사회적 모순을 조정하고 해결하는 역할을 장기간에 걸쳐 떠맡았던 것이다. 이 점에서 홍만자회는 그것을 더 발전시킨 근대형 사회 구제단체라고 부를 수 있을 것이고, 이런 요소 때문에 중국은 정치보다는 민간사회의 차원에서 끊임없이 진보해 왔다고 할 수 있다. 그 중심에 전국적인 조직을 가진 홍만자회가 있는 것이고, 그 중에서도 상하이 홍만자회는 가장 모범적이고 효과적으로 활동한 도자道慈 단체의 하나였다고 평가할 수 있다.[3]

좀 더 중요한 사실은 이 단체의 출범이 당대 세계의 위기 의식에 대응하면서 출발한 만큼 자선과 구제 활동 역시 초국가적인 의식과 네트워크를 통해 진행되었다는 점에 있다. 5교합일 사상은 기왕의 유·불·도 삼교에 기독교와 이슬람교를 포함하여 절충시킨 것이지만, 구제활동에 대한 기본 이념 역시 이들 종교에 고유한 혼란과 구원이라는 교의에 두고 있었다. 전쟁과 재해에 따른 인민들의 피해는 국경을 가리지 않는 현대의 산물이며, 따라서 그에 대응하는 활동도 초국가적인 조직을 통해 해결되어야 한다는 믿음을 발전시켰던 것이다. 이 점에서 도원의 교의는 전통 시대의 낡은 틀에 갇혀 있는 정체되고 낡은 것이 아니라 시대에 따라 변화하면서 도자 일체를 실천하는 새로운 형태였다고 할 수 있다.

아울러 국가 수준의 구제 사업이나 자선 활동은 국가와의 협력이 필수적이었고, 이는 홍만자회도 예외는 아니었다. 그들은 각종 법령을 통해 끊임없이 정치나 정파에 간여하거나 가담하지 않는다고 선언하였음에도 불구하고, 베이징 정부나 국민당 정부와 협력 관계를 유지하면서 그들이 추구

---

2 유장근, 〈민간종교〉, 오금성 등 공저, 《명청시대 사회경제사》(이산, 2007), pp.422-423.

3 20세기에 중국에서 성공적인 자선 구제 조직으로 평가받는 단체는 중국화양의진회나 홍십자회를 들고 있다. 하지만 중국과 서양 측 인사들로 구성된 화양의진회는 주로 천재에 따른 구제에 관심이 많았고, 홍십자회는 전시구제에 집중하였다. 이 점에서 홍만자회는 두 사업을 모두 수행한 민간단체라고 할 수 있다. 李光衛, 앞의 논문, p.267.

한 사업을 진행할 수밖에 없었다. 왕징웨이汪精衛정부 치하에서도 국민당 정부처럼 도망치듯이 상하이를 떠날 수 없었다. 말하자면 피점령지인 윤함淪陷지구에서의 활동 때문에 전후에 국민당으로부터 친일집단이라는 의심을 받았으며, 이러한 혐의는 만주국에서 활동하던 홍만자회도 마찬가지였다. 만주국 정부는 1934년에 장춘에서 동북 지역의 홍만자회 분회 대표들을 불러 '만주국총도원세계홍만자회'를 별도로 조직시키고 이를 친만주국 단체로 활동하도록 하였기 때문이다.[4]

이러한 특성과 전력 때문에 홍만자회는 인민공화국 성립 직후, 신체제에 적응하기 위해 사력을 다해 노력했다. 이 점에서 보면 홍만자회는 국가권력의 정당성 여부를 떠나 그들과 협력해야 했고, 이 때문에 어느 정권으로부터도 호의적인 평가를 받지는 못한 것으로 보인다.

반면 국민당 정권은 이 '미신'집단을 소멸시키고 싶었으나 그 사회적 유용성 때문에 합법적인 활동을 전제로 그 존재를 사실상 인정할 수밖에 없었다. 이는 어느 특정 정권도 자선과 구제를 독점할 수 없는 근대 동아시아 국가의 한계에서 비롯되었다고 생각된다. 또한 이들은 사실상 지역사회에 뿌리박은 채 광범위한 지역 간의 연대를 통해 활동하는 집단이었기 때문에 현존의 어느 정권도 이들의 존립 기반과 존재를 무시하기 어려웠다.

홍만자회는 그 기본 구조에서 도원과 한 몸이었다. 원회일체 혹은 도자일체라는 말에서 알 수 있듯이 양자가 떨어질 수 없는 구조였다. 홍만자회가 창립 이후 크나큰 굴곡 없이 꾸준하게 설정한 목표들을 실행해 나간 데에는 도자일체론이 뒷받침되었기 때문일 것이다. 반면 이 구조는 국민당 정부의 미신 타파 정책으로부터 자유롭지 않았다. 홍만자회는 정부로부터 공식적으로 인정을 받았으나, 도원은 그렇지 않았기 때문에 정부에 대해서 이중적인 태도를 취할 수밖에 없었던 것이다. 도원이 공개적으로 활동하지 못함에 따라 홍만자회의 회원 모집이나 종교 활동 역시 위축되었고 이들의 다

---

4 高鵬程은 이를 '淪陷 지구 활동의 양면성'이라고 평하였다. 高鵬程, 앞의 책, pp.226-245.

양한 활동에도 불구하고 더 이상 성장하지 못하는 결과를 낳았다고 생각된다. 물론 장기간의 중일전쟁이나 일부 피점령지의 일본 지배와 같은 상황도 발전을 가로막았지만, 원회의 구조 역시 양날의 칼과 같은 것이었다. 결국 공산정권의 회도문 사냥은 이중성을 유지해온 도원과 홍만자회에게 돌이킬 수 없는 결과를 가져왔던 것이다.

홍만자회는 위와 같이 변화무쌍한 정치적 상황과 원회일체라는 내부의 특징에도 불구하고 국민당 시기에는 시민사회단체로서의 독립성을 유지할 수 있었다. 그만큼 민간사회의 자율성이 존속될 수 있는 체제였던 것이다. 반면, 공산당이 수립한 중화인민공화국 체제 아래서 그들의 모든 활동은 새로운 국가 기구에 흡수되었고, 이로 인해 1954년도에 해체되는 것으로 마무리되었다.

그렇지만 그들이 계획하고 주도한 사업은 몇 년 동안 새 국가체제에서 반드시 필요한 것들이었다. 특히 부녀부나 식자반 운영 등은 이른바 무산계급을 신국가체제에 끌어들이는 데 필요한 사업이었기 때문에 새로 출범한 도시의 거민위원회에서도 적극 후원해 주었다. 이러한 사업들은 결국 국가도 민간사회의 요구를 수용할 수밖에 없었다는 사실을 반증하는 것이며, 이 점에서 홍만자회는 국가적 수요를 사회 차원에서 공급하면서 양측을 연결해 주던 주요 매개체였다고 할 수 있다.

좀 더 넓고 긴 맥락에서 본다면 20세기 전반기에 사회문제 해결에 관심을 가진 중국의 도시 엘리트들은 전통과 근대를 대립적이고 이질적으로 인식하기보다 전통을 상속하면서 그 틀에 새로운 요소, 심지어 서구적 전통까지 받아들여 시대에 맞는 사회구조를 주조하려고 한 것처럼 보인다. 또한 국가와 사회도 병렬적이거나 대립적이기보다 상호 보완하고 협력하면서 두 차원에서 모두 자강을 추구할 수 있다고 인식한 사회집단이 아니었나 생각한다. 국가적 자강도 있지만 사회적 자강도 있었던 셈이다. 적어도 자선단체를 통해서 보면 그렇다고 할 수 있다. 특히 상하이 지역의 자선단체는 총상회나 총공회 못지않게 사회적으로 영향력이 큰 사회조직이었으므로 국가와 사회와의 관계를 검토할 때 그 힘을 과소평가할 수 없을 것이다. 또한 도원과 홍만자회가 세계주의와 자선을 통해 국가주의를 뛰어넘으려고 노력했지만, 인민공화국 체제 아래에서 그것은 더 이상 불가능한 목표였다. 그러나 그것을 시도한 사실 자체와 목표는 적어도 미래에 동아시아 지역에서 추구해야 할 공존과 평화를 위해 중요한 경험과 교훈을 남긴 셈이다.

찾아보기

가로회 267
가정부녀문화정치 282
각과소조검토회 292
감사회 69
강남 출신 108
강북 출신 108
개단공신開壇供神 265
거민위원회 277
건강 증진 프로그램 290
경성주원 59
경제개핵위원회 215
경진제京津濟구제대 161
계연戒烟 186
계점乩占 139
고급반 교과과정 210
고급부기반 272
공공의 조직 운영 원리 71
공과격功過格 118
공독제도工讀制度 228
공립학교 271
공상계 인물 115
공안부 292
공회工會 286
관동대지진 57
관민합판 63
관판官辦 63
교도 방면 296
교도회의 215
교동회校董會 198
교무회의 215
교육개혁운동 304
교제부交際部 69
교직원공회의 296
9개의 구제대 167
구비샨顧丕善 89
구제 시스템 161
구제부救濟部 69
구제원 133
국가의 경계선 139
국민교육제도 194
국민당 군사위원회 140
국민당 정부 71
근대의 신형 자선기구 157
급련회 287
급여 양상 100
기부금 119

내부 호조 122
닝뽀 112

달풍사호 87
당파성 91
대선사大仙祠 34
대제소 155
대학 졸업 97
도덕사 48
도명道名 104
도무道務 77
도원의 합법화 141
도자공덕전道慈功德全 119
도자일체론道慈一體論 33
동남주회 징신록 126
동남지역 연합조직 73
동선사 140
동인학습同人學習 287
동자군童子軍 232
동푸리부녀식자반同福里婦女識字班 276
두빙인杜秉寅 36
등기문제 264
등기에 실패 265

량치차오 66
롱샤오윈 90
롱스칭龍世慶 276

뤄보홍陸伯鴻 63
류샤오지劉紹基 34
리띠시엔 81
리쟈바이李佳白 37
리전쥔李振均 31
리텐전李天眞 86

만국도덕회萬國道德會 37
만선연과卍善緣果 118
만자소학卍慈小學 195
만자업여야교卍慈業餘夜校 278
만자중학 197
말겁末劫사상 267
말세적 위기 32
명예회원 104
모원 124
무당파 251
무생노모 40
문예공작단체 249
문진 184
미신 단체 104
미신구제단체 266
미신기관 140
미제국주의의 실체 264
민간 종교 129
민국인 193
민정사民政司 132
민주관리검토회 292
민주적인 방식 126
민판 63

바오산여사寶山女社 283
바오산원회寶山院會 75
반국민당적 종교 언설 141
반기독교 운동 67
반혁명 집단 267
방공교육 288
방재부防災部 69
방회 세력 268
베이룬순貝潤蓀 80
벽수산장 60
보습반 272
보이 스카우트 232
부계 35
부계수 47
부계의 품질 81
부녀부 95
부녀부봉인자수사 251
부상병과 난민구호 158
부인병 190
북시 판사처 79
북시판사처 92
분회판사처 95
비정부 사회단체 249
비종교적 교과과정 211
빈단濱壇의 시기 36
빈민 치료 176, 188
빈민공장 155

사립평민통속의무초급소학교私立平民通俗義務初級小學校 197
사숙 84
40-50대 남성 115
사약수痧藥水 191
사업絲業 87
사회공익단체 249
사회교육의 필요성 278
사회단체의 정의 249
사회복리 250
사회학습반 272
3대 뚜껑덮기운동 291
상공인 98
상업 종사자 115
상우인서관 97
상정화尙正和 34
상하이 112
상하이 도원 62
상하이 사변 163
상하이 출신 84
상하이남시원회上海南市院會 75
상하이보익습예소上海普益習藝所 29
상하이빈아교양원 64
상하이시 위생국 166
상하이시 지방유지회 170

상하이시난민수용연합회 170
상하이신보육당上海新普育堂 63
상하이여사上海女社 283
상하이유민습근소 123
상하이유민습근소上海流民習勤所 156
상하이의원 176
상하이자선단체연합회 76, 77, 135
상하이총판사처 73
샤오싱紹興 112
샤위펑夏玉峰 62
서강안료호瑞康顏料號 80
서울 탈환 경축대회 300
서의진료소西醫診療所 176
세 지역의 중심성 97
세계평화 262
세계홍만자회 동남각회총연합판사처 75
세계홍만자회 동남주회 73
세계홍만자회 조선본부 60
세계홍만자회 중화총회 55
세계홍만자회상하이 분회 65
세계홍만자회상하이부녀분회사립의무소학世界紅卍字會上海婦女分會私立義務小學 196
세금 면제 121
셰방칭謝邦清 62
소개인 113
송석원 60
송칭링宋慶齡 258
송호대주원淞滬代主院 75
송호여사淞滬女社 201
송호주사松滬主社 283
수방修方 65
수용소 설치 158
순창번사창 89
숭쟈오런宋教仁 128
쉬스광 130
슈밍의무소학修明義務小學 195
슝시링熊希齡 31
습근소習勤所 64
시단제자侍壇弟子 35
시미施米 154
시사학습위원회 299
시의施衣 154
시죽施粥 154
시진 184
시진소 95
식자빈 272
식자반識者班 운영 260
식자학교 195
신사존폐표준神社存廢標準 139
신생사창新生紡織紗廠 81
실업자제實業自濟 122
실학 구제 216
쑤저우 112

악마의 시험 268
애국위생운동 290
야간학교 278
야오원푸姚文數 78
야오위姚昱 62
어문반 272
에스페란토어 62
여도덕사 48
여도덕사女道德社 42
여사女社 196
연합구제대 160
예쟈바오 139
5교합일 38
오선사 140
오선사悟善社 32
오오모토교大本敎 57
왕이형王一亨 30
왕즈샹 130
외부 호조 122
요언과 저주 269
우시無錫 112
우이펀 273
우챠칭盧洽卿 80
우페이푸吳佩孚 107
우푸잉吳福永 34
원회도자회의院會道慈會議 54, 76
원회일체론院會一體論 68
위생부 215
위야오 112
위여우런于右任 128

위윈슈余雲岫 179
유아반 274
육원六院 55
윤덕영尹德榮 59
의무소학 196
의학교義學校 194
이사회 69
인길의원仁吉醫院 177
인리국 155
인민구제회人民救濟會 256
인민군중단체 249
일관도 247
일관도一貫道 37
일반교원 295
일반회원 104
일본 재무장 반대 261
1·28상하이 사변 74
임시 의원 159
임시 의원의 개설 158
임시구제처 253
임시수용소 169

자견資遣 170
자무慈務 77
자산계급의 미신 자선단체 266
자선과 구제 304
자선단체감독법 106
《자선단체감독법》 133
자수반 280
자업부慈業部 69
자오빙허우 81
자진 해산 270
장간류江乾六 177
장란핑 78
장쑤성 남부 출신 90
장저江浙 전쟁 158
장쭤린張作霖 107
장훙징張宏境 196
재봉반 280
재산정리위원회 136
재산정리장정 135
저계부儲計部 69
저장 북부 출신 96
저장성 출신 90
전시 구제사업 64
전시난민구제회 172
전시戰時 구제 158
정계수正乩手 47
정관군계政官軍界 115
정부보조금 121
정업 106
정잉즈 66
정치교원 295
제1시진소 182
제1차 세계대전 33
제2시진소 182
제3소학과 95
제일의무소학第一義務小學 195
조금租金 120
조선주원 59
종교 정책 103
〈종교결사금지령〉 142
종교단체 249
종교의 자유 128
종두 접종자 190
종신명예회원 104
종신특별회원 104
종신회원 104
중국 19로군 163
중국인민구제총회中國人民救濟總會 256
중국인민항미원조총회 263
중국제생회中國濟生會 194
중외 합판 63
중의학 의사 179
중학 졸업 97
중화화평회中華和平會 128
지난참안濟南慘案 140
지성선천노조至聖先天老祖 34
지쓰濟思소학 195
지역적 위계성 83
직공연의회 254
직업적 다양성 117
직업중학 239
직조훈련소 123, 251

진광각辰光閣 124
진무처賑務處 132
질병 유형 188
《징신록徵信錄》126

찬식학사纂識學社 47
《찬직공약纂職公約》48
참간운동參幹運動 300
참군참간운동 300
첸넝쉰 66
첸린성陳麟生 92
첸린성 98
첸슈밍陳修明 195
첸전옌陳鎭岩 92
첸치메이陳其美 128
초급부기반 272
총무 방면 296
총무부總務部 69
총밍도원 75
출진 184
츠시 112
츠카이직조훈련소慈開織造訓練所 156
치리정돈治理整頓 132
치리하공治利河工 130
친국민당 단체 247

콩샹롱孔祥榕 131
쿵샹롱孔祥榕 31

탄런펑譚人鳳 128
탕양두唐仰杜 36
《태극북극진경》37
태을노인太乙老人 34
《태을진경오집太乙眞經午集》39
통단統壇 271
특별회원 104

평양해방 경축대회 299
포동동인자선회浦東同仁慈善會 29
피부병 190

학비 감면 241
학생회원 105
학술연구단체 249
학습소조회 292
한글판《도원설명》61
한스창 86
항미원조 도편전람회 288
항미원조 보가위국抗美援朝 保家爲國 261
항미원조 애국주의 교육 299
항미원조운동 261
항저우 112
행정 영도 방면 296
향촌건설 304
허종샤오何衷筱 89
허주何澍 130
현대적 지식 엘리트 99
혜창전장 89
호남자선회滬南慈善會 29
호상보판사처滬上寶辦事處 75
호상보滬上寶 74
호상보滬上寶판사처 156
홍만자회 부녀부 274
홍십자회 56
홍커우구 183
홍콩 도원 271
홍콩 지부 271
화기양행 87
화류병 190
화북인민정부 246
환북皖北연합구제대 161
황칭란黃慶瀾 80
회계반 272
회도문會道門 246
회방會方 66
회원 명부 107
회원 자격 103
회원대회 69
후추칭 81
훈訓 34
훙스타오洪士陶 34
휼리국 155

상하이 지역 자선단체의 근대적 성장과 좌절

1922-1954년의 홍만자회

초판 발행 2018년 2월 26일
초판 2쇄 2018년 10월 17일

지은이 유장근

펴낸곳 고려대학교출판문화원
www.kupress.com
kupress@korea.ac.kr
02841 서울특별시 성북구 안암로 145
02-3290-4230, 4232
Fax 923-6311

찍은곳 한국컴퓨터인쇄정보

ISBN 978-89-7641-948-4 93910

값 17,000원